김수현 드라마 전집

김수현 드라마 전집

06

불꽃 2

솔

## 1. 대사 문장에는 띄어쓰기 원칙을 적용하지 않았다.

가장 먼저, 김수현 극본의 대사에는 마치 악보처럼 리듬이 존재한다는 것을 알면 이해가 한층 쉬워진다. 대사의 리듬과 더불어 대사의 타이밍, 대사의 전환점, 호흡의 완급, 감정선의 절제 또는 연장 등이 대본 자체에서 표현되고 있다. 따라서 문법적 원칙보다 대사의 리듬, 장단이 우선하는 이유로 띄어쓰기 원칙은 간혹 무시되고 있으며 이러한 작가의 의도를 손상시키지 않기 위해 띄어쓰기 문법을 적용시키지 않고 원본 그대로 실었다.

## 2. 대사에는 맞춤법을 적용하지 않은 경우가 적지 않다.

김수현 극작품의 대사는 구어체에 가까운 것으로 한글, 곧 '소리 나는 대로 읽기-쓰기'에 충실하다. 사투리가 대사에 적용될 때, 캐릭터의 어투나 억양을 강조하기 위한 수단으로 쓰일 때에도 그러하다. 곧 모든 대사의 바탕은 실제 생활 속 일상 언어의 발성이며, 때문에 공식적인 맞춤법이 적용되지 않은 경우가 많다. 외래어 또한 대부분 표기법을 적용해 사용하지 않았고, 문장부호의 사용 또한 일부 맞춤법을 적용하지 않았다.

> 예) "가께 오빠"("갈게 오빠") "늘구지 마세요 선생님"("늘리지 마세요 선생님") "택시 타구 갈께요"("택시 타고 갈게요") "어뜩해. 들으셨어요?"("어떡해. 들으셨어요?") "잔소리 피할려 그러지."("잔소리 피하려 그러지.") "친구 잘못 사겨 착한 내 아들 버렸다는 거랑 같아"("친구 잘못 사귀어 착한 내 아들…") "납쁜 자식"("나쁜 자식") "이제 여덜시야"("이제 여덟 시야") "키이"("키key")

마침표(.)를 넣지 않은 대사 문장에 대해
마침표의 유무에 따라 호흡과 말투, 대사와 대사와의 연결, 뉘앙스에서 차이가 있음

4

을 지시하는 것으로 원본 그대로 실었다.

**3. 의성어 및 의태어의 사용은 김수현 작가만의 언어를 반영하여 최대한 수정하지 않은 원문을 싣거나, 부분 삭제하였다.**

예) '식닥식닥'(화나거나 흥분해 가만히 있지 못 하고 숨을 헐떡거리는 상태), '채뜰 듯'(낚아채서 빠르게 들어 올리는 모양)

**4. 작품에 쓰인 용어의 설명은 다음과 같다.**

S#: S: Scene의 약자. / #: Number를 의미하는 기호.

E: Effect의 약자.
E는 여러 쓰임새가 있다. 이번 전집에서는 대체로 다음 두 가지로 쓰인다.
　① 화면상에서 A의 얼굴 위로 B의 목소리를 나오게 할 때
　② 특별한 음향효과를 지시할 때
　이번 전집에서는 ①에서처럼 화면 연출상의 기법을 위한 경우로 쓰일 경우에는 전후 문맥상 반드시 필요한 경우를 제외하고 부분 생략하였다. 그러나 ②에서처럼 전화벨이나 음향효과를 위한 장면에서는 원문 그대로 E라고 표기하였다.

예) E 전화벨 울리고 있고 / E 볼륨 줄여놓은 피아노 연주곡.

F: Filter의 약자.
이것은 예를 들면 A와 B가 통화를 할 때, A가 화면에 나와 있는 상태에서 B의 전화 목소리를 들려줘야 하는 경우, 상대방의 목소리를 전화 저편에서 말하는 것처럼 들리게 하는 음향적 효과를 지시하는 부호이다.

오버랩: Overlap.
앞의 장면과 뒤에 연결되는 장면이 겹쳐지며 다음 화면으로 넘어가게 할 때 쓰는 부호이다. 대본에서의 오버랩은 앞 사람의 대사가 끝나기 전에 다음 사람의 대사를 겹쳐서 말하게 할 때 주로 쓰이고 있다.

인서트: Insert.
일련의 화면에 글자나 필름을 삽입하는 것을 뜻한다. 이 대본에서는 대부분의 경우 이 지시 사항은 생략되었고, 건물의 외경이나 풍경 등의 씬을 삽입할 때 주로 쓰였다.

디졸브: Dissolve.
한 화면의 밀도가 점점 감소되어 사라짐과 동시에 점차 다른 화면의 밀도가 높아져 나타나는 장면 전환 기법 중 하나. 대본에서의 디졸브는 시간이나 장소의 변화를 보여주기 위해 사용되었다.

페이드 인: Fade in.
영상이 검정색 상태에서 다음 이미지가 점차 선명하게 나타나는 장면 전환 효과를 말하는 것으로 대본에서는 'F.I'로 표기했다.

페이드 아웃: Fade out.
화면이 어두워져 완전히 꺼지는 상태. 장면의 전환, 또는 시간을 건너뛸 때 주로 쓰인다. 대본에서는 'F.O'로 표기했다.

스니크 인: Sneak in.
해설이나 대사 등이 진행되고 있는 사이에 음악이나 효과음을 서서히 삽입시키면서 점점 확대해가는 오디오 연출 용어이다.

**5. 기호와 지시문에 대한 설명은 다음과 같다.**

/ : 대사 속의 / 부호와 지문 속의 / 부호가 있다.
　① 대사 속의 / 부호
　대사 도중에 나오는 / 부호는 말투, 억양을 바꿀 때, 텀term 혹은 호흡을 지시 할 때 쓰인다. 그 길이는 길 수도, 짧을 수도 있으며 바로 전 대사의 호흡을 끊고 바로 다음 대사로 빠르게 연결해야 할 때도 쓰인다.

　　예) **수정**　(일어나 아들 앞으로 가 서며)너 어떻게/어디 아파? 돌았어?

　② 지문 속의 / 부호
　연출할 화면을 나열, 혹은 순서대로 지시하는 부호이다.

　　예) **서연**　???(허둥지둥 다른 손으로 무릎에 놓은 가방 휘저으며 전화 찾는/도저히 전화가 손에 안 잡힌다/브러시질 멈추고 아예 가방 내용물을 무릎에 몽땅 쏟아버린다/지갑 수첩 필통 손수건 콤팩트 립스틱 선글라스 두통약병 등등/그러나 전화는 없다/설마 하는 얼굴로 내용물들 다시 손으로 움직이며 체크/역시 없다)

　③ 지문과 대사 속의 //
　/ 부호를 겹쳐 사용한 것은 대사와 지문 모두 호흡을 위해 그대로 표기하였다. 행동이나 대사를 완전히 끊고 마무리할 때 사용되었다.

　　예) 지문: (대화 시작되고 유창하게 응답하는 이모//매일 전화로 학습시키는
　　　　　영어 회화)
　　　　대사: ⋯⋯그럼 // 충격받을 준비해.

( ): 배우의 연기에 대한 지시 사항.

[ ]: 작중 정황을 지시하는 지문.
설정, 행동, 환경, 동선 등을 지시하는 부호이다.

…: 말줄임표
   ① 대사의 말줄임표: 배우의 대사에서의 감정선에 따른 호흡의 길이를 지시하는 부호.
   ② S#의 말줄임표: 도입되는 장면에 대한 연출의 길이를 조절하라는 뜻이다.
   ③ [ ]의 말줄임표: 해당 장면에 대한 추가 연출이 필요하다는 뜻으로 쓰인다.

(오버랩의 기분): 오버랩처럼 대사가 완전히 겹치지 않고 앞 대사가 마무리될 때쯤 대사를 시작하는 것을 말한다.

   예) **이여사**   글쎄 기분 나쁜 이유가
      **영주**   (오버랩의 기분)엄마 내가 말하구 싶지 않은 거 그래서 알아
   내본 적 있수?

(에서): 장면의 마지막 대사 뒤에 붙여 대사 후 화면이 바로 전환됨을 나타낸다. 간혹 대사 후 바로 화면 전환을 하지 않고 그대로 두어 여운을 줄 때도 사용한다.

   예) **채린**   어머니 꿈꾸셨어요?(에서)
      **S# 준모의 침실**


6. 배우의 연기나 대사, 작중 정황 등 대본의 서술과 실제 방영된 드라마 방송분이 다를 경우 대본을 우선으로 한다.

| 등장인물 |

주요 인물

**박지현**   드라마 작가. 종혁의 약혼자.

**이강욱**   성형외과의. 민경의 약혼자.

**허민경**   피부과의. 강욱과 약혼.

**최종혁**   그룹 상속자. 지현과 약혼.

지현네 가족

**지현부**   지현의 아버지.

**지현모**   지현의 어머니.

**박지태**   지현의 오빠.

**초희**   지태의 아내.

**박한수**   지현의 남동생.

**진이**   한수의 아내.

**박현식**   지태와 초희의 아들.

지현의 동료들

**소유자**   동료 작가.

**나현경**   동료 작가.

**정감독**   드라마 감독.

**종혁네 가족**

**최회장**  종혁의 아버지. 세기그룹 회장.

**노여사**  종혁의 어머니.


**민경네 가족**

**서여사**  민경의 어머니.

**이모**  민경과 민지의 이모.

**허민지**  민경의 여동생.


**강욱네 가족**

**강욱부**  강욱의 아버지.

**강욱모**  강욱의 어머니.

# 차례

# 제12회

**S#** **청주 강욱의 부친 택시 회사 마당**

**강욱** (차에서 내리는 강욱 위에)

**남자** E 사장니임. 서울 아드님 오셨어요오오오.

**강욱** (웃으며 사람들한테 인사하는 / 적당히)

**강욱부** (사무실에서 나오면서) 중간에 자동차가 퍼졌냐? 어째 도착이
늦어.

**강욱** 출발한다구 말씀드리고 다른 일로 잠깐 지체됐어요.

**강욱부** 어 뜨길 늦게 떴구면.

**강욱** 예.

**강욱부** (자동차 기웃이 들여다보듯 하며) 혼자 온겨? 허박사 안 데려온겨?

**강욱** 몸이 좀 시원찮아서요. 몸살로 죽게 앓구 일어났어요.

**강욱부** (강욱의 자동차 운전대 옆으로 타며) 순댓집으루 가자.

**강욱** 예..

**S#** **청주 시내 빠지는 자동차 안**

**강욱** 점점 날마다 더 복잡해지는 거 같아요 아버지.

**강욱부**  말마라 청풍명월 베린지 옛날여.. 늬 어머니 이모 고모들 한 꺼번에 몰구 서울가 한복 맞추구 내려왔다.

**강욱**  ?언제요.

**강욱부**  사나흘 되지? 너 바쁜데 몰켜가서 정신 뺀다구 한복 볼일만 보 구 그냥 내려왔댜.

**강욱**  네에.

**강욱부**  안사둔은 편안하시냐?

**강욱**  혈압이 안 좋으시니까 늘 불안하세요..

**강욱부**  쯔쯔쯔..

**S#** 강욱의 친가 안방

**강욱**  (아버지 어머니에게 큰절하고)

**강욱모**  얘가 왜 이렇게 말른겨.(절하고 일어나는 아들 올려다보며) 으응?

**강욱**  말랐어요?

**강욱모**  (오버랩)아이구 애 (아들 손 잡아끌듯이 앉히며)얼굴이 반 쪽이 됐네 그냥 무슨 고민있는겨? 갑자기 왜 이렇게 말러.

**강욱**  고민 없는데요…

**강욱부**  (오버랩)고민 읍는데 왜 말러.

**강욱**  별루 안 말랐어요 아버지.

**강욱부**  (오버랩의 기분)그래 뭐 가슴 에릴 정도루 말른 건 아니구 보기 는 훨씬 좋다.

**강욱**  그래요?

**강욱부**  (오버랩)혼인이 이제 증말 을마 안남었네 그려(엄마 돌아보며)

**강욱모**  다 됐슈

**강욱**  (오버랩)저/형님한테 왔다구 전화 먼저(움직이면서)하께요. 신

14

고 안하면 형 뿔딱지 내니까

**강욱부** 　(오버랩)지깐 눔이 뿔딱지는 개코같이.

**강욱모** 　(남편 눈치 보여 작은아들이 든 전화 빼내며)형 즌화해두 지금 읍서.놔둬.

**강욱** 　?왜요.

**강욱모** 　(오버랩)아이구 나두 몰러‥늬 아부지한테 알어봐. 나는 몰러. (하고 일어나 자리 피하려고 하는)

**강욱부** 　순대나 갖구 들어와.

**강욱모** 　알었슈, 그래서 나가는규 시방.(아웃)

**강욱** 　어디/갔어요?

**강욱부** 　(오버랩)암만 생각해두 니성은 정신나간 눔이지 성한 눔 아녀. 그눔이 시방 부부동반해서 구라파 갈 때냐?

**강욱** 　아 여행갔군요.

**강욱부** 　(오버랩)어 야 둘째야. 그 허박사 몸두 그렇구 나이두 그렇구 어린애는 낳겄냐?

**강욱** 　보기보다는 건강해요. 그리구 마흔 넘어서 초산하는 여자들두 많아요. 걱정마세요.

**강욱부** 　마흔 넘어 낳는 애가 인간구실 하까.

**강욱** 　그럼요. 그보다두요 아버지 긴히 의논드릴 일이 있는데…즈이 들요 복잡하게 따로 살림을 차릴 게 아니라‥그냥 허선생 집으로 들어가는 게 어떨까 싶은데요.

**강욱부** 　……?(눈 꿈벅꿈벅)

**강욱** 　…(보다가 얼른)병원일 하면서 허선생두 힘들고 또 무엇보다도 허선생 어머님 혈압이 걱정할 수준이기 때문에 아무래두 즈이가

**강욱부**  (오버랩)이눔 정신두 나갔구먼. 니눔두 나갔어.

**강욱**  아버지

**강욱부**  야 이눔아. 니 어머니 병은 걱정할 수준이 아니라서 아들눔 둘 다 다 따루 나가 있냐? 지 어머니두 안 챙기는 놈덜이 무슨 귀신 씻나락을 까구 있어 이눔이.

**강욱**  엄마는 아버지가 계시잖아요.

**강욱부**  (오버랩)때거리가 읍냐? 끼니 꺼리 읍어서 처가살이 들어간 다는겨?

**강욱**  그게 아니라 아버지.(하는데)

**엄마**  (순대 상 들고 들어오며)무신 살이? 무신 소리유?

**강욱부**  (오버랩)이 눔이 처가살이 들어간댜.

**엄마**  (오버랩)별 해괴한 소리 다 들겠네. 처가살이가 무신 해당여 얘 가. 엎어지면 그 집 현관인데다 아파트 장만했으면 됐지/ 처가살 이는 왜 햐 볼상사납게.

**강욱부**  (오버랩)볼상만 사나우면 내가 말 안햐. 그거 눈 멀거니 뜨구 아들 뺏기는겨 임자. 아들만 뺏겨? 손주나면 손주두 뺏기구

**엄마**  (오버랩)딴 거 다 관두구 늬 아버지하구 나하구 서울 댕기러 가 면 어디/사돈네 가 자랴? 손주 보구 싶어 서울 가면 사돈네 집에가 기웃거려야 하는겨?

**강욱부**  E (방바닥 보고 있는 강욱 위에)(오버랩)말 안되는겨 그거.

**엄마**  E 아니할 말루 무신 그집에서 공부를 시켜줬냐아 병원을 차 려줬냐.

**강욱부**  E (오버랩 결정적으로)안돼/ 그라는 거 아녀/ 그라구 너 이눔아

**강욱**  (아버지 본다)

**강욱부** 그 안사둔 고이이이약할껴…내가 사람 좀 본다. 거기는 들어

가는 거 아녀 너.어림 반푼어치두 읎는 소리 하지 마.(에서)

**S# 민경의 주방**

[이모 상 차리고 있고 엄마는 의자에 앉아 젓가락으로 괜히 반찬 놓은

것 한 번씩 건드리고 있다.]

**이모** ?뭐하우?

**서여사** 아 좀 맛갈스럽게 못 놔? 그저 접시에 담기만 하면 반찬이야?

쯔쯔쯔쯔쯔

**이모** (멈추었던 움직임 계속하면서)잡다잡다 이제 별 트집을 다 잡아

암튼.

**서여사** 약되라구 하는 소리 해로울 거 없어.

**이모** 아 이 나이에 시집가 시집살이 할 일 있어요? 언니가 건드린

거랑 안 건드린거랑 뭐가 다른데‥괜히 아무 것도 안하고 밥상에

앉기 미안하니까

**서여사** (오버랩)뭐가 미안해. 이게 다 내돈인데.

**이모** 아이고 그걸 까먹었네.

**민지 민경** (들어온다)

**서여사** (민경은 자리에 앉고 민지는 거드는데)이서방 전화 안왔어?

**민경** 아니.(눈 안 맞추면서)

**서여사** 벌써 도착을 열두번두 더 했겠다. 왜 전화 안해?

**민지** 틈 봐서 할 수 있을 때 하겠지. 거기두 형부네 식구들 오랜만에

다 모일텐데 우리 집 전화 거는 일만 신경쓰구 있나?

**이모** (아는 바가 있기 때문에/괜히 체머리가 조금 흔들어지면서)그렇지

만 전에는 도착하자마자 제까닥 도착했다 그러던 사람이 좀 이상

스러워졌구나.

민경　?(이모 치켜 보는)

이모　(얼른 바꿔서)더구나 얘 중요한 문제 해결하러 갔잖니. 엄마로
　　　서는 거기 분위기가 어떤가 당연히 궁금하지. 나두 궁금한데에(하
　　　며 않는다)

민경　(오버랩/수저 들면서)얘기 잘 안돼서 오더라두/ 강욱이는 최선
　　　을 다했다는 거 아세요.

서여사　안될 거래?

민경　청주 아버님두 개성이 강하세요.

이모　목청이 크지 왜 낄낄.

서여사　자신 없대?

민경　엄마한테 찍히는 거보다는 자기부모한테 찍히는 게 낫다구/
　　　하는데 까지는 해 본 댔어.

민지　형부한테 무리한 요구야. 우리 집 식구는 나만 좋으면 상대야
　　　어떻든 별 신경들 안쓰는 무신경의 극치들야.

모두　(민지 보고)

민지　언니는 왜 언니가 카버해 줘야할 일 모르는 척하구 팔짱끼구 있
　　　어? 형부가 이 집에 들어오구 싶겠어? 며칠에 한번 만나는 장모두
　　　힘들텐데 삼백육십 오일 한 집에서/언니 왜 그걸 해달라 그래 형부
　　　한테?

민경　선택은 니 형부 자유의지랬어. 강요 안한댔어.

민지　형부한테 전달되기 전에 언니 선에서 잘라 버렸어야지 전달
　　　됐으면 벌써 그건 부담인 거야.

민경　(무슨 말인가 하려는데)

**민지**　우리는 벌써 다 포기했으니까 잘 모를 수 있는데/엄마 견뎌내기 힘든 사람야.

**서여사**　(오버랩)왜 뭐가. 내가 뭐 누굴 잡어 뜯어 물어 뜯어.

**이모**　쉽지는 않지이이.쉽지는 않어.  그렇지만 이서방은 반드시 들어와 살어야 해.

**민지**　왜요?

**이모**　야 살다가 혹시 바람이 나더라두 우리가 힘 합쳐서  같이 싸워야지

**민지**　(오버랩)말두 안돼 이모. 무슨 그런 억지이유가 있어요.

**이모**　사람일 누가 알어.

**서여사**　(오버랩)죽을려면 무슨 짓은 못해… 민경이 주는 거 뭐 때문인데‥그거 하나는 평생 믿지 싶어 주는 건데

**이모**　어이구 믿는 도끼에 발등 찍힌단 말두 모르나. (하다가 날카로운 민경의 눈과 마주치고/얼른)그래두 이서방은 믿지이. 믿음이 가기는 하지이‥

**서여사**　(혼잣소리/국 뜨며)그것두 없으면 뭐 볼게 있어.

**민경**　….

**S#  작업실 주차장으로 들어오는 종혁의 자동차**

**종혁**　(운전하면서)어디다 뒀어.(지현의 자동차)

**지현**　내려줘요.

**종혁**　그래 그럼‥(멈추어주면서) 저녁은 집에 가 먹어.

**지현**　(내리며)걱정 말아요.

**종혁**　(내다보며)곧장 들어갈 거지?

**지현**　(구부리고 들여다보며)올라가서 원고 챙겨갖구.

**종혁**　(손 들어 보이고 부웅 좀 거친 속도로 나간다)

**지현**　(승강기 쪽으로 돌아서는 데서)

**S# 작업실**

**지현**　(들어와서 불 켜고 컴퓨터 쪽으로 움직이다 보면)

**유자**　(의자에 깊게 고개 젖히고 눈 감고 있는)····

**지현**　너 있었어? 근데 왜 전화 안받아?

**유자**　(몸 떼어 휴지 뽑아서 눈물 닦는)

**지현**　?····왜 그래?

**유자**　····(눈물만)

**지현**　왜그래 무슨 일인데···

**유자**　후우우··(휴지통으로 던져 넣으며 벌떡 일어나 물 있는 곳으로)

**지현**　····(보다가)아버지 또 편찮으시니?

**유자**　아냐.

**지현**　그럼···

**유자**　말하기 싫어. 말하구 싶을 때 하께.(물 따라 마시는)

**지현**　현경이는 언제 들어갔니.

**유자**　몰라 들어오니까 없드라.

**지현**　····(보는)

**유자**　(의자로 옮기며)일일극 김정희로 간대···힘 없는 유감독/ 이구 십팔하면서 홍도루 떠나구···약올라서 혼자···(푹 앉으며)이갈구 있는 거야··

**지현**　잊어버려.너대루 써서 판다면서.그럼 돼.

**유자**　내가 김정희만 못하니? (정말 열이 뻗쳐서)

**지현**　실적 때문에 그러는 거잖아.

20

**유자**    젠장할 실적 만들 기회를 줘야 할 거 아냐. 김정희는 즈엄마 뱃속에서 태어날 때 실적 표 쥐구 나왔다니? 나두 할 수 있어. 김정희보다 잘할 자신 있다구. 그런데 왜 김정희는 연속인데 나한테는 기회가 안 오냐 말야

**지현**    (오버랩)유자야 우리 이일두 운이 있는 거 같애. 김정희가 운이 좋은가봐.

**유자**    그거 들어가면…우리 식구들 반지하에서 지상으루 올릴 수 있겠다 싶어서…말은 안했지만 정말 좋았었어…

**지현**    ….

**유자**    그렇다구 원고 못쓰게 김정희한테 무슨 사고나 터져라 빌수두 없구 말야.

**지현**    (웃으며) 얘 빌어두 그거 안되드라.

**유자**    너 빌어 봤어?

**지현**    해봤지.

**유자**    언제?

**지현**    현경이랑 잠깐 시트콤 멤버에 꼈을 때. 아무리 기를 써두 칭찬받는 건 번번이 황태연이 껀 거야. 현경이랑 같이 빌었잖니? 손에 펄펄 뛰게 아픈 주부습진이나 뭐 그런 거 생겨서 원고 못써라./걔 결혼했었잖아. 아무 소용 없구 저주가 거꾸로 와서 오히려 현경이 손가락만 곪더라./생이 손./손까스랑이 뜯은 게 탈나서.

**유자**    (픽 웃어버린다)말 된다. 후후후후

**지현**    (조금 소리 내어 웃는)

**S# 종혁의 거실**

**종혁**    (들어온다)

**노여사**   웬일로 이렇게 일찍 들어와.

**종혁**   예 약속이 비었었어요.(신문 보는 아버지 앞으로 가서)저 들어왔습니다.

**최회장**   좀 앉아.(신문 보며)

**종혁**   ?··네··(앉는데)

**최회장**   (신문 접으며 보지는 않는 채)저번에 니 사촌들 모임에 지현이는 빠졌드라면서.

**종혁**   ··네··

**최회장**   어째서.

**종혁**   밀린 일이 있다구 해서요··마감 대는데 지장 있대서 빼줬어요.

**최회장**   그 아이는 빠지고 너는 사내 아이들 단체 기합줬다면서?

**종혁**   ?··(보며)무슨 말씀 들으셨는데요.

**노여사**   세째 숙부가 뭐라 그러시드란다. 그렇지 않아두 모두 니 앞에만 있으면 목소리가 기어들어가는데 생각지도 않은 기합을 받으면서 종욱이 오줌 쌀번 했다 그러드래. 종욱이 댁은 한 주일을 부어있구.

**종혁**   그럴 정도는 아니었어요.

**최회장**   어째 그렇게 미련하게 구냐. 내가 늘상 강조하는 게 집안 화목인데 그래갖구 화목은커녕 개목두 안되겠어.세상 팔불출 중에서도 일등가는 팔불출이 지 아낙 역성드느라 집안 우애 망치는 물건인데 /니가 그런 짓을 하면 어떡해. 지현이가 뭐라든.

**종혁**   그 사람은 별말 없었습니다 그냥 제가 보기에

**최회장**   어디서 씨두 안먹은 거짓말이야! 여기 늬 어머니 지현이 선배야. 늬 어머니같이 생각 깊은 사람두 참다참다 열번에 한번은 나

22

붙잡구 하소연했어!

**노여사**  열번에 한 번은 너무 잦구요 스무 번에 한 번이라구 해 둡시다. 아이구 무서워 그 텃세들‥

**최회장**  그런 소리 들으면 피가 끓어/ 나두 알아. 그렇다구 피끓는대루 애들 모아놓구 겁주면서 그게 뭐야 못나 빠지게스리.

**종혁**  ‥‥‥

**최회장**  더구나 애는 데리구 나가지두 않아 놓구서/쯔쯔쯔쯔쯔 겁줘서 받는 대접은 대접이 아니야. 지현이를 어떻게 생각하겠어들.누가 그래 너더러 머리 좋다구.

**종혁**  잘못했습니다.

**최회장**  아우한테 민망해 죽을 뻔했어.

**노여사**  말씀은 이렇게 하시는데 민망하다는 양반이 숙부한테 냅다 역정 내구 들어오셨단다.그렇지 않아두 며느리들 불러 놓구 혼 낼 생각이었는데 니가 대신 했으니 됐다구. 당신두 소싯적에 당해봐서 잘 안다구.으흐흐흐흐

**최회장**  애 나무라는데 당신은 뭐가 그리 으흐거리게 좋아.(좀 야단치고)올라가 봐라.

**종혁**  예.

**S# 종혁의 방**

**종혁**  (들어오면서 상의 벗어 아무렇게나 걸쳐놓고 테이블 의자에 앉으며 한 손 이마에 올려 관자놀이 한꺼번에 누르는/두통)‥‥‥‥‥

**S# 지현네 마루**

　　　[진이와 한수 밥상 자리에 놓고 행주질하면서]

**진이**  (얼굴에 밴드 붙인 남편 핼끔 보면서)열두살 때부터 사슴하구 컸

다면서 (흘기는/다친 것이 안쓰러워)

**한수** (오버랩)갑자기 사납게 구는 걸 어떡해. 그럴 땐 별수 없단 말야.

**진이** (오버랩의 기분)저 밥주는 사람두 몰라보는 돌대가리가 어딨
어. 그 자식 때려줄 거야.

**한수** (픽 웃으며)치/사슴이 아니꼬와 웃어. 관둬.(하는데 지현모 안방
에서 나온다)

**진이** 아버님 일어나셨어요?

**지현모** (오버랩의 기분)우리 빼구 늬들 먼저 먹어야겠어 곤하신가
봐. 지현이두 들어오는 중이라니까 우리는 걔들어오면 먹을 테니
까 느이끼리 상봐서 먹어.(하며 주방으로)

**초희** (부엌에서 내다보며)그럼 즈이두 조금 기다리지요 머.

**지현모** 아 한수 배고파 안돼. 얼른 차려 줘.(하며 부엌으로)

**S# 부엌**

**초희** 한꺼번에 먹구 한꺼번에 치우는 게 좋은데에‥(하는데)

**현식** E 엄마 밥 아직 안됐어요?

**지현모** 저 봐라.(하는데)

**현식** (뛰어 들어오며)아빠가 밥 언제 되느냐구 물어

**지현모** (오버랩)다 됐어 다 됐다. 차리기만 하면 돼.아빠 나오라구 해.
(반찬 담긴 쟁반 하나 번쩍 들고 나가면서)밥 퍼라 아이.

**초희** 네에‥(진이 들어오고)

**초희** 설거지 두 번 하게 생겼네‥

**진이** 제가 다 하구 내려가께요 언니.

**초희** 나는 잘두 뚜드려 깨우시면서 어이구 우리 어머니두 인간 차
별이 심하시다니까아?(아버님은 못 깨우고/밥 푸기 시작하면서)

24

**S#** 마루

**지현모** (큰 상에 아들 부자 한수 내외/초희가 먹을 상 차리는 중/쟁반 주며)들구 나와라.(한수-네/)애비 나오라 그러구/(현식-네)

[두 남자아이 각각 움직이고 엄마는 수저 놓기 시작하는데]

E 전화벨

**지현모** (수저 놓다 말고 전화로 가 받는다)네에 목장집입니다…네 그런데요·····우리 아이 아직 안들어왔는데··지금 들어오는 중이라구 전화는 왔는데 그런데 실례지만 누구시지요?····

**초희** (찌개 냄비 들고 나와 놓는데)

**지현모** E (전화 연결)해피 뭐라구요?

**초희** ?해피 투게더에요?

**지현모** 아 예에 잡지사라구요. 그런데 무슨 일루/

**초희** 아가씨 인터뷰 하구 싶대요 어머니. 제가 전화번호 따났어요. 아까 제가 받았었어요 그 전화.

**지현모** ?(해서 며느리 보며)예··예에 우리 며늘애가 지금 그러네요. 아무튼 본인이 지금 없으니까 이따 다시 연락하세요…예…예 수고하세요.

**지태** (인터뷰 소리 할 때 벌써 나오고 있었다/상 앞에 앉으면서)인터뷰가 뭐야.

**초희** 인터뷰요. 뭐 그런 거 아니겠수? 신인작가 박 지현 미니시리즈 도전.

**지태** 지현이가 무슨 그런 재목이나 돼? 아직 존재두 없는 앤데.

**초희** 저이는 말을 해두 꼭 저렇게/아가씨가 왜 존재가 없어요. 약혼하구 한동안 인터뷰하자구 얼마나 난리였는지 까먹었수? 그냥두 인터뷰하구 싶어 죽겠는 차에 미니시리즈를 쓴다/얼마나 좋은 기회에요?(진이/밥 한수에게/국 한수에게/엄마는 받아서 놓고 하면서)

**지태**  (오버랩)그런 전화 제대루 받아줄 거 없어. 그런데 나봤자 아줌마들 흥미꺼리 밖에 안되는 거/괜히 잘못 나서 성북동에 누나 끼치기 십상이야.

**초희**  작가가 매스컴 전혀 안타구 돼요? 미니시리즈 선전두 할겸

**지태**  (오버랩)결혼하면 그만둘 건데 매스컴은 타서 뭐해.

**지현모**  (오버랩)그만두구 저녁들이나 먹어. 본인이 알아서 할 일야. 어이 시작해 한수 배고파 응?

**지태**  (수저 들면서/현식이도 함께 있고)아버지 어디 편찮으신 건 아니에요?

**지현모**  아냐. 소주 쬐끔 하구 들어오셔서 술 깨느라 그러는 거야. 아프기는.(하는데)

**지현**  (들어오며)다녀 왔습니다아.

**모두**  (아는 척하고)

**초희**  춘천서 오시는 건데 이렇게 일찍 들어와요?

**지현**  예에..아버지는?

**지현모**  나가서서 소주 쪼끔 드신게 부대낀다구 잠깐 주무셔. 너 셋구 우리 따루 먹자구 했어.

**지현**  네에(제 방으로 가려 하는데)

**초희**  (오버랩)전화 옆에 메모해 논 거 있어요 갖구 들어가세요

**지현**  (돌아보는 위에)

**초희**  E 해피투게더라는 잡지래요.곰방두 또 했더라구요. 아가씨두

26

이제 뜰라나봐요. 인터뷰 하고 싶대요.

**지현** 무슨 인터뷰요?

**초희** 미니시리즈 펑계루 만나자 그러구 뭐 내용은 신데렐라 스토리 아니겠어요? 은근히 종혁씨 얘기 묻던데요? 근데 결혼 연기한 건 어떻게 아는지 모르겠더라아? 결혼 왜 연기했냐 그러든데요?

**지태** 그래서 뭐랬어.

**초희** 우리 아가씨 미니 시리즈 쓰라구 연기해 줬다 그랬지요 뭐.

**지태** 이 여자 정말 /그렇게 얘기하면 어떡해.

**초희** 그게 사실이잖아요 머.

**지태** (오버랩)어이그 정말/ 성북동에는 최서방이 바빠서 연기한 걸로 돼 있잖아아아아(이 답답한 여편네야)

**초희** 어머..잘못한 건가?

**지현** (오버랩으로 이미 몸 돌려 제 방으로)

**초희** 메모 갖구 들어가라니까요?(돌아보며 무슨 말인가 하려는데)

**지태** (오버랩)필요없어 그딴 인터뷰 할 거 없어. 최서방네서 좋아 안 하셔.

**지현** (김새지만)걱정 말아요. 나두 싫어.(제 방으로)

**S# 지현의 방**

**지현** (들어와서 소지품 놓고 옷 갈아입을 준비하는데)

E 핸드폰 울리는 소리

**지현** …(받는다)네에.

**송기자** F (여기자/동년배)박지현 씬가요?

**지현** 네 그런데요.

**송기자** F 해피투게더의 송유선기잡니다. 핸드폰 남버 아느라 애 먹

있었어요 지금 어디 계시죠? 잠깐 만났으면 좋겠는데요.

**지현**  무슨 일로 그러시죠?

**송기자**  F 인터뷰 때문에

**지현**  (오버랩)무슨 재료루 인터뷰를 한다는 거에요? 인터뷰할 일 없는데요.

**송기자**  F 미니 시리즈 집필하신다면서요.

**지현**  일년에 몇십편이나 나가는 미니시리즈 쓰는 게 무슨 기사감이

**송기자**  F (오버랩)결혼은 왜 연기됐죠?

**지현**  우리 언니가 내 일 때문에 연기해 줬다 그랬다면서요. 그건 맞지 않는 말이에요.그 사람 일이 바빠서/ 연기한 거에요.

**송기자**  F (오버랩)좀 만나요. 지금 어디 있는지 내가 그리루 갈께요.

**지현**  아니에요 만날 일 없어요. 안녕히 계세요(하고 전화 내리려 하는데)

**송기자**  F 박지현씨한테 딴 사람이 생겼다는 소문이 있던데요.

**지현**  ?····그게··그게 무슨 소리에요?

**송기자**  F 이런 말 처음 듣나요?

**지현**  어디서 무슨 말을 들었는지 모르지만·····기가 막히네요. 전화 끊어요.(전화 접었다가 전원까지 꺼버리고 침대에 푹 앉으면서)········· (불현듯 빠르게 일어나 방문 열고)

**S# 마루**

**지현**  나 찾는 전화 안 들어왔다 그러구 받아주지 말아요.

**초희**  인터뷰 안해요?

**지현**  안해요.(하며 문 닫는 데서)

**S# 종혁의 거실 2**

28

**종혁**  (의자에 깊게 앉아 눈 착 내리깔고)⋯⋯

**친구**  E 남자쪽도 말꺼리가 될만한 사람이라드라. 그 남자두 약혼한 여자가 있는데 그 여자두 만만하질 않구/⋯⋯경호겸 안내하는 남자하구 손잡고 다니니?⋯⋯우리 쉽게 하는 거 아냐. 단지 누가 뭘 봤다더라/그것만 갖구 기사 썼다가는 신문사가 열 개래두 못당해. 나름대루 열심히 조사하구 추적해서/ 어느 정도 그림이 맞춰지면 이건 꺼리다 아니다

**종혁**  (천천히 담뱃갑 당겨 담배 뽑아내다가⋯담배 허리 툭 분질러버린다/눈은 내리깐 채)⋯⋯

**S#  지현의 방**

**지현**  ⋯⋯(침대에 걸터앉아서)⋯⋯(불현듯 일어나 컴퓨터 켜면 바로 작업 화면으로)

　　　[/빈 화면 /아무것도 없다.]

**지현**  ⋯⋯

**S#  청주 본가 안방**

　　　[저녁 겸상하고 있는 부자.]

**강욱**  (아버지 잔에 청주 따르면서 화면 시작과 동시에)그 사람두 공부만 한 사람이라 할줄 아는 거 없어요 아버지

**강욱부**  (술 마시고 내리며 오버랩의 기분)안 돼.

**강욱**  집은 크지 식구는 없지 그 사람 빠져 나오면 이모님하구 처제하구

**강욱부**  (오버랩)각설햐. 안된다니께.

**강욱**  저기요 아버지.장모님한테는 그 사람이 아들겸 남편 겸

**강욱부**  (오버랩)그건 그쪽 사정여. 나는 싫어.

**강욱모**  (오버랩)나두 싫다아? 금쪽 같은 내 아들/나두 얼굴 보는

게 일년에 열흘두 채 안되는데/사부인은 무슨 복여? 심술나 나 싫

여어.

**강욱**  참 엄마두. 심술 나실 게 따루 있지

**강욱모**  (오버랩)당신 저얼대루 허락하면 안돼유/

**강욱부**  (오버랩)안되는겨/ 애비 뭐 졸루 보는겨? 내가 눈 멀거니 뜨

구 아들 뺏길 인사같어?

**S#  지현의 방**

**지현**  (옷은 갈아입었고/화면 시작과 동시에/전화 받는 중이다/좀 올라

있다)그게 무슨 말이에요. 본인이 아니라 그러는데두 쓸 수 있다는

게 무슨 뜻이에요. 그래두 되는 거에요?

**송기자**  F (오버랩)소문도 기사가 될 수 있거든요. 본인은 부인하지

만 소문은 이렇다

**지현**  (오버랩)지금 어디 있어요.내가 나가죠(에서)

**S#  운전하고 나가는 지현의 자동차 안**

**현경**  F (당황해서)야 완벽하게 잡아 떼 너. 말려들지 마. 만만하게

뵈지 마. 강하게 나가라구 알었어?

**지현**  (오버랩)그런데 어디서 샌 걸까.

**현경**  F ··유자 의심가니?

**지현**  아닐까?

**현경**  F 아닐 거야. 걔 그럴 정도는 아냐. 유자가 뭣때매 그래.

**지현**  (오버랩)그렇다구 저쪽에서 그랬을 리두 없잖아. 터지면 같이

망신인데.

**현경**  F 글쎄 건 그렇지? 너 지금 어디 쯤야.

**지현**  (밖 잠깐 보며)한 이십분이면 돼.(에서)

**S#  시내 외곽 카페**

**지현**  (만만치 않은 표정으로 딱딱딱 들어와 서는데)

**송기자**  (저만큼 앉아서 노트에 뭔가 쓰고 있다)

**지현**  (목표 정하고 그쪽으로 가서)송기자에요?

**송기자**  아 네.

**지현**  (앉으며)박지현이에요.

**송기자**  (웃으며)이런 일로 귀찮게 해서 미안합니다.(명함 꺼내 내밀
면서)‥송유선 기자에요.

**지현**  (명함 받아 보면서 오버랩의 기분)창간한지 얼마 안되죠.서점에
서 본 거 같아요.

**송기자**  아직 반년 밖에 안됐어요.

**지현**  (오버랩)본인은 부인하지만 이런이런 소문이 있다라구 쓴다
구요?

**송기자**  그런 기사두 있을 수 있다는 거죠 내말은

**지현**  (오버랩)그런 기사가 당사자들한테 어떤 피해를 입힐까는 전
혀 상관없어요?

**송기자**  …사실인가요?

**지현**  아니에요.

**송기자**  증거가 있는데요.

**지현**  ?증거라뇨.

**송기자**  파타야에서 누군가가 두 사람 사진 카메라에 담아 왔어요.

**지현**  ‥‥가지구 있어요?

**송기자**  아뇨 경우에 따라서 제공해 주겠다는 약속을 받아 놨죠.

지현    그 사람이 누구에요?

송기자    미안하지만 그건 밝힐 수 없는데요.

지현    (고개 조금 옆으로 돌리고)….

송기자    E 약혼 전 애인인가요?

지현    ?..(본다)

현경    (허둥지둥 서둘러 들어와 푹 앉으며)안녕하세요 나는 나현경이
       라는 이름없는 작간데요 너무 어처구니 없는 소릴 들어서 기함을
       해서 뛰어나왔어요. 도대체 무슨 깍뚜기 써는 소리니.

지현    얘기했잖아.

송기자    그 분은 나이가 꽤 있어 보이더라구 하든데 뭐하는 사람이죠?

지현    (오버랩)좋아요. 솔직하게 얘기할께요.

현경    (놀라서)얘/

지현    (오버랩)가만 있어. 여행 중에 우연히 만났어요. 같이 관광하
       면서 차두 마시구 얘기두 하구 쇼구경두 했어요. 그게 다에요. 이
       게 얘기꺼리가 되나요?

송기자    박지현 씨 경우에는 얘기거리가 되죠. 워낙 빵빵한 집안 며
       느리로 예약이 된 상태인데다가 말많은 방송계에서 이름 걸구 일
       하는 사람이니까..보통 상식적으로 생각할 때/그 정도 삐근한 집
       안 며느리루 결정이 돼 있으면 여행 중에 누군가 우연히 만나 같이
       돌아다니면서 차마시구 그러는 거 할 수 없는 일 아닌가요?

현경    (오버랩)마음대로 하세요. 야 마음대로 하라구 그래. 지금 어느
       시대를 살구 있는 거에요 에? 뭐 쓰개치마 입구 외출하는 시대에요?
       여행중에 만난 사람하구 차 못 마셔요? 얘기 못해요?

송기자    아니 그게/

32

**현경**  (오버랩)좌우간 당신 지금 터뜨린다가 목적 아뇨? 무슨 말을
 해도 당신이 쓰고 싶은 방향하고 틀리면 안 믿을 거 아닙니까.그
 러니까 쓰라구요.

**지현**  현경아.

**현경**  그렇지만? 그 기사 나가면 우리 가만 안 있어요. 추측/ 억측으
 로 부풀려서 남의 사생활을 침해하구 명예훼손 한 결과가 어떤 건
 지/확실하게 경험하게 해 줄께요. 그리구 덧붙이자면 얘 약혼자도
 그냥 넘어가지는 않을 거고 저쪽 사람들두/어떤 사람들인지는 모
 르지만 아마 그 사람들두 가만 안 있을 걸요? 이건 가만 있을 문제
 가 아니니까.

**송기자**  왜 본인보다 친구분이 더 흥분해서 그러세요?

**현경**  당신은 이런 황당한 일 당했을 때 나처럼 흥분해줄 친구 없어요?

**송기자**  없어요.(웃으며)

**현경**  그래요? 그럼 내가 그런 친구 돼 주께요.

**현경**  E (입 벌리고 돌아보는 지현 위에)술 좀 할 줄 알아요? 한 잔 합시
 다.(에서)

**S#  지현네 마루**

**지현**  (들어오는데)

**지현부**  (뜨거운 물에 두 발 담그고 앉았다가)인터뷰 했어?

**지현**  아니에요.

**지현부**  하지 왜 안해.

**지현모**  (딸 보며)성북동에서 싫어한다구 그런 거 하지 말래요.(지현/
 주방으로)

**지현부**  ?최서방이?

**지현모**　현식애비요.

**지현부**　성북동 왜 그렇게 무서워. 좋은 일루 나는 데 싫어할 게 뭐야.
(지현 물컵 들고 나와 제 방 쪽으로) 아무나 잡지에 사진 나와? 좀 하
지 그랬어 왜.

**지현**　(잠깐 돌아보며)아부지두 그런 거 좋아하는 줄 몰랐네.

**지현부**　아 너 나오면 한 오십권 사서 여기저기 부쳐주구 자랑할까
했지.(엄마 뭐가 하면서 조금 소리 내어 웃고)

**지현**　(들어가며)아버지 쓸데없는 책값 쓸까봐 안한다 그랬어요.

**지현부**　(아내 돌아보며)그런 생각은 안해줘두 되는데‥

**지현모**　어지간히 불었잖우? 따신 물좀 더 갖다 보충해요?

**지현부**　(발바닥 만져보며)그러까? 아직 덜 불었어.

**지현모**　끄으응(일어나 주방으로)

**지현부**　누룽지 만들어 논 거 없어?

**지현모**　숟가락 논지 을마 됐는데 그래요?

**지현부**　글쎄 말야.

**지현모**　눌궈줘요?

**지현부**　눌쿨거까지는 읍구우.

**S#**　지현의 방

**지현**　(옷 벗으며 김새죽겠다)‥‥‥(문득 컴퓨터로 움직여 스페이스 바 한
번 건드리면 꺼먼 데서 흰 화면으로 전환/ 빈 작업 화면)

**지현**　(의자에 앉아 편지 쓰기로)

　　[화면에 뜨기 시작하는 글자들]

　　파타야에서 누군가가 우리 사진을 찍었답니다.

　　어떤 기자가 기사로 쓰겠다고 해서 만났는데

물론 부인했습니다만 어떻게 될지 모르겠습니다.

그 쪽은 별일 없는……(까지 썼다가 한꺼번에 지워져버리는 화면)

**지현**  (컴퓨터 의자에서 일어나는 데서)

## S# 강욱의 청주 집

**강욱**  (방바닥에 이부자리/담배 태우며 전화 중)전혀 안 먹힌다….아마 아들 뺏긴다는 생각이 드시나봐..어머니가 한 수 더 뜨셔. 거기 들어가 있으면 서울 오셔서 주무실데 없는 것도 싫으신 모양이구 또..손주 보러 마음대로 드나드실 수도 없고 그래서……충청도 원래 뜻뜻미지근한 거 같으면서 못 말리는 쇠고집 있어.

## S# 민경의 방

**민경**  말 안들으면 의절하자 그러시디?……너 니 부모한테 찍히는 게 낫다 그러더니 의절하자 말씀두 안하시는데 그냥 항복하구 만 거야?…최선 다 안했지……어쩐지 니가 최선 다 안했을 거 같은 생각이 든다……알았어…그럼 그렇게 하자. 어쩔 수 없지 뭐.(에서)

## S# 거실

**민경**  (화면 시작과 동시에/계단 내려오며)지금 강욱이 전화 왔는데 엄마 /허락 안하신대요.

**서여사**  ?(티브이 채널 돌리고 있다가 돌아보는)

**이모**  (어머니 한복 동정 바꿔 달다가)안된대?

**민경**  (소파 옆으로 오며)원래 못말리는 쇠고집이시라 한번 아니다 그럼 천지개벽을 해두 아닌 분이래요.

**서여사**  (오버랩)안된다는 이유가 뭐래.

**민경**  (앉으며)아들 뺏긴다구.

**서여사**  (오버랩)아이구 엄청 탐나는 아들인줄 아나부다.

이모  (오버랩)이집에 아들이 없으니까 그런 생각 들수 있어.

서여사  (오버랩)그래서 안 들어온다는 거야?

민경  안 들어오는 게 아니라 못들어오는 거죠오.

서여사  못 들어오면 어떡할 거야.

민경  할 수 없지 어떡하우. 도리가 없잖아.

서여사  ……(딸 보면서)

민경  가까운데 뭘요. 엄마 딸랑이 소리두 들리게 가까운데 문제 될
거 없어어. 그냥 그렇게 살자구.(달래듯)

서여사  (오버랩)믿을 인간 하나두 없어 암튼. 천지에 의지할 거라구
는 부지깽이 하나두 없으니.

이모  도온. 돈 있잖우 언니는.

서여사  (불끈 일어나 침실로 움직이며)에미야 죽든살든 즈들 볼일만
보면 되는 거구/뭘 믿구 살아 내가 뭘 믿구(거의 혼잣소리/아웃)

민경  (엄마 들어가는 것 보고 돌아서는데)

이모  얘 잘된 거야.

민경  (돌아보는 위에)

이모  E (연결)지금 니가 효도하게 생겼니? 니 코가 열댔잖데…아무
문제 없이 들어와 살아두 니 엄마때매 불안할 지경인데/

이모  금간 남자 데리구 들어와서 얘/까딱 잘못하면 게두 구럭두 다
놓치구 악살나기 십상이야. 그저 너는 아무 거에두 신경 쓰지 말구
이서방 관리나 해. 딴 생각할 틈 없게 꽉 틀어쥐구 아 밥은 못 떠먹
여 줄 거야 밑은 못 닦아 줄 거야?

민경  ….(그냥 보는)

이모  (문득 조카 보고)왜 별 치사한 소리 다한다 싶니? 니가 이서방

이 필요한 이상 치사해두 별수 없어. 필요하면 치사하다는 생각은 하는 게 아니야. 왜냐 필요하다구 생각하는 자체가 치사한 거니까 치사는 졸업을 하라구. 창자 빼서 빨랫줄에 걸어두라니까? 그저 슬슬슬슬 가려운데 긁어주구 문질러주구 하면서 비위 맞춰. 그러다 보면 어린애 생기구 어린애 같이 키우다 보면 드러운 과거지사 꿈이었나 현실이었나 그렇게 돼. 그리구 그럭저럭 살다보면 굵은 때 고운 때 타면서 늙어가는 거구 아 뭐 인생이 별거냐? 별 걸거 하나두 없어 야..

**민경**  이모는 그렇게 도통했으면서 왜 못살구 나왔수.

**이모**  내가 안산댔니? 못살겠다구 나가라는데 어떡하니. 하기는 지금은 그것두 후회가 돼. 저야 못살겠다 발광을 하거나 말거나 소죽은 귀신 모양 그냥 늘어붙어 있을 걸…그럼 애들 그리운 줄은 모르구 살았을 거 아냐. 잘난 척하구 괜히 뛰쳐 나와서는…아니 엄마가 나와라 나와라 그랬잖어. 나와라나와라 꽹과리 쳐주길래 나는 또 나오면 까페라두 하나 차려줄 줄 알았지이. 처박어두구 관리비 수금에 밥떼기루 쓸려는 심뽀였던 걸 내가 어떻게 알았겠어.

**민경**  무슨 생각이 있을 거에요.

**이모**  무슨 생각이 있겠지 하구 오년이다. 오년 동안 아무 생각 없었는데 뭐가 있어.

　　　E 딸랑딸랑(오버랩)

**이모**  두부 장수 왔다.(일어나 서여사 방으로)…(문 열고)왜요.

**서여사**  E 민경이 내려와 혈압 좀 재라 그래애.

**이모**  알었어요. 민경이 여깄수(이미 움직이고 있는 민경에게)높아두 정상이라 그래 너.(소근거리는)데모야 데모. 분하다 그거지이이.

(민경 혈압계 들고 들어가고)..아는 건 자기 한 몸 밖에 없으니까 암튼/(부지런히 주방으로)

**S# 서여사 침실**

**민경**  (혈압 체크하고 있는)....(한 번 재고 다시 재는)......

**서여사**  올랐지.

**민경**  조금.

**서여사**  얼마나.

**민경**  아주 약간....

**서여사**  이러다 죽겠지이.(혼잣소리)

**민경**  ....(혈압계 풀며)

**서여사**  니 이모는 뭐해.

**민경**  들어오시라구 할께요.

**서여사**  마실 물 좀 갖구 오라 그래.따끈하게 데워서..

**민경**  알았어요..(나간다)

**S# 거실**

**민경**  (나오는데)

**이모**  (벌써 쟁반에 큰 물컵 들고 부지런히 침실로 오는 중이다)물 찾지..

**민경**  네.

**이모**  어떠니.

**민경**  약간 올랐어요.

**이모**  올랐어? 쇼 아냐?

**민경**  (그냥 이 층 쪽으로)

**이모**  너 뭐 조치했어?

**민경**  (올라가며)그냥 쉬시게 하세요.(에서)

**S#** 민경의 방

**민경**   (화장대 의자에 앉아 있는)……(시선 아래로 내리고 가만히)

**강욱**   E 나는 니 그 아무렇게나가 참 싫은 사람이야. 아무렇게나 말
해 버리고 아무렇게나 소리 지르고 아무렇게나 빈정대고……그리
고는 그런 의미가 아니고 별 뜻 없었고/ 그냥 해본 건데 뭘 그걸 갖
고 째째하게 그러냐 그래‥당한 사람은 아직 기막혀 있는 채론데.

**민경**   ‥‥‥‥

**S#** 지현의 방

**지현**   (원고 작업하고 있는 중인데…잘 나가지 않는다‥‥썼다가 지웠다가
썼다가 지웠다가 한 주먹으로 제 옆머리를 콩콩콩 때리는데)

      E 전화벨

**지현**   (얼른 받는다)여보세요.

**현경**   F 야 나 지금 막 걔랑 헤졌어. 걔 잘 푸더라아? 나는 명함두 못
디밀겠드라구.

**지현**   (지금 그 얘기할 때가 아니다)그래서 어떻게 됐는데.

**현경**   F 을렀다 달렀다 암튼 나랑 약속은 철썩같이 했는데 두고 보자.

**지현**   (오버랩)어떻게/무슨 약속/

**현경**   F 저는 안 쓴다구 했어. 그런데 지현아. 안심하기는 좀 그런 거
같다. 스포츠 지 기자 한테서 줏어들었대. 성형외과의라는 거 까지
나오더라. …유잘까?

**지현**   ?…몰라‥설마…

**현경**   F 야 나 집 다왔어. 돈 내구 내려야 해.택시 탔다는 거 아니니.
끊어어(끊고)

**지현**   ……(전화 내려놓으며)

F.O

**S# 작업실 복도(다음 날 아침)**

**지현**  (제 방으로 가고 있는데)

**유자**  E 야/ 너 좀 심하지 않니? (지현 걸음 멈춘다)사람 뭘루 보구 그러는 거야 너.(약간 올라서/기막혀서/)

**현경**  E 나두 너 그렇게 보구 싶지 않어. 그런데 밤새도록 생각해도

**S# 작업실**

**현경**  입 놀렸을 사람 너 밖에 없는 걸 어떡하니.(아직 격앙 상태는 아님)

**유자**  나 입 놀리는 거 니가 봤니?

**현경**  내가 봤으면 지금 너를 가만 놔두구 있을 거 같아? 봤으면 벌써 요절났지이.

**유자**  그런데 무슨 근거로 나라는 거야 너.

**현경**  월간 여성 기자가 지현이 조사하는 전화 니가 받았잖어..

**유자**  그래 내가 받었어.(지현 들어오고 두 사람 아무 상관없다)누가 알아봐 달란다구 해서 전화 가르쳐 줬어. 가르쳐 주면서 약혼한 애니까 꿈깨라 소리두 했어. 그게 다야.

**현경**  그게 다 아닌 것같으니까 말이지 지금.

**지현**  (오버랩)현경아 왜 그래.

**유자**  (현경에 연결)다 아니면 글쎄 뭐가 있다는 거냐구.

**현경**  (오버랩)너 여기서 지현이 봉변 당하는 거 목격했잖아.

**유자**  세상에 기막혀.나만 목격했니? 너 없었어? 그리구 너는 나 이전에 벌써 속속들이 다 알면서 나한테는 자물통 채우구 있었잖아. 아는 걸루 치면 너지 어떻게 나야. 야 나현경.입은 니가 놀려놓구

40

나한테 뒤집어 씌우는 거 아냐?

**현경**  머머머머머

**지현**  (오버랩)그만해. 챙피해 죽겠어 그만들 해. 너 왜 그래. 안 했다면 믿어야지 친구끼리 이게 뭐야.

**유자**  (오버랩/갑자기 서러워지며)정말 너무한다 늬들/사람을 어떻게 이렇게까지 바닥을 만드니/(지갑과 메모 노트 챙기는)

**지현**  (오버랩)너 사과해.

**현경**  아니면 그만이구.

**지현**  그런 사과가 어딨니. 너 못됐다 진짜. (화내는데)

**유자**  (횡하니 나간다)

**S# 작업실 로비**

**유자**  (승강기에서 내려 공중전화로 뛰는/수첩에서 번호 챙겨 전화)…(기다렸다가)한 선배 이게 뭐에요. 언니만 알구 먹어버리라구 했는데 그걸 퍼뜨리면 어떡하냐구요!…(듣다가)한 사람한테는 왜 얘기해요! 이 바닥 몰라요? 한사람이 새끼쳐서 지금 박지현한테 기자들 달라붙었다구요. 환장하겠어 정마알! (정말 속상해서)

**S# 작업실**

**지현**  ….(커피 마시며)

**현경**  (컴퓨터 의자에 뿌우우)….아닌가?

**지현**  ….(보다가)너 진짜 정식으루 사과 해. 나같으면 그런 말 듣구 너 가만 안둬.

**현경**  ?(문득 지현 보며)얘기하다 말구 왜 피하지? 쟤 진짜 아냐? (에서)

**S# 헬스클럽**

**종혁**  (운동하고 있는데)

**직원**   (와서 누군가가 찾는다는 전갈.)

**종혁**   (운동 중지하고 나간다)

**S#**  헬스장에 있는 커피숍

**종혁**   (와서 친구가 있는 자리로 와 앉으며) 또 뭐야.

**친구**   (스포츠지 기자/커다란 대봉투 꺼내 놓는다)

**종혁**   ?…이게 뭐야.

**친구**   봐.

**종혁**   ….(꺼내면 /파타야의 스냅들 몇 장)………

**친구**   지사원이니?

**종혁**   ….(보며)필름 어딨어.

**친구**   만만치 않아. 기집애가 간 크더라.

**종혁**   그래 얼마래.(에서)

**S#**  다시 헬스

**종혁**   (입 꽉 물고 눈 내리깔고 운동하고 있는)……

**S#**  종혁의 거실 2

**종혁**   (테이블 의자에 앉아서 타는 담배 손가락에 끼워둔 채/ 미동도 않고 눈은 착 내리깔고 있는)………(문득 몸 일으켜 전화 집어 든다)

**S#**  지현네 마루

　　　 E 울리는 전화벨

**초희**   (제 방에서 세탁할 것 구겨 들고 나오다가 받는다)네에 목장입니다아.

**종혁**   F 아 저 종혁입니다. 안녕하세요.

**초희**   어머나 종혁씨 안녕하세요.

**종혁**   F 지현이 있죠.

42

**초희**   아가씨 일찍 작업실 나갔는데요.

## S# 종혁의 거실 2

**종혁**   일요일인데요.

**초희**   F 일요일 따루 없잖아요. 일찍 나갔어요. 작업실로 해 보세요.

**종혁**   알겠습니다. 그러죠. 안녕히 계십시오.

**초희**   네에.

**종혁**   (끊고)·····

## S# 지현네 마루

**초희**   (전화에서 떨어지는데)

**지태**   (제 방문 열고 내다보며)뭐래.

**초희**   아가씨 찾아요.

**지태**   뭐라면서 찾아.

**초희**   그냥요···작업실로 하겠지 뭐··(하며 욕실 쪽으로)

## S# 종혁의 거실 2

**종혁**   ···(새 담배에 불붙이는)·····

## S# 작업실

**지현**   (긴 소파에 두 다리 올려 두 팔로 감싸 안고 무릎에 턱 올리고 앉아)·······

**현경**   (컴퓨터 두드리고 있다가 문득 돌아본다)·····뭐해.

**지현**   ?···(보고)그냥 있어.

**현경**   일 못하겠지?

**지현**   (오버랩. 턱 떼면서)사진이 있다는 게 무슨 소릴까.

**현경**   괜히 찔러보는 거지 무슨 사진야. 수법야 수법.

**지현**   (오버랩)터져버리면 어떡하지?

**현경**   (오버랩의 기분/일어나며)걱정하지 마. 안 터져. 니가 무슨 가수 탈랜트두 아니구 송기자 걔두(지현 쪽으로) 확실하게 잡히기 전에는 가볍게 기사화 못한다 그드라. 종혁씨 집안두 의식 안할 수 없대. 잘못 건드렸다 큰 코 다칠수도 있다는 거 알드라구.

**지현**  (안 보는 채)어디서 나간 걸까.

**현경**  (앞에 푹 앉으며 오버랩)유자 거나 아니면 그 이모라는 무식한 아줌마거나 둘중에 하날 거야. (지현/본다)그 아줌마가 했을 수도 있어. 아무 신문이나 잡지에 전화해서 떠들었을 수도 있다구.

**지현**  무슨 목적으로.

**현경**  너 죽이자는 목적.

**지현**  그건 너무 비약인거 같다. (일어나 냉장고 쪽으로 가며)나 죽이려면 자기 조카두 다쳐야 하는데?

**현경**  신경 쓰여 일 안되지…종혁씨 알면 어떡하니 야단이다.

**지현**  (물병 꺼내며)그 사람두 그 사람이지만 우리 아버지…아마 자결하실 거야.

**현경**  죽어두 아니라구 펄펄 뛰어야지 뭐. 니가 먼저 자결한다구 길길이 뛰면 돼.(하는데)

**유자**  (들어온다)

**지현 현경**  (돌아보고)

**유자**  (두 손 허리에 대고)나현경 너 사과해. 아니면 나 작업실에서 철수할 거야.

**지현**  유자야(오버랩)

**유자**  (오버랩)머리 털나구 이런 모욕은 처음이야. 딴 건 다 참을 수 있어. 그런데 친구 팔아먹었다 그러는 건 못참아.

**지현**  (오버랩)유자야 현경이는

44

**현경**  (오버랩)아니면 됐어. 내가 잘못했어.(일어나며)정식으로 사과 하게.(유자 앞으로) 없었던 일로 하자. 마음에 담아두지 마. 미안해. 철수까지 할 거 없어. (허리에 대고 있는 유자의 한쪽 팔 툭 쳐 떨어뜨리며) 잊어버려 오케이?(하고)누구 초콜렛 먹을 사람.(라면 있는 곳으로)

**유자**  ....(현경 보며/ 분이 그래도 안 풀리고)

**지현**  (유자 팔 잡아 소파로 끌며)육부서부터 십부 까지 플롯 좀 봐줘 유자야. 니가 한번 걸러 주는 게 훨씬 낫드라 응?(에서)

## S#  종혁의 거실 2

**종혁**  (파타야 사진 보고 있는 중)......(오히려 담담한)....(어느 순간 불끈 일어나 파쇄기 쪽으로 가서 스위치 넣고 한 장씩 파쇄기에 밀어 넣는다)....

## S#  작업실 빌딩 로비

**지현**  (승강기에서 내리는데)

**종혁**  (나서듯 하며)방해해서 미안해.(하며 팔 가볍게 잡고 현관 쪽으로 움직이며)한참 달리고 있는 중이었나?

**지현**  그냥 민기적거리고 있었어요. 그런데 다른 일 없어요?

**종혁**  당신하구 일박이일 잡아 놨다 펑크났잖아. 할 일 아무 것도 없어.

## S#  근처 카페

**종혁**  (지현 데리고 들어오며)점심은.

**지현**  라면들 먹었어요.

**종혁**  다 나와 있는 거야?

**지현**  다요.

**종혁**  (지현 앉게 의자 조금 빼주면서)일요일도 없이 굉장들 하군.

지현  (앉으면서)집에 있는 거 보다는 나와서 책이라도 보는 게 나
     니까..

종혁  (앉으며)당신두 라면 먹었어?

지현  그럼요.

종혁  (오버랩의 기분)원고 잘 써진다고 했지.

지현  지금까지는요.

종혁  (오버랩의 기분)칠월까지 탈고하면 된댔지.

지현  왜요?

종혁  아직 시간 충분하지.

지현  왜 그러는데요.

종혁  오늘 넘기고 다음 일요일 넘겨서 그 주 중반 쯤 식 올리자.

지현  ?..

종혁  (웃으며)미련하게 당신 탈고 때까지 기다릴 필요가 없겠어.

지현  (오버랩)갑자기 왜 그러는 거에요?

종혁  연기한 이유가 뭐야.당신 일때문이잖아. 일만 하게 해주면 굳
     이 연기할 필요/ 없는 거잖아.

지현  (무슨 말인가 하려는데)

종혁  (연결/계속)아버님께도 당신 새 일거리 맡아 하는 중이라고 말
     씀드렸구 어머니두 아셔.이미 시작해서 하구 있는 일 중단하라구
     는 안하실 거야. 그러니까 시작한 일 마무리까지는 하게 해주십시
     오 말씀드리고

지현  (오버랩)그러면서까지 서둘 필요가 어딨어요.

종혁  ....(보는)

지현  9월을 한 달쯤 당기는 건 모르지만 결혼하고 작품 쓴다는 건 무

46

리에요. 우리끼리만 사는 것도 아니고

**종혁**  (오버랩)양해해 주시면 돼.

**지현**  양해해 주신다구 해두 알다시피 자는 시간 일어나는 시간 내
　　　멋대로에요. 성북동 들어가서 그럴 수 없잖아요.

**종혁**  (무슨 말인가 하려는데)

**지현**  E (계속/연결)그리구 작품 다 쓸때까지 봐주세요

**지현**  (연결)그러기 싫어요. 어른들께 내 일이 뭐가 그렇게 대단하시
　　　겠어요. 일 끝내 놓고 해요.어차피 그러기로 한 건데 새삼스럽게

**종혁**  (오버랩)기다리기 지루해졌어.

**지현**  …(보는)

**종혁**  입 한 번 맞출래도 눈치 봐가며 사정해야 되구 내가 뭐하구 있
　　　는 놈인지 모르겠어.당신 절대 여지 안 주잖아.

**지현**  그것 때문에란 말이에요?(좀 기막혀서)

**종혁**  그것도 중요한 문제야.

**지현**  (오버랩의 기분)종혁씨

**종혁**  (오버랩)당신 빨리 내 집에 갖다 놔야겠어.

**지현**  불가능해요‥

**종혁**  (오버랩)세상에 불가능한 일은 없어.

**지현**  그건 일을 포기하라는 말이나 같아요.

**종혁**  포기해주면 더할 거 없이 좋구.

**지현**  ?

**종혁**  그렇지만 당신 목숨 걸구 있는 일이니까 포기하라구는 안해
　　　‥ 그러니까 결혼해서 들어와 마무리 해. 다다음주 중반으루 생각
　　　해 둬.

**지현** (골나기 시작하면서 오버랩)한번 연기해 줬으면 그때까지는 그대로 놔 둬 줘야지 이게 뭐에요. 종혁씨 기분에 따라 이랬다 저랬다/나는 지금 결혼 같은 건 염두에두 없단 말이에요. 당연히 7월 뒤로 생각하고 있는데 갑자기 다다음주라니/ 원고 스케줄 다 엉망 되구/결국은 덮어버리라는 말루 밖에 안 들리는데/나 덮을 수 없어요. 이일 꼭 해야 한단 말이에요.

**종혁** (조금 딱딱해지며)덮으라고 안했어. 들어와서 하란 말야. 할 수 있게 내가 해결해주면 되잖아. 나 믿고 들어와.그일은 깨끗하게 끝낼 수 있게 할 테니까.

**지현** 생각하는 것처럼 그렇게 단순하구 쉬운 일 아니에요. 하루 스물 네시간/ 자면서까지 작품 생각만 해도 나는 능력없어서 부족한데 성북동 들어가 어떻게요. 아무리 봐주신대두 기본적으로 해야 할 일은 있을 거구 /아무리 뻔순이라 그래두 어떡하란 말이에요.나한테 왜 그렇게 힘든 출발을 시킬려구 해요. 이해할 수 없어 정말.(고개 옆으로 돌리며 속상해서)

**종혁** ......(보며)

**지현** ...(그대로)

**종혁** 그만 말하구 그러겠다구 해.

**지현** ?(돌아보며 비위가 상한다)

**종혁** 해로운 짓 하자는 거 아냐. 나는 당신하구 평생을 함께 할 사람이구 나한테 당신은 나 다음으로 중요한 사람이야. 이러구 있는 게 불필요한 시간 낭비라는 생각이 들어. 될수 있는대로 편하게 일하도록 해줄테니까...반발하지 말고 얘기 끝냅시다..

**지현** 그건 그냥 말 뿐이지 절대로 결혼 전 하구 다를 거에요. 일 못

48

해요.

**종혁** 해보지두 않구 단정짓지 마. 아버님 출근하시면 곧장 작업실 나가서 오후 다섯시까지 일하구 들어오면 되잖아.

**지현** 누가 좋아하시겠어요.어머님이 좋아하시겠어요?

**종혁** 그거까지 책임지라면 그건 자신 없어. 그 정도는 당신두 감수 해야잖아.

**지현** 연기한대루 일 끝내놓구 하면 될 걸 무슨 이유로

**종혁** (오버랩)하루라도 빨리 당신하구 한 집에서 살고 싶어졌어. 이 상 더 확실한 이유가 어딨어.

**지현** ....(보며)

**종혁** ....(보며)

**지현** (외면하며)생각해 볼께요.

**종혁** 당신 생각 필요없어.

**지현** ...(보다가)종혁씨 혼자하는 결혼 아니에요. 나두 결혼하는 본인 인데 어떻게 그런 식으로 말해요?

**종혁** 당신생각 필요없어./하는 거야.

**지현** ...생각해 볼 거에요.(에서)

**S# 작업실**

**지현** (들어온다/아무도 없다.)

　　　[소자품 놓고 컴퓨터 테이블로 가다가]

　　　[지현의 화면에 붙어 있는 메모/]

　　　[아무것도 되는 거 없어 일찍 들어간다. 내일 보자. 현경]

**지현** (메모 떼면서 의자에 앉는)·····(앉아서 무릎 내려다보며 있다가 고 개 들어 천장 보는/이 일 저 일 골 아파죽겠다)·····(그래도 어쨌든 일은 해

야지/자세 바로 잡고 컴퓨터 켜고 작업 시작)

**S#  민경의 거실**

강욱    도저히…여지가 없이 완강하셔서…그냥 올라 왔습니다…죄송합
        니다.

서여사  (오버랩의 기분)알았네…자네 벌써 어젯밤에 전화루 통고했
        잖아. 안되면 할 수 없는 거지 뭐. 나 좋자구 하겠던 일두 아니구 밥
        이래두 제대루 얻어 먹구 출퇴근하라구 들어오라 그랬던 건데/··
        들어오기 싫다는데 어쩌겠나.

민경    이서방이 들어오기 싫다는 거 아니잖아요.

서여사  그게 그거지 뭘 그래.지가 들어오기 싫으니까 딴 핑계 대는 거
        지.(하며 일어선다)

강욱    …(일어서며 장모 보고)

서여사  (그냥 들어가고)

민지    (앉아서 잡지 뒤적이다가)잘했어요 형부. 여기 들어오는 거 아니
        에요.

강욱    (민지 돌아보는데)

이모    (일어나면서)이서방 저녁 먹구 갈 거지?

강욱    아니 저

민경    (오버랩)(일어나며)아니에요 이모. 우리 나가서 먹을래요.

이모    집에서 먹지 왜 나가아.

민경    (강욱 팔 끼며)나갈래요.올라가자. 민지야 우리 커피 좀 주라. (움
        직이며)

민지    알았어.(일어나고)

이모    느 엄마 기분은 늬들이 잡쳐 놓구 바가지는 날더러 쓰라구?

50

**S# 민경의 방**

**민경** (앞서 들어오며)우리 엄마 당분간 껄끄러울 거야. 많이 실망했
나봐.

**강욱** (들어오며 그냥 쓴웃음)

**민경** 아버님 어머님/우리 이상한 집안이라 그러시지.(의자로 가며)

**강욱** (움직이며)그냥 덮어놓구 싫으신 거야…

**민경** 우리 엄마 건강이 불안하다는 말씀은 드렸니?(앉으며)

**강욱** (앉으며)상관없으셔.엎어지면 코가 느네 집 문지방에 걸쳐질
텐데 그만큼 가까웠으면 됐지 뭘 더 바라냐는 말씀이니까.

**민경** 하긴 그래·· 니가 최선 다했을 거 믿어.

**강욱** 담배 펴두 되지?

**민경** 엉.(탁자 밑에서 뚜껑 있는 재떨이 꺼내 놓으며)낮에 아파트 갔다
왔어.

**강욱** ··그래?(담배 꺼내며)

**민경** 도배 장판하구 청소 싹 해 논지 얼마 되지두 않았는데 벌써 먼
지가 장난 아니드라. 창문두 단단하구 먼지 들어올 데 없을 거 같
은데 말야.

**강욱** 우리가 먼지 속에서 사는데 뭐.(담배 피워 물면서)…

**민경** 여행은 생략하자.

**강욱** ····(보는)··왜.

**민경** 나중에 가지 뭐····나중에 얼마든지 갈 수 있잖아… 이강욱 선생
외도때매 여행이라는 글자 자체가 끔찍하구····암튼 가기 싫어. 가
지 말자.

**강욱** 좋두록 해.

**민경** 아 잠깐…(하고 일어서 핸드백 있는 곳으로 가 봉투 꺼내 들고 와서 내밀며)니가 민지 준 거…준비해 뒀었어. 갚았다.

**강욱** 안 갚아두 돼.

**민경** (탁자에 놓으며)돈벌이 같이 하는데 왜 너한테 바가지 씌워.내 동생 일이구.

**강욱** 나오는데··(오버랩)우리 엄마 걱정하시더라. 너 섭섭해 할 거라구. 전화드리면 좋아하실 거야.

**민경** 알았어.이따 밤에 하께.(민지 들어온다)

**민경** 옅게 뽑지 왜.

**민지** 알아서 했어.(찻잔 놓으며)근데 형부 왜 그렇게 기운이 없어 보여요?

**강욱** 나?

**민지** 네.

**강욱** 글쎄?

**민경** 언젠 니 형부가 뭐 펄펄 기운찬 사람이었니?

**민지** 그렇진 않지만 그래두 뭔가 안되는 일 있는 사람처럼 그렇진 않았잖어.

**강욱** (오버랩)지금 내가 안되는 일 있는 사람처럼 보여?

**민지** 네.

**강욱** 안되는 일 있지이. 청주 갔던 일 잘 안됐으니까.

**민지** 그건 잘된일루 풀어야죠오.(문으로 가며) 형부 진짜 운수대통한 거에요.

**강욱** ··(좀 웃고 찻잔 들어 마신다)

**민경** ····(보다가 찻잔 들며)내일 웨딩드레스 마지막 가봉 간다 그랬어.

**강욱** ?…그래?

**민경** 너 턱시도우 가봉 왜 안오냐구 연락 왔드라.

**강욱** 아…그거 해야지 참….

**민경** 예식장 데코레이션 결정두 해야하구 이것저것 나는 좀 바쁘겠어. 병원 세시까지만 봐야겠어.

**강욱** (끄덕이며)환자들한테 좀 미안하겠다.

**민경** 너 정말 기운이 너무 없어 보인다….

**강욱** ?…아닌데..

**민경** 나 걔 어디서 봤었나 생갔났어.

**강욱** ?

**민경** 너 여행에서 돌아와 우리 연극 구경 갔었지 왜. 엄마 응급실 실려 갔다구 중간에 나 먼저 일어났던 날.

**강욱** (그냥 마신다)

**민경** 화장실에서 걔 잠깐 봤었어. 너 화장실 밖에 세워놨었는데 느이들 그날 봤었지.

**강욱** …..(안 보며)

**민경** 나보다 걔가 늦게 들어왔었구/ 볼일 보구 나 나갔을 때 너 거기 그냥 있었어.안 볼래야 안 볼수 없었을 거야…봤지.

**강욱** 그래. 봤었어..

**민경** 그렇다구 생각했었어…극장에 도루 들어왔니?

**강욱** 아니.

**민경** 그럼.

**강욱** 그냥..연극은 그걸루 끝이었어.

**민경** (오버랩)오피스텔루 들어가진 않았잖어.

**강욱**  민경아.

**민경**  (오버랩)너 밖에 있었어.

**강욱**  그만하자 응?

**민경**  ....

**강욱**  그만하자구. 지겹잖아.

**민경**  줄곧 어디서 봤는데 어디서 봤는데 그랬거든.(일어나 가벼운 코트 꺼내면서) 어디서 봤을 수가 없다구 생각해서 그만 뒀었는데 아까 이 닦다가 갑자기 생각났어.(입으면서)나 손 씻는데 거울 속으로 걔가 나를 빤히 보구 있었어.그러니까 그때 걔는 벌써 나를 알고 있었던 거였더라구. 맞지?

**강욱**  (찻잔 놓고 일어서며)뭐 먹으러 갈까.

**민경**  (오버랩)오피스텔로 가자. 너 안구 싶어.

**강욱**  ··(보며)

**S# 거실**

**종혁**  (내려오는데)

**최회장**  (서재에서 나오고)

**종혁**  (조금 뒤로 물러서듯 하고)

**최회장**  (앞서고)

**종혁**  (따른다)····

**S# 식당**

　　　[들어오는 부자.]

**노여사**  (제천댁과 상차림 하면서)어서 오세요 회장님.

**최회장**  (의자 빼며)생선회 떠 왔어?

**노여사**  좋은 게 들어왔대서 보내라구 했지요. 좋아 보여요. 많이 드

54

세요.

**종혁**   (앉고)

**최회장**   (생선회 한 쪽 집어 들며)괜찮아 보이는군.

**노여사**   (앉으며/고추냉이 간장 만들면서)초밥을 좀 만들어 볼까하다 가 그만 뒀어요.

**최회장**   왜 그만둬.

**노여사**   내가 열이 좀 있는 거 같아서요.

**최회장**   왜 열이 있어.

**노여사**   글쎄 감기가 올라는지 좀 그러네요. 얘 회 먹어.

**종혁**   네.

**최회장**   시원찮으면 전화넣구 가봐.감기는 애저녁에 잡아야지 당신 주사 안 맞아뒀어?

**노여사**   맞어두 소용없습디다.작년에 보니까.

**최회장**   무슨 소리야 훨씬 가볍게 넘어가드구먼. 밥 먹구 느이 어머 니 데리구 민 박사한테 갔다 와. 전화 먼저 드리구.

**종혁**   네.

**노여사**   필요없어필요없어. 따뜻한 물 자꾸 마시면서 쉬면 돼. 병원 갈 정도 아니야.

**최회장**   늙은이 감기루 죽는다아아.

**노여사**   나 죽을 날 알구 있으니까 걱정 말아요.

**최회장**   까불지 말구.

**종혁**   진지 드시구 난 뒤에 드릴 말씀이 있습니다 아버님.

**최회장**   ?…뭔데.(에서)

**S#**   거실

**최회장** (들고 있던 찻잔 놓으며) . 해두 되겠다 싶게 여유가 생겼고 하고 싶거든 해. 적재적소에 인재 박아 놨겠다 크게 걱정할 일은 안 생기겠지.(하는데 노여사 과일 그릇 들고 온다) 이 녀석 미뤘던 결혼/ 이제 찾아먹겠다는데?

**노여사** 그래애?

**종혁** 네. 이제 해두 되겠어서요.

**노여사** (오버랩)아이구 얘 그래 잘 생각했다. 할 건 제대루 했어야지. 이제 사둔 댁에두 덜 민망해두 되겠다. 해 치우자 잘 생각했어.과일 드세요.

**노여사** 으음.(받는데)

**종혁** 그런데 한 가지 양해 해 주셔야 할 게 있어요. 그 사람 새 일거리 맡았다는 말씀 드렸죠.

**최회장** 그래.

**종혁** 칠월에 끝낸대요.그때까지는 지금처럼 작업실로 출퇴근하라고 했는데/그 사람 아버님 어머님 걱정을 많이 해요. 허락 하시겠느냐구요.

**노여사** 그거야(허락할 생각)

**최회장** (오버랩)거 뭐 대단한 일이라구 시집 와서까지 한다는 거야. 딴 사람 줘버리구 들어오면 되잖아.

**종혁** 제가 그렇게 만들구 싶지를 않아요 아버지. 책임감 있는 사람이에요. 오랫동안 하고 싶어했던 일이고/ 방송국하고 약속두 있는데/ 작품 벌써 삼분지 일은 넘어갔대요. 대본 좋다구 아주 만족해 한 대요. 그런데 제가

**최회장** (오버랩)길 거 없다. 그러니까 칠월까지는 출퇴근하게 내버

56

려 둬 하던 일 마저 끝내게 해 주자 그말 아냐.

**종혁**   네. 그렇습니다.

**최회장**   그거 우리 집안 며느리 아니다. 약혼하면서부터 일들 다 놓구 신부수업해서 시집들 왔어 모두.

**종혁**   알고 있습니다.

**최회장**   당신 어때.

**노여사**   글쎄요…작은 집들이 뭐라구들 하겠지요?

**S#** 운전하는 지현/(밤)

　　　E 전화벨

**지현**   네에.

**종혁**   F 어디야.

**지현**   들어가는 길이에요.

**종혁**   F (오버랩의 기분)아버님 어머님 양해 하셨어. 다다음주 중반이야. 집에 들어가 말씀드려. 새삼스럽게 준비에 바쁠 건 없잖아.

**지현**   (오버랩)일방적으로 그러지 좀 말아요.

**S#** 종혁의 방

**지현**   F 아무리 생각해두 그렇게는 안되겠어요. 작정하구 당긴다면 오월 하순 쯤이면 어떻게 해보겠어요.

**종혁**   (오버랩)그때까지 안돼. 다다음 주야.

**지현**   F (오버랩)그렇게 안돼요. 말두 안되는 억지에요.

**종혁**   지금 어디야…지금 어디야!

**지현**   F 집에 가는 길이라구 했잖아요. 집으로 가고 있어요.

**종혁**   시내야?

**지현**   F 벗어나고 있어요…

**종혁**　(오버랩) 좋아 가다가 우측으로 첫번째 음식점 주차장에 들어
　　　가 있어. 그 자리에 꼼짝 말고 있어.

**지현**　F 종혁씨

**종혁**　(오버랩)움직이지 마. 꼼짝 마.(하고 끊으며 움직이는)

**S#  지현의 자동차 안**

**지현**　(끊긴 전화 들고 황당해서)……(기막히고 약 오르고 불쾌하고/··그
　　　러나 별수 없이 차선 바꾸기 시작하는)

**S#  우측 어느 식당 주차장에 대어져 있는 지현의 자동차(밤)**

**지현**　(캔 커피 마시면서 서성거리고 있다)……

　　　[라이트 휘번덕거리며 들어오는 종혁의 자동차.]

**지현**　….(돌아보는)

**종혁**　(차에서 내려 문 닫고 지현의 옆으로 와 선다)…

**지현**　….(보며)…

**종혁**　한번만…이번 한 번만 순순하게 하자는대루 따라 올 수 없니?

**지현**　(무슨 말인가 하려는데)

**종혁**　지금까지는 당신 의사 묵살한 적 없어.번번이 따라가 줬어. 한
　　　번이야. 이번에는 내가 하자는 대로 해. 이의 달지 마. 토달지 말구.

**지현**　…..(보며)

**종혁**　우리 둘 위해서 이러는 거야. 나를 믿어. 해로운 짓 절대 안해.

**지현**　왜 그래야 하는지

**종혁**　(오버랩)말할 수 없어. 말하기 싫어.

**지현**　….(말끄러미 보며)

**종혁**　나중에 한참 뒤에 얘기해 주께.얘기할 수 있을 때 말해줄테니까

**지현**　(오버랩)그러니까 그래야 하는 이유가 따로 있기는 있는 거군요.

**종혁**    ·····(보며)

**지현**    그게 뭐에요?

**종혁**    묻지마··(보며)

**지현**    뭐죠?

**종혁**    알려구 들지 마!

**지현**    알기 전에는 동의할 수 없어요.

**종혁**    (손이 냅다 치켜들어진다)

**지현**    ?

**종혁**    ····(손 떨어트리는)

**지현**    ?···

**S#**  오피스텔

　　[침대 위에서 마주 앉아 부드럽게 키스 나누는 강욱과 민경··· 붙였다 떼었다를···한 번···두 번···]

**강욱**    (세 번째 시도하는데)···

**민경**    그만하자··(시선 내린 채)

**강욱**    ···(보며)

**민경**    애쓰는 니가 안쓰러워··(쓴웃음)···

**강욱**    아냐 그렇지 않아.(민경 턱 올리려 하며)

**민경**    (피하며)괜찮아···(강욱 손 잡아 내리며)자연스럽지 않은 건  고통이야···자연스럽게 안아질 때까지 기다리자·····시간 많은데 뭐··· 안그래?

**강욱**    ·····(보다가 안아준다)····

**S#**  작업실

**종혁**    ·····(소파에 앉아 있고)

**지현**   ….(싱크대 쪽에서 물 따라 들고 종혁의 앞에 가 놓고 마주 앉아 보는)…

**종혁**   (안 보는 채)…

**지현**   물 달랬잖아요.

**종혁**   (보며 오버랩)파타야에서 어떤 남자하구 같이 다녔지.

**지현**   ?…..

**종혁**   성형외과의 라면서.

**지현**   (무슨 말인가 하려는데)

**종혁**   (오버랩)별거 아닌 거 알아. 변명할 필요두 없어. 그런데 누군가 당신을 알아 본 사람이 있구 사진두 몇장 찍어 왔어. 스캔들이 돼버리면 당신두 나두 우리 집안두 당신 집안두 우스꽝스러워져. 결혼 밖에는 막을 방법이 없어. 내일 날짜 박아 홍보자료 내라구 지시할 거야.

**지현**   …..(보며)

**종혁**   이제 납득이 돼?

**지현**   (무슨 얘긴가 하려는데)

**종혁**   (오버랩)당신 얘기 필요없어. 입다물고 가만 있어. 아무 것도 안 물을 거구 아무 것도 듣고 싶지 않아. 최악이래도 상관없고/ 나는 당신을 놓고 거기까지 상상하지는 않아. 그건 당신을 선택한 나 자신에 대한 모욕이기도 하니까.

**지현**   ….(보는)

**종혁**   문제 안 삼아. 그러니까 결혼으로 끝내버리자구.

**지현**   …..

**종혁**   이 얘기 끝까지 안하구 싶었어. 당신 정말 고약한 여자야 알아?

**지현**   (시선 내리며)미안해요…

60

**종혁**  ⋯⋯(보며)

**지현**  알았어요⋯⋯ 해요⋯

**종혁**  ⋯⋯⋯

# 제13회

**S#  작업실-12회 끝부분**

**종혁**  (오버랩)별거 아닌 거 알아. 변명할 필요두 없어. 그런데 누군가 당신을 알아 본 사람이 있구 사진두 몇장 찍어 왔어. 스캔들이 돼버리면 당신두 나두 우리 집안두 당신 집안두 우스꽝스러워져. 결혼 밖에는 막을 방법이 없어. 내일 날짜 박아 홍보자료 내라구 지시할 거야.

**지현**  .....(보며)

**종혁**  이제 납득이 돼?

**지현**  (무슨 얘긴가 하려는데)

**종혁**  (오버랩)당신 얘기 필요없어. 입다물고 가만 있어. 아무 것도 안 물을 거구 아무 것도 듣고 싶지 않아. 최악이래도 상관없고/ 나는 당신을 놓고 거기까지 상상하지는 않아. 그건 당신을 선택한 나 자신에 대한 모욕이기도 하니까.

**지현**  ....(보는)

**종혁**  문제 안 삼아. 그러니까 결혼으로 끝내버리자구.

62

**지현**    .....

**종혁**    이 얘기 끝까지 안하구 싶었어. 당신 정말 고약한 여자야 알아?

**지현**    (시선 내리며)미안해요…

**종혁**    ....(보며)

**지현**    알았어요…… 해요…

**종혁**    .....

**지현**    (시선 들면서)그런데 /··정말 궁금한 거 없어요? 내 얘기 정말 안 필요해요?

**종혁**    (오버랩)필요없어.

**지현**    정말 그냥 이대로/아무것도 더 알 필요없이 결혼하면 된다 구요.

**종혁**    맞아. 식 올리면 돼.

**지현**    (오버랩)종혁씨 나요

**종혁**    (오버랩)알고 싶지 않다구 했어. 정직한척 하지 마. 당신 혼자 알 고 있는 걸로 끝내고 말아.

**지현**    (무슨 말인가 하려는데)

**종혁**    (연결)혼자하는 여행에서 말친구 생길 수 있어. 그게 여잘 수도 있고 남잘 수도 있어. 하루 이틀 같은 코스 돌아다니면서 남녀로 보 일 수도 있구/ 운 나쁘게 당신이 누군지 아는 사람 눈에 띄어 카메 라에 찍혀서 나한테까지 온 거야. 문제 안 삼아.

**지현**    …(보며)

**종혁**    (일어서며 좀 눙쳐서)일어나자.

**지현**    ....(올려다보는)

**종혁**    일어나자구.

**지현**　(일어나 의자 빠져나오는데)

**종혁**　(지현 양어깨 가볍게 잡으며)내일 시간내서 어머니 찾아 봬. 하던 일 마무리하게 해주셔 감사하다는 인사 빼먹지 말아

**지현**　....

**종혁**　알았지.

**지현**　..알았어요.(에서)

### S# 작업실 지하 주차장

[나오는 두 사람. 종혁/지현의 어깨 안고 지현의 자동차 쪽으로 /]

**지현**　(키 꽂아 열고)

**종혁**　(문 열어주고)

**지현**　(타려는데)

**종혁**　당신 사랑해.

**지현**　(?돌아본다)

**종혁**　그리고 필요해.

**지현**　.....(보며)

**종혁**　평생 책임지고 보호할 거야.

**지현**　....(보며)

**종혁**　딴 생각하지 말구 운전만 열심히 해…타.

**지현**　(타고)

**종혁**　(문 닫아준다)…

**지현**　(시동 걸고)….(앞 보며)

**종혁**　…(조금 물러나주고)

**지현**　(출발한다)

**종혁**　….(지켜 보고 있다가 탁 돌아서 제 자동차 쪽으로 뚜벅뚜벅 걸어가

자동차로 오른다)

**S# 종혁의 차 안**

**종혁**   (차에 올라 잠시 있다가 담배 꺼내 물고 불붙여 물고 시동 거는 데서)…

**S# 운전하는 지현**

**S# 집으로 들어오는 지현의 자동차**

**S# 집 앞마당**

**지현**   ….(자동차 세우고)….(등받이에 기대면서 착잡하기 짝이 없는)……
…(그러고 있다가 맥없이 내리는데)

**S# 마루**

**지현모**   (다 먹은 밥상 거두는 중/진이 초희 쟁반에/엄마는 그릇들 얹어주
고 하면서/화면 시작과 동시에)다 잊어버리구 있다가 갑자기 꽁지에
불붙게 생겼네. 당신은 우선 내일 일찍 나가서 돈 묶어논 거 풀
어갖구 오셔야 하구요.

**지현부**   (오버랩의 기분)알었어. 그래야지.

**지현모**   안 헷갈리게 전부 다 십만원짜리로 해요. 오십만원 백만원짜
리 섞지 말구요.

**지현부**   알었어 해달라는대루 해 주께. 현식이 밥풀 줏어라. 거기 거
기 니 무릎 밑에 있잖어.(자기가 주워 올리며)마루가 배 고프대?그
래서 밥 먹였냐?

**현식**   제가 안 그랬는데요 할아버지.

**지현부**   인석아 니 자리 아래 떨어졌으면 니가 흘린 거지 누가 흘린
거야.

**초희**   (그동안 그릇 쟁반 부엌에 두고 행주 들고 나와 내밀며)어머니.

**지현모**   으 그래.(받아서 상 닦으며)사과 좀 깎자.

**초희**  진이 갖구 나오랬어요.

**지태**  한수야 난로 좀 구석으로 치워.

**한수**  네.

**지태**  나는 차 좀 줘.

**초희**  진이야 찻물 좀 올려어.

**진이**  E 네에에.

**지태**  난로 이제 그만 집어너두 되잖아요?

**지현모**  아이구 얘 아니야. 한 보름 뒀다 너두 돼. 봄날 춘 거 아실아
실 더 망했어.(진이 사과 쟁반과 접시 들고 나온다)

**지현모**  이리 내라.

**초희**  제가 하께요.

**지현모**  그래 그럼.

**초희**  (사과 쟁반 당기면서)아버지 어머니 이제 한걱정 놓게 생겨 좋
으시겠어요. 결혼 연기라는 게요 어머니 아무리 그럴듯한 이유를
갖다 대두 남이 보기에(하는데)

**지현**  (들어오며 오버랩)다녀 왔습니다아.

**초희**  아이구 아가씨 들어오네.축하해요 아가씨.

**진이**  (부엌에서 나오다)언니 축하해요.(초희와 함께)

**한수**  (아내와 함께)축하해요 누나.

**지현**  뭘 축하 받는 건데.

**지태**  (오버랩)최서방 연락했더라. 다다음주 중에 식 올리기로 했다
면서.

**지현부**  (오버랩)이리 와 봐. (지현 아버지 쪽으로)니 오래비가 전화 받
었는데 그냥 다다음주 중에 결혼식 하기로 했습니다 그러구 끊었

대. 우리 아는 거 그거 밖에 없어. 앉어 봐 어디.

**지현**  (앉으며)그거면 다죠 뭐.

**초희**  아가씨 미니 시리즈 못하게 됐죠. 그쵸.

**지현**  왜요.

**초희**  못하게 됐으니까 결혼하는 거 아니에요? 우리끼리는 그렇게 얘기 했는데 아니에요?

**지현모**  (오버랩)못하게 됐으면 어때. 오히려 나는 개운하다 얘. 잠 못자구 얼굴 꺼멓게 죽어가면서 아이구 그거. 나는 죄 많은 사람이 작가하는 거라구 생각하니까.

**지현부**  (오버랩)뭐가 틀어졌어?

**지현**  뭐가요.

**지현부**  뭐가 틀어져 못하게 됐냐 말야.

**지현**  못하게 됐다구 누가 그래. 원고 좋다구 얼마나 난린데 아부진.

**초희**  못하게 된 거 아니에요?

**지현**  이집 식구들은 나 안되는 거 빌구 있나봐. 아니에요.

**지태**  그럼 너 결혼식 전까지 끝낼 수 있단 말야?

**지현**  싸들구 갈 거에요. 싸들구 가서 칠월까지 작업실루 출퇴근 하면서 할 거에요.

**지태**  뭐야?

**지현부 지현모**  ? 으응?

**초희**  어머나·· 그래두 된대요?

**지현**  (일어나며)네에 그래두 된대요··

**지현모**  얘 지현아.

**지현**  (오버랩 돌아보며)됐어요 엄마. 봐주신다구 허락하셨다니까 걱

정할 거 없어요. 싸들고 오라니까 싸들고 가면 되구 ··죽든지 살든
지 하는데까지 해 보는 거지 뭐. 지금 밥 생각 없으니까 먹으라 그
러지 말구요 나중에 내가 찾아 먹을게··(하며 들어간다)

[잠시 사이 두었다가··]

**지현부**  (혼잣소리처럼)저건 하기 싫구먼 뭐.

**지현모**  그 일을 싸들고 시집가서 어떻게…

**지태**  싸들구 가긴 어딜 싸들구 가요. 포기해야지.(하며 일어서려는데)

**지현부**  (오버랩)야!

**지태**  ?

**지현부**  가만 있어. 아뭇 소리 마. 괜히 애 건드리지 말구 가만 내버려
둬.지가 알아서 하게 놔둬. 건드리지 마. 자극하지 마.

**지태**  (도로 궁둥이 붙이며)그 댁 들어가 일 못해요 아버지. 괜한 똥고
집이지.

**지현모**  (오버랩)저두 그거 아니까 저렇게 맥살이 하나두 없지.알 거
다 아는 애야 아뭇 소리 마 그래. 포기해두 지가 하게 모르는 척 해.

**지현부**  (엄마 보며 오버랩)갑자기 왜 변경이 된거야 그럼. 일이 없어
진 것도 아닌데…

**초희**  (오버랩의 기분으로) 신랑이 기다리기 지루했죠 뭐 어머니. 뻔
한 거 아니에요? 그러니까 에이 안되겠다 자기 부모님 설득해서/
일해도 된다/ 허락하시게 만들어서/ 하자/ 그런 걸루 답이 다 나
오네요 머.

**지태**  (오버랩)똑똑한 소리 그만하구 찻물 끓나 봐.

**진이**  (발딱 일어나며)제가 보께요.(에서)

**지현부**  재 모양 보니까 잘된 일 아닌거 같어.

**지현모**  글쎄 그게(하는데)

**지현**  (씻으러 나오는)

**지현모**  (얼른 입 다물며 다른 사람한테도 아무 말 하지 말라는 시늉)··

**지현**  (세면실로 들어가려다 문득 돌아보고)엄마 뭐하는 거유?

**지현모**  엉?··아니 뭐어.(에서)

**S# 종혁의 방**

**종혁**  (전화 중)내일 아홉시 반까지 내방으로 와. 준비해 노게. 두 말 못하게 깨끗하게 처리하고 영수증 확실하게 받아. 아냐 만약의 경우 위해서 반드시 받아 놔야 해. 그리고 입조심 확실하게 시켜. 입 잘못 놀렸다가는 감당할 수 없는 일 당할 수도 있다는 느낌을 줘 노라구····또 하나 너두 알아두고 그쪽에도 주지시켜야 할 건/절대 무슨 약점이 있기 때문에 필름 회수하는 거 아냐. 그냥 여행지에서 만난 같은 나라 사람하구/ 잠깐 얘기 좀 했을 뿐이래. 지현이 작가야. 성형외과 의사라고 해서 취재 겸 이것저것 궁금한 것 좀 묻고 그게 다래. 그러니까 약점있을 거 없어. 알았지··· 부탁한다. 그래···그래 너한테 맡길게. 음···그래 끊는다.(끊는데)

**S# 지현의 방**

**지현**  (침대에 천장 보고 누워 있는)······(문득 불끈 일어나 컴퓨터 책상으로 가 앉아서 컴퓨터 켜고 기다렸다가 쓰기 시작하는데)

　　E  땡똥 하면서 메일이 왔다는 글자가 뜬다

**지현**  ····(읽기 클릭하면)

**S# 화면의 글자들**

　　고향에 다녀왔습니다.

　　일은 잘 되고 있는지요.

봄볕이 화사한 길을 달리면서 나의 비겁함을 탄식했습니다.

좋은 글 쓰십시오.

**지현**　.....

F.O

## S# 성북동 전경(아침)

## S# 성북동 거실

[앉아 있는 회장 부부와 지현]

**최회장**　(출근 차림/제천댁 차 내는 것과 상관없이/화면 시작과 동시에) 그래서 그 일은 무슨 일이 있어도 꼭 마쳐야 한다는 거냐?

**지현**　네/

**노여사**　(남편에 연결)그렇게 하라고 허락하셨지 않아요.

**최회장**　(오버랩)공연한 일거릴 맡었다. 허락은 했지만 탐탁치는 않아. 이름 내 걸구 하는 일/잘해야 본전이고 못하면 흉꺼린데 뉘 집 며느리 이러쿵저러쿵 앞소리 뒷소리 지껄이는 게 나는 싫어. 보자니까 너는 글쟁이가 꿈이자 목표였던 아이 같은데 그깟 허명은 얻어서 뭘 거냐. 니가 노벨 문학상을 타는 글쟁이가 된대도 나는 반갑지 않은 사람이야. 이미 시작한 일이라니까 마무리까지는 용인했다. 가능한한 빠른 시일 안에 종결 짓도록 해라.

**지현**　..네..

**최회장**　(일어나는)

**노여사**　(일어서며/지현도 따라 일어서는)나가시게요?

**최회장**　...(그냥 의자 빠져나가는)

**노여사**　몇시까지 준비하고 있을까요.(따라 나가며)

**최회장**　집에서 점심 먹을 거야.

**노여사**   아이구 그래요?

**최회장**   냉면이나 말어봐.

**노여사**   그러지요 알었어요.

**최회장**   (현관으로 나가고)

**지현**   (목례)

**노여사**   다녀 오세요.(하고 남편 나가자 소파로 움직이며)오후에 늬 아버님하구 포천 우리 친정 부모님 산소 다녀오기루 했다.

**지현**   …(따라 움직이며 잠깐 보는)

**노여사**   일년에 한두번은 데리구 가 주신단다.앉거라.앉어서 우리 차 마시자.

**지현**   네..(노여사 앉으면 앉는다)

**노여사**   (찻잔 들면서)그래 지금까지는 작업실에는 대충 몇시까지 나갔었니.

**지현**   지금까지는 일정하지 않았어요…일찍 나갈 때도 있구 늦을 때도 있구…어떤 날은 안 나가구 집에서 일하기두 하구

**노여사**   (오버랩)얘 그건 좀 곤란하겠다. 느이 아버님 제일 싫어하시는게 바로 이랬다 저랬다 되는대로 하는 거야. 너 그러면 안돼. 처음부터 아예 나가는 시간 들어오는 시간 딱 정해서 내놓고/ 그 시간은 무슨 일이 있어도 정확하게 지키고 해야지/안 그러고 헤실헤실 너 편한대로 그랬다가는 눈 빠지게 혼나. 그럼 못 써.

**지현**   …네..알겠습니다.

**노여사**   우리 집 아침 일어나는 시간은 다섯시 반이다.

**지현**   ?

**노여사**   아버님이 여섯시에 일어나시기 때문에 다른 식구들은 30분

전에는 일어나 있어야 해. 종혁이는 한밤중까지 일하다가 자니까
예외루 쳐 주지만 다른 사람은 어림없다.

**지현**  …(시선 내리는)

**노여사**  차 들어라 응?‥들라구.

**지현**  네‥(하며 찻잔 집는 데서)

## S# 작업실 복도

**지현**  (고개 약간 옆으로 기울이고 퍽퍽퍽 걸어오며 중얼거리는)죽었다
나는 죽었다. 죽었다 죽었다.(키 꽂아 돌리면서)죽었다 죽었다

## S# 작업실 안

**지현**  (들어오며)나는 죽었다.

**현경**  ?(컴퓨터 작업하다가 돌아보는)‥

**지현**  (소지품 놓고 커피머신으로 움직이는)

**현경**  뭐야… 왜…

**지현**  (머그잔에 커피 따르는)‥

**현경**  으응?(찡그리고)

**지현**  (오버랩/)현경아 나 다다음주 중간에 결혼식 해.

**현경**  ?

**지현**  (남의 얘기하듯 연결)파타야 사건 종혁씨한테까지 들어갔고/

**지현**  E  (기절하게 놀라는 현경 위에)스캔들 되는 거 막자구

**지현**  (식탁 의자에 앉으며)다다음주에 결혼하잔다. (현경 일어나고)싫
다 그럴 입장도 주제도 못돼서 그런다구는 했는데/ 이것저것 장
난이 아니야‥

**현경**  (식탁 의자에 앉으며 급히 오버랩)종혁씨한테두 기자가 달라 붙
었대?

**지현** (여전히 안 보는 채)뭔지는 몰라. 암튼 알더라. 사진 얘기두 하는 거 보니까 그 송기자라는 애 사진 얘기 /그냥 꾸며낸 건 아닌 모양이구 종혁씨/사진두 본 거 같아.

**현경** .?·····(보다가)그래서 너 뭐라 그랬어. 별거 아니라 그랬지?

**지현** (보며 오버랩/쓴웃음)내가 별거 아니라 그런 게 아니라 그 사람이 별거 아닌 걸루 무시해 치우더라.

**현경** ?

## S# 같은 작업실

[두 사람 소파로 자리 옮겨 앉아서]

**지현** (화면 시작과 동시에/들고 있는 머그잔 내려다보며)나한테는 말할 틈을 안 줬어. 알고 싶지 않으니까 말할 필요 없대. 그러면서 최악이래도 상관없대. 무섭더라. 어떻게 상관없을 수가 있니.

**현경** (보며)····

**지현** (한 모금 마시면서 내리며)그렇지만 자기는 거기까지는 상상 안 한대. 그건 나를 선택한 자기자신에 대한 모욕이라나.

**현경** (보며)너 정말 사랑하는구나 그 사람.

**지현** (오버랩의 기분)무서우면서도 얼마쯤 미안했어. 말못했어. 식 올리자구 했어.

**현경** 잘했어 너 잘했어 지현아.(오버랩)

**지현** (오버랩)그런데 현경아 내 마음 아직 틈틈이 다른 사람 생각해.(눈물이 나올 듯)

**현경** (오버랩)곧 끝날 거야 걱정하지 말구 들키지만 마.

**지현** (오버랩)매일같이 새벽 다섯 시 반에는 일어나야 한대. 매일같이 어떻게 다섯 시 반에 일어나면서 사니 나 죽었어.

**현경** (오버랩의 기분)몇시에 일어나든 그거야 습관들이면 되는 거구/ 암튼 잘됐다. 너 잘 했어. 그래 모두 닭 쫓다가 지붕 쳐다보는 개꼴 만들어 치우구 끝내. 그럼 너 미니 시리즈는 봐야겠구나.

**지현** (보며)아냐. 해.(현경-?)칠월까지 작업실 나와서 하기로 했어. 허락하셨어..

**현경** 야아아아 너 굉장하구나아/ 아니 니가 굉장한 게 아니라 종혁 씨가 굉장한 거다 그치?아니 결국은 니가 굉장한 건가? (손가락 튀기며)멋재이/종혁씨 멋재이/와하하하하하하(하는데)

　　E 전화벨

**현경** (신나서)내가 받으께.(전화로)네에..네 어머니 안녕하세요…네 현경이에요 네 지현이 있어요…잠깐요 바꿔 드릴께요. 얘.

**지현** (벌써 일어나 전화로)왜요 엄마.

**S# 지현네 마루**

**지현모** (외출복으로 쭈그리고 앉아서)얘 침대 이불 가게랑 얘기했는데 말이다 저번에 맞춰 놨던 거 말구 더 좋은 거 들어왔다구/ 나와서 보구 바꾸구 싶으면 바꾸라 그러는데 너 잠깐 안 나올래?..(초희는 앉아서 스타킹 신고 있는 중이다)

**S# 작업실**

**지현** 아니에요 엄마 나 시간 없어.그냥 먼저 걸루 해 달라구 하세요…보긴 뭘 봐. 더 좋은 거래야 값만 더 달라 그럴텐데 뭐. 먼저 꺼 괜찮으니까 그냥 해요…응..괜찮아…괜찮다구요.

**S# 마루**

**지현모** 그래 그럼 그렇게 연락하께. 우리는 지금 나간다. 보료랑 좀 맞추구 수저두 좀 보고 할 일이 많어. 늬 아버지는 같이 나가서 오

래비 만나 양복 맞추실 거구. 얘 참 최서방 양복은 어떡할래. 그건
느이끼리 하면 되는 거지?(너무 좋아라 할 필요는 없음/딸의 상태를
알기 때문에 자극 안 하려고)…그래 그럼 그럭하구 얘 너 참 드레스는
어떡하는 거야.

S# 작업실

**지현** 걱정 마세요 알아서 하께….아냐 안 맞춰. 한번 입으면 두 번 입
을 일 없는 거 뭐하러 맞춰. 새거 골라서 입구 그냥 주는 거 할 거야.
네…네…그래요 그럼.(천천히 끊으면서)…미치겠다.(작은 소리로)

S# 강욱의 진찰실

**강욱** (의자 옆으로 돌려놓고 커피 마시며 책 보고 있다)

**민경** (들어온다)

**강욱** ?…(보고)…왜.

**민경** 그냥…(가운 주머니에 두 손 찌르며 보며)너 제자리에 그대로 있
나 확인하러.

**강욱** (조금 웃는 듯하며 일어선다)커피 줘?

**민경** 아니…(하고 보며 조금 쓴웃음)

**강욱** 그럼 물 주께.(움직이며)물이라두 한 모금 마시구 가. 빈 입으
로 보낼 수 없으니까.

**민경** ….(움직이는 강욱 보며)강욱아.

**강욱** (물 따르다 돌아본다)?

**민경** (픽 웃으며)너한테 전자 추적장치 같은 거 달아놨음 좋겠어. 의
부증 초기 증세같다. 환자 보다가 문득문득 이 친구 제자리에 있나
없나 궁금해져.

**강욱** (물 잔 갖고 민경에게)제자리에 있어. 어디 안가.(물 잔 내밀며)안

심하고 일 해.(웃음기 없이)

**민경**  (보며 오버랩의 기분)제자리 있는 거 봤으니까 됐어. 물은 안마 실테야. 갈께.(나간다)

**강욱**  ….(잠시 서 있다가 물 제가 한 모금 마시며 의자로 가 앉아 담배 꺼 낸다)

**S# 종혁의 사무실**

**종혁**  (선 채 큰 재떨이 놓고 필름 태우고 있는 중)…..

[필름 거의 다 타들어갈 때까지 보고 있다가]

**종혁**  (전화 들어 찍는다)

E 전화벨 가는 소리/세 번.

**현경**  F 네에.

**종혁**  최종혁입니다. 지현이 부탁해요.

**현경**  F 잠깐만요. 바꾸기 전에 결혼 축하합니다 종혁씨. 그리구 우리 일 계속하게 해줘서 진짜 감사합니다.

**종혁**  흠흠 네에.

**현경**  F (저쪽에서)얘 받어.

**지현**  F (잠시 사이 두었다가)나에요.

**종혁**  듣기만 해. 신문사로 홍보자료 내보냈고/필름 회수해서 처리 했어. 걱정할 거 아무 것도 없어. 깨끗하게 잊어버려. 아무 일 없었 어. 알았지?

**지현**  F 알았어요.

**종혁**  아침에 아버님 당신한테 뭐라 그러셨나본데 마음에 걸려할 거 없어. 여자 일하는 거 좋아 안하시는 아버님 기본 생각이시니까‥ 허락하신 일에 대해서는 더 이상 말씀 안하실 거야. 그런 분이야.

지금 뭐하구 있어.

**S# 작업실**

**지현**   정감독님 오셔서 얘기하는 중이에요.

**종혁**   F 어 됐어 끊어 그럼.

**지현**   끊어요.

**종혁**   F 마음 가볍게 추슬리고 응?

**지현**   그럴께요.

     E 끊기는

**지현**   (수화기 놓고 소파 쪽으로 가는데)

**현경**   지현이 베스트는 어떻게 되구 있는 거에요?

**정감독**   다 됐어 다 됐어요. 오늘부터 이틀 동안 편집하구 믹싱하면 완전히 손 털어요. (앉는 지현 보며) 근래에 없었던 수작이 될 거 같은데?

**지현**   정말요?

**정감독**   난 잘 모르겠는데 스탭들 총평이 그래요. 뭔가 다르대요. 뭔가 다르다는 게 꼭 좋은 것만은 아니지만 흠흠. 그런데 박지현씨 결혼하구 곧장 계속해서 작품 써낼 수 있을까?

**지현**   쓸 수 있어요. 작업실 나와서 쓸 거니까요.

**정감독**   걱정되는데…앞에 다섯 편 짱짱하구 좋거든? 아무리 시댁에서 양해하셨다 그래두 결혼하면 그날부터 시부모님에 남편에 환경부터 활가닥 달라지는 건데 / 작품 밀도 유지가 글쎄에‥

**현경**   (오버랩) 환경 달라진다구 박지현이 나지현 되는 건 아니니까 걱정마세요 감독님. 날짜 많은데요 머. 자신있어요 걱정 마세요.

**정감독**   (오버랩) 노처녀 결혼하는 건 축하할 일인데에 작품을 위해서는 글쎄에(일어나며) 그 결혼 안했으면 좋겠네.

**현경**  (오버랩/지현 현경 같이 일어나 움직이는)아이구 결혼안하구 작품만 쓰면 감독님이 뭐 책임지실 거에요? 저 결혼하지 말까요?

**정감독**  (나가다 돌아보며)어 나 별거 중인거 알구 있었나?

**현경**  에에?

**정감독**  (소리 내어 웃고)수고해요 그럼.

**현경**  네에 믿어주세요오.

**유자**  (정감독 나가려는데 들어온다)어 감독님 오셨어요?

**정감독**  어 소유자 씨/그 일일극 말요 김현철이한테 알아봤는데 후속 벌써 결정 됐다네요.

**유자**  저두 들었어요. 암튼 신경써 주셔 고맙습니다.

**정감독**  뭐 일이 됐어야 인살 받지. 자 그럼.

**모두**  (적당히 인사/정감독 나가고)

**유자**  (소지품 처리하러 움직이며)지현이 니 소문 말야 생각보다 심각한 거 같드라.

**현경**  (오버랩)애 뒀어. 애들 다음주에 결혼식 하니까 그만 끝내.

**유자**  ?.......

**현경**  (어질러진 탁자 치우러)

**지현**  (컴퓨터 테이블로)

**유자**  애 너 잘했다. 종혁씨 귀에까지 들어가기 전에 머리 잘 쓴 거야.

**지현**  ....

**유자**  종혁씨 아직 모르지.

**지현**  아냐 알아.

**유자**  ? 알어? 알구두 결혼하는 거야?

**지현**　알구 하는 거야…

**유자**　감쪽같이 잡아 뗐니?

**지현**　….(보며)

**유자**　니가 더 길길이 뛰었니?

**현경**　(오버랩)야 잡아떼구 길길이 뛸 게 뭐 있는데/여행 중에 차 한 잔 마신 게 무슨 주홍글씨 낙인이니? 왜 그래 너.

**유자**　야 나 등신이니? 그정도루 허민경이 월간 여성 한기자 동원해 지현이 잡아내구/이모 보내 난동 피게 만들어?

**현경**　오바야 오바. 그 쪽 오바. 지현이는 차 한잔 마신 거 밖에 죄 없다구.

**유자**　차 한잔 마신 거 밖에 죄 없으면 그럼 박지현이 왜 고스란히 당해. 이빨이 안 맞잖아.거짓말을 하려거든 좀 더 치밀하게 해라. 그래갖구 무슨 작가씩이나 한다구 그러니.

**현경**　(말문 막혀 동작 멈추고 유자 보고)

**지현**　(유자에 연결)그래 주제에 작가씩이나 한다구 까불어 미안하다. (컴퓨터 끄면서) 일 안되겠어. 볼일이나 보구 들어오께. 이것저것 느이들 한테 미안해.

**현경**　같이 나가자.

**지현**　아냐 너 있어. 혼자 나갈 거야…

**S#　근처 카페**

**지현**　….(혼자 앉아서 차 마시면서)………

**현경**　(들어와 앉는다)

**지현**　?….왜.

**현경**　유자 꼴 보기 싫어서.

지현 그럴 것도 없어. 약오르지 않겠니. 저만 따돌려 지는 거..

현경 믿을 수가 있어야 끼워주지.

지현 여깄는 거 어떻게 알았어.

현경 그러니까 우린 전생에 부부였지...여기서 니가 잡아 당기더라.

지현 (쓴웃음/찻잔 집으며)차 마셔.

현경 유자 재 에지간했으면 종혁씨 꼬실려구 덤벼들었을 애야.

지현 ?

현경 왜 초기에 살짝살짝 우습게 굴었었잖아.

지현 그만해 됐어.(찻잔 내려놓으며)차 안 마실려면 일어나자. 나 볼
일 봐야 해.

현경 무슨 볼일 볼 건데.

지현 (작정한 가벼움)종혁씨 신부 될 볼일. 어차피 가야할 길 방싯방
싯 웃으면서 씩씩하게 갈 거야.

현경 ....(좀 측은해서 보는)

지현 (현경 보며 좀 웃으며)우리 아버지/세월이 쌓이면 정이구/정도
사랑이라더라..

**S# 웨딩드레스 고르는 중인 지현**

여사장 한번 입어보세요, 입구 보시면 그냥 보는 거 하구 또 달라요.
내 생각에는 이 디자인이 딱 떨어질 거 같은데.

지현 좀 심플한 디자인이었으면 좋겠어요. 그냥 깨끗하고 단순한
디자인요.

여사장 신부님 자체가 너무 청초하구 깨끗해요. 드레스까지 심플
해버리면 자칫하면 빈약해 보일 수가 있기 때문에 약간은 화려한
쪽이

지현　(오버랩)암튼 다른 것도 좀 보구요.

**S# 웨딩드레스 입고 거울 앞에 서 있는 지현**

지현　….(거울 속의 제 모습 보고 있는데)

여사장　E 보세요 얼마나 화사하구 이뻐요. 내가 추천하는대로 하세
　　요. 어쩌면 손볼 필요도 없겠네.

여사장　이렇게 딱 맞기두 힘드는데 아주 맞춤이네요.맘에 안드세요?

지현　(거울 속의 제 모습 보며)글쎄요‥혼자 결정 못 짓겠어요‥ 친구
　　랑 같이 올 걸 그랬나봐요.(여전히 거울 속의 제 모습 보면서/에서)

**S# 다른 예복집**

강욱　(턱시도 마지막 가봉 중.)

민경　…(등 뒤에 서서 지켜보고 있고)…

강욱　….(거울 속의 제 모습 보면서)

민경　맘에 안들어?

강욱　?…뭐가.

민경　얼굴이 왜 그래…마음에 안드는 사람같아.

강욱　우습지 뭐. 이십대 어린애두 아니구‥폼 안나잖아.

민경　왜 그래 폼만 나는데.

강욱　쑥스럽다…좀 그래.

민경　(어깨 솔기 부분 만져주면서)여기 좀 봐 주세요. 여기가 왜 완전
　　히 편안하지가 않죠?

남자　그래요?‥좀 보지요‥(에서)

**S# 백화점 침구 가게**

지현　(들어서며)안녕하세요.

여자　어머 박지현 씨 어서 오세요. 아침에 어머님하구 통화했는데

**지현**  (오버랩)네 들었어요. 뭐 다른 게 있다면서요 좀 볼까 해서요.

**여자**  이리 들어오세요 들어오세요.(에서)

**S# 그릇 가게**

**지현**  (찻잔 있는 곳에서 둘러보다가 한 종류 집어 바닥 확인하고)여보세요

**이모**  (조금 떨어진 곳에서 접시 고르고 있다가 무심히 지현 쪽 보고)?‥

**점원**  (지현 쪽으로 가고 있고)

**이모**  ‥‥‥(슬금슬금 지현 쪽으로 간다)

**지현**  이거 세일할 계획 없어요?

**점원**  세일 끝난지 얼마 안되는데요 손님.

**지현**  이쁜데 너무 비싸다. 미안해요 좀 더 볼께요.(이미 쇼핑한 종이 봉투 여러 개)

**점원**  네 그러세요.(하며 다른 데로 빠지고)

**지현**  (다른 그릇 집어 드는데)

**이모**  이쁘면 그냥 사지 그래?(천연스러운)

**지현**  ?‥‥(보고 굳는다)

**이모**  원수 외나무 다리에서 만난 얼굴 하지 마. 쇼핑 나왔어?‥작품 안 써? 요새 나오는 거 없지?

**지현**  (그냥 묵살하고 가게 나가려 하는데)

**이모**  (팔 잡으며)잠깐/‥사람 말이 말 같지 않아?

**지현**  (보는)

**이모**  조기 가서 차 한잔 하까 우리?

**지현**  더 이상 볼일 없으실텐데요. 이거 노세요.

**이모**  글쎄 볼일이 있을지두 모르지.

**지현**　(오버랩으로 팔 빼고 빠르게 빠져나간다)

**S#  백화점 통로**

**지현**　(빠른 걸음으로 오는데)

**이모**　(따라붙으면서)그 뒤에 이서방 만나 안 만나.

**지현**　….(묵살)

**이모**　만나 안 만나. 궁금해서 그래.

**지현**　(오버랩의 기분 안 보는 채)이서방한테 직접 확인하세요.

**이모**　그렇게 통통할 처지가 못되잖아 너.

**지현**　(걸음 딱 멈추고 보는)…

**이모**　(같이 멈추고)꼬려봐서 어쩔 건데.

**지현**　(묵살하고 다시 걷기 시작)

**이모**　(따라붙으며)그러니까 죄짓구는 못사는 거야. 나 보니까 가슴 철렁 떨어지구 무섭지?

**지현**　…..(그냥 걷는)

**S#  내려오는 에스컬레이터**

**이모**　(지현 등 뒤에 서서)몸조심해 괜히. 한번 더 내 손에 걸렸다하면 그때는 니 약혼자 집으루 직접 처들어갈테니까.(다른 사람들이 쳐 다보자)아 요 아가씨한테 하는 말이에요.신경 쓰지 마세요.우리끼 리 볼일이니까.

**지현**　(입 꽉 다물고/ 당할 수밖에)

**이모**　이쪽은 예정대로 결혼식 해. 청첩장은 못 보내두 알구는 있으 라구.

**지현**　(에스컬레이터 내려 입구를 향해서)

**S#  통로**

**이모**　(따라붙으면서)둘이 예복 가봉하러 갔어.

**지현**　....

**이모**　(느닷없이)너 얼마나 잘나서 이래!

**지현**　?(멈추고 돌아본다)

**이모**　어른이 얘길하면 최소한 아는 척은 해야할 거 아냐.

**지현**　여보세요.(오버랩)

**이모**　(그래도 주변은 신경 쓰여 큰 소리는 못 내고)나는 뭐 이러구 싶어 이러는 줄 아니? 본 김에 다짐 한 번 더 받구 싶어 이런다. 다시는 안 만나구 완전히 끝났다는 다짐 한번 더 받구 싶어서 거지 같이 줄줄 따라다니면서 이 소리 저소리 하는데 뭐가 그렇게 잘났니. 뭐가 그렇게 잘나서 철저히 무시하는 거야 너/(점원들/지나가던 사람들)

**지현**　(오버랩)그걸 왜 아주머니한테 해요.

**이모**　뭐?

**지현**　(연결)그런 다짐 할 생각 전혀 없어요. 지금이라두 만나구 싶으면 만날 거구 안 끝내구 싶으면 계속할 거구 내 마음이에요. 아주머니 사이코 아니에요? 엄마두 아니구 이모가 무슨 상관이세요. (하고 탁 돌아서 출구로 나간다)

**이모**　?....저저 저 기집애 저거 사람 열두 더 잡을 년이네 저거어?(부르르 달려 나가는)

**S#**　**백화점 현관 앞**

**지현**　(나와서 주차한 쪽으로)

**이모**　(뛰어나오며)야아!(벼락같이)

**지현**　(묵살하고 그냥 반은 뛰는 걸음으로 주차장으로/입 꽉 다물고)...

**이모**  허/‥허 기막혀/‥뭐 싸이코?

## S# 백화점 주차장

**지현**  (자동차에 오르면서 던지듯 쇼핑백들 조수석에 처리하고 운전대 잡고 엎드려버리는)‥‥‥‥‥

## S# 백화점 일 층 커피숍

**이모**  (콤팩트 꺼내 화장 고치면서)인간이 아냐 인간이/요즘 애들은 인간이 아니라구.(완전히 혼잣소리)저걸 어째애? 뭐 뀐눔이 성낸다구 어이이구우우우우 쯔쯔쯔쯔.

**민경**  E 이모.

**이모**  어 그래.(강욱과 함께 들어오는 민경) 볼일 다 봤니? 다 끝냈어? 앉아.앉아 이 서방.

**민경**  우리는 끝냈어요. (앉으면서) 좀 둘러 봤어요?

**이모**  둘러 봤지. 돈이 없지 물건이 없는 세상이니 어디. 찍어 놨으니까 차 마시구 올라가 결정해. 이서방 예복 잘 빠졌디? 맘에 들어 이 서방?

**강욱**  네 뭐‥괜찮다네요.

**이모**  (다가온 여자)커피 주세요.커피 먹지?

**민경**  나는 콜라 주세요.더우네 이모.

**이모**  그래 완전히 봄이지 어느새.(하는데)

   E 전화벨/강욱/

**강욱**  (전화 꺼내며)병원일 거야. 나 들어가 봐야 해.

**민경**  받어 봐.

**강욱**  네에.

**지현**  F 지현이에요. (강욱?)두 사람이 같이 저지른 일에 왜 나만 이

렇게 폭행을 당해야 해요. 허민경씨 이모 정신병자에요? 무슨 상
관있어서 사람 이렇게 괴롭히는 거에요.

**강욱** (오버랩)잠깐/잠깐요 무슨 일인지 잘 모르겠으니까 (시선 이모
에게 주면서) 얘기를 해요. 왜 그래요.

## S# 백화점 주차장

**지현** (운전대에 앉아서 오버랩의 기분)재수 없게 백화점에서 부딪혔
어요. 그 아주머니하구 무슨 말을 할 게 있구 하구 싶겠어요. 피
해두 피해두 일부러 쫓아오면서까지 사람 괴롭히는데 정말/(복
받치면서)..꼴이 말이 아니게 망신 당했어요. 그거 하나 해결 못해
줘요?

## S# 커피숍

**지현** F 나 이민 가 살아야 하는 거에요? 무슨 그런 사람이 있어요
도대체가…(하고 울면서 끊는)

**강욱** …..

**이모** 무슨 전화야?

**강욱** (전화 접으며 오버랩)이모님 여기서 지현이 만났습니까?

**민경** ?

**이모** E (민경 위에)어머나 그 기집애란 말야 지금 그게?

**강욱** (오버랩)나 먼저 일어난다. 너 이모님하구 얘기 좀 해.(일어나며)

**민경** 강욱아.

**강욱** (오버랩 올라서)다시는 같은 일 없게 한다 그랬잖아 너! 뭘 한 거
야. 하기는 한 거야 어떻게 느이 집은 기본적인 바닥 상식두 없니.
정말 질린다. 더 이상 말하구 싶지 않아.(하고 횡하니 나가버린다)

**민경** ……(나가는 강욱 보며)……

이모    (나가는 강욱 쪽 보며 조카 쪽 보고 하며)….

민경    (이모 보는)…..

이모    야 나 잘못한 거 없어. 그릇 집에서 보구 아는 척 한 죄 밖에 없
       어 얘.

민경    (오버랩의 기분)아는 척을 왜 해요 이모가. 누가 반갑단다구.(소
       리는 죽인 채/감정은 올라서)

이모    (엇나가는)지깟거 반갑거나 말거나 내가 신경 쓸 일 있니? 본
       김에 침 한방 더 줄려구 말건 거 뿐야.

민경    무슨 말을 어떻게 걸었는데/

이모    야아아아 제까닥이구나 민경아. 이건 끝난 게 아니다 너/ 아니
       어떻게 이렇게 제까닥이니 응? 십분두 안 됐어 얘 십분두.

민경    (오버랩)무슨 말을 어떻게 걸었는데에/(에서)

**S#  백화점 주차장/**

강욱    (자동차에 오르고 있다)

**S#  강욱의 차 안**

강욱    (오르면서 핸드폰 번호 찍는)….

       E  전원 차단 메시지.

강욱    (전화 끊어 옆자리에 던지고 출발해서 나가는)

**S#  백화점 주차장 입구를 빠져나가고 있는 자동차 안의 강욱/있는 대로 김
       이 샌/**

**S#  신호에 막혀 멈추는 강욱의 자동차**

강욱    (담배 피워 입에 물면서 라이터 켜대면서 무심히 보면)
       [바로 옆에 멈추어 서 있는 지현의 자동차와 지현의 모습/]

강욱    (급히 담배 처리하면서 문 열며 클랙슨 누른다)

**지현**  (돌아본다)

**강욱**  잠깐 세워요.얘기 좀 합시다.

**지현**  (차창 연다)

**강욱**  얘기 좀 하자구요.

**지현**  ….(그저 보는)

**강욱**  얘기 좀 해요. 부탁해요 차 선 바꿔서 잠깐 서요 지현씨.

**지현**  됐어요.그럴 거 없어요.(하며 신호 풀려서 출발)

**강욱**  (자동차 움직이며)지현씨…지현씨.

**S# 커피숍**

**민경**  이모 때매 돌겠어 진짜. 그게 뭐야 그게에. 아우 정말 챙피해 미치겠네. 강욱이 우리 경멸해애.아까 하는 말 못 들었어? 질려버리겠다는 말이 뭔지 몰라?상대할 수 없게 형편없단 말야 우리가아아아/

**이모**  (오버랩)어이구 누가 누굴 상대 못해 주제에.

**민경**  (오버랩)이모.

**이모**  (오버랩)처음부터 나쁜 뜻이었다면 내가 베락 맞어. 처음엔 그냥 아는 척하구 좋은 말루 늬들 결혼한다는 소식이나 알려주구 계속 잘 부탁한다 소리 할려구 시작한 거야.

**민경**  뭘 부탁해.뭘 부탁해애.

**이모**  이서방 꼬여내지 말라구우.

**민경**  이모 팔개월 반이에요? 그런 부탁을 왜 해.밸두 없이이.

**이모**  너 위해서 밸 뺐다 그래 어쩔래.

**민경**  ….(말이 안 되고 보다가)이거 정말 경고에요 이모. 진짜 두 번 다시 이런 일 만들면 나 이모 평생 안봐요. 볼일 못 보겠어.(일어나 나

간다)

**S# 백화점 출구**

**이모** (나가고 있는 민경 따라붙으며)얘 나 보구 안 보구가 문제가 아냐 너. 너 어떻게 핵심을 몰라. 십분두 안돼서 그 기집애 뽀르르 전화한 게 기통 맥힐 일이란 말야아아(에서)

**S# 어느 카페**

[마주 앉아 있는 강욱과 지현.]

**지현** (안 보면서)……(고개 조금 옆으로 틀고)

**강욱** ……(보다가)뭐라구‥정말 뭐라구 할 말이 없어요. 그런/그렇게까지 원색적인 분 인줄은 몰랐는데‥‥조카들하구 각별해요. 오랫동안 같이 살아서 엄마나 다름없는 이모기때문에

**지현** (오버랩)우리집 같으면 엄마두 그렇게는 안 하세요.

**강욱** ‥‥(잠깐 보고)할 말이 없네요. 할말 없어요.

**지현** (오버랩)혹시/‥(보며)잡지 기자가 만나자는 일 같은 건 없었어요?

**강욱** ?‥‥잡지가 왜요.

**지현** 여러가지로 운이 좋군요.나한테는 기자도 달라붙었었어요.

**강욱** ?

**지현** 파타야에서 우리를 본 사람이 있구 사진두 찍어 왔대요.

**지현** E (아연한 강욱 위에)나뿐만 아니라 나하구 결혼하기로 한 사람한테까지 얘기가 들어가서

**지현** ‥‥(말 끊고 시선 내린 채)

**강욱** 어떻게 됐어요.

**지현** (고개 들며)그 사람이 처리했어요. 그리구 곧 결혼식 치러요.

**강욱**　….(보며)괜찮아요? 어려운 점 없어요?

**지현**　어려운 점은 글쎄‥살아봐야겠지만…아직 모르겠어요. 문제
　　　안 삼아요.

**강욱**　….(보며)

**지현**　다시 안 만나겠다고 약속했다면서요.

**강욱**　……(보며)

**지현**　약속을 깼네요…

**강욱**　하루에도 수십번씩 만나고 싶어요.

**지현**　….(보며)

**강욱**　그러면서 이 악물고 참아야하는 이유를 모르겠어요.

**지현**　……(보며)

**강욱**　나쁜 놈 되는 게 뭐가 그렇게 겁이 나는지….(잠깐 보며 쓴웃음)
　　　어느 순간 헤까닥 돌면 다 집어던지고 미친 놈 돼…지현씨 붙잡고
　　　살려달라 소리 칠 거 같아요.

**지현**　……(보며)

**강욱**　가질 수 없는 누구를 사랑한다는 거….벌 중에서도 제일 심한 벌
　　　이지 싶어요.

**지현**　(오버랩)나는…결혼하는 사람 이제 좋아하려고 해요. 그 사람한
　　　테 나 빚쟁이니까요.

**강욱**　….(보며)

**지현**　이제 그만 일어나죠.

**강욱**　……(보며)

**지현**　….(보며)

**S#**　근처 작은 주차장

[같이 들어오는 두 사람.]

**강욱**　·····(문득)고향 갔다 와서 보낸 내 편지

**지현**　받았어요·····답장 안했어요···

**강욱**　···· 이제 답장 안할 거요?

**지현**　안할래요···말짱 쓸데없는 짓이잖아요···괜한 짓이에요.(하며 자동차 문 여는데)

**강욱**　(지현의 한 팔 잡는다)

**지현**　(돌아본다)

**강욱**　(지현의 한 손 잡아 올려 손에 입술 찍고)·····

**지현**　·····

**강욱**　(입 떼고 손 만지면서)이제 정말 다시 볼 수 없다는 느낌이 드네요.

**지현**　···(보며)

**강욱**　(보며)피차···건강 합시다···나중 일이 어떻게 될지 누구도 모르는 거니까···어쨌든 건강은 하도록 노력하자구요.

**지현**　(쓰게 웃으며 고개 옆으로 오버랩의 기분)굉장히 꿈이 크네요.(돌아보며)나는 그런 생각은 안해요. 그렇지만 어쨌든 건강은 하세요.

**강욱**　(지현 안으려 하는데)

**지현**　(밀어내는)

**강욱**　?

**지현**　(자동차에 오른다)

**강욱**　···(보는)

**지현**　·····(앞 보고 잠시 있다가 출발해 나간다)

**강욱**　····

**S#** 주차장 빠져나가는 자동차 안의 지현

**지현**  (굵은 눈물이 후두두둑 떨어진다/)

**S#  병원 대기실**

**강욱**  …(들어오면)

**간호사1**  어떻게 되신 거에요 선생니임.

**강욱**  아 미안해요. 환자분들/

**간호사1**  모두 기다리구 있었는데 조금 전에 허선생님이/선생님 오늘 안 들어오실 거 같다구 하셔서 모두 내일루

**강욱**  (오버랩)어 잘 했어요. 계속 비워놔요. 수술 없어서 다행이에요.(하며 자기 방으로)

**S#  강욱의 방**

**강욱**  (들어오는데)

　　　E 전화벨

**강욱**  (받는다)네에.

**민경**  F 들어왔니?

**강욱**  지금··

**민경**  F 내가 지금 내려 갈게.

**강욱**  아냐 그럴 거 없어. 됐어. 피곤하다. 더 얘기하지 말자.

**민경**  F ····

**강욱**  …(그냥 끊고/상의 벗어 걸어놓고 물 있는 곳으로 가서 한 잔 따라 마시고 테이블 의자로 가 길게 기대앉아서 눈 감으며 관자놀이 누르는)……(그리고 잠시 있다가 문득 몸 일으켜 음악 스위치 넣고 다시 앉아 기대는데)

**민경**  (들어온다)…

**강욱**  (그대로)

**민경**   …(보다가 테이블 앞으로 다가서며)이모는 별로 나쁜 맘으로 아
       는 척 한 거 아니래.

**강욱**   ……

**민경**   그런데 그 아이 태도가 이모를 열나게 했나부더라.

**강욱**   (버럭/의자에서 몸 떼며)말 안되는 소리 좀 하지 마. 나쁜 맘이구
       좋은 맘이구 아는 척을 왜 해. 이모 자체가 그 사람한테는 부담이
       구 스트레스야/아는 척 할 필요 없는 거잖아.

**민경**   아는 척 할 필요 없는데 글쎄 이모가 실수하셨어.이모 잘했다
       그러는 거 아냐.

**강욱**   ….(도로 기대는)

**민경**   그애한테 내가 사과할 테니까 화 그만 내.

**강욱**   ?뭘 한다구?

**민경**   사과한다구.

**강욱**   (몸 떼며)그만 둬. 하지 마. 그것도 웃기는 짓이야.

**민경**   ….(담담히 보는)

**강욱**   (물컵 집으며)너구 이모구/ 건드리지 마. 건드리는 거 자체가 괴
       롭히는 거야.

**민경**   그렇다구 그러대?

**강욱**   ?

**민경**   너 만나구 들어오는 길이잖아.

**강욱**   ….(보다가 물 마시고 내리며)그래 안보겠다는 거  어거지루 만
       났어.

**민경**   그래서 니가 사과할 거 다 했으니까 더 할 거 없다구?

**강욱**   (컵 아무렇게나 놓으며 일어선다) 아무튼 건드리지 마.

**민경**  니 보물이니까.

**강욱**  (옷 있는 곳으로 가다가)?(돌아본다)

**민경**  무섭게 싸고 돈다. 우리 이모두 황당하구 신경질 나지만 너두 참 볼만하다. 가관이라 그러나?

**강욱**  가관?

**민경**  애 다칠까 싸구 도는 게 그래.

**강욱**  너 말 좀 골라 써.

**민경**  ……(보며)

**강욱**  (상의 떼어 들고 휑하니 나간다)

**민경**  ……

**S#  작업실**

**지현**  (들어오는데)

**현경**  너 핸드폰 또 죽여놨니?

**지현**  ?어 그래.(부지런히 전화 꺼낸다)

**현경**  종혁씨 찾더라. 전화해 봐.

**지현**  (핸드폰 살리고)아니.(하며 전화로)

**현경**  건 뭐야?

**지현**  찻잔 이뻐서 사구/속옷 좀 샀어. 나 우리 엄마 닮아서 궁상이 잖어. 속옷 대부분이 정말 눈뜨고 못 봐줘. 그거 갖구 갔다가 종혁 씨 졸도 시킬 거 같아서 싹 다 바꿀려구.(하며 전화 든다)

**현경**  (오버랩의 기분)나두 속옷 사는 돈은 그렇게 아깝드라아? 좀 비 싸야지 또.

**지현**  (그 동안 전화 걸고)··네··사장님 안계신가요?··아 네 알았습니 다. 작업실이라구 전해 주세요, 네 안녕히 계세요.(끊으며)유자는.

**현경**  몰라. 너 나가구 우리 한 마디두 안했어. 그러구 있다 핑하니 나가더라.

**지현**  너두 못됐어 뭐 그럴 거 까지 있어,

**현경**  밉상이잖아.

**지현**  (컴퓨터 테이블에 앉으면서)너 뭐하는 중이야?

**현경**  니 원고가 나와야 나두 뭘 하지.옛날에 쓰다 처박아둔 소설 꺼내서 보구 있는 중인데 유치방통해서 야 근지러워 죽겠다. 이걸 다 날리나 어쩌나 생각 중야.

**지현**  (컴퓨터 켜며)날리지 마. 날리지 말구 놔둬. 날리면 후회한다 너. 오늘 유치방통한 게 내일 보면 괜찮을 수도 있고 그렇더라.

**현경**  씩씩하겠다더니 진짜 씩씩해진 거니? 말 소리가 달라졌다?

**지현**  어 그런다구 했잖아… 어디서 시작하기루 했지?

**현경**  플롯 짜 논 거 봐.

**지현**  (서랍에서 메모 꺼내 보는)······첫 씬이 좀 마음에 안 들어.뭐 다른 수 없을까?

**현경**  괜찮은데 왜 그래.

**지현**  (메모 보며)아냐 좀 더 나은 시작이 있을 거야······

**S#  민경의 진찰실**

**민경**  ·····(혼자 기대앉아서)·······

  E 노크

**민경**  ···(그대로)

**간호사3**  (들여다보며)선생님 퇴근 안하세요?

**민경**  ?····어 나가야지. 먼저들 나가라. 나 정리할 게 좀 있어.

**간호사3**  네에.(아웃)

**민경**  ·····(그대로)····(일어나서 창문 쪽으로)····

**S#** 어두워지고 있는 거리··

**S#** 당구장

**강욱**  (낯모르는 사람과 게임하고 있는 중)····

**S#** 작업실

[식탁에 먹다 남은 빵 조각/김밥, 단무지 등]

**지현**  (정신없이 컴퓨터 두드리고 있다)·········(두드리다가 문득 멈추고 화면 보며)·····(있다가 다시 정신없는 속도로 두드리는)

E 전화벨

**지현**  ····(서너 번 울릴 때까지 있다가 받는다)네에.

**종혁**  F 나 지금 엘리베이터 내렸어.벨 누르고 문 열어줄 때 기다리는 거 싫으니까 전화 끊고 문 열어 줘.

**지현**  알았어요.(전화 끊고 서둘러 일어나 문 열고 나간다)

**S#** 복도

**지현**  (나오면)

**종혁**  (저만큼 뚜벅뚜벅 오고 있다)··(다가와서)뭐야.열시가 다 됐어. 언제 들어갈려구 이러구 있는 거야.(하며 앞서 들어가고)

**S#** 작업실

**지현**  (따라 들어오며)늦는다구 했어요. 아까 전화했었는데

**종혁**  어 회사 비웠었어.저녁은 먹구 하는 거야? (하며 식탁 보고)뭐야 이런 거 먹구 웅크리고 앉아 있는 참이니?

**지현**  허기만 안지면 되니까(식탁 치우며)

**종혁**  (오버랩)현경씨는 어디 가구 유자씨는/왜 혼자야.

**지현**  (오버랩의 기분)유자는 아까 일찌감치 나가구 현경이두 들어갔

96

어요.

**종혁** (오버랩)나가자. 밥 먼저 먹여야겠다.

**지현** (오버랩)아니 생각 없어요. 배고프면 집에 가 조금 먹으면 돼요. 올줄 몰랐어요. 앉아요 뭐 마실 거 줘요?

**종혁** (봉투들 보며)저건 뭐야.

**지현** 웨딩드레스 보러 나간 김에 속옷하구 찻잔

**종혁** (오버랩)웨딩드레스 봤어?

**지현** 결정 못했어요. 내일 현경이랑 가서 결정할 거에요. 마실 거 뭐 줘요.

**종혁** (오버랩의 기분)마실 거 필요없구/밤 샐 거야? 밤 샐 거 아니면 그만 정리하구 나가지. 당신한테 보여줄 거 있어.

**지현** 뭔데요?

**종혁** 나가보면 알아.

**지현** 잠깐요.(컴퓨터로 붙으면서)디스켓 카피 좀 하구요.

**S#** 지하 주차장

[손잡고 나오는 두 사람.]

**종혁** (제 차 방향으로 가려는 지현 당기면서)이리 와. 따라와.

**지현** ?.....(끌려가는)

**우기사** (종혁의 자동차 앞에 서 있다가 인사한다)

**지현** 네 안녕하세요.

**종혁** 어때/(완전한 새 자동차.)

**지현** ?(본다)

**종혁** 진작부터 바꿔주구 싶었어. 이젠 군말 안하겠지.

**지현** ....(자동차 보는)

**종혁**  (자동차 키 꺼내 내민다)받아.

**지현**  …(보며)

**종혁**  당신 차야. 왜 그래··

**지현**  (키 받으며)아버지랑 오빠 말구 누구한테 뭐 받아 본적 없어
서요.

**종혁**  안 좋아?

**지현**  (차 돌아보며)좋아요.

**종혁**  좋으면 좋아하면 되잖아. 나두 기분 좋구.

**지현**  (종혁 돌아보며)아버님 어머님 아세요?

**종혁**  내가 산 거야. 상관안하셔.

**지현**  (키 꽂으려고)

**종혁**  아 그 키랑 당신 차 키 우기사 주구 내 차 타.(당기듯 하며)어디
가서 우동이라두 먹자.

**S#**  어딘가 우동집

**지현**  ···.(혼자 우동 먹고 있다)

**종혁**  ·····(보고 있는)

**지현**  그만 좀 쳐다 봐요. 국수가 목에 걸려요.

**종혁**  당신 그런 거 상관없잖아. 갑자기 왜 그래.

**지현**  글쎄요 갑자기 그러네요··

**종혁**  웨딩드레스 봤어?

**지현**  ?

**종혁**  웨딩드레스 보러 나갔었어? 말 안해두 알아서 했다 그거지. 나
는 오늘 회사루 불러서 예복 맞췄어.

**지현**  엄마가 양복 얘기 하시던데

**종혁** (오버랩)아 신경 쓰실 거 없다구 해. 내가 알아서 해.

**지현** (젓가락 놓으며)그만 먹을래요.

**종혁** 왜. 맛이 없어?

**지현** 자동차 때문에 흥분했나봐요. 안 먹혀요.

**종혁** 기분 좋게 해주려는 성의는 고마운데 헛소리까지 할 건 없어. 자동차같은 거에 넘어갈 거 같았으면 지금까지 내가 속을 왜 썩였니..

**지현** 과대평가하지 말아요. 오늘은 넘어갔어요.

**종혁** 하하 그래? 하하하하

**S# 지현의 집 앞**

　　[들어오고 있는 지현의 새 차와 종혁의 자동차.]

**지현부** (지하에서 나오다가 보고)?

**종혁** (내려서 아버지 쪽으로/지현도 내리고)안녕하십니까 저 왔습니다.

**지현부** 그래..그런데 웬 못보던 차야.

**종혁** 지현이 차에요 아버님.

**지현부** 왜 차가 어때서.

**종혁** 바꿔주고 싶어서요.

**지현부** 괜한 짓 했다. 들어와.(앞서며)

**종혁** 아니 너무 늦었습니다 아버님.

**지현부** 괜찮아 들어와 들어와

**S# 지현네 마루**

**종혁** (나오는 엄마에게)늦은 시간에 죄송합니다 어머님.

**지현모** 아유 아냐. 애두 아직 안들어오구 잘 시간 멀었던 참야.식구 안들어오면 못자게 해 저 양반.

**지현부**  앉아 앉아.

**종혁**  네.(앉으려는데)

**지태**  (나오며)매제 왔어?

**종혁**  아 예 저 왔습니다 형님.

**지태**  앉아.(앉으면서)자네한테 고맙다 소리 해야겠어. 날 잡아 논 거 미루고 어쩌고 /우리 집 그동안 보통 찜찜했던 거 아닌데/이제 산뜻 해졌어. 봐 하면 할 수 있는 거잖아. 뭐 마실 거 안줘?(아내 돌아보며)

**초희**  차를 뭘루…

**종혁**  아닙니다. 차 안 마셔두 돼요 생각 없습니다.

**초희**  그래두

**지현**  (오버랩)놔둬요 언니.

**종혁**  이랬다저랬다 해서 죄송합니다 어머님.

**지현모**  죄송할 건 없는데 발바닥에 뜨끈거리게는 생겼어.

**지현부**  예식장 잡기 쉽지 않을텐데

**종혁**  (오버랩)아 염려 마세요. 오늘 알아봤는데 내일은 만들어질 겁니다.

**초희**  종혁씨네가 나서서 안되는 일이 어딨겠어요 아버님은 별 걱정 을 다하시네. 그런데 우리 아가씨 일하라구 미뤄주셨다가 갑자기 왜 도루 당기는 거에요?무슨 그럴만한 이유가 있는 거에요?

**종혁**  이유는 ‥이유는 간단합니다. 기다리다 보니까 너무 지루해서 요. 장가가 빨리 들구 싶어서요. (지현 보며)이 사람 늙는 것도 아깝 구요.

**지태**  아유 늙기는 몇 달 상관에.

**지현부**  (오버랩)얘 차 바꿔줬네.

100

**지현모**   ?

**지현부**   괜히 쓸데없는 돈 썼어.

**종혁**   (오버랩)소형차보다는 안전도에서 훨씬 나아요 아버님.

**지태**   낫구말구 그럼..

**초희**   (오버랩)봐요 아가씨는 뭐가 불만이에요 에? 말두 안돼. 복에
겨워 괜히 틱틱틱틱

**지현모**   에미야

**초희**   복까불지 말구 겸손하세요. 오빠가 잘못한 게 뭐에요. 아가씨
는 오빠한테 큰절해야 해요 진짜.

**지태**   큰 절 필요없고 잘 만 살면 돼. 너 잘 살면 됐지 니 덕 볼 거 나
없는 사람야.

**초희**   어머나..아가씨 타던 차 내가 타면 되겠네요 어머니.

**지현부**   한 집에 차가 몇 대야. 애비 차에 트럭에

**초희**   (오버랩)아가씨 차는 갖구 시집가잖아요 아버님.

**지현**   (오버랩)친구한테 넘길려구 했는데 언니 타구 싶으면 타요.

**지태**   뭘 타. 괜한 소리 말구 너 줄 사람 있으면 줘.

**초희**   (오버랩)여보.

**지태**   (오버랩/아예 연결)뭐 어디 다닐 데 있다구 차가 필요해.

**지현부**   (오버랩)세금 내구 기름값 들구 위험하구

**지태**   (오버랩)더구나 당신이 차를 어떻게 만진다는 거야.  당신 차
몰구 나가면 여러 사람 돌게 만들 거야. 아예 꿈두 꾸지 마.

**초희**   종혁씨는 아가씨 새차도 뽑아줘요. 당신은 그래

**지태**   (오버랩)필요가 없잖아.뭐한다구 차가 필요해 당신이.

**초희**   ....(남편 보는)

**종혁**　저 그만 일어나겠습니다.

**지현부**　어 그래?

**종혁**　(일어나며)주무실 시간에 죄송합니다. 예식장 장소와 시간 내일 연락 드리겠습니다.

**지현모**　어 그래. 집에 전화 받는 사람 없으면 애한테 해. 우리가 별루 하는 거도 없이 괜히 바쁘거든.

**종혁**　네 알겠습니다. 그럼 (하고 허리 굽히는)

**S#　강욱의 오피스텔**

**강욱**　(청소기 밀고 있는데)

　　　E 전화벨

**강욱**　(전화 돌아보는)....(돌아보면서도 그대로 미는)

**S#　민경의 방**

**민경**　(전화기 들고 있다)

　　　E 신호 가는 소리. 계속되고

　　　E 전화 받는/

**강욱**　네 여보세요.

**민경**　(그냥 끊어버리는)....

**S#　오피스텔**

**강욱**　(잠깐 전화기 내려다보고 청소기 다시 밀기 시작)....

**S#　지현의 집 밖**

　　　진이 한수/초희/새 자동차 구경하고 있다…

**진이**　좋다아. 한수 씨 이거 얼마짜리나 되는 거에요?

**한수**　천만원은 할 걸?

**초희**　천만원만? 차가 이렇게 좋은데?

**진이**   그럼 이천만원요?

**초희**   거의 그렇게 되는 거 같더라(한숨 섞어서)

**진이**   히이익/ 진짜요?

**S# 지현의 방**

**지현**   ……(우두커니 앉아 있는데)

　　　E 노크

**지현**   (문 쪽 돌아보면)

**지현모**   (문 열고)너 아버지가 잠깐 오래.

**지현**   왜요.

**지현모**   몰라. 와 봐 어쨌든‥(문 닫고)

**지현**   (일어선다)

**S# 안방**

**지현모**   (먼저 들어와 소주병 따려고 들고)

**지현**   (들어온다)

**지현모**   (힐끗 보고)애 왔어요.

**지현부**   (얇은 조끼 같은 것 벗어놓으면서)앉어.(안 보는 채)

**지현**   (앉는다)

**지현모**   (술잔 들어 남편 주며)우선 한잔 털어너으시구요.

**지현부**   그래…애두 줘.

**지현모**   주구 있어요.(따라놓았던 것 내밀며)

**지현**   아냐 엄마 나 일해야 해요.

**지현부**   (오버랩)일하지 말구 그냥 자 오늘.

**지현**   ?…

**지현모**   받어 빨리.

**지현**  (받고)

**지현모**  (자기 잔도 들고)듭시다.

**지현부**  마시기 전에..이건 아부지랑 엄마 앞에서 너 …시집가서 잘
하구 살겠다는 약속의 술이니까 그렇게 알구 마셔.(엄마는 술잔 든
채 시선 내리고 있고)

**지현**  ….(보며)

**지현부**  니 엄마하구 나 너때매 걱정이 많어. 왜 걱정이냐 너 좋아라
가는 시집이 아닌게 영 마음에 걸려서 그래.

**지현모**  팔 아프니까 일단 마시구 계속해요.

**지현부**  그러까?

**지현모**  예에.

**지현부**  마시자 마셔.(셋이 다 마시고/엄마 안주 집어 주는데)재 먼저 줘.

**지현모**  (지현에게 안주)

**지현**  됐어요.(얼굴 돌리며)

**지현모**  (남편에게)

**지현부**  (받아먹으면서)남녀가 서루 끌리는 게 있기도 하고 없기도
하는 거 우리두 알어. 니가 최서방한테 그게 없다는 거도 알구……
그런데 솔직히 말해서 늬 어머니랑 나는 최서방한테 불만이 없어.
최서방만 하기가 쉽지 않은 거야. 당신두 그렇게 생각하지.

**지현모**  그럼요. 안 쉽지요.

**지현부**  그래서 우리 생각에는 니가 최서방 달가와 안하는게 어쩌면
니 오래비 때문은 아닌가 그렇기두 해··

**지현부**  E (가만히 보는 지현 위에)니 오래비가 처음부터 너무 뭐냐 흥
분을 해서 좀 설쳐댄 경향이 있거든.

**지현부**　그래서 니가 처음부터 뭔가 괜히 딱 거부감이 들어서

**지현**　(오버랩)꼭 오빠 때문만은 아니에요 아버지.

**지현부**　…그래?

**지현**　그냥..나하구 잘 안맞는 사람이에요.

**지현모**　애 너한테 얼마나 잘 해. 그보다 더 잘할 수는 없어 애. 더구
　　나 요즘 애가 더구나 태어나기를 틀리게 태어난 사람이…아니 너
　　는 내가 뭔데에..하는 생각두 안 드니?

**지현**　?….(보는)

**지현모**　우리 육촌 언니 옛날에 죽기보다 싫다던 사람한테 시집가면
　　서 그러더라. 내가 뭔데 남의 집 귀한 아들을 이렇게 푸대접하나
　　내가 뭔데…그러구 시집가더니 애 쩍 벌어지게 잘만 산다. 아주 잘
　　살어.

**지현**　나 뭐냐구 엄마?

**지현모**　그래 너 뭐야.

**지현**　나 아버지 엄마 딸 박지현이야.

**지현모**　박지현이가 뭔데.

**지현**　알았어 엄마 내가 뭔데 한번 해 볼게.

**지현부**　더 따러 더 따러.(에서)

**S#　지현의 방**

**지현**　……..(테이블 위 휴지로 닦으면서 혼잣소리)내가 뭔데..내가 뭔데..
　　E 전화/핸드폰/

**지현**　(가방에서 핸드폰 꺼내 받는다)네 여보세요.

**민경**　F 박지현? 나 허민경이야.

**지현**　…..

# 제14회

**S#** 병원 근처 카페

**지현**  (민경 앞 자리에 앉고 있다)····

**민경**  (보며)····

**지현**  (핸드백 처리하면서)조금 늦었어요.

**민경**  안 나오는 건줄 알았어.(보며)

**지현**  (안 보는 채 스카프 풀면서)군이 만나야할 이유도 없지만 또 군
이 피해야할 이유도 없어서요.

**민경**  ·····(보며)

**지현**  (스카프 대충 백 위에 놓고 보면서)말씀 하세요.

**민경**  (오버랩의 기분)차 먼저 시키자. 여보세요.(웨이터 다가와 서서 네)
우리 차 줘요.나는 커피주구 뭐할래?

**지현**  커피 주세요.

**웨이터**  예.(하고 아웃)

**민경**  세기의 지성이라는 보봐르도…

**지현**  (보는)?

**민경** E 싸르트르한테 딴여자가 생겼을 때/ 싸르트르가 아니라

**민경** 상대 여자에 대한 적개심에 불탔었다드군. 꼭…내 아이는 착하고 얌전한데 나쁜 친구 꾐에 빠져 내 아이 버렸다구 아이 친구 미워하는 것처럼…우스운 얘기지 않아?

**지현** ….(보며)

**민경** 나 역시 지현이 한테 불타는 적개심 있었어.(쓰게 웃으며)창피하지는 않아. 보봐르같은 지성도 그랬다니까.

**지현** ….

**민경** 그런 거 빼고 얘기하자 우리….(시선 내렸다 들어 보면서)남자 여자가 서로 사랑한다는 건 …어떤 경우에도 그 자체가 죄일 건 없다고 생각해. 사랑이라는 감정은 도덕기준이나 윤리의식이나 그런 거에 전혀 아무 상관 없으니까…

**민경** E 사랑은 불같은 거니까.

**민경** 지난 번에 우리 이모 작업실 가셨던 일에 대해서는/나 지현이 한테 사과 안했어…이모한테 화는 냈지만 한편 그 정도는 당해도 된다싶어서.

**지현** ….(보며)

**민경** 어제 일은 사과하고 싶어. 진심으로 미안해. (커피 와서 놓이는 동안 사이 두었다가)한번 당하기도 힘든 일을 두 번 씩이나 당하게 하고/내 뜻하구는 상관없이 벌어진 일이라는 거 알아줘.

**지현** (찻잔 집으며)말로 사과하는 건/ 간단하구 쉽죠.(안 보는 채/한 모금 마시고 내리며)기가 막히다 못해 쓰러질 지경이에요. 싹수 없다겠지만 그래도 역시/내가 마땅히 당해야 할 봉변이라는 생각은 조금두 안 들어요.

**민경**  …(잠시 보다가)그래 나두 당황스러워. 시궁창으로 쑤셔 박힌 기분이야/.(찻잔 들며)그게 내 수준이라고는 생각하지 말아 줘.

**지현**  (찻잔 놓으며 안 보는 채)제가 어떻게 생각하든 /무슨 상관인가요. 더 이어질 관계두 아니구/그런 거에 신경 쓰는 게 (보며)좀 그러네요.

**민경**  ……(보며)

**지현**  ……(보며)

**민경**  어제/ 이선생 만났다면서..

**지현**  …만났어요.. 백화점 주차장에서 전화 하구 나오는데

**민경**  (오버랩)괜찮아 설명 안해두 돼 들었으니까.

**지현**  (오버랩)차로 쫓아오면서 굳이 보자구 해서요. 잠깐 봤구 별 얘기 없었어요. 그냥 미안하다는 말만 했구 그건 허선생님이 생각하는 만났다하구는 달라요. 그게 다에요.

**민경**  (오버랩)부탁이 있어.

**지현**  ……(보며)

**민경**  앞으로 두 번 다시 그런 일 없을 거 내가 약속해. 그런데 만에 하나/ 유감스럽게 또 다시 그와 유사한 일이 생겼을 때는……우리 이선생한테 연락하지 말구 나한테 해줘.

**지현**  ……(보는)

**민경**  그런 때 우리 이 선생 찾는 거/이해해. 그것도 안하면 어떡하겠어.우리 다 성인군자 아니야……그런데 앞으로는 나한테 직접 해 줘.

**지현**  ……(보며)

**민경**  지난 번 이모 사건 때도 이 선생 나한테 정나미 떨어져 했었구 어제는 아예 염증을 내는데…나 불안하구 두려워. 나는 우리 이선

108

생 안 놓치구 싶거든?

**지현**    ·····(보며)

**민경**    도와주라. 지현이 입장이 나보다 훨씬 낫잖아. 서로 원하면서 못 가지는 안타까움은······딴 여자 꿈꾸는 남자 붙잡자고 안간힘 쓰고 있는 나에 비하면/··사치스러운 감정야 안그래?

**지현**    (시선 내리며)이선생···저를 꿈꾸지는 않아요. 저···허선생 자리 옆에 잠깐 끼어들었다 나온 거 뿐이에요. (보면서)다시 이선생 찾을 일 없기 바래요·· 그리구 있어도/(끄덕이며)알았어요 허선생께 연락할께요···

**민경**    ·····(보며)

**지현**    (안 보며)저는···제 결혼에 충실하려고 해요. 그만 일어나두 될 거 같네요··(하면서 스카프와 가방 챙기는)

**민경**    ·····(보다가)박지현.

**지현**    (움직이다 본다)

**민경**    이런 일 아니면서 만났더라면 좋을 걸 그랬다···

**지현**    ·····(보다가 그냥 조금 웃어 보이며 일어나는데)

**민경**    (시선 내리고)너보다 내가 훨씬 초라한 거·····부끄럽다.

**지현**    ·····(보다가)그렇게까지 꼭 붙잡아야하는 사람 가진 거·····주장할 수 있는 입장···부러워요.

**민경**    (시선 들어 보는)····

**지현**    먼저 실례합니다·····(나가는)

**민경**    ·····(시선으로 쫓는)

**지현**    (민경의 시각에서 계산하고 나가는)

**민경**    ·····

**S#** 자동차 세워둔 곳까지 걸어오고 있는 지현·······

**S#** 카페의 민경···

**민경** ·····(꼼짝도 않고 앉아 있는)······(서글픔)

**S#** 새 자동차 안의 지현-근처 주차장

**지현** ···(앞 보며 있다가 떨치듯 핸드폰 꺼내 번호 누름)

    E 벨 가는 소리/네 번에

**초희** F 네에 여보세요.

**지현** 어 언니 나에요.

**초희** F 아 예 왜요. 어머니 밖에 계세요. 불러 드려요?

**지현** (오버랩)아니에요.언니 자동차 때문에요.자동차 진짜 언니가 쓸래요?

**S#** 지현네 마루

**초희** 내가 무슨 팔자에요 그만둬요. 그이 인상쓰는 거 봤잖아요.(엄마 돈 헤아리며 들어온다)아가씨 알아서 처분해요.

**지현** F 오빠하구 한번 더 얘기해 보면 어떨까요.

**초희** (오버랩)아이구 관둬요. 귀찮아요.내가 차몰구 나가면 거리에 남자들 다 열받아 죽일 거라잖아요.어머니 들어오셨어요 바꿔 드리께요.

**지현** F 아니에요 안 바꿔도 돼요.(하지만 벌써 엄마에게)

**지현모** 어 그래 왜.

**지현** F 아냐 엄마한테 용건 없어요.밖에는 왜 나갔어요?

**지현모** 돈 벌러 나갔지. 용 산다구 와서./아버지 유통연합회 회의 나가시구 안계시거든.

**S#** 주차장의 지현

**지현**　알았어요.언니는 자동차 그만 둔다네.

**지현모**　F 아이구 애 차는 무슨 괜히

**지현**　(오버랩)그럼 내 마음대루 처리해요.

**지현모**　F 그래 맘대루 해.

**지현**　엄마 끊어요.

**지현모**　F 어엉.

**지현**　(끊고 후우우 작은 한숨 내쉬면서 시동 거는 데서)

**S#　강욱의 진찰실**

**강욱**　(상의 걸고 가운 입으며 커피머신으로 가서 한 잔 따라 들고 의자에
　　　앉으면서 단정하게 놓여 있는 신문 몇 가지 중에서 맨 위의 것 집어 대충
　　　넘기며 훑기 시작하는)····(중간 어느 페이지 넘기다가 문득 앞 페이지로
　　　되돌아와 보는)

**S#　신문기사 인서트/**

　　　[약혼 사진과 함께/최종혁과 박지현의 결혼 기사.]

　　　[세기그룹 최창순 회장 외아들/최종혁 사장 작가 박지현 양과 8월 8일
　　　화촉 어쩌고/]

**강욱**　······(기사 보면서)····(웬일인지 맥 빠지며 신문 놓고 시선은 신문 기
　　　사에 둔 채)···

**지현**　E 파타야에서 우리를 본 사람이 있구 사진두 찍어 왔대요. 나
　　　뿐만 아니라 나하구 결혼하기로 한 사람한테까지 얘기가 들어가
　　　서····

**강욱**　·····

**지현**　E 그 사람이 처리했어요. 그리구 곧 결혼식 치러요.

**강욱**　····

**지현**　E 어려운 점은 글쎄‥살아봐야겠지만…아직 모르겠어요. 문제 안 삼아요.

**강욱**　(일어나며 커피 잔 들고 한 손 주머니에 찌르며 한 모금 마시고 창 쪽으로 움직이는)

　　　E 노크

**강욱**　(돌아본다)

**민경**　(들어오며)굿모닝. 언제 나왔어?

**강욱**　아/(아도 아니고 어도 아니고/안 보는 채 마시며)방금‥(마시며 테이블로)어디 밖에 나갔었어?(옷 때문에)

**민경**　(커피 쪽으로 가며)박지현이 만나구 들어오는 길이야.

**강욱**　(테이블로 가다가 돌아본다)?

**민경**　….(모르는 척 커피포트 빼내고)

**강욱**　또 왜/ 또 뭐야 너.

**민경**　(안 보는 채 커피 따르며)날카로와 질 거 없어. 너 그러는 거 내 기분 별로 안 좋아.

**강욱**　무슨 일로 또 그 사람 만나. 뭐가 더 남아서.

**민경**　(머그잔 들고 돌아서며 오버랩)너 걔 꼭 그 사람이라구 하는 거 아니? 꼭 그 사람이야 반드시 그 사람.(소파로 움직이며)그 여자도 아니고 걔는 더구나 아니고 이름도 안 부르고 언제나 그 사람….(앉으며 강욱 보며) 그 사람이라는 세 글짜가 니 입을 통해 나올 때마다 이마가 후끈/치받아. 니가 말하는 그사람에서…뭐랄까 포근한 비단 보자기로 정성스럽게 싸여/니 품에 안겨 있는 개가 상상돼.

**강욱**　(테이블로 가며)괜한 트집 잡지 마‥ 너 한테도 써 그말.

**민경**　나는 한번도 들어본 적 없어.

**강욱**　(펼쳐놓았던 신문 간추리면서)너를 보고 너한테 그사람이라고
　　　하니?

**민경**　그럼 박지현한테 나를 그사람이라고 한 적 있니?

**강욱**　그래 있어…그랬어.

**민경**　….(보다가 마시고)한결 낫다. 훨씬 나.

**강욱**　(테이블에 선 채)용건이 뭐였어, 왜 만난 거야.

**민경**　(오버랩/안 보면서)퉁퉁거리지 마. 너 그렇게 퉁퉁 안거려도 나
　　　형편없는 눈치꾸러기야.나 너무 슬프게 만들지 마.(하고 마신다)

**강욱**　….(보며)

**민경**　(머그잔 내리며)앞으로 너한테 연락하고 싶거나 연락할 일 있
　　　으면 너 찾지 말고 나 찾으라고 했어.(하며 본다)

**강욱**　…..(보며)

**민경**　우리 관계 부서뜨리지 말아 달라고….니가 나한테 화를 많이 낸
　　　다고…나는 니가 화내는 거 무섭다구.

**강욱**　(커피 잔 올리며)무섭기는 뭐가 무서워(혼잣소리처럼)

**민경**　신경쓰지 마. 좋게 얘기하구 헤어졌어.(소파에서 일어서며)오늘
　　　찬찬이 보니까 애 꽤 예쁘더라.

**강욱**　(안 보는 채 의자에 푹 앉는)

**민경**　(보며)너 내얼굴 만겨서 걔 얼굴 만들 수 있니?

**강욱**　?(힐끗 보고/말도 안 되는 소리/외면)

**민경**　못하지? 이제 그만 포기하시고 제자리 돌아오셔. 알았어?

**강욱**　가 환자나 봐.(서랍 빼며)

**민경**　(머그잔 놓으러 커피머신 쪽으로 가면서)결혼하는 사람한테 성실
　　　하겠대…(머그잔 놓고 돌아보며)··내가 지어낸 말 아니야.

**강욱**  됐어 이제 그만 해.(책 펴면서)

**민경**  …(잠시 보다가 나간다)

**강욱**  ……(기대면서)…

**민경**  (문 다시 열고 들어와 등 뒤로 문 닫으며)시간나면 한 번 상상해 봐 주라. 박지현과 마주 앉아서 개한테 /…앞으로 무슨 일인가 너와 통화해야 겠을 때는 너 대신 나한테 해달라고 부탁하고 있는… 내 꼬라지.

**강욱**  (민경 들어오면서 기댔던 것 일으켰고)….(보며)

**민경**  너는 나한테는 아무 관심 없지?(하고 나간다)

**강욱**  ….(시선 내리고 있다가 의자 돌리면서 일어나 가운 벗고 상의 들고 나간다)

**S#** 대기실

**강욱**  (나오며 나가며)나 목욕 가요‥(에서)

**S#** 작업실

  (작업실 젊은이들 대화는 거의 오버랩이거나 오버랩의 기분으로)

**지현**  (냉수 들이켜고 서 있다)

**유자**  (토스트 빵 집어넣으며)간 밤에 술펐니? 웬 냉수를 그렇게 들이 켜.(뿌한 상태기는 하지만)

**지현**  (컵 내리며 좀 숨차면서)냉수 먹고 속차릴려고. 일찍 나왔어?

**유자**  일곱시.

**지현**  와아 일찍 나왔구나. 일일 때매?

**유자**  늬들 싫어하는 펑크 때우러.

**지현**  ? 뭔데?

**유자**  장기호 선생님 어제 오후 느닷없이 쓰러지셔서 심장 수술 받

114

으셔야 한 대.

**지현** 어머나

**유자** 장선생 쓰던 일일/맡아서 마무리 해줄 수 없냐 그래서.

**지현** 어어

**유자** 유감독이 밀어부쳤나봐. 다 되기루 한 일일극 날린 보상으로 그거라두 맡기자구.

**지현** (찡그리며)잘 된 거니 못된 거니.

**유자** 시청률도 없이 빌빌거리고 나가던 일일극 마무리 빛두 생색두 안나구 그렇지 뭐.원고료 삼사십회 건지는 게 어디냐 하구 한다 그 랬어.

**지현** 그거 벌써 그렇게 나갔어?

**유자** 육십육회부터 내 차지야. 인기 없으니까 백회가 끽이겠지.(빵 이 튀어나오거든 뽑아내고 하면서/버터 준비도 하고 그러면서/커피 는 빼는 중이고)한가지 기분 좋은 건 장선생이 나를 추천하셨다는 거야.

**지현** 그래?

**유자** 그건 기분 좋아.

**지현** 그런데 유감독이 밀어부쳤다는 건 뭐야?

**유자** 그놈에 대추씨같이 생긴 국장이 또 뜨아하더래잖니. 그놈에 국장 나하구 전생에 무슨 원순가 누구 조폭 아는 사람 있으면 골목 에서 반쯤 죽게 패주라구 했음 좋겠어.

**지현** 진짜 웃긴다 그 사람.

**유자** 빵 먹을래?더 뭐?

**지현** 아냐 난 괜찮아.

유자  (앉아서 빵에 버터 바르면서)김정희 내 자리 들어가 지꺼 신나게 써대는데 나는 남이 하던 거 뒷설거지나 하게 생겼구 더러워 못살겠다 진짜.

지현  그러지 말구 대선배 선생님 도와드릴 수 있어서 좋구나 그렇게 생각해.더구나 선생님이 너 찍으셨다면서.영광이지 뭐니.

유자  그래 영광이다.

지현  술 워낙 많이 잡숫지 그 선생님.

유자  최근에는 술두 안 드신다 그러든데 몰라.

지현  너 병원에 가 뵈야겠다.

유자  어제 밤에 갔다 왔어.

지현  어 그래? 잘 됐다 열심히 해.

유자  고마워.(한숨처럼)

현경  (들어오며)야 빵 굽는 냄새가 아주 환상이다. 안녕? 소유자 안녕.

유자  안녕.

현경  너 장선생 일일 설거지 들어간다면서.

유자  ?소문두 빠르다 어디서 들었니.

현경  (커피 따르러 움직이며)배 철수가 전화해서 그러드라.

유자  너 배철수하구 아직두 노니?

현경  아직두 논다 그래. 전화루.

지현  어 참 유자야. 너 내 자동차 갖구 가라.

유자 현경  ?

현경  어어 너 결혼하면 모셔주는 차가 있단 말이지.

지현  그거 아니구 차가 새루 생겼어.

현경  누가! 뭘 물어 종혁씨지!(환호처럼)

**지현** (끄덕이며)내 꺼 아직 새차야. 너 연수두 했잖아.

**유자** 야 내가 그런 돈이 어딨니..

**지현** (오버랩)한달에 오만원씩만 내. 그건 할 수 있잖어.(핸드백으로 움직이며)

**유자** 얼만데.

**지현** 안 알아봤어. 니가 한다면 알아보구 거기서 한 삼십퍼센트 쯤 깎아주께.(백에서 키 꺼내 들고 오며)

**현경** 소유자 땡잡었다 야아.

**유자** 정말 그래두 돼?

**지현** (유자 손 잡아 키 올려놓고 오무려 주며)그래두 돼. (에서)

**S#  지하 주차장**

　　[우루루 몰려나오듯 나오는 세 여자들/지현이 조금 앞선/]

**현경** 알었다 저거다(손가락질하며)

**지현** ? 너 어떻게 알어?

**현경** (뛰어가며)눈은 뭐 장식으루 달구 있니? 딱 표나잖아 벌써…어 어 이차 좋다드라. 이걸루 뽑았구나아? (자동차 쓰다듬으며)기차다. 자동차가 기찬게 아니라 니 팔짜가 기차단 소리야. 뭐가 불만야 너.

**유자** 뭐가 불만야.(팔짱 껴고)그런데 내차는 어디 있는 거야?

**지현** 어 저기.

　　[지현보다 먼저 유자 현경 자동차로.]

**지현** (거울 조금 건드리며)세차해봐. 얼마나 이쁜데. 지금까지 말썽 부린 일 한번두 없구 얼마나 착한데.

**유자** (자동차에 대고)안녕하세요? 소유잡니다.

**현경** 하하하(유자 가볍게 때리며)

**S#** 웨딩드레스 숍

**민경** (드레스 입고 서 있고/주인 베일 씌워주고 있다)····

**서여사** (의자에 앉아서 보며)한참 이쁜 나이 다 놓치구 <u>쯔쯔쯔쯔</u>

**민지** (민경 앞에서 옷자락 건드리고 있다가 투덜거리는)웬일루 아뭇소 리 안하구 계신가 했네.

**민경** (그냥 조금 동생 보고 웃고)

**서여사** 비싼 드레스면 뭐해. 신부가 빛이 안나는 걸.

**주인** 아이 왜 그러세요 예쁘기만 한데에··

**서여사** 드레스 만든 사람은 이뻐야겠죠 그럼.

**민경** (오버랩/엄마 쪽으로 돌아서며)정말 그렇게 안 이뿌?

**서여사** 얼굴은 왜 그렇게 꺼칠해지는 거야 점점./앓구 나더니 아주 볼수가 없어.파삭파삭해서.

**민경** (민지 쪽으로 돌아서며)그렇게 숭해?

**민지** 아유 아냐 신경쓰지 마. 언니는 언니야. 됐어 근사해.

**민경** (거울 속의 제 모습 보며)모르겠다 괜찮은 거 같기두 하구…어설 퍼 보이기두 하구…

**민지** 왜 그렇게 처량한 얼굴을 해? 괜찮아 안 늙었어.아직 싱싱해. 그리구 좀 늙었으면 어때.연하한테 가는 시집두 아닌데/

**서여사** (오버랩)화관은 그게 아니라구 했지요.

**주인** 예에 아니에요 사모님. 지금 만들구 있어요.

**서여사** (오버랩)어이 갈아입어. 족두리 다 됐다든데/ 제대루 만들어 났는지 어떤지 가 보구 틀렸으면 다시 꾸미래야지.

**민지** 족두리두 맞췄어?(언니에게)

**민경** (저는 모른다고 고개 흔드는데)

**서여사**   E (민지에 이어서)폐백 안 드려?

**서여사**   얼마짜리 족두린데 그게.(혼잣소리)개발에 편자지만.

**민경**   ?(딱 싫어서 돌아보며)엄마.

**서여사**   (시렁치도 않게)왜.(에서)

## S# 움직이는 자동차 안에서

**민경**   (운전하면서)꼭 그렇게 티를 내야겠수? 얼마짜리 족두리든 그
깐 게 뭐 그리 대단한 거라구 어떻게 이서방이 개발이 돼.

**서여사**   (뒷자리에서 창밖 보면서/마주 감정낼 건 없음)이서방 뿐이야?
이서방 부모두 마찬가지지

**민경**   (오버랩)정말 신경질 나서 운전 못하겠네. 이서방 부모님이 왜.
왜요.

**서여사**   …(묵살하고 그냥 창밖 보며)봄은 봄이구나아…

**민경**   (오버랩의 기분)이서방 부모님 인품 좋으셔. 도대체 엄마 뭣때
매 그러는지를 모르겠어.

**민지**   병원장이나 총장이나 뭐 그런 집안 아니라 그러는 거지 뭐….

**민경**   기막혀 죽겠어.

**서여사**   왜 그래. 니가 어디가 모자라서.

**민경**   …(입 꽉 다무는)

## S# 어느 찻집

**민경**   (화면 시작과 동시에)그러지 좀 말아요. 엄마 그러는 거 이서방
다 알아.

**서여사**   (대꾸 없이 차 마시는)

**민경**   우리 집 별거 아냐 엄마 우리 집 별건 줄 아는데 엄만 어쩌면 그
렇게 자기 자신한테는 너그럽수. 우리 별거 아니잖아.

**서여사**  그래 그렇기 때문에 사위는 좀 뻔듯한 집안 애였으면 하는

거야.그 욕심두 못 부려? 인간은 욕심에 동물인데?

**민지**  뻔듯한 집안에서 우리 집 사둔 안하지 엄마아.

**서여사**  넌 끼어들지 마.

**민지**  부릴 욕심이 따루 있지 형부 우리한테 과분해요.

**민경**  (오버랩)너 가만 있어.엄마 내가 사정하는데…나 잘살기 바라

면 제발 이서방 좀 제대로 대접해 줘요. 성질 나쁜 애 같았으면 엄

마 때매 우리 깨져두 벌써 여러 번 깨졌어. 나 좀 봐주 엄마 응? 엄

마 딸 이서방 없으면 죽어. 이서방 기분 상하게 하지 마세요.(좀 다

부지게)우리 결혼하구두 엄마 그러면/나 엄마 안 보구 살수두 있

어요.

**서여사**  쯔쯔쯔쯔쯔…말이라구 하는 게…어떻게 돌아두 이렇게 한심

하게 도니이?

**민경**  흥…흐흐흥..(잠깐 천장 보듯 했다가)그래 엄마 나 돌았어요.그런

데 돈데다 더 돌게 하지 말구 (울음이 터질 듯하다/입 꽉 눌렀다가)우

리 이서방 좀 이뻐해 줘.엄마 때매 걔가 나 싫다 그럼 어떡해애.(사

정하듯)

**서여사**  ?

**민지**  ?(언니 보는)

**S#**  진찰실

**강욱**  (책 보고 있는)…

　　　E 노크

**강욱**  네에.

**간호사1**  (문 열고)선생님.

120

**강욱**  어 왜요.

**간호사1**  (들어와 서면서 간호사2도 같이 비집고 들어오는)신혼여행 어
　　　디로 가세요?

**강욱**  아..아 아직 결정 못 봤는데요? 왜요.

**간호사2**  아직두요? 예약 안하셨어요?

**강욱**  아직 안했어요 그런데 왜요.

**간호사1**  (오버랩의 기분)최소한 일주일 정도는 잡으시죠?동남아나
　　　뭐 그런데는 안가실 거구 좀 멀리 가실 거잖아요.

**강욱**  (오버랩)아니 글쎄 왜요. 뭐 모두들 모금해서 우리 여행 보내
　　　줄려구요? 에이 그럴 거 없어요.우리가 알아서 할테니까 신경쓰지
　　　말구요(남아 있다)

**간호사2**  그게 아니라요 선생님들 며칠이나 비우시나에 따라서 저
　　　희들두 스케줄을

**강욱**  (오버랩)아아아 하하.

**간호사1**  며칠 예정이세요? 삼층에서두 궁금하대요.

**강욱**  (오버랩)아직 결정난 거 없어요,허선생하구 의논해서 알려주
　　　께요.

**간호사2**  언제 알 수 있어요?

**강욱**  글쎄. 내일? 왜 그렇게 급하죠? 아직 날짜 있는데?

**간호사1**  (문 열면서)호주 오빠네 갔다 온대요 선생님.

**강욱**  아아

**간호사2**  비행기 예약두 해야 하구

**강욱**  (오버랩)알았어요.내일/내일 알려 주께요. 안 잊어버릴께요.
　　　[두 간호사 나가고]

강욱    ....(눈이 뜨이는/...여행이라....)

**S# 종혁의 사무실**

종혁    (상의 벗어 걸고 슬리퍼로 갈아 신고 하면서)있잖아 우리 여행 말
      야. 미안하지만 여행 못간다. 생각난 김에 얘기하는 거야. 너무 바
      빠서 회사 일 말고는 잘 깜박깜박해서 말야. 오픈한지 얼마 안되
      는 회사 팽개치고 나혼자 빠져나가 신선 놀음 할 수 없는 거 이해하
      지?(이해해요)그래 내가 없어서두 안되구 말야. 그 대신 궤도에 올랐
      다 싶을 때 작정하고 움직이자구. 그때 여왕처럼 모셔주께 괜찮지?

**S# 작업실**

지현    괜찮아요. 나두 일해야 하는데 오히려 잘 됐어요....아니요 전
      혀요...전혀 섭섭하지 않아요.

**S# 종혁의 사무실**

종혁    (앉아서)야 그렇다구 당신 전혀 섭섭 안하다 그럼 내가 섭섭
      해.조금은 섭섭하다 그래 음?··흠흠흠 지금 뭐해...시간 있으면 내가
      따라가 주면 좋은데 (시계 보며) 회의 해야 해.....어 아직 한 오분 여
      유 있어...어 그래 당신 차 처리해야지 참. 당신 새언니......그래?··어
      잘했어. 잘 했네...유자씨 좋아해?

**S# 작업실**

지현    지금 현경이가 데리구 연수 나갔어요. 아니 개 면허 받구 연수
      두 다 끝냈었어요...금방 할 걸요?그리구 현경이 운전 솜씨가 보통
      이 아니거든요. 좀 난폭 운전이라 그렇지만

**S# 종혁의 사무실**

종혁    그럼 혼자 있는 거겠다...무섭지 않아? 아무나 문 열어주면 안
      돼. 문단속 철저히 하구 있어 괜히.....웃을 일 아니라니까. (시계 또

보며)그래 그럼 앗 참 당신 신문 봤어?..(일어나며)..됐어, 일 해.(끊
는 데서)

**S# 작업실**

**지현**  (전화 끊으며 조금 맥 빠지는/아무렇지도 않게 전화 받고 그러는 자
신에 대한)····(컴퓨터 화면으로/······(조금 화면 보고 있다가 두드리기
시작)

**S# 민경의 방**

**민경**  (책상 위 차트 간추리면서)안가기루 했잖아.

**강욱**  (앞에 서서)안 가기는 어떻게 안 갈 수가 있어. 가야지.

**민경**  ······

**강욱**  (소파로 가며)이리 와 봐. 얘기 좀 하자.

**민경**  ···(간추리던 것 놓고 소파로 가 마주 앉는다)···(보며)

**강욱**  우선 일정을 어느 정도로 하나 결정하고

**민경**  (오버랩)그냥 집에서 쉬자.

**강욱**  ····(보는)

**민경**  비행기 타구 싶은 생각 없어.

**강욱**  민경아.

**민경**  (오버랩)솔직히 얘기하게. 그냥..여행이라는 게 싫어.여행이라
는 글짜조차 싫어···왜 그런지 알지?

**강욱**  (숨 내쉬며 외면/)

**민경**  싫증내지 말구 그럴 수도 있다구 이해해 줘···하니문은 그야말
루 하니문이어야잖아. 하니문이 되겠니? 어딘가 가서 호텔에 묵
으면서 좋은 경치 보면서 맛있는 음식 먹으면서···나 계속 너랑 그
애는 어땠을까···첫 키쓰는 어떤 상황에서 어디서 어느 순간에 했

을까.

**강욱**   (오버랩)그만하자.(일어나며)

**민경**   (오버랩)앉어 차라리 이렇게 말해 버리는 게 나아.

**강욱**   …(내려다보며)

**민경**   앉으라니까?(올려다보며)

**강욱**   그래서 그만둔다구?

**민경**   차라리 집이 날 거 같아. 우리 집…거기는 개 못 들어올 거 아냐.
현관문 꽁꽁 잠그구 있으면…

**강욱**   (도로 앉으며)그런 생각 안들 게 해 주께.(안 보는 채) 일생에 한번
밖에 없는 건데

**민경**   (오버랩)일생에 한번을 니가 망쳐놨잖아.(안 보며)

**강욱**   ?(보는/)

**민경**   (문득 보며)집에서 보내자.(좀 달래듯)

**강욱**   (오버랩)당신 어머니한텐 뭐라 그러구.

**민경**   (씩 웃으며)엄마 혈압 걱정돼 안간다 그러지 뭐.

**강욱**   (좀 올라서)민경아.

**민경**   (오버랩)걱정마. 내가 알아서 하께. (그냥 웃으며)신경쓰지 마. 알
아서 한다구.

**강욱**   ….그럼..며칠 쉬까.

**민경**   일주일.

**강욱**   ..일주일..병원은 완전히 닫는다.

**민경**   그럼.

**강욱**   알았어.(일어나며)우리 간호사들…일주일 휴가라 그러께.

**민경**   엉(일어나며) 일러줘야지 참.

**강욱**  (의자 빠져나가는데)

**민경**  (한 팔 잡는다)

**강욱**  ....(잠깐 보고)이리 와 안아주께.....(포근히 안아주는).....빨리··편
해졌으면 좋겠다...가끔은. 너를··감당할 수 없는 그런 생각이 들어...

**민경**  ....(눈 감는다)

**강욱**  (더 꼭 안으며)....

**S# 작업실**

**지현**  (나갈 차비하며)육십회 넘는 거 훑기두 장난 아니겠다.

**유자**  (대본 화면 보며)장난 아니야.

**현경**  (차비하며)너 차 뇌두구 가.며칠 더 연습해서 끌라구.

**유자**  내가 무슨 용가리 통뼈니. 나 죽으면 우리집 난리나.걱정마.나
집에 안 들어갈 거야.

**지현**  그래 바쁘겠다. 수고해.

**유자**  잘가.

**현경**  수고해.

**유자**  엉.

**S# 복도**

　　　[나오는 두 여자/움직이면서]

**현경**  어째 종혁씨가 조용하다 오늘?

**지현**  아까 늬들 연수 나갔을 때 왔었어.

**현경**  그래?

**지현**  전화.

**현경**  엉 나는 또 사람이 왔다구.

**지현**  차 유자한테 갔다니까 잘 했다 그러드라.

**현경**  그래 잘 했어.건 잘했어. 우리 둘만 차 끌구 다니구 딱했었는데 미운 건 미운 거구 잘 했어.

**지현**  밉기는 뭐 또 그렇게에.

**현경**  신문 보구들 찍 쌌을 거다. 한 건 올리자구 벼르던 애들 응?

**지현**  (그냥 좀 웃고)

**현경**  그 아저씨도 봤겠지 신문.(승강기에 오르며)

**지현**  봤겠지.(오르는)

**S#**  빌라 단지 전경(밤)

**S#**  민경의 방

**민지**  (화면 시작과 동시에)형부하구 뭐 있어?

**민경**  뭐가 있어.(옷 갈아입으며)

**민지**  언니 좀 이상하다구 알아보래. 안 어울리게 신경쓰는데? 형부랑 뭐 삐그덕거리는 거 있는 거야?… 형부 사랑이 전같지 않은 거야?

**민경**  (오버랩)엄마가 신경 쓰셔?

**민지**  엉 꽤 상당히.

**민경**  그럼 너 그래..이 서방이 엄마 푸대접하는 거 힘들어 한다구.

**민지**  힘들어 해?

**민경**  힘들어 해.

**민지**  당근이지 뭐. 지금껏 조용한 게 이상했어.

**민경**  (오버랩)그래서 형부가 장차 우리 결혼생활이 어떨까 회의 느끼는 것 같다구. 그거 때문에 나두 괴로워하는 중이라 그래.

**민지**  ……(보다가)엄마 때문에 형부 마음이 좀 그래진 거야?

**민경**  …좀 싫은가봐.

**민지**  알았어.내가 확실하게 얘기해 주께.(하며 나간다)

**민경**    (핸드백 집어 핸드폰 꺼내 화장대 위에 놓는)

**S#  거실**

**민지**    (빠르게 내려온다)

**서여사**    (석간 증권면 보다가 딸 내려오는 것 돌아보며)

**민지**    엄마 때문에 형부랑 사이가 좀(픽 앉으며)그래졌대요.

**서여사**    어떻게 그래졌다는 거야.

**민지**    평생 장모 눈치 받으며 어떻게 사나. 사실 결혼이 내키지 않는
다 그랬대요.

**서여사**    뭐야?

**민지**    생각보다 심각한가봐. 언니 디게 고민하는데요?

**서여사**    꼴에 소가지는 있구먼. 소가지두 없는 줄 알았더니.

**민지**    엄마는 소가지가 뭔지두 모르는 사람두 소가지 생기게 만들어.

**서여사**    (오버랩)잘난 척은 있는대루 하는 게/그래서 그게 속이 상해
목이 메어 그러는 거야?

**민지**    속 안생겨요 그럼?

**서여사**    트집 잡을 게 없으니까 별 트집을 다 잡네.

**민경**    (내려오며 오버랩)형부 아직 안 왔니?

**민지**    아직인데?

**서여사**    같이 안 떠났어?

**민경**    (소파로 오며)같이 떠났는데 늦네. 신호 하나 잘못 걸리면 그러
니까 뭐.

**서여사**    (오버랩)이서방이 결혼하기 싫대?

**민경**    ?(하고 잠깐 민지 보고 /민지는 모르는 척/엄마 보며)싫다구는 안
했어요. 엄마를 많이 걸려하는 거 같은 눈치라 내가 속이 상해요.

**서여사**  …(보다가)내가 뭘 그렇게 저를 그래. 생대구탕 끓인다구 먹
으러 오라 그러구 그럼 됐지.

**민지**  (오버랩)그건 낮에 언니한테 놀래서 그런거잖아 뭐 솔직히 (하
는데)

　　　E 현관 벨

**민지**  (발딱 일어나며)형부다. ..(현관으로/비디오폰 보며)어서오세요.(버
튼 누르고)

**강욱**  (들어온다)

**민지**  어서 오세요 형부.

**강욱**  잘 있었어?

**민경**  (현관 쪽으로 움직여 있다가)막혔어?

**강욱**  어 막히드라구.(하며 엄마 쪽으로)저 왔습니다.

**서여사**  (소파에서 빠져나오던 참)어 그래..별 건 아니구 대구 매운탕 끓
인대서/ 다 안 됐나(하며 부엌으로)

**강욱**  (약간 이상해서 민경 보는데)

**민경**  (모르는 척)앉아. 옷 벗어.

**강욱**  엉..

**민지**  내가 하께. 형부.

**강욱**  응 고마워.(상의 벗고)

**민지**  (받아서 옷걸이로)

**S# 주방**

**이모**  (상 차리며 작은 소리로)갑자기 왜 기가 팍 죽었수?

**서여사**  (소리 죽여)이래서 딸 가진 죄인이랬나부다. 내가 저 이뻐라 안
한다구 민경이 속 썩인대.

128

**이모**　펑계가 좋다.

**서여사**　(멋도 모르고)펑계가 좋아.

**이모**　(중얼거리는)죄인 여럿이네. 치

**서여사**　너까지 죄인일 거 뭐 있어.너하구는 아삼육인데‥

**이모**　아삼육이 개삼육되게 생겼는데 무슨(쭝얼쭝얼)

**서여사**　뭐 그렇게 주절거려 소나기 맞었어?

**이모**　민경아 밥 먹자.이서방 어서 들어와.(전혀 아무 일도 없었다)

**S# 민경네 식당**

**민경**　(찌개 뜨면서 화면 시작과 동시에)우리 안가요.

**서여사**　?

**민지 이모**　?

**이모**　안가다니 신혼여행을 안간단 말야?

**민경**　안가요 안가는게 아니라 못가요.

**민지**　왜애?

**민경**　나 임신 중이에요 엄마. (강욱-놀라서 돌아보고)초기기 때문에
　　불안해서 못 가겠어.

**민경**　E (보는 엄마 위에)나이두 많구 잘못되면 어떡해.

**민경**　E (이모 민지 위에)조심해서 나쁠 거 없으니까 생략할려구.

**민경**　여행이야 언제든 갈 수 있는 거 아뉴?

**이모**　(괜히 아주 작게 소근거리는)얼마나 됐는데?

**민경**　이제 시초에요.

**이모**　병원가 봤어? 테스트 해봤어?

**서여사**　뭐해. 너 혼자 왜 속살거리는 거야.

**이모**　아니 확실한 건가 해서.

**민지**   흐홋/(오버랩)축하해요 형부.언니 축하해.

**민경**   어 그래.(강욱은 아주 애매하고)

**이모**   에이그 의사 선생님이 속도위반 좀 그렇다/간호사들 보기 민
         망해서 너 어떡할래.

**민경**   할 수 없죠 뭐.

**이모**   (오버랩)어쨌든 암튼 축하할 일인 건 확실하네.(언니 잠깐 돌아
         보며)나이 너무 먹어 걱정했는데 이서방 축하해. 축하할 일이네요
         언니.

**서여사**   (오버랩)그래서 얼굴이 그렇게 상했구먼 <u>쯔쯔쯔쯔</u>.

**이모**   그러구보니까 이지가졌었구나. 어이구우우 딱한 것

**민경**   (이모 짝 쌔려보는데)

**서여사**   E (이모에 연결)그래 무리는 안하는 게 좋아.

**서여사**   (강욱 보며)아쉽겠지만 별수 없겠네.

**강욱**   ‥네‥

**S#** 서여사의 방

**서여사**   (알약 손바닥에 받으면서)애까지 만들어놓구 무슨 내 핑계야.
         싸가지 없는 놈.(입에 넣고)

**이모**   (들고 있던 물컵 주며 혼잣소리)민경이 목 안매단 게 다행이네 뭐.

**서여사**   목은 왜 매 그깐 일에.(에서)

**S#** 민경의 방

**강욱**   ‥(바지 주머니에 손 찌르고 방바닥 보고 서 있는데)

**민경**   (물컵 쟁반 들고 들어온다)

**강욱**   ‥(보는)

**민경**   (마주 와 물컵 내민다)

130

**강욱**  (받으며)혹시··정말야?

**민경**  ···(잠깐 보다가)아니야. 왜··놀랬어?

**강욱**  그런데 왜 그런 /···왜 그래애.

**민경**  더 이상 좋은 구실 이 어딨어. 아무두 아무 말두 못하잖아. 그냥 어정쩡하게 안간다 그래봐 얼마나 시끄러울텐데··

**강욱**  (고개 조금 흔들며)그래두 그런 거짓말은 하는 거 아니지. 가졌다구 해 놨으면 낳아야 할 거 아냐.

**민경**  애기 안 낳을 거니? 가져서 낳으면 되잖아.

**강욱**  ···(보다가)모르겠다. 니가 알아서 해.(하고 물 마시고 내리는데)

**민경**  (물컵 빼내서 제가 마신다)

**강욱**  ···(보며)

**S# 종혁네 거실 1**

**노여사**  어서 오세요 회장님.

**제천댁**  (얌전히 인사하고)

**최회장**  (들어오다 옷이 단정한 아내 아래위로)누구 손님 왔었어?

**노여사**  손님은요 아니요? 왜요.

**최회장**  됐어······ 이녀석 안들어왔어?(안방으로 움직이면서)

**노여사**  (따르며)아직요. 많이 늦지는 않는다구 전화 왔었어요··

**최회장**  (그냥 안방으로)

**S# 안방**

**최회장**  (들어와 옷 벗기 시작하고)

**노여사**  (시중들면서)저녁 드셔야죠?

**최회장**  먹어야지 그럼/ 일을 얼마나 하는데 저녁두 안 줄 거야?

**노여사**  무슨 일루 또 이렇게 심기가 불편하세요. (옷 처리하면서)오늘은 옷도 얌전하게 입구 있었는데 …

**최회장**　(말없이 와이셔츠 벗는)…

**노여사**　(샤워실에서 나와 갈아입을 옷 챙겨놓은 것 한꺼번에 집어 올리고 서서 보다가)왜요…뭐 언짢은 일 있어요?

**최회장**　(아내가 들고 있는 옷 무시하고 가운 집어 입으며)당신 보기에는 애가 어때.

**노여사**　?…

**최회장**　뭘 두꺼비 모양 껌벅껌벅해. 우리 집에 애가 어떠냐구 물을 애가 누가 있어.

**노여사**　지현이 얘기하는 거에요?

**최회장**　그래.(끈 매며)

**노여사**　아 종혁이 댁으루 더 바랄 거 없이 딱 맞춤이지요. 성격 차분해 학벌 나무랄데 없어 인물 단정하지(보료로 가는 남편 따르며)나는 아주 그만이에요 왜요.

**최회장**　(앉으며)당신은 그러는데 나는 처음부터 그애가 그리 탐탁칠 않았어..(신문 펴는)

**노여사**　주무시다 일어나 봉창 두드리는 거 모양 느닷없이 괜히..심심하신가..결혼 날짜 박아서 신문에까지 났어요. (그러지 마세요)

**최회장**　….

**노여사**　(일어나며)얼른 저녁 상 차리께요. 금방 돼요.

**최회장**　(신문 약간 거칠게 펴며) 급할 거 없어. 천천히 해.

**노여사**　(돌아보는)

**S#** 지현네 마루

**진이**　(지현이 밥상 들고 나온다)

132

**지현모** (며느리와 빨래 개키면서)애 얼른 나와.

**지현** E 네에.

**지현부** (영수증이랑 장부랑 놓고 계산기 두드리고 있는 한수 보면서)조용히 해. 한수 잘못 두드려.

**지현모** 알았어요.(진이는 상 적당한 곳에 놓고 도로 부엌으로)

**한수** (계산기 멈춘다)

**지현부** 맞어?

**한수** (아까 적어놓은 것 보며)다시 해야겠어요.

**지현부** 이런/너 믿구 어디 살겠니.왜 계산기두 하나 제대루 못 두드려. 많어/모자라.

**한수** 삼십육만원이 남어요.

**지현부** 남을 턱이 있나.남는 건 모자라는 거야.다시 해봐.

**지현모** 아까 낮에 용 판 거 삼십육만원 넜어요?

**지현부** (멍)··그거 안 넜다.

**지현모** 애 나무랄 거 뭐 있어. 자기두 멍하면서··

**초희** (괜히 소리 내어 웃고)

**지현부** (오버랩)그럼 딱 떨어지는 거지?

**한수** 예.

**지현부** 됐어. 계산은 딱 떨어져야 산뜻하지. 정리해.

**한수** 네.(장부에 기록하기 시작)

**진이** (아주 작은 된장 투가리 들고 나오며)언니 아직 안 나왔어요?

**지현모** (오버랩)애 뭐해. 지현아아

**초희** (엄마와 동시에)아가씨이.

**지현** (오버랩.나오며)나가요 나가. 어련히 나올까봐.

**지현부**  배고프다면서 뭘 꾸물대구 있어. 빨리 나와 밥부터 먹지.

**지현**  (밥상 앞에 앉으면서)암만 고파두 몇분 상관에 안 죽잖아요.

**지현부**  죽을까봐 그래? 새끼 배고프다 그러면 부모는 안타까와 몸 달어 야..

**지현**  (국 뜨며)알았어요.

**초희**  (오버랩의 기분)새차 갖구 나가 황당한 일은 없었어요?

**지현**  잠깐 씩 어벌거리기는 했지만 뭐 괜찮았어요. 새벽에 매뉴얼 한 차례 공부했거든요.

**진이**  그래서 차 좋아요 언니?

**지현**  어 좋아. ··좋아.

**초희**  그래서 헌 차는 어떻게 했어요?

**지현**  작업실에 같이 있는 친구한테 양도했어요.

**초희**  얼마 받았어요?

**지현**  중고 시장 값으루요.

**지현모**  니 차 갖구간 사람 운 좋았지 뭐. 어디 한 군데 긁히기를 했나 콩 쥐어 박힌 데가 있나.

**지현부**  (오버랩)새차잖어 새차.

**지현모**  새차나 다름없지요.

**현식**  (나오면서 오버랩)고모 들어오셨어요?

**지현**  엉. 그래.

**초희**  어느 새 숙제 다 한 거야?

**현식**  (지현 옆에 풀썩 앉아 전 하나 집으며)다해 가요 걱정 마세요.

**초희**  입이 닳아 그냥 내가. 저녀석 숙제 내 입이 해 입이. 빨리 들어 가.

**현식**  에이 엄마 때매 쉬지두 못해.(하며 전 두 개 더 집어 들고 방 쪽으로)

**초희**　너 그손 아무데나 쓱쓱 문지를 거지.

**현식**　E 알었어요 안 그래요.

**초희**　안 그래두 우울해 죽겠는데…

**지현모**　왜 우울해.

**초희**　시원한 게 뭐 하나나 있어야죠……어머니 보시기에 저 시원한 거 있어요?

**지현모**　누구는 그렇게 시원하게 사니? 다 그렇구 그래. 툴툴거려봤자 맥만 빠지구 도움되는 거 없어.그저 그러려니‥이게 사는 거려니 그러구 살어.

**초희**　에이그 그런 말씀하시는 어머니는 얼마나 재미있게 사시는데요.

**지현모**　내가 뭐.

**지태**　(들어오며 오버랩)다녀 왔습니다.

**지현부**　아이구 그래 애비 들어온다.

**초희**　(앉은 채 고개만 돌리고)저녁 먹구 들어오는 거 치구는 안늦네요?

**지태**　‥(그냥 자기 방으로)

**지현모**　(며느리 건드리며)일어나 일어나.

**초희**　(느리게 일어나면서)저이는 생전 이차 갈 줄두 몰라. 저러니 누가 좋아하겠어.

**지태**　(방문 열고)너 새차 운전하는데 지장 없었어?

**지현**　아니 괜찮았어요.(지태 문 닫으면서)

**초희**　(제 방으로 가며)안 씻어요?

**지현모**　안 그래두 오뉴월 엿가락인 애가 더하네 더 해.(남편만 들으라고 중얼거리는)

**지현부**   (일어나며)싯/모르는 척 해.

**지현모**   모르는 척 해요…(에서)

**S#  강욱의 오피스텔**

**강욱**   (싱크대 쪽에서 녹차 봉지 담갔다 뺐다 하는)

　　E  전화 울린다

**강욱**   (봉지째 놓고 찻잔 들고 전화로)‥네에‥

**강욱부**   F  애비여.

**강욱**   네 아버지.

**강욱부**   F  청첩장 어떻게 된겨 이눔아. 아직두 안 내려 보내면 어떡하
　　자는겨.

**강욱**   네 아버지. 그거 모레 나오기루 돼 있어요.

**S#  본가**

**강욱부**   (이부자리 위에서)모레 나와서 어떡할겨.얼마나 남었다구 이
　　렇게 청처짐햐 늬딜.모레 나오면 여기까지 오는데 이틀은 잡아 먹
　　을 거구 언제 돌리구 언제 뭘 어떡하라는겨.

**엄마**   아이구 안직 괜찮어유

**강욱부**   아 괜찮긴 깻묵이 괜찮어? 손님이 청주 시내만 있어?괴산이
　　며 제천이며 청천에 충주에 구석구석 즉어두 사흘씩은 걸릴 데가
　　허다반이란 말여.

**엄마**   아 글쎄 그래두 괜찮어유.

**강욱부**   야 둘째야.

**강욱**   F  네 아버지.

**S#  강욱의 오피스텔**

**강욱부**   F  예식장은 넉넉하게 잡은겨?여기서 갈 손님이 줄이구 줄여

136

두 삼백은 되는데 어떻게 한 상관읍는거?

**강욱**　좀 줄이시죠 아버지. 삼백이면 버스가 몇대에요.

**강욱부**　F 바스가 몇대면 그게 니가 걱정할 일여? 그런 걱정 말구 청첩장이나 빨리 보냐 이녀석아. 몸달어 죽겠어.

**강욱**　네 나오는대루 보내께요.

**강욱부**　F 그려 끊어.

**강욱**　안녕히(하는데)

　　F 퍽 끊어지는 소리

**강욱**　(쓴웃음. 전화 놓고 찻잔 들고 침대 옆구리에 앉으면서 …천천히 마시는…마시다가 일어나 컴퓨터로/컴퓨터 켜고 메일 체크하는……아무것도 와 있지 않다)……

**S#　지현의 방**

　　[작업 중인 지현.]

**지현**　(진도가 그렇게 좋은 것은 아니다…몇 줄 쓰다가 지우고 쓰다가 지우고 하는데)

　　E 노크

**지현**　네에.(두드리며)

**초희**　(문 열고 들여다보며)작품 써요?

**지현**　‥네.

**초희**　잠깐 들어가면 안돼요?

**지현**　들어오세요.(의자 돌리면서)

**초희**　(들어온다)

**지현**　왜요.

**초희**　왜요랄 거는 없어요…그저 마음이 자꾸만 땅으루 자자드는 거

같구 이게 뭔가아아 싶어서 …(침대 옆구리로 가서 보며)아가씨하구
얘기나 좀 하면 어떨까 그래서 들어왔는데 방해 되지요.

**지현**   아니에요 괜찮아요.앉아요 언니.

**초희**   (앉으면서)후우우우

**지현**   ….(보다가)왜요 언니.

**초희**   (고개 떨군 채)이거는 심술은 아닌데요 아가씨..아가씨가 시집
간다 그러니까 ··내 신세가 왜 이렇게 갑자기 더/ 처량한지 모르겠
어요…

**지현**   ….(보며)

**초희**   누구는 누구만 못한 거 아니거든요. 나두요 우리 집에서는 고
명딸루 귀하다면 귀하게 컸구요··내가 인물이 아가씨만 못해요 체
격이 아가씨만 못해요.

**지현**   ··안 못해요 못하지 않아요.

**초희**   (지현 보면서)그런데 한 사람은 난다긴다하는 집안에 /그것도
노라리/ 엉터리두 아닌 잘난 남자한테 삐시면서 시집가는데./··나
는 이게 뭐에요…내가 기운 빠지지 않겠어요?

**지현**   그렇게 생각하지 말아요. 언니가 부러워하는 건 지금 그냥 외
형적인 거지 내용이 어떨지는 아직 모르잖아요.

**초희**   (오버랩)내용두 그렇지요 뭐. 종혁씨 아가씨한테 하는 거 보면
몰라요? 아가씨는 평생이 해결 된 거에요.아마 대한민국에서 아가
씨만큼 복많은 사람 열 두 안 될 거에요.

**지현**   ….(할 말이 없다/그냥 보며)

**초희**   나요…물론 내가 현식 아빠 좋아라 그러기두 했지만요··아버님
어머님 사시는 게 너무 보기 좋구 부러워서/··행복이라는 게 바루

저런 거다 그래서 더 현식아빠하구 결혼하구 싶었어요.

**지현**    무슨 소리에요?

**초희**    자식은 부모 닮는다 그러잖아요. 현식아빠두 아버님같을 줄
알았단 말이에요.

**지현**    연애할 때 성격 몰랐어요?

**초희**    연애할 때는 그래두 지금 같지는 않았어요. 잘 웃기두 하구 귀
엽다 소리두 하구 연애할 때는 잘해 줬어요.

**지현**    그냥..엄마 말처럼 그러려니 하구 살어요. 그 대신 딴 걸루 속
썩이는 건 없잖아요.

**초희**    에이그 차라리 가끔 한번씩 딴 걸루 속 썩이면서래두 사람이
좀 뜨듯했으면 좋겠어요.

**지현**    ....(보며)

**초희**    그래두 아가씨가 제일 내 말 잘 받아주구 그랬는데..아가씨 시
집가면 나는 더 황이다 싶구...후우우우 이렇게 서글플 수가 없네요..

**지현**    ....(그저 보며)

**초희**    (일어나며)괜히 방해만 했어요. 작품 쓰세요...(문으로 가다가 돌
아보며)나는 아가씨 정말 이해 못하겠어요. 그냥 편안하게 시집이
나 가버리구 말지 그깐 건 뭐하러 기어이 쓴다구 골을 싸매구 있어
요. 정말 성격두 이상해.

**지현**    (그냥 웃어 보이고)

**초희**    (나간다)

**지현**    (컴퓨터로 돌아앉아 화면 다시 띄우고 몇 자 치는데)

　　E  딩동..편지 온 신호음.

**지현**    ........(보다가 읽기 클릭)

**강욱**  E 결혼한다는 신문 기사 보았습니다.

말로 듣는 것과 기사로 난 것을 보는 것과는 느낌이 많이 다르더군요. 축하한다는 거짓 인사는 하지 않겠습니다.

이제는 정말/ 따로따로이지만 같은 서울 하늘 아래 살고 있다는 것 밖에는 위안 삼을 일이 없겠습니다.

쓰고 있는 작품/좋은 성과 올리기 바라고/ 내내 건강 하기를…

지현씨에 대한 모든 기억/가슴 깊은 곳에 간직합니다.

**지현**  ………(고여나는 눈물)………(마침내 투두두둑 떨어진다)

**S# 강욱의 오피스텔**

**강욱**  (술 마시고 있다/··마시고 ···마시고)

**S# 지현의 방**

**지현**  (눈 내리깔고 꼼짝 않고 컴퓨터 의자에 앉은 채)흐으으윽/·····흐으으으윽/(소리 죽여 울고 있다.)

E 노크

**지현**  ·····(못 듣고)

**지현모**  E 애 자니?

**지현**  ?(놀라서 얼른 수습하며)아뇨 왜요.

**지현모**  (감 주스 들고 들어오면서)홍시두 이제 다 먹었다. 마지막으루 너랑 아버지랑(하다가 딸 보고)?····너 ···왜 그래···

**지현**  (코맹맹이로 휴지 뽑으면서)아냐 아무 것도 아니에요 응응··(하며 오히려 울음이 터지는)

**지현모**  (주스 잔 놓고 아이에게 달라붙으며)왜 그래 무슨 일이야 얘··· 왜 이러는 거야 응?

**지현**  응응응응응

**지현모**  (딸 건드리며)애 가슴 떨려.. 말을 해 왜 그러냐구우.

**지현**  (엄마 허리 꽉 껴안으면서)엄마 나 결혼하구 싶은 사람 따루 있어어어어.

**지현모**  .....?.....(다리에 힘이 쪽 빠지면서)얘가 ..얘가 이게 무슨 소리.. 무슨 소릴 하구 있는 거야 지금...

**지현**  응응응응

**지현모**  무슨 소리야 지그음...

**지현**  (수습하려 하며)됐어요 말 안해.엄마 이해두 못할 거구 말 안 해.그만둬요 못들은 걸루 해. 나 시집가.가니까 걱정 말라구. 시집 가. 간다구..

**지현모**  ....(보며)

**S#  종혁의 거실**

**종혁**  (들어서며)저 들어왔습니다. 미스장 나 냉수 좀 올려놔 줘.

**미스장**  네.

**제천댁**  식혜 있는데요 식혜두 같이 갖구 가.(하며 장 따르고)

**미스장**  네..

**종혁**  (소파 쪽으로)저 들어왔어요 어머니.

**노여사**  (티브이 끄면서 일어나고 있다)그래 알어.

**종혁**  그냥 보시지 왜 끄세요.

**노여사**  볼 것도 없어.나는 저 밤낮 즈이끼리 수다 떠는 걸 뭐하러 우리더러 보라는 건지 모르겠더라.

**종혁**  (좀 웃고)아버님 주무세요?

**노여사**  (오버랩)너 기다리구 계셔. 서재야.들어가 봐.

**종혁**  저요?

**노여사** (오버랩/소리 좀 낮춰서)얼결에 허락은 해 놓구 아무래두 지현이 일하는 게 못 마땅하신 모양이다. 그저 다소곳이 잘 듣구 하라시는대루 하겠습니다 하는 게 좋겠다.

**종혁** 아니

**노여사** (오버랩)들어오셔서부터 내내 불편하서. 뭘 하시는지 저녁 잡숫구 들어가서 꿈쩍도 안하신다. 어서 들어가 뵈어.(하면서 자기는 안방으로)

**종혁** ....(어머니 움직이는 것 보다가 서재 앞으로)....(타이 한 번 만지고) 아버님 저 들어왔습니다.

**최회장** E 들어와.

**S# 서재**

**종혁** (들어와 목례)늦었습니다.

**최회장** (보던 책 탁 덮으며)바른대로 말해.(의자에 조금 기대듯 하며 아들 보는)너 연기했던 결혼을 갑자기 서둔 이유가 뭐야.

**종혁** ....말씀드렸잖습니까. 오픈하고 나니까 크게 복잡하구 바쁜 일 없어서

**최회장** (오버랩)그럼 너 왜 방콕까지 애 데리러 갔었던 거야...

**종혁** ....그건..

**최회장** 그애는 그때 왜 너한테 연락을 끊었던 거야.

**종혁** 그건 그때 그럴만한 일이 있었습니다.

**최회장** (오버랩)그게 뭐야.

**종혁** 지현이가 저한테 화가 좀 나 있었어요. 그래서 일부러 연락 안하고

**최회장** (오버랩)뭣때매 화가 났는데.

**종혁** 방송일 하는 걸 그만두라고 하면서 제가 자존심을 좀 건드렸었습니다.

**최회장** (오버랩)그게 니가 아는 전부야?

**종혁** ?

**최회장** 니가 아는 전부냐구.

**종혁** 무슨 말씀이신지

**최회장** (오버랩)걔한테 딴 사람이 있다는 소문이 돈다는데 너 알아 몰라.

**종혁** ....(충격)..

**최회장** 알아 몰라 이 머저리같은 놈아.

**종혁** 아니 아버님. 어디서 무슨 말을 들으셨는지 모르지만

**최회장** (오버랩)종욱이 댁이 미장원 갔다 여자들이 지껄이는 소리 듣구 들어왔더래. 무슨 집안 망할 소리냐구 나 들어오는데 자동차 루 니 숙부가 전화했어.

**종혁** (오버랩)전혀 있을 수 없는 소립니다. 낭설이에요 그런 일은 있을 수가 없어요. 어떻게 그런 일이

**최회장** (오버랩)소문이 왜나 그럼 소문이. 아니 땐 굴뚝에 연기 나드냐?

**종혁** (오버랩)안 땐 굴뚝에서 연기나는 일도 적지 않게 있습니다. 그럴 수 있는 사람이라면 제가 선택하지 않았습니다. 성실하고 깔끔한 사람이에요. 정말 생사람 잡는 소문입니다. 절대 그럴 수 없습니다.

**최회장** 너 금시초문이야?

**종혁** 금시초문입니다.

**최회장** 그런데 쓸데없이 그런 소문이 왜 있어.

**종혁**   .....(아버지 보며)

**최회장**   (약간 눅어지며)니가 아무리 그애한테 넋이 빠졌대두 다른 남자가 있는 애를 며느리로 들일 수는 없어.

**종혁**   (조금 웃는 듯하며)저한테도 불가능합니다.

**최회장**   어쨌든 사람 일 알수 없는 거니까 소문에 진원지를 한번 찾아보도록 해. 너를 필두로 우리 식구들만 멍청이 꼴 돼 있는 거 아닌지.

**종혁**   알아보는 거 보다는 묵살해 버리는 게 오히려 낫겠습니다 아버님.

**최회장**   ? 어째서

**종혁**   헛소문이라는 건 원래 무책임하게 증폭되는 성질이 있기 때문에 즈이 쪽에서 뭔가 움직임이 있으면 그게 오히려 부채질하는 격이 될 거 같아서요.

**최회장**   .....(아들 가만히 보다가)자신 있는 거야?

**종혁**   자신 있습니다. 저를 믿으십시오.

**최회장**   그럼 지금 하구 있다는 일이나 중단시켜.

**종혁**   ?

**최회장**   그저 누구네 집  다소곳한 딸이었으면 그런 소문도 안나. 글이라고 쑵네하고 이름 내 놓구 더러 사진두 나구 그런 얘기 때문에 남의 입에 오르내리는 거야.

**종혁**   (오버랩)저기 맡은 일은 끝내게 해주겠다고 약속

**최회장**   (오버랩)중단 시켜. 내가 못하게 한다고 해.

**종혁**   ........(아버지 보며)

**S#**  종혁의 방

**종혁**  ……(맥 빠져서 들어오는)……(넥타이 풀어 빼고 상의 벗으면서 한꺼번에 끓어올라 냅다 상의로 테이블 위 후려갈기는)………(진정하려고 숨 몰아쉬면서 있다가)……(테이블 의자에 앉는)……(가만히 앉아서 테이블 위 내려다보고 있다가 한순간에 테이블 위 쓸어버리면서 벌떡 일어나 침실로 움직이면서 옷 벗어 하나씩 팽개치기 시작하는/화가 나서 견뎌낼 수가 없는)

**S#**  종혁/눈 꼭 감고 샤워 맞으면서⋯수압 세게

**S#**  지현의 방

**지현**  (코 풀고)처음부터 엄마 나는 종혁씨 내키지 않았어요⋯나는 그런 사람/⋯그렇게 멋있지 않아⋯부자구 잘 생겼으면 뭐해. 그게 나랑 무슨 상관야‥사람이 편하지를 않은 걸⋯불편한 걸⋯나 엄마‥(목이 메이며)아버지처럼 정다운 사람 만나구 싶었어⋯아버지가 엄마 쳐다보는 것처럼 그렇게 나 쳐다봐 주는 사람⋯‥나를⋯세상에서 제일 귀한 거 바라보는 것처럼 그런 사람⋯‥종혁씨는 엄마⋯자기가 왕이야⋯차갑구 거만하구 딱딱해⋯자기 위에 사람 없어.

**지현모**  ⋯‥(낭판이 떨어져서 그저 볼 뿐)

**지현**  (안 보는 채 휴지 비틀면서)그런 사람 싫거든?

**지현모**  그렇게 싫었으면 끝까지 싫다 그러지 한다구는 왜 했어.

**지현**  (울음 다시 터지려 하며)모두 다 나 한심해했잖어. 내가 웃기는 애라구.

**지현모**  ⋯‥그거에 대해서는 할 말 없어⋯‥우리는 다 그만한 사람 없다 생각하니까 그랬지이.

**지현**  ⋯(쿨쩍쿨쩍)

**지현모**  그렇다구 약혼까지 한 애가 덜컥 바람이 나면 어떡해 이것아.

**지현** 누구는 바람/ 나구 싶어 나?

**지현모** 그러니 어떡할 거야…이제 와서 물르구 너 좋은 사람한테 간 다 그럴수두 없는 거 아냐.

**지현** 그렇게 어떻게 해애.. 그렇게 못해요.

**지현모** 그렇게 못하는 거 알면 울구불구 할 일두 아니잖어.이게 뭐 야 날 잡아 놓구 혼자 울구불구/이게 무슨 기막힌 꼴야 응?

**지현** 그렇게 할 수 없으니까 울구불구 하지이..

**지현모** ....(딸 보다가 고개 돌리며)아이구우 기막혀 내가 넘어가겠다 …이게 무슨 사람 뒤집어질 일이야 그래……후우우우우……(문득 딸 돌아보며)그 빌어먹을 녀석은 여태 어디서 뭐하다가 하필 요때 나 타나 일거릴 만들어. 그게 마귀지 좋은 인연 아니다 너. 그건 마야 마. 마귀야/

**지현** …..(엄마 보는)…

**지현모** (딸 보며 또)후우우우우우

**지현부** E 당신 뭐해.

**지현모** ..왜요..

**지현부** E 애 일하는데 들어가 뭐 질척거리구 있어. 빨랑 나오지.

**지현모** 알았어요. 가요 가.

**지현부** E 빨랑 와. 심심해..

　　　　E 안방 문 닫기는 소리.

**지현모** ....(딸 그저 바라보는)

**지현** (일어나며)가요 그만.

**지현모** …….

**지현** 가라구 그만.(에서)

**S#  안방**

**지현부**  (자는 손자 덮어주며)이눔아 차내버리지 말어. 감기 들어.덮구

자.(현식 돌아눕는데)

**지현모**  (들어온다)

**지현부**  (돌아보며)무슨 모녀 수다가 그렇게 길어.

**지현모**  얼마나 됐다구 찾어쌋기는…(자리 잡고 앉는)

**지현부**  (반 남긴 감 주스 컵 집어 내밀며)마셔.

**지현모**  싫어요 왜 남겼어요.

**지현부**  마지막이라면서.당신 마셔.

**지현모**  마저 들어요.생각없어요.

**지현부**  아 마지막 나눠 마시자구. 마셔.

**지현모**  아 싫어요.다정도 병야 암튼. 귀찮게 하지 말구 비우구 말어요.

**지현부**  ……왜 그래.

**지현모**  뭐가요…

**지현부**  왜 볼 딱지가 처졌어…지현이하구 뭐 의견 안 맞은 거 있어?

**지현모**  아이구 그럴 게 뭐 있어요. 그냥…그거 빠져 나갈 생각을 하

니까 심난 스럽네…삼십년 끼구 있었던 우리 화촌데‥

**지현부**  삼십년 이쁜 구경 했으면 됐어…심난스럽기는…남 주기 아깝

다구 그냥 늙힐 거야?

**지현모**  (누우면서)아이구우우 심난스러 심난스러…

**지현부**  ……(보다가)참어….내 속은 더 해 지금……

**지현모**  (이불 뒤집어쓰는)……

**S#  종혁의 거실**

**종혁**  (팬티에 러닝 차림으로 테이블에 있는 물컵 집어 단숨에 다 마셔버

리고 /테이블 돌아 의자로 가면서 담배 꺼내 물고/··앉아서 불 당겨 내뿜으며 의자 반쯤 돌리며 기대어 천장으로 연기 내뿜는)·····

## S# 제1회에서/샹그리라

**지현** (시선 내리며)왜 온 거에요.

**종혁** 할일 없어 심심해서.(약간 비등그러져서/보며)·····(보다가)오게까지 안 할 수두 있었잖아. 겁두 없이 혼자 어딜 그렇게 마음대루 돌아 다니는 거야. 다 따돌리구 뭐 딴 볼일 볼 거 있는 거야?

**지현** ?··(잠깐 보았다가 시선 내리며)지나친 배려 부담스러워요. 그리구 내가 뭔데 지사 사람들 나와서 내 시중 들구 다녀요.

**종혁** ·······(보며)

**지현** 그런 대접 안 받아봐서 거북해요.

## S# 종혁의 방

**종혁** (연기 내뿜는)

## S# 1회에서/샹그리라

**지현** (주스 잔 테이블에 놓으며 일어선다)같이 가야 해요?(하며 본다)

**종혁** ?····(뭐라구?)

**지현** (물으나 마나 했던 말이다/포기하고 의자에서 빠지며)몇시에 일어나면 돼요.

**종혁** (오버랩)우리 여기서 첫날 밤 치르자.

**지현** ?··(아주 짧게 보고는 말도 안 되는 소리라는 듯 움직이려 하는데)

**종혁** (잡아채듯 안고 얼굴 붙이려)

**지현** (필사적으로 밀어내며 얼굴 피하는)····

**종혁** (노력)···

**지현** (반대로 노력)

**종혁**  가만 있어/가만 좀 있어!·····(노력)

**지현**  ·····(필사적으로 밀어내고 피하다가 빼애액)싫어어어어어엇!(에서)

## S# 종혁의 방

**종혁**  (재털이에 담배 콱 찍어 끄는/ 의자 돌려 컴퓨터들 켜기 시작한다)···

## S# 강욱의 오피스텔

**강욱**  (양주잔 이마 위에 올려놓고)···(문지르듯)

## S# 샹그리라(1회에서)

[현관에서 앞서 나오는 지사장/김대리/그리고 뒷좌석 문 여는 운전기사.]

**강욱**  (뭐 굉장한 사람이 왔나 싶어 다시 한번 돌아보고 현관으로 가는데)

[현관에서 나오는 지현과 종혁. 종혁은 가볍게 지현 케어하면서··]

**강욱**  ?·····(얼어붙는 듯)

**지현**  ······(시선 내리고 움직이다가 문득 느낌이 들어 시선 들면)···?····

**강욱**  ?··

**지현**  (종혁은 멈추지 않고 움직이고 종혁이 움직이니까 같이 움직여야 하고/그러면서도 아주 잠깐 한 번은 돌아본다)·····

**강욱**  ······(보는)

[지현 먼저 태우고 따라 탄다.]

[뜨는 리무진····]

## S# 강욱의 오피스텔

**강욱**  (일어나 술잔 비운다)···

# 제15회

**S#** 어느 호텔 전경(오후 4시경)

　[종혁의 차가 와서 멎고 종혁 내려서 안으로]

**S#** 로비

**종혁**　…(승강기 쪽으로)

**S#** 거의 꼭대기 층 승강기 문이 열리면서 종혁 내려서 걷는다.

**S#** 레스토랑

**종혁**　…(들어오는데)

**지배인**　아이구 안녕하십니까 사장님.

**종혁**　안녕하세요.

**지배인**　이리 오십시오. 손님 와 계십니다. /

**종혁**　아 그래요? (안내하는 대로 움직이면서) 차만 마십니다.

**지배인**　예 알고 있습니다.

**종혁**　…(걷는)

**S#** 레스토랑 특실

**지현**　(창가에 서서 아래 전경 보고 있는데)

E 노크

**지현**　(돌아보고)

**지배인**　(문 열고)사장님 오셨습니다(하는데)

**종혁**　(벌써 들어오면서)많이 기다렸어?

**지현**　아니 얼마 안됐어요.

**종혁**　차 벌써 마셨구나. 뭐 한잔 더 하지.(지배인 돌아보며)망고 쥬스 되나요? 저 사람 망고 좋아하는데.

**지배인**　예 올리겠습니다.(인사하고 나가고)

**종혁**　(의자 빼면서)와 앉아. 나 상의 좀 벗을게.

**지현**　(의자 쪽으로 오며)좀 덥죠.

**종혁**　이상 기온이래. 초여름같아. (상의 벗으며)일하다 나왔어?

**지현**　육부 마무리해 놓구 칠부 뚜껑 열어놓구요.

**종혁**　(지현 앉게 도와주며)이번에는 진도가 상당히 빠른 거 같은데?

**지현**　(앉으며)아무래두 스토리 따라가는 거라서 그렇지 싶어요.(의자 뒤의 종혁 올려다보는 듯하면서 조금 웃으며)

**종혁**　(같이 조금 웃는 듯하면서 제 의자에 앉으며 상의 벗고 꺼내 놓았던 담뱃갑 집어 한 개피 꺼낸다)

**지현**　유자는 대선배 선생님 쓰시던 일일극 마무리하는 일거리 맡았어요.

**종혁**　?..(불붙이며/무슨 애긴지)

**지현**　선생님이 쓰러지셨대요. 수술 받으셔야 하나봐요.

**종혁**　그런 일두 하나?

**지현**　나가던 방송/ 중단할 수는 없으니까요.

**종혁**　(끄덕이고)…(연기 내뿜으며)담배 냄새 싫지.(안 보는 채)

**지현**   좋지는 않아요.

**종혁**   (끄덕이며 담배 눌러 꺼버린다/안 보는 채)

**지현**   ?…왜요 그냥 피워요 괜찮아요.

**종혁**   …(안 보는 채)…(손가락 꺾어 우두둑 소리 내는)…

**지현**   ?….(보는)

**종혁**   ….(탁자 내려다보며)

**지현**   …왜요…무슨 좋지 않은 일 있어요?

**종혁**   (올려놓았던 두 손 내리며 조금 기대듯 하며 지현 보는/…. 웃음기 없는)

**지현**   ……(보며)…무슨 일이에요?

**종혁**   (오버랩)당신한테…아주 대단히 미안한 얘기를 해야해.

**지현**   …?(뭔데요?)

**종혁**   지금하는 일 포기해야겠어.

**지현**   ?……뭐라구요?

**종혁**   미니 시리즈 포기해야겠다구.

**지현**   ?..왜요.

**종혁**   이유는 묻지 말구 그냥 포기해 줬으면 좋겠다.

**지현**   ……(보다가)왜 약속이 틀려요? 해두 된다 그랬잖아요.

**종혁**   나는 하게 하구 싶어. 아버님께서 그만두라셔.

**지현**   (오버랩의 기분)아버님 허락두 받았잖아요.

**종혁**   ….(보며)

**지현**   허락하셔놓구 다시 번복하신 거에요? 하면 안된다구?

**종혁**   (오버랩의 기분)기본적으로 아버님은 집안 여자들이 이름 내
　　　　놓고 뭔가 하는 걸 싫어하셔서. 그건 당신두 알잖아.

**지현**   그러시면서두 이번 일은 허락하셨었잖아요··

152

**종혁**  (오버랩)생각이 바뀌셨대. 그만두라셔.

**지현**  …..(보며)

**종혁**  실망스럽겠지만 당신이 포기해 줘야겠어.

**지현**  …..(보며)

**종혁**  당신한테 정말 대단히 미안해. 일이 이렇게 될줄은…몰랐어.

**지현**  아버님 말씀은 지상명령인가요?

**종혁**  물론이야.

**지현**  어떤 일이 있어두 포기해야 해요?

**종혁**  어떤 일이 있어두.

**지현**  …..(보는데)

　　E 노크

**종혁**  네에.

　[주스 와서 놓여지고 웨이터 나가고 있는데]

**지현**  (안 보는 채)왜 바뀌셨대요. 이유가 있을 거 아니에요.

**종혁**  아마…이건 내 짐작이야.(안 보면서)당신만 예외를 만드는 게
　　마음에 걸리셨던 거 아닌가 해. 작은 아버지들이 계시니까.

**지현**  그런 처음부터 걸리셨어야 하는 거잖아요.

**종혁**  (여전히 안 보는 채 주스 잔 집으며)따지지 마. 따지지 말고 순하
　　게 포기해. 그럼 내가 …(주스 몇 모금 마시고 내려놓으며 보는)평생
　　안 잊을게.

**지현**  …..(보는)

**종혁**  음?…포기해.

**지현**  …..(보며)

**종혁**  지현아.

**지현**  (오버랩의 기분)그럴 수 없는데 어떡하죠? (차분하게)

**종혁**  ……(보는)

**지현**  포기 안할래요. 포기할 수 없어요.(하며 핸드백 집으려)

**종혁**  뭐하는 거야.

**지현**  그만 일어날려구요.

**종혁**  얘기하는 중이잖아.

**지현**  대답했어요. 나는 포기 못해요.(일어난다)

**종혁**  포기 안하면 결혼 못해.

**지현**  그래도 포기 안해요.

**종혁**  ?……(보며)신문에 나갔어.

**지현**  신문때매 결혼할 순 없어요. (움직이려)

**종혁**  앉아!

**지현**  ?…(보는)

**종혁**  멋대로 굴지 말구 앉아.

**지현**  ……(선 채 보는)

**종혁**  당신한테 사정하는 거야. 포기해 달라고 사정하는 거란 말야.
    (좀 올라서)

**지현**  ……(보다가 앉으며) 납득할 수도 없고 수용할 수도 없어요. 칠월
    까지는 출퇴근하면서 일하게 해준댔구 아버님두 허락 하셨었어
    요. 나 아버님두 봤어요. 마땅찮으시지만 허락한다구 직접 말씀 하
    셨어요. 되도록 빨리 끝내도록 하라는 말씀두 하셨단 말이에요.

**종혁**  ……(그저 보며)

**지현**  종혁씨나 아버님께는 하찮구 우습겠지만 취미삼아 하는 일 아
    니에요. 나는 그 일이 좋구/ 하구 싶어요. 처음 찾아온 기회에요.

원고 좋다 그래요. 처음으로 일같은 일 하구 있는 거란 말예요!(속
상해서)

**종혁**  (오버랩의 기분)나!‥ 나도 하게 해주구 싶어. 당신이 그렇게도
하고 싶다는 일/나도 하게 해주고 싶단 말야. 문제는 아버님이야.
아버님께서 포기하라면 포기해야해.

**지현**  (반발)포기 못해요 글쎄! 나는 포기 못한다니까요?

**종혁**  ‥‥‥(보는)결혼을 못해두.(질문이 아니라 너 그랬지)

**지현**  ‥‥못해두요.

**종혁**  ‥‥.(실망스러워서 보다가)좋아 그럼…할 수 없군. 태국 사건이 생
각보다 많이 퍼져 있어. 작은집 종욱이 댁이 미장원에서 듣고

**종혁**  E (?한 지현 위에) 집에가 얘기해서 숙부님 통해 아버님한테까
지 들어갔어.

**종혁**  ‥‥그게 허락하셨다가 취소하신 이유야.

**지현**  ‥‥‥‥(보며)

**종혁**  ‥‥‥‥그러니까 여지가 없어. ‥‥당신 /‥그만둬야 해.

**지현**  ‥‥‥‥.(보다가 일어서 창 쪽으로 간다)

**종혁**  ‥‥.(지현을 따르는 시선)

**지현**  ‥‥‥‥(창 앞에 서서)‥‥‥‥

**종혁**  ‥‥‥‥.(보며)

**S#**  유리창 밖 전경/방에서 보이는

**S#**  같은 방

**지현**  ‥‥‥‥(창밖 보며)

**종혁**  ‥‥.(옆에 바지 주머니에 손 찌르고 서서 같이 서 있는)‥‥.

**지현**  ‥‥.(그대로)‥‥당황했겠군요.

**종혁** ….(옆으로 지현 보는)

**지현** (시선 내리며)미안해요.

**종혁** (오버랩의 기분)근거없는 헛소문으로 넘어갔어 /괜찮아.

**지현** (오버랩 종혁 쪽으로 돌아서며)종혁 씨가 나를 포기해요.

**종혁** ?(위에)

**지현** E (연결)종혁씨 사랑하지 않아요.

**종혁** ….(보다가)새삼스러울 거 없어.

**지현** 말하고 싶었지만 못하게 했었구

**종혁** (오버랩)못하게 한 말은 할 거 없어.

**지현** (오버랩의 기분)차마 말할 수 없어 못했는데

**종혁** (오버랩)하지 마.

**지현** (오버랩)다 사실이에요.

**종혁** ……(보는)

**지현** 도착하구 사흘 째 되는 날 만났어요. 그 뒤 며칠 동안…같이 다녔어요. 성형외과의라는 것도 맞아요.

**지현** E (그저 보는 종혁 위에)얘기가 통했구 마음두 통했어요. 돌아오기 싫었어요.

**지현** 거기서 그 사람하구 쭉 같이 있구 싶었어요.("쭉 같이"에서 벌써 휙 돌아서 의자로 가고 있는 종혁)

**지현** (종혁 쪽으로 몸 돌리면서)파혼해줘요.

**종혁** (그냥 상의 벗겨내는)

**지현** (연결)없었던 걸루 해요.

**종혁** (돌아보며 오버랩 나직하게)입 다물어…. 한 마디도 더 하지 마.

**지현** ……(보며)

**종혁**　(돌아서다 순간 되돌아서며)당신 나한테 이렇게까지 잔인해야 겠어!?(터지는)

**지현**　(진심이다)미안해요.

**종혁**　(오버랩)미안!?….미안? 하/(기막힌 호흡 날리고 되돌아보며)미안? 당신은 내가 입다물어 주기 바라는 거 알구 있어. 알고 있으면서 말하는 의도가 뭐야! 파혼? 나 파혼 못할 놈 같니? 신문이 무섭구 집안이 무서워 파혼 못할 거 같아?!

**지현**　종혁씨

**종혁**　(오버랩/연결)미안? 너 뭐가 미안이야. 사람 죽여 엎어놓구 미안하다 그러는 거야 지금?!

**지현**　그럼 날더러 어떡하란 거에요.

**종혁**　(오버랩)너 할 거 없어. 아무 것도 없어. 파혼을 해두 내가 해. 알아? 좋아 그래.파혼해!(하고 휙 하니 나가버린다)

**지현**　………(있다가 두 손으로 얼굴 가려버린다)

**S#** 레스토랑 복도를 뚜벅뚜벅 걸어 나오고 있는 종혁…·(눈 조심)

**S#** 호텔 앞

**종혁**　(나오고)

　　[대어지는 자동차.]

**종혁**　(도어맨이 열어주는 문으로 오른다)

**S#** 차 안

**종혁**　(오르면서)회사.

**우기사**　예.

　　[뜨는 자동차.]

**종혁**　………(지그시 앉아서 시선 등받이 중간에)………(문득 기대면서 눈 감는다)…

## S# 레스토랑 방

**지현** (의자에 앉아서 )……(제가 저질러놓은 일도 황당하고 종혁이한테
도 미안하고)….(고개 조금 꺾고 있다가 핸드백 집어 드는데 가득 고인 눈
물)…(일어난다)

## S# 운전하고 있는 지현….

**지현** …..(운전하다가 잠깐 눈 감았다 뜨면서)…..(한 손으로 전화기 찾아
단축 번호 누른다)

## S# 회사로 가고 있는 종혁의 자동차 안

　　E 전화벨

**종혁** ……(그대로)

　　E 계속 울리는 벨

**우기사** (안 받나 싶어서 돌아보는)

**종혁** (받는다)네에.

**지현** F 나에요.

**종혁** (그대로 끊어버린다)

## S# 지현의 차 안

**지현** ….(전화기 내려다보다가 접어 가방 위에 놓는다)

## S# 종혁의 차 안

**종혁** (기대앉은 채)…..(오히려 담담해 보이는)

## S# 작업실 안

**지현** (들어온다)

**유자** (두드리느라 정신없고)

**지현** (백 든 채 테이블로)현경이는…(하고 보는데)

**유자**  …(정신없어서 미처 대답 못 하고)…(조금 있다가)엉?

**지현**  현경이.

**유자**  (다시 화면 보며)어 친구 애 백일이라구 연락 와서 금반지 사러 나갔어.(하고 두드리는)

**지현**  으응….(하고 프린트해놓은 것 챙겨 가방 안에 넣고)나 들어간다.

**유자**  (돌아보며)벌써?

**지현**  응..머리가 좀 아플려구 그래.

**유자**  감기 신호 아니니?

**지현**  글쎄. 수고해.(문으로)

**유자**  어 내일 보자.

**지현**  엉.(나가고)

**S#**  **지하 주차장**

**지현**  ……(자동차 쪽으로 걸어와서 서서 자동차 보면서)……(있다가 문 열고 오른다)

**S#**  **차 안**

**지현**  (올라서 가방 옆자리에 놓고 등 기대고 천장 보면서)……

**S#**  **종혁의 사무실**

**종혁**  (의자 옆으로 돌려놓고 앉아서 시선 저만큼 구석에 던지고)…… …… (지루할 정도로 그대로 있다가 불끈 일어나 방 안 서성거리기 시작하는) ….(서성거리다가 멈추어 섰다가 서성거리다가 멈추어 섰다가)….(멈추어 선 상태에서)

**S#**  **백화점 티브이 가게**

**민경**  (가장 큰 대형 화면 앞에서)나는 이게 좋은데?(강욱 본다)

**강욱**  (민경 잡아끌며)괜한 욕심야. 적당한 걸로 해.

**민경**　커서 나쁠 거 없어. 시원하잖아‥(강욱 잡으며)

**강욱**　거실 크기를 생각해. 부담스러워.

**민경**　갖다 놓고 보다보면 큰 거 못느껴.

**강욱**　(오버랩)뭘 그렇게 많이 본다 그래. 괜한 낭비야.

**민경**　비디오 빌려다 볼 때 좋을 거야.

**강욱**　(오버랩의 기분)난 싫어. 깔려 죽을 거 같아 부담스러워.

**민경**　난 큰게 좋아.

**강욱**　나는 싫어.

**민경**　그럼 가위 바위 보 해?

**강욱**　(웃으며 끈다)말들어. 적당한 사이즈로 하자.

**주인**　요즘 가전제품 구매 추세가

**강욱**　(오버랩)네 즈인 큰 거 필요없습니다. 이십구인치로 결정하겠
　　어요.

**민경**　(오버랩)아니에요 삼십오인치로 주세요.

**강욱**　민경아.

**민경**　(오버랩)됐어요 나두 양보했으니까 이선생두 그쯤은 양보하
　　세요. 무이자 할부 몇 개월이죠?(핸드백 열려 하며)

**주인**　예 삼개월입니다. 이리 오세요.

**민경**　잠깐‥(하고 가다가 문득 돌아보며)조 옆에 디쉬워셔 구경할래?
　　(에서)

**S#** 디시워셔 가게

**강욱**　두 식구 먹은 그릇 얼마나 나온다구 이거까지 필요해.

**민경**　(오버랩)바쁠 땐 설거지 미처 못하구 나갈 수도 있잖아. 그럴
　　때 돌려놓고 나가면

**강욱**   (오버랩)그럴 땐 내가 하께. 내가 씻을테니까 그만두자. 한 두 푼도 아니고 꼭 필요한 것도 아닌데 이런 거 뭐하러

**민경**   (오버랩)부엌 살림은 내 맘대루 하게 좀 가만있어줄래? 이거 내가 쓸 물건야. 응?

**강욱**   이런 건 식구 많은 집에서나

**민경**   (오버랩)좁쌀 영감처럼 쫀쫀하게 그러지 마.. 나 두 번 결혼할 거 아니야. 사구 싶은 거 다 살 거야.(하고)이거 하구 저거하구 무슨/ 기능 차이가 있나요?

**다른 주인**   기능 차이는 없습니다. 메이커 차이죠.

**민경**   E (보고 있는 강욱 위에)어떤 게 더 좋아요?

**주인**   E 글쎄요 써보신 분들 말씀으로는(에서)

**S# 백화점 찻집**

**민경**   (수첩에 적어넣고 있다)..텔레비전/개스쿠커/디쉬워셔/냉장고/ 토스터 /전기 밥솥/청소기 대충 큰 거는 다 끝냈다. 나머지 자질구레한 건 이모랑 민지한테 떠맡겨야지.(커피 잔 들며)오디오는 니꺼 갖다 놓기루 해서 뺏어.

**강욱**   그래.(마시고 내리며) 그러기루 했잖어.

**민경**   쫓아다니기 지겹지.

**강욱**   뭐 하루 이틀인가..(하는데)

　　　E 민경의 핸드폰 울린다

**민경**   (꺼내서 받는다)네 허민경입니다… 어 이모.

**S# 민경의 거실**

**이모**   (동네 민경의 아파트에 가서 짐 받아놓고 온 참이다)니가 노라는 대루 대충 자리는 잡아 놓구 왔으니까 너 들어오는 길에 한번 들려

봐. …얘 말두 마라.그놈에 책장 때문에 전화를 열두 번두 더 했어
야. 출발했다 그러구 두시간이구 도착할 때 됐다 그러구 한시간이
구 약올라 죽을 뻔 했어. ….그래 뭐 다 어우러지더라…

**서여사**  (오버랩의 기분)빨리 끊구 저녁해. 늦겠어.(신문 뒤적이며)

**이모**  저녁 들어와 먹을 거니?….혼자 와?

### S# 백화점 찻집

**민경**  잠깐 이모. 저녁 어떡할래. 같이 와 먹을 거냐구 그러시는데.

**강욱**  아냐 나는 혼자 해결하께.

**민경**  가구 들어왔다는데 안 가 볼래?

**강욱**  ….가보까?··가 보자.

**민경**  그럼 집에가 먹는 거지 뭐.고기서 고긴데.(하고 전화)이서방 같
이 가께요 이모.

**강욱**  …(별수 없이 그저 민경 보는)

**민경**  네…네··그러세요.(끊으며)이모 너 좋아한다구 알찌개 끓인댄다.

**강욱**  (그냥 쓴웃음)

**민경**  (찻잔 들며)이모한테 유감 품지 마…나 만큼 너 좋아해. 그래서
더 난리 치신 거야.

**강욱**  …(마시는)

**민경**  이발 이삼일 전에 미리 해.

**강욱**  (보는)?

**민경**  이발소에서 막 빠져 나온 거 같으면 촌스러.

**강욱**  (조금 웃으며 끄덕이는)

### S# 지현네 마루

**지현**  (들어온다)…

162

**현식**  (상에서 숙제하다가)어 고모 일찍 들어오시네요?

**지현**  응 그래. 할아버지 안 계시니?

**현식**  방에요. 할머니두요.

**지현**  그래?(하고 제 방으로 가는데)

**지현모**  (앉은 채 방문 열고 내다보며)늦을 거라드니 왜 이렇게 일찍 들
    어왔어.

**지현**  그냥요.(하고 움직이는데)

**지현모**  얘 참 지현아. 너 최서방한테 물어봐 함 어떻게 들어올 건지
    몇 명이나 올건지 미리 알아야 음식 준비두 하구

**지현**  (오버랩)함 같은 거 안 들어와요 엄마.

**지현모**  안 들어와?

**지현**  안 들어와요(하며 돌아서는)

**지현모**  생략하재?

**지현**  (벌써 들어가는)

**S#  안방**

**지현모**  (방문 닫고 돌아앉으며)함진애비들 오는 거 안하기루 했나부네.

**지현부**  (아내와 오목 두고 있는 참이다)최서방이 질머지구 오기루 했
    나보구먼.

**지현모**  그 성격에 안 맞지 그럼. 친구들 몰켜와 밀거니 당기거니 하
    는 거.

**지현부**  그래두 그게 재민데‥

**지현모**  한갓지구 좋지요 뭐.

**지현부**  한갓지기는 해두 서운하지이‥누구 둘 차례야.

**지현모**  내 차례에요…

**S# 지현의 방**

**지현**  (상의만 벗고 침대 옆구리에 앉아 있는)······(문득 일어나 서랍에서 두통약 병 꺼내 알약 손바닥에 들고 나간다)

**S# 주방**

**지현**  (들어온다)

**초희**  (얼갈이배추 무치다가)일/잘 안되지요?

**지현**  (그냥 물컵에 물 따르는)

**초희**  (자기 대사 연결)날 받아 놓구 무슨 일이 돼요. 더구나 다른 일두 아니구 작품쓰는 일인데··

**진이**  (된장에 넣을 감자 벗기다가 약 넘기는 지현 보고)무슨 약이에요?

**지현**  어 머리가 아파서.

**초희**  (돌아보며)머리 아파요?

**지현**  (물 조금 더 마시고 컵 놓으며)조금요.

**초희**  두통약 나한테 좋은 거 있는데··먼저 친정 갔다 한 병 얻어 왔어요. 큰올케 미국 갔다 오면서 좋은 약이라구 몇병 갖구 왔더라구요. 잠깐 있어요. 이거 무쳐 놓구 내가

**지현**  (오버랩)약 먹었는데요 뭐.나중에/ 안들으면 먹으께요.(하고 나간다)

**초희**  (지현 나가는 것 보고 있다가)왜 저렇게 기운이 없어?

**진이**  머리 아프면 싫죠오오오. 나는 머리 아픈 게 제일 힘들더라··

**초희**  (겉절이 집으며)간 좀 봐.

**진이**  네에(입 벌리고 가까이)

**S# 지현의 방**

**지현**  (화장대 위에 두 팔꿈치 올려 머리카락 속에 두 손 집어넣고)······

**S#  어느 호텔 별실**

**종혁**　(입구에 서서 들어오고 있는 손님들 맞고 있다/아무 일 없었던 듯

　　　이)들어가십시오. 선생님. 강부장 좋아하시는 칵테일 여쭤봐요.

**강부장**　예. 안녕하십니까 선생님 저 (하고 명함 내미는)···

**남자**　(명함 받고)아 반가와요 강부장(손 내밀며)

**강부장**　(악수하며 안으로 모시고)

**종혁**　이이사 들어가서 모셔요.

**이이사**　그럴까요?

**종혁**　여기 문부장 있으니까 들어가세요.

**이이사**　예 그럼.(안으로 들어가는데)

**젊은 사원**　(저쪽에서 부리나케 교수 안내해 와서)안 교수님 오셨습니다.

**종혁**　아 처음 뵙겠습니다. 최종혁이라고 합니다.

**교수**　(손 내밀며)안 승준이요··

**종혁**　(손잡으며)바쁘신 시간 내 주셔서 감사합니다 선생님,

**교수**　(문부장 돌아보며)청년 아냐. 문군 사장 맞아?

**문부장**　하하 네에 선생님. 사장 맞습니다(에서)

**S#  지현네 마루**

　　　[저녁 먹으려고 모이고 있는 가족들··]

**지현부**　(안방에서 나오며/화면 시작과 동시에)머리 아픈 거 나았어?

**지현**　네··

**지현부**　앉자(앉으며) 너 밤잠 안 자서 그래. 용 좀 다려 먹여.

**지현**　먹은지 얼마나 됐다구요. 괜찮아요(모두 같이 앉으며)

**지현모**　한참 됐지 뭐 그게 언제야.

**진이**　일월에요.

**지현모**  거 봐.

**지현**  나는 먹으나 안 먹으나 그래 머.

**초희**  (오버랩의 기분)어이구 참 아가씨 같아서는 우리 용 장사 못해 먹구 살아요. 아가씨는 왜 용빨이 안 받는지 몰라요 어머니.

**지현모**  뭐얼 그래두 멕여노면 한 동안은 괜찮아.

**초희**  우리 집에서 제일 안 받는 게 아가씨에요. 제일 잘 받는 사람이 진이구요.

**진이**  네 저는 좋아요. 확실히 표가 나요.

**지현부**  저녁부터 다려.

**지현모**  에.

**지현**  (오버랩)아니에요 정말 안 먹어요. 먹기 지겨워. 좀 있다 먹으께요.

**지현부**  말 들어.(좀 야단치듯)

**지현모**  싫어싫어하면서 먹으면 약효없어.

**지현**  아이 정말 싫다니까아(좀 짜증)

**지현부**  ….(먹다 딸 보고)

**지현모**  (같이 보다가)아버지 걱정돼 그러시는데 왜 짜증야 버릇없이.

**지현**  ….(그냥 먹는)

**지현모**  오만상 찌푸리구. 나는 상오 찌푸리는 거 딱 질색야. 뭐 찌푸릴 일 있어 사람 한 평생 웃구 살기에두 짧은데.

**지현부**  밥 먹어.

**모두**  ….(조용히 먹기만)

**지현부**  다리 저는 눔 저녁에 좀 어떻대.

**한수**  별로 나아진 거 같지 않은데요?

**지현부**   내일 아침에두 살펴 봐.

**한수**   네.(하는데)

　E 전화벨

**현식**   내가 제가 받을께요…(숟가락 든 채 전화로)네에 목장입니다.

**현경**   F 현식이구나.

**현식**   네 실례지만 누구세요?

**현경**   F 현경이 아줌마. 고모 들어가셨지?

**현식**   네 잠깐만요. 고모! 현경이 아줌마요.

**지현**   어 그래.(수저 놓고 일어나며)들어가서 받는다 그래.

**현식**   고모 들어가서 받으신대요.(전화에 대고)

**지현**   고모 받으면 끊어줘.

**현식**   네.

**지현모**   밥 먹다 말구.나중에 걸라 그러지..(못마땅해서)

## S# 지현의 방

**지현**   (들어와 받으며)현식아 올려 놔.

**현식**   E 네에.

**지현**   어 나야.

**현경**   F 너 아프니?

**지현**   아냐. 머리가 무거워 들어왔어. 너 뭐 돌집에 간다면서.

## S# 어느 아파트 주차장에서 건물로 움직이며 현경

**현경**   돌이 아니구 백일. 여기 안산이야. 장난 아니다 두시간 걸렸
　　어.. 야 육부 원고 정감독한테 보냈으니까 그렇게 알어….어 보내라
　　그러잖아. 육부도 좋대. 정감독 좋아 죽겠나부더라. 전화해서 괜히
　　히히거리는 거 있지. 캐스팅 생각해 보라 그러든데? 지금두 늦었

다 그거야.

**S#** 지현의 방

**지현**  캐스팅은 생각해 본적 없어. 한번 더 봐야하는데 나 없다 그러
구 넘기지 말지 그랬어 왜.

**현경**  F 그랬어야 하는 거야? 난 또 보내라 그러길래

**지현**  (오버랩)아 뭐 됐어.나중에 훑지 뭐.나 지금 저녁 먹는 중야.

**현경**  F 어 그래? 얼른 끊어 니네 아버지 나 미워하신다 끊어.

**지현**  엉·····(전화기 내려놓으며)···.

**S#**  지현의 집 전경(밤)

**누리**  (괜히 짖어대고 있다)

**S#**  지현네 안방

**지현부**  (아버지 한쪽 어깨에 파스 붙여주고 있다/파스 대자)엇 차거 차거··

**지현모**  (붙이면서)왜 자구 그러는지 모르겠네.

**지현부**  늙었다는 신호야.

**지현모**  하나 더 붙여요?

**지현부**  됐어. 애껴 두자구.

**지현모**  애끼기는 얼마나 하는 거라구(하며 파스 더 꺼내는데)

**지현**  E 엄마.

**지현모**  ?··엉 왜.

**S#**  마루

**지현**  저 잠깐 들어가께요.

**지현모**  E 그래 들어와.

**지현**  (문손잡이로 손이 나가고)

**S#**  안방

**지현**　(들어온다)

**지현모**　(남편 옷 내려주며 돌아보며)왜.

**지현**　(앉으며 안 보는 채)할 얘기가 있어요.

**지현모**　?

**지현부**　…뭔데.

**지현**　너무…놀라지 마세요 아버지..

**지현부**　…뭐 놀랄 얘기야?

**지현**　네…

**지현부**　뭔데.

**지현**　….저……결혼 못해요 아버지.

**부모**　?……

**지현**　파혼하기루 했어요 그렇게 아세요.

**부모**　….(딸 보며)

**지현**　그 사람하구 얘기됐어요.

**지현모**　(오버랩)얘

**지현**　(연결)이렇게 돼서 정말 죄송해요 아버지. 결국 이렇게 됐어요.

**지현모**　(오버랩)아니 얘가/얘가 지금 무슨 소릴 하구 있는 거야 너!

　　(다른 남자 때문인 줄 알고 올라서/야단치려는)

**지현부**　(오버랩)당신 가만 있어.

**지현모**　(오버랩)무슨 애들 소꿉장난 차려 놀다 그만두는 거야 뭐야.

　　혼인날 코앞에 놔두구 이게 무슨 기함초풍을 할 소리야 얘가 으응?

**지현부**　(오버랩의 기분)가만 있어. 가만 있어 당신.

**지현모**　(오버랩)가만 있기는 이런 끔찍한 소릴 듣구 어떻게 가만 있

　　어요.

**지현부** (오버랩)소리지르는 거 보니까 나보다 덜 끔찍하군 그래 뭘…. 나는 소리 지를 기운두 없어. (방바닥 보면서)

**지현모** (남편 보고)….

**지현** (아버지 보면서)….

**지현부** (방바닥 보면서)…뭐라구?

**지현** 아버지.

**지현부** (시선 들어 딸 보면서)나 잘못들은 거 아니야?

**지현** (오버랩)처음부터 우리는 결혼할 사람들이 아니었어요 아버지.

**지현모** (오버랩/야단치는)입 닫어. 그런 거 같았으면 애초부터 딱 잡아뗐어야지 이제와 그게 말이 돼?

**지현** (오버랩)그래두 그냥 할려구 했었어. 결혼해서 성실하게 살려구 했단 말예요.

**지현모** (오버랩)그런데…그런데에!

**지현** 일을 중단하래. 그 사람 아버님이 하던 거 포기하라 그러신대.

**지현모** ..?…아니 그건

**지현부** (오버랩)허락 하셨다 그랬잖아.

**지현** 안된다구 하신대요.

**지현모** 왜애.

**지현** 몰라요 안된대요.

**지현모** 아니 그 양반 왜 이랬다저랬다 하는 거야?

**지현부** (오버랩)그래서…파혼 이유가 그거야?

**지현** ….

**지현부** 그거야? 그래서 니가 파혼하자 그런 거야? 일 못하는 거라면 파혼하자 니가 그런 거야?

170

**지현모**  얘가 그랬지 그럼 누가 그랬겠어요.

**지현부**  (오버랩의 기분)너 그거 말 돼?

**지현**  아버지

**지현부**  (오버랩)아깝구 섭섭이야 하겠지만 회장님이 안된다 그러시면 별 수 없이 따르는 거지/ 너 그게 파혼 소리 할 일야?

**지현모**  (오버랩)어이구우우우우

**지현부**  (오버랩)어차피 시집가면 그 일/ 접어야 하는 거 너두 알구 있잖아. 어차피 평생 계속할 일 아닌거 아쉬운채루 미리 접는다 생각하면 될 걸/아닌 말루 너 그거 해서 무슨 그렇게 크게 우리 가문의 영광일 것도 아니구 니 머리에 금테가 둘러지는 것도 아닌데

**지현**  (오버랩/터지는)모두 다 그렇게 생각하는지 알어요 그렇지만 나한테는 어떤 것보다 중요한 게 그 일이란 말야

**지현모**  얘(달래려고)

**지현**  (상관없는 연결)나 정말 하구 싶은 일이구 잘해보구 싶구 잘할 수 있단 말예요.누가 알아주든 안알아주든 상관없어요.그냥 내가 하구 싶어. 오랫동안 하구 싶었던 일이구 평생 하보구 싶은 일이라구.

**지현부**  (오버랩)그래두 글쎄 어차피 포기해야 했던 일이잖아.

**지현**  어쨌든 아버지. 우리 결혼 안하기루 했어요 그러니까 그렇게 아시구

**지현부**  (오버랩)그렇게 알구 간단히 끝날 일이 아니야 이것아!(비로소 화내는)

**지현**  …..(울며)

**지현부**  ….(보며)

**지현모**  ….(보다가)그래서.파혼하자 그러니까 최서방두 그러재?

**지현부**  (오버랩의 기분)얼마나 기통이 맥혀. 처음두 아니구 번번이 일 얘기만 나오면 파혼하자 소릴 하니 어느 시러배 아들 놈이 그거 좋대.

**지현모**  (오버랩)최서방두 파혼하재?

**지현**  (끄덕이며)그러기루 했어요.

**S# 마루**

**초희**  ?..(입이 딱 벌어진다)

**지현모**  E 그냥 홧김에 그러는 게 아니라

**지현**  E 아냐…그런 거 아니구 진짜에요.

**초희**  ?

**S# 안방**

**지현**  다 끝난 거니까 그렇게 아세요…

**지현부**  …..(딸 보며)

**지현모**  (딸 보며)…

**지현**  엄마 아버지…속 상하게 안해주구 싶었어요….죄송해요 아버지..

**지현부**  (오버랩의 기분 조용히)최서방 찾어.

**지현**  아버지.

**지현부**  최서방 찾어. 내가 얘기할 거야.

**지현**  (오버랩)얘기 다 끝났어요 아버지.(하지 마세요)

**지현부**  느이끼리만 끝나면 다야? 느이 둘다 고아야? 최서방 찾아 빨리.

**지현모**  (오버랩/가만히)지금 당장 그러실 게 아니라…

**지현부**  (아내 돌아본다)…

**지현모**  최서방 쪽에서두 무슨 얘기가 있겠지요 ··예의 빠트리는 사
람 아니니까 ···저두 진정되구 나면··어쨌든 인사는 올 거에요··

**지현부**  그때까지 놔두라구?

**지현모**  (남편 조금 제지하면서)그래 너 무슨 일 저질르구 들어왔는지
알었어. 꼴보기 싫으니까 어이 일어나 나가.

**지현**  ···.

**지현모**  얼른.

**지현**  죄송해요.

**지현모**  죄송 필요없어.어이 나가어이.

**지현**  ···(일어나 나간다)

**S# 마루**

**지현**  (지현 나오자)

**초희**  세에에에상에 어쩌면 아가씨··

**지현**  (그냥 제 방으로)

**S# 지현의 방**

**지현**  (울며 들어와서 휴지 뽑아 코 푸는)

**S# 안방**

**지현모**  (파스 껍질 주우면서)···.하루쯤 묵혔다가 내일 알아봅시다···
오기 없는 사내 놈이 어딨어요···오기나 그래 파혼하자 그랬어두
··이게 보통일 아니라는 거 지가 더 알겠지요··분····.좀 ··가라 앉거
든···해요 그게 낫지 싶네요.

**지현부**  ·····(속상해 있다가)아니 저거 재 왜 저렇게 맹맹이 콧구녕이
야 엉? 그일이 그렇게 그래/지 평생하구 바꾸게 그렇게 엄청난 일
이야?

**지현모**  (아는 게 따로 있지만)그러게 말이에요··어이구우우···끄응(일
　　　　어나며)잠이나 잡시다.

**지현부**  잠이 와 지금?

**S#  지현의 방**

**지현**  (침대에 옆으로 누워 휴지로 코 짜면서)······.

**S#  최회장 거실**

**종혁**  (들어오며)다녀 왔습니다.

**제천댁**  어서 오세요.(현관에서)

**종혁**  미스 장··나 물 한병 올려다 놔 줘.

**미스장**  네 사장님.

**종혁**  (시트콤 보고 있는 엄마 옆으로)저 들어왔어요 어머니.

**노여사**  어 그래.(해놓고 낄낄거리는)

**종혁**  올라가겠습니다.

**노여사**  오냐·····(하고 있다가)어 얘 참 아버지 찾으시더라. 서재.(하는데)

**최회장**  (서재에서 나온다)

**종혁**  (돌아보며)저 들어왔습니다.

**최회장**  뭐 시원한 것 좀 없어?

**노여사**  제천댁 식혜 좀 내오지?

**제천댁**  네 사모님.

**최회장**  당신은 뭐하구.

**노여사**  아이구 지금 저거 보잖어요.

**최회장**  어란 좀 하구 술 한잔 만들어갖구 나와.

**노여사**  술 드시게요?

**최회장**  너두 한잔 할래?(노여사 방송에 미련 있으면서도 일어나 주방

으로)

**종혁**　아니에요 저는 생각 없습니다.

**최회장**　좀 한거 같은데?

**종혁**　네 조금 했습니다.

**최회장**　앉어.

**종혁**　네….(앉는다)

**최회장**　(앉기 기다렸다가)지현이한테 얘기했어?

**종혁**　네..

**최회장**　그래서.

**종혁**　…반발이 심합니다.

**최회장**　?…반발해?

**종혁**　직접 허락하시구 번복하시는 게….잘 납득이 안되는가 봐요.

**최회장**　떠도는 소문 얘기 안했냐?

**종혁**　그건…안했습니다.

　　　[뒤로 미스장 물병 들고 이 층으로/적당한 타이밍에 내려오는 것까지/]

**최회장**　그럼 나만 이상한 노인네 되는 거 아냐.

**종혁**　터무니없는 헛소문때문이라면 더더욱 반발할 거 같아서요.

**최회장**　………(아들 보며)

**종혁**　잘못…자존심 건드리는 일이 될 거 같기두 하구요..

**최회장**　(주방으로 고개)술 안내오구 뭐해.

**노여사**　E　나가요 나가.

**최회장**　반발이 심해서 그래서.

**종혁**　안 그래두 말씀 드리려구 했어요. 그 일이 지금까지/ 그 사람한테는 전부를 걸었다구 해두 과언 아닐 정도로 매달렸던 거에요.

작가로 데뷔하고 처음/일다운 일 맡았다고 아버님이나 저는 상상
할 수 없을 만큼 좋아했는데 그걸 그만두라고 하니까

**최회장**   (오버랩)그래서 그만두겠다는 거야 못 그만두겠다는 거야.

**종혁**   …아버님 말씀이면 그만두겠다구는 하는데

**최회장**   그럼 됐어.

**종혁**   (오버랩)그런데 저는/… 아버님께서 다시 고려해 주셨으면 합
니다.

**최회장**   ……(보는)

**종혁**   너무 안됐어서요. 마지막으로 그 사람이 갖고 있는 재능과 역
량 / 펼쳐보게 해주고 싶습니다.

**최회장**   (오버랩)모르는 척 해. 그만둔다 그랬으면 됐다.(노여사가 내
놓는 술잔 들며)

**노여사**   뭘 그만둬요?

**최회장**   별일 아냐. 뉴스하는데 없어?

**노여사**   지금 없지요··(움직이며)

**종혁**   ….(아무도 안 보면서)

**S#**  **종혁의 방**

**종혁**   (들어오면서 상의 벗어 아무 데나 던져놓고 타이 풀어 던지면서 침
실로)

**S#**  **침실**

**종혁**   (들어오면서 침대에 쓰러지듯 눕는)……(옆으로 있다가 천장으로
젖히면서)…….

**S#**  **지현의 방**

**지현모**   (침대에 걸터앉아 있다 )?………뭐/…뭐야?

지현  그러니까 미련 버려요. 그래두 결혼하자 그럴 사람 아냐. 그럴
      사람이 어딨겠어.

지현모  ……(맥 빠져 볼 뿐)

지현  별수없이 결혼하게 돼 있는 사람인데…그냥 모르는채 넘어가
      는 게 날 거 같아서 가만 있었는데….말해버리구 나니까 시원해요.
      때미는 목욕/한 거 같아.

지현모  유구무언이다…입은 있는데…할 말이 없어….

지현  아버지한테두 미련 버리라 그래요.

지현모  (오버랩/미워서)미련 버리는 건 간단해.우리가 부자 사위 봐
      덕 볼려구 환장했던 사람들야? 사람 탈쓰구 이게 무슨 못할 짓야
      도대체가··아무리 나 바람났다 소릴/아니 이게 /너 개 우리 집 뭘
      루 보겠어. 웬 세상에/ 천하에 형편없는 사람들이라 그럴 거 아냐.
      어이구··어이구 망신··어이구 챙피해 어이구 남부끄러워.(하는데)
          E (초희네 방문 거칠게 여닫히는 소리와 함께)

초희  E 큰소리 내지 말구 얘기해요 여보 큰 소리 내지 말구우
          E (지현 방문 초희 말에 오버랩으로 열리며)

지태  저 사람 말이 뭐에요 어머니.

지현모  (일어나며)언제 들어왔니

지태  (오버랩)파혼 소리가 왜 또 들려 무슨 일야!(에서)

**S# 강욱의 오피스텔**

강욱  (전화)어 한 오분 십분?(주스 따르며)

민경  F 무슨 목욕을 그렇게 오래 해?

강욱  좀 잤어.

민경  F 목욕탕에서?

**강욱** 응.

**민경** F 목욕탕에서 어떻게 잠들을 자는지 모르겠더라.

**강욱** 남자들 잘 자. 잠 잘 와..

**민경** F 그렇게 자면 밤엔 어떡할 거야.

**강욱** 괜찮아…또 잘 수 있어.

**민경** F 우리 가구 들인 거 어때..마음에 안드는 얼굴이더라.

**강욱** 내가? 아닌데…같이 골랐던 거 아냐. 전부 다.

**S#** 민경의 방

**민경** 엉…글쎄 그런데 아까 너 보니까 뭐 그저 그런 표정이더라구. 마음에 안드나 신경쓰였었어.

**강욱** F 별 걸 다 신경쓴다..나는 아무 생각없었는데..

**민경** 그럼 됐어.

　　 E (오버랩)노크

**민경** 네에.

**민지** (청첩장 봉투 들고 들어오며)청첩장

**민경** 어 땡큐/민지 이제야 나타났다. 너 어디루 싸돌아다니다 이제 와. 형부 왔었는데 들려 보냈으면 좋았잖아.

**민지** 찾어다 주는 것만두 고맙다 그러지 말두 많으시네. (적당한 데 놓으며)그런데 좀 촌스럽더라.

**민경** 그래? 강욱아 민지가 우리 청첩장 촌스럽다는데?

**S#** 강욱의 오피스텔

**강욱** 촌스러우면 어때. 청첩장 다 거기서 거기지 뭐.(주스 마시며 침대로)

**민경** F 너 몇장 필요하니. 청주서 삼백장 필요하시다구 했지?

**강욱**　삼백 장에 이십장만 더 얹어줘. 그거면 돼.

**민경**　F 그거 밖에 안 필요해?

**강욱**　그거면 됐어.

**S# 민경의 방**

**민경**　스무 군데 밖에 안된다구?

**강욱**　F 정말 꼭 보내야 할데만 보낼 거야. 조금이라두 폐다 싶은데
　　　는 안 보내. 폐는 우리 아버지가 많이 끼치실테니까‥

**민경**　니 친구만 해두 스물은 넘잖아.

**강욱**　F 암튼 스무장만 더 얹어 내가 알아서 하께‥

**민경**　(왠지 김이 새면서)우리 결혼하는 거 많이 알리기 싫은 거니?

**S# 오피스텔**

**강욱**　그런 거 아냐. 평소 생각야…….민경아.

**민경**　F 알았어.

**강욱**　봉투두(하는데)

　　　E 끊어지는 전화.

**강욱**　…(전화기 잠깐 내려다보고 끊고 주스 잔 비우는데)

**S# 지현네 마루**

　　　[화면 시작과 동시에]

**지현부**　(아들 멱살 잡고 끌어내면서 다른 주먹으로 아들 머리 사정없이
　　　때리면서)너 이눔 뭐야.(남편이 맞을 때마다 초희-아으/아으 아버니
　　　임)니눔이 뭔데 애한테 손질야 손질이!(눈이 튀어나올 듯하다)

**S# 지현의 방**

**지현**　(소리 내어 엉엉 울며 휴지통이며 뭐며 문 쪽으로 던지고 있고/흐트
　　　러진 머리)

**지현모**　(아들이 겁나 어쩔 줄을 모르며 방문 닫고 딸한테 달려드는 위에)

**지태**　E　(아버지에 연결)저 기집애 돌았어요 아버지.(소리는 지르지 말고)

**지현부**　E　(오버랩)그래 돌았어. 돈 거 나두 알어.

**지태**　E　(오버랩)도대체

**S#** 마루

**지현부**　(자기 말에 연결)그래 돌았다구 때려 이눔아?

**지태**　(오버랩)아버지!

**지현부**　(오버랩)왜 때려 이 자식아! 오래비면 오래비지 왜 때려. 니
　　가 뭔데 애한테 손찌검야 이 싸가지 없는 눔아!

**지태**　(오버랩)아버지가 이러시니까 애가 저 모양이에요!

**지현부**　저모양 이모양 어쨌든 이눔아/ 나두 손 안대구 키운 녀석야
　　이 배워먹지 못한 자식아.(멱살 흔들며)

**초희**　(오버랩)아이구 아가씨가 바락바락 대드니까

**지태**　(오버랩)당신 가만 있어!

**초희**　(오버랩)당신이나 가만 있어요! 아버지 계신데 무슨 자기 말발
　　이 설 거라구 날쳐요 날치기는.

**지태**　뭐야?(멱살 잡힌 채 아내에게 덤벼들려고 하는)

**지현부**　(아들 쪽으로 조금 딸려가면서 이번에는 발길질)이눔으 자식/
　　어쩔려구. 어쩔려구!

**지태**　….(포기하고 있다가)그만 노세요 아버지.

**지현부**　(울음 새어 나오는 지현 방으로)시끄러/너두 조용해.

**지태**　….노세요…잘못했어요‥노세요…

**지현부**　…(놓아주며)이게 무슨 난리 굿이야. 왜 너까지 미친 눔 날뛰
　　듯 그래. 안그래두 니 엄마랑 나랑 지금 속이 속이 아니야. 늬들 왜

180

이래. 느이 들이 자식이야?

**지태**　......

**지현부**　애 내버려 둬…지 문제 지가 해결하라 그래. 니엄마랑 나두
우리 마음대루 안되는데 니가 뭘 /뭐가 될 거라구 엉?

**지태**　그렇다구 저대루 놔 두실 거에요?

**지현부**　그럼 죽이냐? 죽여?

**지태**　그 빌어먹을 일 때려치라 그러세요! 왜 안 그러세요.

**지현모**　(나오며)그랬어. 얘 우리 그랬어. 들어가. 어이 들어가(아들
등 밀며)

**초희**　들어가요 그만.

**지태**　(밀리다 돌아보며 오버랩)아니 어머니

**초희**　(오버랩)아이구 이제 그만해요. 글쎄 알아주는 사람두 없는데
뭘 그렇게 당신 혼자 몸이 달아 그래요. 하지 말아요. (남편 밀며)들
어가요.

**지태**　(아내 손 뿌리치듯 하고 들어가버리고)

**지현모**　.....(어깨 떨어트리며)아이구우우우

**초희**　아가씨가 제정신 아니에요 아무튼.(하고 제 방으로)

**지현부**　......(우두커니)

**지현모**　...들어가세요.(안 보는 채)

**지현부**　어때.

**지현모**　괜찮아요.

**지현부**　문 잠그구 있으라 그래.. 열어달래두 열어주지 말라 그래…
(하고 자기 방으로)

**지현모**　(보고 있다가 딸 방 열고)

**S#**  지현의 방

**지현모**  (들여다보는)

**지현**  ….

**지현모**  오래비 열어 달래두 열어주지 마…

**지현**  …..

**지현모**  (자기가 문손잡이 꼭지 눌러 잠그고 문 닫는다)….

**지현**  ……(비질비질 울음이 터지는)…..

F.O

**S#**  지현의 집 전경(새벽)

**S#**  비어 있는 마루

　　E 전화벨

**S#**  지현의 방

**지현**  …(자다가 손 뻗어 받는다)··네에…

**정감독**  F 어 자구 있는 모양인데 미안해요.

**지현**  ?(몸 일으키며 스탠드 켠다)무슨 일이에요 감독님.

**정감독**  F (오버랩의 기분)어 나두 자다가 전활 받아서 얼떨떨한데 지현씨 미니 시리즈 못하게 됐다면서요.

**지현**  (정신이 번쩍 들어 튕겨지듯 일어나며)무슨 말씀이세요? 누가 그래요?

**S#**  종혁의 욕실

**종혁**  (칫솔에 치약 묻히는데)

　　E 전화벨

**종혁**  (나간다)

**S#**  침실

182

**종혁**　(나와서 전화 받는)네에.

**지현**　F 왜 이래요.

**종혁**　뭘.

**지현**　F 정감독한테 전화했다면서요.

**종혁**　그래 했어.

**지현**　F ….

**종혁**　했어 왜.

**지현**　F 우리 얘기 끝난 거 아니었어요?

**종혁**　끝났다구 누가 그래. 이제부터 시작이야.

**지현**　F 종혁씨

**종혁**　(오버랩)미니 시리즈 약속보다 나하구의 약속이 먼저야. 이런
　　　경우 선약을 지켜야하는 게 당연한 거 아닌가?

**지현**　F 좀 만나요.

**종혁**　만날 필요 없어.

**S#  지현의 방**

**지현**　(오기 아니고 당황)만나요. 만나서 얘기해요.

**종혁**　F 시간 없어 바빠.

**지현**　지금 만나요.지금 내가 나갈께요‥‥‥종혁씨‥‥‥종혁씨‥

**S#  운전하는 새벽길의 지현**

**지현**　‥‥‥‥‥.

**S#  지하 주차장**

**지현**　(들어와서 주차하고 내려서 입구로 움직이는데)

**종혁**　(자기 차에서 있다가 내려 지현 쪽으로)

**지현**　‥‥‥(멈추고 본다)

**종혁**　…..(조용히 보다가 움직여 지현 앞서 입구로)…..

**지현**　…(잠깐 보다가 따른다)

## S# 승강기 안

**지현**　…..

**종혁**　(숫자판 올려다보며)….

## S# 승강기에서 내리는 두 사람

**종혁**　(지현 먼저 내리게 하고 내려서 가볍게 지현 어깨에 손 올리고 움직
이기 시작)

**지현**　….(차분하게 같이 움직이는)

## S# 작업실

**지현**　(앞서 들어오고)

**종혁**　(들어와 문 닫고 창으로 소파로 가 앉는다)

**지현**　…..(전체 불 켜고 가방 놓으며)커피 마실래요?

**종혁**　아냐. 필요없어.

**지현**　…..(돌아보는)

**종혁**　와 앉아….얘기하자면서.

**지현**　…..(종혁의 앞으로 가서…앉는다)

**종혁**　….(보다가)얼굴이 왜 그래…왼쪽이 왜 분 거 같아.

**지현**　(안 보는 채)오빠한테 맞았어요.

**종혁**　당신 /….집에다 얘기했단 말야?

**지현**　(순하게 보며)미안해요……다른 문제는 말 안했어요. 그냥 일 평
계만 댔어요.

**종혁**　…..(보다가 잠깐 옆으로 고개 틀었다 다시 보며)당신 지독한 에고
야 알아? 부모님 안 놀래서? 상관없어?

184

**지현**　(안 보는 채)말씀 안드리구 혼자만 알고 있을 수 없잖아요··

**종혁**　······(보며)

**지현**　종혁씨두 동의했잖아요··(보며)

**종혁**　나 그런 적 없어··

**지현**　······(보며/난감)어제

**종혁**　그걸 동의로 받아들였단 말야?·····(그저 보는)

**지현**　?······(보다가)나 태국에서 다른 사람하구 돌아다녔어요 상관 없다는 거에요?

**종혁**　상관 안해.

**지현**　?·····어떻게 그럴 수 있죠?

**종혁**　그럴 수 있는 게 나라는 놈야.

**지현**　종혁씨

**종혁**　(오버랩)얘기 통하구 감정 통하는 사람 그래··순간의 힐링에 혹 할 수 있어. 그런데 그게 뭐 어쨌다는 거야. 당신/ 목숨 걸만큼 그 사람에 대해 아는 거 있어? 드라이브 길에 잠깐 도로변 가을 꽃에 한눈 팔리는 거 비슷해 그거.

**지현**　어쨌든 종혁씨 나는

**종혁**　(일어나며/오버랩의 기분)어쨌든 나는 당신 포기 안해. 반드시 내집/ 내 방에 갖다 놓을 거야.

**지현**　(따라 일어나며)종혁씨/종혁씨 자신을 위해서두

**종혁**　(오버랩)당신 나 좋아하지 않아. 얄팍하게 /나 위해주는 척 할 거 없어.

**지현**　종혁씨 나는 길들여질 사람이 아니에요 길들여지구 싶지두 않 아요.

**종혁**  길 들여 써먹을 일 없어. 데려다 나를 좋아하는 내 여자 만들려
    는 거야. 내여자 만들어 내자식 낳게 할 거야.

**지현**  (오버랩의 기분/사정하듯)우리는 자란 환경이 너무나 달라요.
    성격도 달라요 생각도 달라요.

**종혁**  (냉장고 쪽으로 움직이며)중요하지 않아.

**지현**  (시선 종혁 따라 움직이며)봐요 나는 중요하게 생각하는 거 종혁
    씨는 안 중요해요.

**종혁**  (움직이면서)그래? 그게 문제야? 알았어 그럼 이제부터 나두
    중요하게 생각하지‥

**지현**  ……(말이 안 된다)

**종혁**  (냉장고에서 물병 꺼내 컵에 따라 벌컥벌컥 마시고 내려놓으며)또
    다른게 뭐야 (돌아보며) 얘기해. 내가 고치께.

**지현**  (울음이 나올 듯하다) 제대루 좀 얘기해요. 도대체 왜 이러는 거
    에요.

**종혁**  (좀 오르면서/컵 탁 놓으며)하늘이 두 쪽 나두/ 우리는 예정대로
    결혼해야 해.(돌아서 보며) 지금 와서 파혼/당신한테는 별 거 아닌
    지 몰라도 나는 자살 행위야. 당신을 사랑한다. 무슨 일이 있어도
    당신을 놓치기가 싫다. 당신 아닌 여자 생각해본 적 없다 이 따위
    들척지근한 소리 나 안해. 어찌됐든 약혼까지 했던 거에 대해서 당
    신/ 책임질 의무 있어. 더 이상 군소리 말고 일 집어쳐.

**지현**  …….(그저 보며)

**종혁**  ……(보다가 지현 쪽으로 가 마주 선다)……(아래 보고 있다가 시선
    들어 보는)

**지현**  ……(그냥 보고 있는)

**종혁**   나…실패 무지하게 싫은 놈야….지금까지 실패라는 거 기록해

본 적 없어….그런데 당신이…..내가 머리 털나구 처음 미치게 욕심

나는 여자가…이래야 하니?

**지현**   …….(보는)

**종혁**   …..(보는)

**S# 근처 카페**

[찻잔 놓이고 있다]

**종혁**   (가만히 탁자 내려다보며)…..

**지현**   ….(찻잔 내려다보며)

**종혁**   진심은…통한다 그러드라.

**지현**   (보는)

**종혁**   (안 보는 채)내 진심이 허약한 거야 당신 가슴이 두꺼운 거야.

**지현**   ……(보며)

**종혁**   (찻잔 집어 들면서 무표정한 채)필요하다면 계약서 쓰자. (보며)

일년만 살아 보자.(마시는)

**지현**   ….(보는)

**종혁**   (찻잔 내려놓으며)살아보고 도저히 희망이 없으면 그때 포기해

주께. …

**지현**   ….(보며)

**종혁**   ……(보며)

**지현**   ……(보며)

**종혁**   (보며)당신 하고싶은 일/그때부터 해도 늦지 않아. 그 일은 정

년퇴직도 없는 거잖아.

**지현**   …..(그저 가만히 보며)

**종혁**  (고개 조금 돌리며)당신은 나를…심장도 마음도 없는 사람인줄 알아. ….내 스타일이 문제겠지만‥흠흠‥(하며 지현 보는)나도 당신하고 같은‥사람이야…괴물이 아니야.

**지현**  …..(보며)

**종혁**  당신은 무슨 권리니…무슨 권리로 나한테 이렇게 가혹한 거니.

**지현**  …..(보며)

**종혁**  그만 좀 해라…너무….아프다….

**지현**  ……(보다가 시선 내리며)무슨 내가…그럴만한 가치가 있는지 정말 모르겠어요.(목구멍 뜨끔거려 찡그리며)

**종혁**  가치는…탐내는 사람에 의해서 결정되는 거니까….

**지현**  ……(고개 옆으로 돌리며)미안해요……

**종혁**  …..(보며)

**지현**  (고개 앞으로/ 고개 조금 내리며)미안해요……미안해요…..(고개 들며)꼭 그래야 한다면…알았어요…포기하께요.

**종혁**  ……(가만히 보며)

**지현**  ……(보다가 고개 내리는)

**종혁**  …….(그대로 가만히 보며)…..

**S#**  지하 주차장

　　[같이 들어오는 두 사람.]

**우기사**  (대기 중이다가 인사하고)

**지현**  (목례하는데)

**종혁**  (지현 어께 가볍게 잡으며)들어가라.

**지현**  (보는/)….(조금 쓴웃음으로 끄덕이는)

**종혁**  …..(보다가 불현듯 어깨 당겨 가볍게 안는)…..

**지현**   ······.(눈 감으며)

**종혁**   ···.(어깨 조금 두드려주며 놓고 자동차로 오른다)

　　　 [뜨는 자동차]

**지현**   ······(보며)···

**S#**  움직이는 자동차 안의 종혁·····

**S#**  작업실 복도

**지현**   ···.(맥없이 걸어와서 키 집어넣는데)

　　　 E 작업실 전화

**S#**  작업실

**지현**   (들어와 받는다)네에.

**지태**   F 너 새벽같이 거긴 왜 나가 있어. 빨리 못 들어와?

**지현**   오빠 정말 염라대왕처럼 이러지 좀 말아요.(비교적 순하게)종
　　　 혁씨 만나러 나왔어요.

**지태**   F ·····최서방/ 연락 왔었어?

**S#**  지현네 마루

**지태**   그래서 만났어?

**초희**   연락 왔었대요?

**지현모**   (남편 돌아보며)새벽 전화가 그랬나보네요.

**지태**   그래서 어떻게 됐어·····어떻게 됐어 간단히 얘기해. 기어이 파
　　　 혼야 뭐야 너······.(듣다가 전화 막고)파혼 안해 준단대요.

**지현모**   (들은 얘기가 있어서? 하며 남편 보는)

**초희**   안해 준대요?(남편에 이어)

**지태**   그래서/···그래서 너는 어떡했냐 말야.

**지현모**   (오버랩)종주먹대지 마.종주먹대지 말구 해애.

**지태**  알았어 잘했어…(끊으며) 일 그만두기로 했대요.얘기 잘 됐나 봐요··

**지현부**  …(일어나며)잘했구먼…

**초희**  아가씨는 사람 놀리는 거야 뭐야 괜히 집안만 벌컥 뒤집어 놓구(혼잣소리처럼)

**지태**  (일어나며 오버랩)안심하세요. 완전히 포기한 목소리에요.

**지현모**  ….(아무 대꾸도 없이 일어나는 데서)

## S# 목장

**지현부**  (나오면서)이상없지? 다들 잘 있어?

**한수**  (일하다가)네 아버지.

## S# 작업실

**지현**  (긴 소파에 누워 잠들어 있다)……

## S# 병원 진찰실

**강욱**  (청첩장 꾸러미―아예 민경이가 부칠 수 있게 포장한 것―위에 주소 쓰고 사인펜 놓으며)택배가 빠른지 등기 속달이 빠른지 알아봐서 빠른 걸로 부쳐줘요.

**간호사2**  네 선생님.

**강욱**  뭐가 빠르죠?

**간호사2**  택배가 빠를 걸요 선생님?

**강욱**  지방인데두?

**간호사2**  알아보구 하께요.

**강욱**  그래요 부탁해요.

　　　E 전화벨

**강욱**  네에.

190

**민경**  F 나왔다는 소문이 있어서. 커피 마시러 내려갈게.

**강욱**  어 그래.(끊고 몇십 장 따로 놓여 있는 청첩장 봉투에서 꺼내 놓고 서랍에서 수첩 꺼내 들척여 보는/주소 써야 하는 준비)

**S#  작업실**

**지현**  (혼자서 빈 봉투들에 서랍이랑 소지품 챙기고 있는)······.(침울하지만 완전히 포기한)···.(쓸데없는 것들은 휴지통에 넣으면서)·····

　　　E (문소리와 누군가 들어오는)

**지현**  (들어오는 위에)

**현경**  E 와아 너 굉장히

**현경**  일찍 나왔구나.

**지현**  으응..

**현경**  (소지품 처리하러 움직이며)뭐 책상 정리하니?

**지현**  ….(그냥)

**현경**  (커피 쪽으로 움직이며)커피 냄새 죽인다. 엘리베이터에서 딱 내리면 우리 방 커피 향기가 벌써(하다가)너 뭐하는 거야?

**지현**  (오버랩)현경아 나·····

**현경**  ?(지현 쪽으로 오며)….응?

**지현**  (컴퓨터 코드 뽑다가 돌아보며)너한테 정말 미안한데/나 미니시리즈 포기하구 철수해.

**현경**  ?·····왜애.

**지현**  ….(그냥 보는)

**S#  같은 작업실**

　　[식탁에 앉아 있는 두 여자.]

**지현**  (화면 시작과 동시에)

**현경**   아유 얘 됐어 그래. 잘 결심했어. (커피 잔 두 손으로 싸쥔 채)하
랬다가 하지 말랬다가 노인네 좀 웃기긴 하지만 그래두 왕이나 다
름없는 시아버님께서 접어라 그러시면 접어야지 별수 있니? 속상
해두 할 수 없지 뭐.차라리 잘됐다 생각해버려 까짓 거. 시집살이
하면서 출퇴근하는 거두 말이 그렇지/ 맞벌이루 돈 벌어들이는 며
느리두 아니구 처음부터 무리였구 환상이었어. 잘 결정했어.

**지현**   (오버랩의 기분/찻잔 들며)팔자에 나는 글쟁이는 없나봐…그런
줄 알았으면 애두 쓰지 말걸 공연한 헛고생만 했어.

**현경**   팔자에 글쟁이 없는 게 낫지 않니? (하는데)

   E 차임벨.

**현경**   (일어나며)네에.

**현경**   (문 열어주고)안녕하세요?

**정감독**   (들어오며 오버랩)안녕할 수가 있나 작품 펑크가 나게 생겼는
데..아니 박지현씨 이러면 곤란하다구.이제부터 섭외해서 언제 시
납 만들구 작품 뽑아요. 말이 안되잖아 이거요.도대체 날더러 어떡
하라구 이래요.엉?

**지현**   (일어나 서 있다가)죄송합니다 감독님.

**정감독**   아니 죄송으루/죄송이 문제가 아니지 죄송이 문제가 아니
구/나 작가 나 작가가 누구 다른 사람하구 조인해서 한번

**현경**   (오버랩)아아 그건 안돼요 감독님/저 그거 못해요. 저 그렇게
능력없어요 그리구 처음부터 지현이 얘긴데 다른 작가 조인하라
는 것도 말 안되구요?

**정감독**   (오버랩)아 말이 안되면 어떡해.이건 말 되는 겁니까 예 이건
말 돼요? (에서)

**S#** 지하 주차장

　　[유자, 현경, 지현/지현의 짐 나누어 들고 나오면서]

**유자**　그렇다구 당장 이렇게 철수할 건 뭐니. 갑자기 야 이빨 확 빠지는 것처럼 너무 이상하잖아.

**지현**　그래두 아직 꿈틀거리구 있는 미련/아예 뭉개버릴려구. 일할 거 없는데 컴퓨터니 뭐니 뻐쳐놓구 드나들 일두 없잖아.

**현경**　그럼 너 전혀 안 나올 거야?

**지현**　아냐··나올께···시내 나오면 들릴게.

**유자**　너 쓰다 만건 어떡할 건데··

**지현**　그냥 처박아두는 거지 뭐.(자동차 키 돌리면서)불살라 버리기는 원고한테 미안하구 처박아 둘 거야.

**유자**　그거 내가 살려서 쓰면 안되니?

**현경**　?

**유자**　나 만들어낼 수 있겠는데.

**현경**　야 니가 무슨 만능이니? 너하구는 안맞어 야. 그리구/하다 중단하는 거 속쓰려 죽는 애한테 그거 할 소리니?

**유자**　아예 사장시키는 거 보다는 낫잖아.

**지현**　(짐 실으며)그냥 둘래. 너하구는 잘 안맞어 얘기가.

**유자**　그럼 할 수 없구.(짐 싣는)

**현경**　(짐 실으며 안 보게 흘기며 풀룩풀룩)

　　[짐 다 싣고]

**현경**　송별회 언제하까.지현아.

**유자**　송별회가 아니라 폐업신고식 아니니?

**현경**　?··너 뭐 잘못 먹구 나왔니?.

**유자** 왜 뭐가…폐업이잖아. 완전 폐업.송별회는 안맞아 애. 이민 가는 것도 아니구 아예 못보게 되는 것도 아니구 안그러니?(지현에게)

**지현** 송별회든 폐업신고식이든 상관없어.어쨌든 하루 날잡아 밥먹구 놀자. 나 들어가께.

**현경** 어 들어가.

**지현** (타는)

**현경** (문 닫아주며)들어가 이불 뒤집어 쓰구 잠이나 폭폭 자버려.

**지현** (유리창 열고)너한테 미안해 현경아.

**현경** 네버 마인. 나대루 내 길 찾을테니까 걱정 마.

**지현** 일 많이 해(유자에게)

**유자** 잘가.

**지현** (조금 웃어 보이고 출발)

　　[나가는 자동차.]

**두 여자** …(보고 있다가)

**유자** (먼저 움직이며)잘됐어 잘된 거야.

**현경** ?(움직이며)

**유자** 쟨 써봤자 한두 작품이야. 호흡이 너무 짧아. 단막극 체질이거든.

**현경** (멈추고 흘기면서 뭐라고 하고 싶지만 참는)….

**S#** 운전하는 차 안의 지현

**지현** ….(투두두둑 떨어지는 눈물)…(손끝으로 눈물 닦아내면서)……..

**지현** …(그래도 자꾸만 흐르는 눈물)……..(흐르는 눈물)

　　　　　　　　　　　　　　　　　　　　F.O

**S#** 주례사 들으면서 나란히 서 있는 강욱과 민경…

# 제16회

**S# 폐백실**

**민경**  (시집 쪽 여인네 도움받아 큰절하고 있는 중)……

**강욱부모**  (절 받고)…

**강욱모**  (대추 던져주면서)모쪼록 정좋고 의좋게 해로하면서/ 아들 딸 열만 낳거라.

**강욱부**  그래 봤자 요새 애들 소용없어. 하나 아니면 둘여..

**모두**  (조금씩 웃는)

**S# 작업실**

**지현**  (유자가 열고 서 있는 문으로 들어오면서)안녕.

**유자**  어서 와. 오랜만이다.

**지현**  뭐얼 며칠됐다구.(냉장고 쪽으로 움직이며)

**유자**  (따라 움직이며)그래두 하안참 된 느낌인 거 있지.맨날 보다가 말야.

**지현**  나두 그래.(한약 상자 두 개 올려놓는)

**유자**  건 뭐니?

지현    (냉장고 열면서)하나씩 먹어. 엄마가 용 좋은 걸루 써서 지었대.

유자    야아 우리 거야?

지현    (집어넣으며)엉.

유자    우리가 뭐했다구?

지현    그동안 신세 많이 졌다구.

유자    야 신세는/ 너무 황송하다 애.

지현    그런데 현경이는 왜 없어?

유자    (커피 따르며)시트콤 미팅 갔어. 올 때 됐는데‥

지현    시트콤?(돌아보며)

유자    너 몰라?

지현    몰라.

유자    웃긴다. 매일 통화하면서 그 기집애 얘기 안했니?(커피 식탁으로 옮기며)

지현    (냉장고 닫고 식탁으로)시트콤 들어가?

유자    엉. 새시리즈 맡었대.

지현    혼자?

유자    (앉으며)혼자한테 누가 주니. 그거 단체 플레이잖아. 배철수하구 현경이 포함 다섯이래‥ 앉어 애.

지현    엉.(앉으며)잘 됐다. 현경이 잘할 거야.

유자    그런데 왜 너한테 얘기 안했지?

지현    폐업하구 들어앉은 데다 저 일 한다 말하기 좀 그랬겠지 뭐.

유자    이해두 잘한다. 언제 알면 몰라서?

지현    넌 어때.

유자    뭐 별루 안 어려워. 하루 두 편씩은 떨어트리니까.

**지현**  굉장하다. 방송국에서는.

**유자**  좋아해. 작품이 훨씬 젊어지구 재미있어졌대. 시청률 좋아지면 좀 더 하자 그러는데 모르지 뭐.

**지현**  니꺼 아직 안나가지?

**유자**  담 주 부터야.

**지현**  (돌아보며)내 자리 누구 안 들어오니?

**유자**  (같이 둘러보며)어/그냥 놔두기루 했어. 이제 현경이두 계속 일 해야하구 나두 그렇구 복잡하니까 그냥 놔두기루. 괜히 성격 이상한 애나 들어오면 골치 아프잖아.

**지현**  (웃으며)그래 그것도 그래.

**유자**  그래서 우리는 거의 동거생활루 들어갈 거 같다.

**지현**  ?

**유자**  현경이랑 나 말야. 나는 벌써 일주일에 닷새는 여기서 자잖아.

**지현**  어 그러드라.

**유자**  현경이두 그러겠대. 집에 들어갔다 나왔다 피곤하고 시간 부서지구 그러니까.

**지현**  으응…좋은 생각이다.(하는데)

**유자**  그 얘기두 안하디?(하는데)

**현경**  (들어온다)야 지현이(하다가/아주 반갑게 뛰어들며)왔구나!

**지현**  어 왔어.

**현경**  (식탁으로 후탕탕 와서 뒤에서 지현 목 껴안으며)으으으으으 반갑다. 하하. 나 보구 싶었지.

**지현**  (팔 잡아 의자로 돌리듯 하며)일 맡았다면서 /축하 해. 그런데 너왜 말 안했어?

**현경**  뭐/(두 손 좀 올리는 시늉하며)해봐야 아는 거잖아. 배철수 꽁무
니 붙잡구 들어가는 거잖아. 챙피해서.

**지현**  (흘기며)됐어 생각해주는 척 하면서 따돌리구 그렇게만 해.

**유자**  너 우리 동거생활한다는 말두 안했니?

**현경**  야 징그러 죽겠다 동거는 무슨 동거니 합숙이지. 혼인길 막히
게 진짜.

**지현**  미팅 잘 됐어?

**현경**  (핸드백 뒤져 뭔가 찾으며)너 오기루 했기 때매 급해서 나 건성
건성 앉었다 오는 거야.(봉투 내밀며)이거 니 방값.

**지현**  어...(받으며)급할 거 없는데‥아버지?

**현경**  야 그럼 아버지 말구 누가 있니.

**지현**  부담되셨겠다.

**현경**  괜찮아. 어차피 내 결혼비용 중에 일부니까 뭐. 날라가는 거 아
니잖아. 너 일 끝냈니?

**유자**  (일어나며)어 한 이십분이면 돼.

**현경**  야 그럼 빨리 끝내. 끝내구 나가자.

**유자**  알았어 일어나잖아.

**현경**  어 우리 먼저 가 있을까?

**유자**  ?‥그러든지.(에서)

**S#  작업실 복도**

　　[승강기로 걸으면서]

**현경**  운수소관이구 팔자소관야. 재하구 동거 생활을 하게 될지 누
가 알았겠니.

**지현**  뭐얼. 여태두 잘 지냈는데‥

198

**현경**  일일극은 잘 쓰나부더라. 감독하구 통화하는 거 보면.

**지현**  재주 있잖아.

**현경**  엉 확실히 그건 있는 애야.

**지현**  밥은 누가 하기루 했어?

**현경**  목마른 사람이 샘파는 거지 뭐.(그걸 뭘 물어 너는)나는 안 먹으면 못사는 애구 잰 먹는 거 별 상관없잖아. 내 차지지 누구 차지겠니.

**지현**  (웃으며)그럼 유자는 청소담당해야겠구나.

**현경**  그런데 더 비극인 건 재 청소하는 거 내맘에 안든다는 거 아니니. 이러다 나 하녀 되는 거 아닌지 몰라. 밥해 바치고 설거지 하고 청소하고/(승강기 버튼 누르며)

**지현**  설마아. 저두 생각이 있겠지.(에서)

**S#**  시내에서 막혀 있는 서여사의 자동차 안(기사 있음)

**민경**  (창밖 보고 있다가)‥왜 이렇게 막히니. 무슨 날인데.

**민지**  (앞 좌석에서 돌아보며)무슨 날은 언니 결혼식한 날이지.

**민경**  (차분하게 강욱 돌아보며/조금 미소/그러나 바닥은 쓸쓸하다)그래서 우리 축하해주느라 서울 자동차가 다 거리루 쏟아져 나왔나?

**강욱**  (민경 보며)글쎄 그런가부지?

**민지**  (아예 뒤로 반은 돌아앉듯 하며)언니랑 형부 웃겨. 사정상 여행은 못간다 치구 그래두 오늘쯤은 어디 근사한 호텔에라두 가서 쉬지 곧장 아파트로가 뭐에요 형부.

**강욱**  흠흠 글쎄 말야.

**민지**  아니면 가평가 며칠 있다 오든지. 설마 가평 정도 가는 것도 무리겠어?

**민경**  (오버랩의 기분)그냥 이러구 싶어. 남들하구 안 똑같구 좋잖아.

**민지** 별게 다 좋으네. 형부두 불만 없는 거에요?

**강욱** 뭐 별루…(민경 잠깐 보고)··잘 쉬면 되지 뭐…

**민지** 허니문 사진두 한 장 없게 생겼잖아. 그게 뭐야. 늙으면 추억 밖에 아름다운게 없다든데 홍식이가 암튼 괴상한 커플이래.

**민경** 너 아직 홍식이 만나?

**민지** (앞으로 돌아앉으며)일편단심 민들레라 그랬잖아.

**민경** ·····(동생 뒤통수 보다가 창으로 고개)일편단심이 뭐 좋은 거라구····

**강욱** ·····(민경 돌아보는)

**민지** E (강욱 위에)뭐 언니처럼 초지일관하구 멋있지.

**민경** (창밖 보면서)엄마를 어떡할려구 그래…

**민지** 상관없어…나는 나야··(차 움직이기 시작)어 이제 빠지나부다.

**S#** 단란주점 룸

**현경** (주문 중)스테이크 하나 해주시구요. 고기 종잇장처럼 얇으면 안돼요.두툼하게요 네?

**웨이터** (웃으며)네 걱정마세요.

**현경** 너무 익히지 마세요 미디움으로 해주시구요 뭐 하까 지현아. 낙지 볶음 해 보까?

**지현** 좋지이.

**현경** 낙지 볶음/국수 많이 주세요.국수가 많으면 낙지두 충분해야 해요 무슨 얘긴지 알죠?

**웨이터** (약간 능글거리는 친밀감)알았어요 현경씨.걱정을 마세요.한 두번이에요?

**현경** 유자 닭날개 튀김 좋아하는데

**지현** 그건 오거든 시켜/ 미리 시키면 맛없어.

**현경**  (메뉴 접어 내밀며)그래 그러자. 빨리빨리 줘요. 배고파 죽게 생겼어요 에?

**웨이터**  (메뉴 받으며)현경씨 죽으면 섭하지요오. 하하하 (하며 나간다)

**현경**  저 녀석 같이 놀자 그러네.

**지현**  (조금 소리 내어 웃으며)너 좋아하잖아.

**현경**  말랐니? 쪘니?

**지현**  몰라 안 달아봤어.

**현경**  얼굴은 별루다……기분 좀 추슬러 애. 얼굴 나빠져.

**지현**  아냐 괜찮아…뭐가··

**현경**  뭘 뭐가야…너 맥없잖아…노조두 안하구 직장폐쇄 당한 꼴이니까 신날 거야 없겠지만 너랑 전화 끊구 나면 심난해 야. 글쟁이 글 못쓰게 하는 거 카나리아 노래 못하게 하는 거랑 같은 거 아니니?

**지현**  멋있다. 웬 카나리아 씩이나.

**현경**  그냥 너혼자 써…써놨다 느이 시아버지 별세하시면 그때 발표해. 안될 거 있니?

**지현**  (흘기며 웃는)그거 지금 위로라구 하는 거야?

**현경**  맥주 먼저 주지 애들 뭐하는 거야(하는데)

**유자**  (들어온다)

**지현**  끝냈어?

**유자**  그럼 끝내서 보내구 왔지.

**현경**  낙지 국수하구 스테이크 시켰다. 너 닭날개지?

**유자**  먹구 시키지 뭐.(머플러 풀면서 앉으면서)나 나오기 직전에 전화받았는데/··월간 여성 한선배 말야….허민경씨 결혼식 갔다 왔다 그러드라.

**지현**   ….(보는)

**현경**   ?….(유자 보는)

**유자**   너한테 말하나 안하나 잠깐 고민했는데 아는 게 너한테 좋을
거 같아서 얘기하는 거야.

**현경**   너는 무슨/ 우리 파티 초칠 일 있니?

**유자**   초치는 게 아니라

**현경**   (오버랩)그걸 왜 꼭 지금 알아야 하니.나중에 얘기해두 되잖아.

**유자**   매두 먼저 맞는 게 낫잖아.

**현경**   우리 지금 숙제 안해 갖구 와서 손바닥 맞는 거니?

**지현**   (오버랩)됐어.괜찮아…뭐…뭐가 어때서…나랑 무슨 상관인데/
··상관없어 현경아··맥주나 빨리 달라 그래. 목 마르다 응?(에서)

**S#**  아파트(신접살림) 광장
    [주차하고 있는 자동차…]

**강욱**   (뒤에서 내려 민경 쪽으로)

**민경**   (제가 먼저 내리고)

**민지**   (동시에 앞 좌석에서 내리며)아저씨 트렁크요.(트렁크 문 열리고/
화장품 케이스와 웨딩드레스 상자 봉투/폐백 한복 상자 등 꺼내는)

**민경**   (화장품 케이스는 제가 들려고 하는데)

**강욱**   이리 내.내가 들게…(케이스 넘어가고/민경 어깨 싸안으며 움직이는)

**민지**   (옷들 들고)아저씨 기다리세요.

**기사**   (젊은)예 그러께요.

**민지**   (뒤따라 건물로 입구 쪽으로)

**S#**  승강기 안

**민지**   (민경 머리 만져주며)피곤하니?

**민경**   엉 조금.

**민지**   확실히 티나는구나. 혼자 몸 아닌 거‥

**민경**   그러엄.(하며 강욱 잠깐 보고)

**강욱**   (조금 웃으며 보는)

**S# 아파트 거실**

　　[강욱과 민경 들어오는데/강욱은 표 안 나게 민경 케어하는]

**민경**   (소파로 가며)민지야 나 물 좀 줄래?

**민지**   엉.

**강욱**   내가/내가 주께 처제…

**민지**   네 그러세요 그럼 저는 이거 걸구 나오께요.(움직이며)

**민경**   거는거 내가 하게 그냥 놓구만 나와.

**민지**   왜 그래…들어간 김에 걸어까지 준다는데?(하며 아웃)

**민경**   ……(마루 저쪽 보며)

**강욱**   (물 잔 작은 쟁반에 올려 들고 와 내밀며)……(보다가)많이 피곤해?

**민경**   ?‥‥(보고)생각보다 그러네.(조금 웃어 보이며 물 잔 집어 마신다)

**강욱**   ……(보며 다 마실 때 기다렸다가 컵 빼내 쟁반에 놓으며)샤워하고 쉬어. 나두 피곤하니까 그럴 거야.

**민경**   (올려다보며)우선 한 /두시간쯤 잘까?

**강욱**   그래 그러자.(하는데)

**민지**   E 언니 여기 집어널 꺼 많은데 내가 하까?

**민경**   (일어나며)쟤 빨리 갔으면 좋겠는데 왜 안가구 저러니.(강욱에게 말하고 안방으로 움직이며)놔둬. 놔 두고 너 가서 비디오 테입이나 좀 빌려와.

**강욱**   ?

**S#  안방**

**민지**  (트렁크들 장롱 앞으로 움직이다가)? 비디오 테입?

**민경**  (들어오며)엉 한 서른 개쯤 갖구 와.

**민지**  서른개애?

**민경**  (들고 들어온 핸드백에서 돈 꺼내며)얼마씩이나 하니. 오만원이면 안돼?

**민지**  서른개씩이나 뭐할려구.

**민경**  서른 개래야 볼만한 거 다섯 개 되기두 힘들 거야.

**민지**  어쨌든 서른 개는 너무하다아. 무슨 논문 쓸 거야?

**민경**  아우 귀찮아 말 시키지 말구 하라는대루 해.

**민지**  (돈 받으며)어떤 걸루.

**민경**  아무 거나. 니가 봐서 골라 그냥.

**민지**  서른 개를 무슨 수로 골라.

**강욱**  (들어오며)그렇게 필요없어. 한 열 개만 갖구 와 처제.

**민경**  서른개.(옷 벗으며)

**강욱**  서른 개를 다 뭐할려구 그래.

**민경**  암튼 서른 개 갖구 와. 해달라는대루 해줘어(약간 짜증)

**민지**  ?

**강욱**  …(보다가)갖다 줘. 저 고집 말릴 사람 없어.

**민지**  알었어요.(나간다)

**강욱**  ….(민경 보는)

**민경**  (옷 벗은 거 장에 거는/슈미즈 차림/로브 꺼내는데)

**강욱**  (다가가서 빼내 입혀준다)

**민경**  ….

**강욱**  (뒤에서 안고 어깨에 얼굴 묻으며)……미안해….

**민경**  …..

**강욱**  미안하다구…

**민경**  (자기를 얽은 강욱의 두 팔 잡으며)나두 미안해….쪼꼼만 기다려 주라…곧 괜찮아질 거야……우리 커피 마시까? (하며 돌아서 보는)

**강욱**  …좋아 마시자.(하며 나가려)

**민경**  (잡으며)내가 하께…내가 해주께‥(하고 나가는)

**강욱**  …..(나가는 민경 보며)

## S#  거실과 주방

**민경**  (나와서 주방으로)…….(완벽하게 준비된 상태)…(종이 필터 앉히고/가루 커피 집어넣으며)……

**강욱**  ……(안방에서 나와서 보며)……

**민경**  (커피 앉히고 돌아서며)그런데 이 아파트 왜 이렇게 춥니…이 선생 안추워?

**강욱**  이 계절에는 아파트 그렇잖아…

**민경**  (움직이며)나 내의 입어야겠어. 우습네. 내의 벗은지가 언젠데 …아니 전화해서 히타 먼저 사 보내래야겠다. 춰 못살겠어.

**강욱**  (오버랩)놔둬.내가 나가서 사오게.전화하지마.(하며 벗어두었던 상의 집어 드는데)

**민경**  싫어 나가지 마.그냥 있어. (전화 들며) 엄마한테 사보내라면 돼.

**강욱**  (전화 빼내며)그럴 거 없어. 잠깐 나가서 사오면 되잖아.뭘 그런 거까지 장모님한테

**민경**  (오버랩의 기분)너 나가는 거 싫단 말야. 그냥 있어.

**강욱**  같이 나가자 그럼/응? 같이 나가. 나가자.(안아주면서)

민경　....(울듯 한 얼굴 강욱에게 묻으며 껴안는)....

**S#** 단란주점

　　[유자(노래하고 있다/제스처 쓰면서)]

　　[안주는 다 들어와 있고/]

지현　(술잔 비우고 제가 콸콸콸 따르는)

현경　(안 보는 채 술병 빼앗는다)

지현　(왜 그래 하는 얼굴로 보고)

현경　그만 해.

지현　아직 괜찮아.(컵 집으려는)

현경　(컵 빼내 저쪽으로 치우며)니 한도 넘은지 오래야. 물 마셔 물.

지현　그럼 나 노래하까? 나 좋아하는 노래 있어.(일어나는데 조금 비틀)

현경　(잡아주며 같이 일어나는)그래 노래하자 우리. 노래하는 게 훨씬 낫겠다...야 너 언제 끝나니. 대충 마무리하고 끝내. 우리 할 거야 애.

유자　(그치고)김새게 구네 애들...알았어 그래. 해해/(하고 자리로)

　　[두 여자 나가서 곡명 고르는]

현경　뭐 하까.

유자　사랑해선 안될 사람 해.사랑해선 안될 사람을 사랑하는 죄이라서

지현　(오버랩)재 왜 저렇게 후지니. 깔깔.

현경　원래 후지잖아.

지현　(마이크 들고 반주도 필요 없이/발라드로/부르기 시작)

현경　(노래 책 찾다가 그냥 보는).....

지현　......(노래하는)

**S#** 종혁의 회의실

**강부장**  E (종혁 위에)나눠 드린거는 저희 채권영업

**강부장**  업무의 플로를 요약해서 적은 겁니다.저희가 준비하고 있는 것은 기존의 증권사 영업팀에서 하고 있는 가장 기본적인 영업의 플로어를 바탕으로 해서 영업플로어와 시스템에 초점을 맞췄습니다.

**종혁**  이 매매보고서 말이에요 이게 증권전산 시스템에는 없어요?

**강부장**  증권전산 시스템에도 있는데 양식이 좀 다릅니다.

**종혁**  궁금한 부분인데/매매보고서가 사실은 외국의 경우에는 컴포메이슨 팩스가 있고 콘트랙 노트가 있거든요. 그 차이가 뭐냐하면 컴포메이슨은 딜이 일어나자마자 딜이 일었다는 걸 확인해 주는거고/주로 컴포메이슨은 영업을 한 사람이 프론트 데스크에서 날라가거든요.그리고 전표가 백오피스로 넘어가면 콘트랙 노트를 보내주는데/우리나라 경우는 어떻죠?

**심부장**  주식의 경우에는 3일 뒤에 나가요.

**종혁**  그럼 콘트랙 노트가 3일 뒤에 나가는 거네.

**심부장**  그런데 채권수도는 주식수도와 달라서 당일 결제기 때문에 당일날 나갑니다.

**종혁**  또하나 중요한 문제는 우리 전산 시스템에 거래정보를 입력하는 사람을 한정화시켜야 하는 문젭니다. 한마디로 패스워드 관리를 잘해야 하는건데/(에서)

**S#** 종혁의 사무실

**종혁**  (사무실로 들어와서 전화 단축 번호)

　　F 전화벨 가는 소리……(한참 동안)

**유자**   F 네에 박지현 핸드폰입니다··

**종혁**   아··왜 유자씨가 받지요?

**유자**   F 어머나 종혁씨. 지현이 지금 토하러 화장실 가구 없는데 어떡하죠?

**종혁**   ?토해요?

**유자**   F 네. 우리 오늘 송별회하는 거 알죠?

**종혁**   입니다.

**유자**   F 이것저것 기분이 좀 그런가봐요. 잘 못마시는 애가 좀 지나치드라구요·· 토하구 싶다 그래서 현경이가 데리구 갔어요.

**종혁**   거기 어디에요 유자씨(에서)

**S#** 단란주점 계단

**종혁**   (빠른 걸음으로 내려와서)저기 여기 여자 셋이서

**웨이터**   네 이리 오십시오.

**S#** 룸

**종혁**   (들어서면서 보면)

**유자**   E 애 종혁씨 왔다.(종혁 위에)

**지현**   (머리 젖히고 있고)

**현경**   (찬 물수건 이마에 바꿔주면서)지현아 종혁씨 왔어.

**지현**   그래 알어 글쎄 소유자 쓸데없는 짓 했어··(수건 떼며 몸 일으키며 머리 뒤로 쓸어 넘기면서)뭐하러 와요···택시 타구 들어가면 되는데··

**종혁**   (피식 웃고 나서)속은 괜찮아?(다가가며)괜찮은 거야?

**지현**   괜찮아요.타 토했기때매 이제 곰방 말짱해 져요. 말짱해질 건데 바쁜 사람이 일하지 뭐하러 와요.(보며)

**종혁**   일어날 수 있어? 한번 일어나 볼래?(팔 잡으며)

208

**지현**　물론 일어날 수 있지요.(하고 일어나는데 무릎이 잠깐 꺾인다)

**종혁**　(잡아 안아주고)

**지현**　망신 시키네.내 다리가 왜 이런 거니 현경아.

**현경**　(같이 일어나서)술 들어가 그렇지 왜 그래.

**지현**　나는 왜 이렇게 등신같이 술두 못마실까. 잘하는 게 하나두 없
　　　어 바보.

**종혁**　(웃으며)나갑시다.나가자…(껴안고 움직이는)

**두 여자**　(따라나가고/현경이는 좀 종혁이한테 민망하고 유자는 전혀 상
　　　관없다)

**현경**　(유자한테 눈 째지게)

**유자**　뭐얼‥

**S#  단란주점 앞**

**종혁**　(지현 데리고 나오고/자동차는 시동이 켜진 채)

**현경**　(재빠르게 운전석 옆자리 문 열어주고)

**종혁**　(태우는데)

**유자**　택시타구 우리가 데려다 줄려구 했는데 이렇게 달려올 줄 몰
　　　랐어요.

**종혁**　됐습니다.(안전벨트 매려 하는 지현에게서 벨트 빼내 매주면서)내
　　　가 데려다 주께요.파장시켜 미안합니다. 원래 술 못하는 사람이 이
　　　런짓 하는 거에요.(웃으며 지현 쪽 차 문 닫고)

**현경**　안 바쁘세요?(아직 어둡지는 않았다)

**종혁**　(시계 보며)일곱시 약속까지 충분해요.그럼 갑니다.

**두 여자**　(인사하고)

**종혁**　(운전대로 올라 지현 보며 출발)

지현  (뒤로 기대고 눈 감고)‥‥

종혁  (출발하면서 흐트러진 지현의 머리 한 손으로 만져주는)‥‥

**S#  달리는 자동차 안‥**

지현  (고개 조금 앞으로 꺾고 훌쩍훌쩍 울고 있는)‥‥‥‥

종혁  (운전하면서 간간이 지현 돌아보는)

지현  ‥‥(울면서)미안해요‥‥안 이럴려구 했는데‥‥안 이럴려구 했는데‥

종혁  (오버랩)몇 년을 같이 일했는데 거기서 혼자 빠져나오는 거/‥
      마음 안 좋을 수 있어‥‥그만두구 싶어 그만두는 거 아니구‥‥

지현  ‥‥(쿨쩍쿨쩍)

종혁  미안하게 생각해‥‥(돌아보며)좀 자면 좋을텐데‥‥자는 게 어때
      ‥‥(하며 한 팔로 지현 어깨 잡아당기는)

지현  (순하게 기대지면서 끄덕인다)그러께요‥‥자께요‥‥

종혁  ‥‥‥‥(운전하며)

지현  (눈 감은 채 한숨과 울음 호흡 한꺼번에 내쉬며)데리러 와 줘서 고
      마워요‥‥

종혁  (잠깐 보며 슬쩍 미소)‥‥

지현  (몸 떼려 하며)어 술냄새 나겠다. 창 좀 여께요.

종혁  내가 여께.(창문 조금 열어주고)

지현  (뒤로 기대는 /눈 감고)‥‥‥‥(있다가)아니다 나 기델래‥‥기대께
      요.(하며 도로 종혁에게 기대는)‥‥‥(종혁 안아주고/잠시 있다가)아냐
      종혁씨 옷에 냄새 배면 안돼 참‥‥(하며 도로 떼려)

종혁  (안 놓아주면서)상관없어‥‥가만 있어‥상관없으니까‥‥

**S#  목장으로 들어오고 있는 종혁의 자동차‥(어두워지려는 찰나)**

**S#  지현네 마루**

**지현**   (정신 차리고 앞서 들어온다)

**지현모**   (마루 걸레질하다가)? 늦는다더니?

**지현**   (그냥 제 방쪽으로)

**지현부**   E (밖에서) 웬술야 술이?

**지현모**   수울?

**지현부**   (들어오며) 무슨 술은 얼마나 먹었길래 최서방이 데려다까지 줘?

**지현모**   (일어나며) 최서방이 데려왔어요?

**지현부**   그래.

**지현모**   쟤 술 먹었대요?

**지현부**   (지현 방쪽으로 움직이며) 최서방이 부려놓구 갔어…약속 있대.

**S# 지현의 방**

**지현**   (들어온 채로 엎어진 상태)

**지현부**   (문 열고 들여다보는)…

**지현모**   (비집고 들어오며) 최서방두 같이 있었니? (에서)

**S# 민지의 거실**

**민지**   (들어오는데)

**이모**   (소파에 누웠다가 일어나며) 뭐 옷장 정리해주구 오는 거니?

**민지**   형부랑 언니 뭐 안좋은 거 있어요 이모? 결혼한 사람들 분위기가 어째 이상해. (앉으며)

**이모**   …뭐가아 (아는 게 있어서)…

**민지**   언니 기분이 영 좀 그래보이는데? 비디오 테입이나 서른개씩 빌려오라 그러구.

**서여사**   (안방에서 나오며) 뭐를?

**민지**  비디오 테입요. 틀어박혀서 일주일 내내 비디오만 볼래나봐요.

**서여사**  (앉으며)웬 비디오 테입이야.

**민지**  그거..한 십년 살구 시들해서 서로 할 말도 없고 말거는 것도 싫은 부부들 시간때우기 아닌가?

**이모**  어이구 걔들 벌써 십년 살었니? 비디오 볼 새두 없는 애들이/ 아주 작정했나부지 뭐. 비디오나 질력나게 보자 그러구.

**민지**  언니 짜증내구.

**서여사**  뭐라구 짜증을 내.

**민지**  아 뭐 만사가 다 귀찮다야. 장 정리 해준다 그러는데두? 싫다/ 비디오는 서른개씩 뭐하나 그러니까? 화내구...좀 이상하더라구.

**이모**  왜 그래? 식장에서는 내내 방싯방싯 웃더니.(비쭉거리는 기분)

**서여사**  어린애 들어서 예민해져 그래. 신경쓸 거 없어.(신문 집으며) 준비하느라 고단했지/결혼식은 뭐 쉬워? 그리구..시집가는 날 그저 좋기만한 딸년...나사빠진 거지 뭐...집 떠나면서 뭐가 그렇게 좋기만 해..

**민지**  아파트 춥다구 둘이 히터 사러 나갔다 들어오더라구.

**서여사**  ? 글쎄 그렇다니까..아파트가 그렇다니까.

**민지**  삼십개 채우느라구 한시간 넘게 고생하다 갔더니 아무도 없잖아. 메모나 써 붙여놓구 나가든지 하안참 기다렸어. 어우 내가 시집 갔나아 나는 왜 이렇게 피곤한 거야.(이 층 쪽으로 움직이는)

**이모**  애 저녁은 몇시에 먹으러 온대.

**민지**  몰라 전화한대요…

**S# 민경의 거실**

**민경**  (솔 어깨에 두르고 앉아 소파 위에 두 다리 다 올려놓고 웅크리고 앉

아 티브이랑 비디오 연결하고 있는 강욱 보고 있는)····

　　[바로 앞에 전기 히터 켜져 있고···]

**강욱**　(뒤편에서 빠져나오며)켜 봐.

**민경**　(리모컨으로 스위치 넣으면)

　　[시작되는 티브이 화면/저녁 여섯 시쯤/애들 만화영화 정도]

**강욱**　(옆에 쌓여 있는 비디오테이프 서른 개 중에서 하나 골라 비디오 안
　　에 넣고)비디오로 바꿔 봐.

**민경**　··(바꾸고)

　　[비디오 화면 시작]

**민경**　됐어··(도로 만화영화로)

**강욱**　됐다··(티브이대 밀어서 제자리 잡아 고정시키는)······나 잘하지?

**민경**　응 잘하네.

**강욱**　흠흠/잘하긴.남자한테 기본이지. 자아 이제 오디오를 좀 볼
　　까?(오디오로 붙으려다 돌아보며)아직두 춰? 히터 좀 더 가깝게 놔
　　주까?

**민경**　됐어. 훨씬 나.

**강욱**　(그래도 히터 좀 더 가깝게 옮겨놓아 주고 커피 잔 집어 들며)식었
　　다. 바꾸자.

**민경**　강욱아.

**강욱**　?···응?

**민경**　그거 놔두구 여기와 앉아.

**강욱**　···(커피 잔 도로 놓고)그래··(민경의 옆으로 와 앉으며 어깨 안는)

**민경**　이러구 만화영화 보자 우리.(기분이 약간은 나아진)

**강욱**　하 그래···그러자··(하며 아예 두 팔로 싸안아 붙이며)웬만한 드라

마 보다 훨씬 난 만화 많더라 그래…

**민경**  (쪼그린 채 쓰러지듯 옆으로 무릎에 엎드리면서)……

**강욱**  ….(내려다보며)….(있다가 머리 만져주는)

**민경**  우리 집이지.

**강욱**  …우리 집이야..

**민경**  그런데 왜 으슬으슬 춥구.. 꼭 남의 집 같아…

**강욱**  사람 안살았잖아…며칠 살면 괜찮아져. 사람 온기가 없어서
그래..

**민경**  ….

**강욱**  …..(내려다보며 귓밥 만지면서)

**민경**  거기 내 성감대야..

**강욱**  ..알아…

**민경**  만지지 마…의욕없어..

**강욱**  …(조금 웃으며 만지던 것 그만둔다)

**민경**  (느리게 일어나면서)있잖어 이선생…(보며)나 전쟁에서 이기기
는 했는데….이기기는 했는데 아무 만신창이가 돼서 죽는 날까지
누워 있어야하는 장수가 된 기분이야…

**강욱**  ……(보며)방법을 가르쳐 줘..내가 어떡하면 되는 건지..

**민경**  (강욱 가슴에 손바닥 얹으며)그리구 너는 …불쌍해…너두 불쌍
하구…나두 불쌍하구….둘 다 불쌍해 못견디겠어…

**강욱**  그렇지 않아…뭣때매 그래…악몽은 끝났다구 생각해…제 자리
로 돌아온 거야…편안하게 생각해..나 지금 편안해..

**민경**  …..(보며)

**강욱**  ….(보며)

214

**민경**   나…입 맞추께…

**강욱**   ..좋아…

**민경**   …..(가만히…아주 천천히 강욱의 뺨에 한 손 대고 입술 붙이는)…..

**강욱**   ….(그대로 있다)….

**민경**   (입술 떼고 보다가….빠르게 소파에서 내려서면서)안되겠다.머리
         에서 싸이렌이 울려구 해. 기분전환하자 우리. 이선생 오디오 빨리
         꽂아서 음악 틀어. 나 주방 정리부터 할테니까 오디오 끝나면 우
         리 컴퓨터들 연결해 응?

**강욱**   (일어나며)그래 알았어.

**민경**   (제 커피 잔 집어 들며)뜨거운 거 한잔 더 줘?

**강욱**   (오디오로 움직이며)나는 됐어.

**민경**   (주방으로 가며)아직 배는 안 고프지.

**강욱**   아아니.

**민경**   그래.각자 할 일 하자 그럼.(하고 주방 정리에 들러붙는)

**강욱**   …..(민경 보면서)….

**S#  빌라 전경(밤)**

**S#  민지의 거실**

**서여사**   …..(녹차 따르는 민경 보다가)그러게 주책없이 왜 덜컥 애부터
           가지래?

**민경**   ?(무슨 얘기?)

**서여사**   평생 한번하는 신혼여행두 못가구 결혼하자마자 입덧부터
           하게 생겼으니/기운없지 못먹지/어떡할 거야. 병원문 닫아걸 수
           도 없고.

**민경**   병원문을 왜 닫아요.

**서여사**  신혼재미두 평생 한번 뿐인 건데 쯔쯔쯔쯔…낫살이나 먹어 가지구는 주책없이 그 조절두 못해 그래?(딸 보고 시작해서 강욱에게서 끝나는)

**강욱**  ….

**민경**  (강욱 위에)거북한 얘기 그만 둬요.

**서여사**  (잠깐 딸 흘기고 강욱에게)나 길게 안해 이서방

**강욱**  네..

**서여사**  다 그만두구 한 가지만 다짐해 두겠어.

**민경**  무슨 얘기할려구요.

**서여사**  (오버랩의 기분)에미 잘못 만난 거 빼구는 세상 어떤 자리에 내놔두 꿀릴 거 없는 애야. 내 자식이라서가 아니라 계집앤게 한스 러울 정도로 똑똑하구 잘났어.

**민경**  엄마 이서방이 웃어요.

**서여사**  (오버랩)나 얘….많이 의지하구 살았어.

**강욱**  예 압니다.

**서여사**  어떤 일이 있어두 딴여자 곁눈질해서 내 자식 주저앉게 만드 는 건 안 할 거다 싶어서..그거 하나 믿고 주는 거야..

**민경**  (시선 내린 채 오버랩)엄마.

**서여사**  (오버랩의 기분)그거만 안하면 돼…그거만 안하면 다른 건 다 넘어갈 수 있어..

**강욱**  …..(시선 내리고 있는 위에)

**서여사**  그리구

**민경**  엄마 그만해.

**서여사**  가만 있어. 무슨 해로운 소리 할거라구 그래 얘가..

216

**민경**   이서방 다 알아. 잘해. 잘할 테니까 걱정말라구요.

**서여사**   때로 내가/ 마음에 걸리는 말 좀 해도 성격이 별나거니 생각
하고 서운타 말어. 내가 원래 보드라운 사람이 못돼.

**강욱**   예‥알겠습니다.

**서여사**   그리구 나는(하는데)

**이모**   (반찬 그릇들 잔뜩 싼 것 양손에 들고 나오면서 오버랩)얘 배추김
치는 지금 딱 먹기 좋으니까 가는 즉시 냉장고에 넣구(민경 일어
난다/현관께로 가며)깍뚜기는 오늘 아침에 담은 거니까 다용도실
에 이삼일 됐다가 익는 냄새가 난다 싶을 때 냉장고에 넣어서 익혀
먹어.

**민경**   네에.

**이모**   (현관에 놓고 소파 쪽으로 오며)명란 있잖니/한번 먹을 만큼씩
쌌으니까 한번에 한 덩어리 씩 거내 먹구 찌개할려면 두덩어리 쓰
면 되구.

**민경**   네.

**이모**   (민경 만지며)북어찜꺼리두 양념해 넣었어.

**민경**   알았어요.(끄덕이며)

**민지**   (다른 보따리 들고 나와 현관에 보태 놓고)

**이모**   (돌아보며)저건 생선인데/굴비는 비늘까지 벗겨서 다 씻어 논
거니까 그냥 굽기만하면 돼. 너 그거 알어? 오븐 미리 예열시켜 굽
는거.

**민경**   그러는 거유?

**서여사**   (일어나며)그만 가서 쉬어 나 아홉시 뉴스 볼 거야.

**강욱**   (이모 나왔을 때 벌써 일어나 있다가)네 그럼…편히 쉬세요.즈이

가보겠습니다.

**서여사**　(대꾸 없이 의자 빠져나오는)

**강욱**　(짐 들고 앞서는 민지)처제. 놔둬. 우리가 들고 나가면 돼.

**민지**　(나가며)나오세요.

　　[현관으로/]

**민경**　엄마 그럼 우리 가.

**서여사**　가…

**민경**　이모.(하고 이모 안는다)

**이모**　(안고 두드려주며)잘하구 살어. 이서방 같은 남편 세상에 둘도
　　없을 거야. 이서방 꽉 믿구 이쁘게이쁘게 살어.그래야 해 알었어?

**민경**　…

**이모**　응?

**민경**　(끄덕이며 떨어져 신 신는)…

**강욱**　(다시 목례)가 보겠습니다.

**이모**　이서방(하며 강욱 한 팔 잡는다)

**강욱**　…(본다)

**이모**　민경이 잘 부탁해.이서방 믿어 응?

**강욱**　…(민경은 이미 나갔고/ 가볍게 목례 한 번 더 하는데)

**S#**　집으로 걸어가고 있는 두 남녀…

　　[둘 다 아무 말 없이….]

**민경**　………

**강욱**　……(걸으며 민경 눈치 보는)

**민경**　(이래서는안되지/문득 강욱 돌아보며)낼 아침에 국 뭘루 끓여주까.

**강욱**　빵 먹지 뭐.내가 프렌치 토스트 해주께.커피두 뽑구.

218

**민경**  혼자 빵 먹기 질렸잖아. 밥해주께‥국 뭘루 끓여주나 말해.

**강욱**  콩나물국 먹으까?

**민경**  그래 그럼 가다 콩나물 사자…

**강욱**  (웃으며)그래‥

**S# 지현의 방**

**지현**  (천장 보고 누워 눈 뜨고 멀거니…한숨 자고 깼다)……

**지현모**  E 애 아직 자나아….

**지현**  (눈 얼른 감는다)….

**지현모**  (문 열고 들여다보며)아직 자?….뭐 먹구 자야지‥애…아직 자는
거야?

**지현**  (돌아누우며)안 먹어요‥많이 먹었어 나 잘래요….

**지현모**  ….(보다가)생전 안하던 짓이야 어떻게….이따라두 배고프면
애기해…

**지현**  ……(자는 척)

**지현모**  (문 닫고)….

**지현**  (눈 뜨고)……

**S# 마루**

**초희**  (티브이 켜놓고 있다/)보세요. 생각없다 그러실 거라니까…

**S# 안방**

**지현부**  아직 자?

**지현모**  (들어오며)반은 깨구 반은 자는데 생각없대요‥

**지현부**  생각 없을 거야…배고프면 먹겠다겠지‥한두살 짜리 애두 아
니구 내버려 둬‥

**지현모**  깨워 밥 멕일 생각 안한다구 눈흘길 땐 언제구…

**지현부**    속/탈난 거 같지는 않어?

**지현모**    알어서 하겠죠. 애두 아니구….

**지현부**    ?…당신은 왜 뿌우옇게 안개낀 김포공항야.

**지현모**    좋을 건 뭐 그렇게 있어요…보따리 싸들구 들어오는 날부터 애가 /맥이 없는데…

**지현부**    ….(아내 보다가 그만둔다)··

**지현모**    술은 괜히 취하도록 먹었겠어요? 우는 놈두 속이 있어 우는 거지.

**지현부**    알어들었어 그만 둬.

**S# 지현의 방**

**지현**    (침대에 일어나 앉아서)·····

**S# 강욱의 아파트 침실…**

**민경**    (욕실에서 잠옷 차림으로 나오면서 보면)····

    [침대는 조금 구겨져 있고/사람은 없다]

**민경**    (가운 집어 들며 나간다)

**S# 거실**

**민경**    (나오면서 강욱 찾으면)

**S# 테라스에서 담배 태우고 있는 강욱의 뒷모습/유리문 통해서…**

**민경**    ······(보며)

**S# 테라스**

**강욱**    ······(담배 태우며)······

**민경**    (강욱 뒤 유리문으로 통해서 이쪽으로 오고 있는)·····(민경/문 열려 다가 그만두고)

**S# 거실 테라스 안**

**민경**　……(잠시 더 강욱 보다가 그냥 돌아서 사라진다)….

**S# 침실**

**민경**　(들어와 로브 벗어 침대 발치 옷 놓는 탁자에 놓고 침대로 들어가 베개로 등 고이며 앉아서 사이드에 놓아두었던 책 집어 펼치고 보는데)….

**강욱**　(들어온다)….어 나왔어?

**민경**　(아무렇지도 않게)뭐 했어? 뭐하구 들어오는 거야?

**강욱**　어 담배 폈어. 불끄까?

**민경**　응 꺼…(강욱 전체 등 끄고 침대 쪽으로 움직이는)담배를 왜 나가서 펴?

**강욱**　냄새 나잖아. 테라스 나가 폈어.(하며 침대로 오른다)

**민경**　담배 냄새 안 싫은데 왜애?

**강욱**　집안 공기 더럽히는 거 싫어서.

**민경**　안 추었어?

**강욱**　뭐 별루…책 볼꺼야?

**민경**　봐두 그만 안봐두 그만이야.

**강욱**　(민경 한 손 잡으면서)너 입덧해야하는데 어떡하니.

**민경**　괜찮아..잘못됐다 그럼 돼..

**강욱**　그런 게 어딨어 재수없게…(몸 일으켜 마주 보며 얼굴에 손 대면서)….입덧을 하도록 만들어야지…

**민경**　…..(보며)

**강욱**　아냐?

**민경**　마음대루 돼?

**강욱**　노력해야지..(가볍게 이마에 입 찍었다 떼며 담싹 안는)노력하자…..

**S# 종혁의 침실**

**종혁**　(샤워실에서 팬티 바람으로 나와 머리 잠깐 타월로 털고 러닝셔츠 집어 입으며 거실로 나간다)

**S#　거실**

**종혁**　(침실에서 나와 테이블에 놓여 있는 냉수 집어 단숨에 마시고 놓으며 의자로 돌아가 앉으며 전화 들고 찍는다)

　　　F 신호 가는 소리

**지현**　F 네에.

**종혁**　어 나야. 좀 잤나? 속은 괜찮아?

**지현**　F 괜찮아요. 집이에요?

**종혁**　어 막 들어와 샤워했어.

**지현**　F 일 보는데 지장 없었어요?

**종혁**　전혀. 뭐하구 있니.

**S#　지현의 방**

**지현**　그냥…그냥 멍청하게 있어요. 나 요즘 멍청이 된 거 같아요.

**종혁**　F 얼마동안 다분히 그럴 거야. 디프레스되는 거 이해해…맛있게 먹던 과자 뺏긴 기분 일 거야.

**지현**　….

**종혁**　F 당신 마음으로 아직 완전히 포기가 안돼서 그런 거야.

**지현**　….

**종혁**　F 뭐 좀 먹었어?

**지현**　먹었어요.

**S#　종혁의 거실**

**종혁**　그래…나 할 일 있어. 그만 끊자. 당신은 자구 나는 일하구 응?

**지현**　F 그래요. 끊어요.

**종혁**   굿나잇

**지현**   F 굿나잇.

　　F 끊는

**종혁**   ····(전화기 내리면서)······(있다가 테이블 위에 놓아두었던 봉투 쏟으면)

　　[한꺼번에 쏟아져 나오는 카드들. 삼사십 장.]

**종혁**   (펜 집어 들고 카드 한 장 펴놓고 뭐라고 시작하나 고민하는)·······(얼른 궁리가 안 떠오른다)···(펜으로 이마 긁다가 담배 피워 물고 연기 내뿜고 생각난 듯 카드로 펜 대다가 또 막히고)····(낭패해서 뒤로 기대며 담배 태우는)····

**S#  같은 종혁의 거실**

**종혁**   (이미 몇 장의 카드는 다른 쪽으로 제쳐져 있고 새 카드에 뭔가 쓰고 있는/대여섯 글자/마음에 안 들어서 획 또 옆으로 제쳐놓고 새 카드 펴는)

**S#  같은 거실**

　　[꽤 여러 개의 담배꽁초.]

**종혁**   (끙끙거리고 있다)

F.O

**S#  사슴 목장 길(이른 아침)**

**지현**   (팔짱 껴 얽어쥐고 땅 보며 천천히 걷고 있는/산책처럼. 걷다가 잠깐 멈춰 사슴 우리 멀거니 보다가 다시 걷는)

**강욱**   E 많은 시간 그대를 생각하고/그대 꿈꾸기 바라면서 잠자리에 듭니다. 쓸쓸해 하지 말아요. 함께 있지 않으면 사랑이 아니라는 말은 틀렸어요.

**지현**   ·····(걷는데)

**지태**   (뒤에서 뛰어와 옆에 서며 약간 숨찬/조깅)술취해 들어왔다면서.

**지현**   (돌아본다)....

**지태**   최서방 안 놀래? 처음봤을 거 아냐.

**지현**   ...(그냥 걷기 시작)

**지태**   (같이 걸으며)조심해...그런 거 이해 못하는 집안이야...이해가 아니라 상상두 못하는 어른들이셔.

**지현**   .....

**지태**   먹을 줄두 모르는 술을 왜 먹어. (다시 뛸 준비하며)운동이 될려 면 빨리 걸어야지 너 그건 운동 안돼.(하고 뛰어 집 쪽으로)...

**지현**   (운동할려고 나온 거 아니에요, 로 오빠 뒤 보다가 다시 걷기 시작하는데)

　　[뒤에서부터 와서 지현 옆에 멎는 종혁의 자동차.]

**지태**   (뛰어가다 차 소리에 돌아보고)

**종혁**   (차에서 내리고)

**우기사**   (내려서 목례하고)

**지현**   안녕하세요...웬일이에요.

**종혁**   잠깐 볼일 있어서.저 왔습니다 형님.(다가오고 있는 지태에게)

**지태**   어 일찍 움직였네?

**종혁**   네..지현이 좀 볼려구요.

**지태**   들어올 시간은 없지?

**종혁**   네 없습니다.

**지태**   그래 그럼 볼일보구 가.. 나 운동중야.

**종혁**   네 계속하세요.(지태 뛰어가고/ 지현 보며)당신두 뭐...산책 중 인가?

**지현**　(쓰게 조금 웃으며)굳이 말하자면 뭐··그런 셈이에요.

**종혁**　줄 게 있어서···(하고 자동차 앞자리 문 열고 엄청난 장미 꽃다발 꺼내 지현에게 내민다/앞문 열어놓은 채)

**지현**　···(좀 웃으며)무슨 날인데요.

**종혁**　무슨 날이 어딨어. 그저 이러구 싶은 날이지.

**지현**　···(받아 코 박으면서)고마워요···나 꽃 좋아해요··(하며 보고 조금 웃는)

**종혁**　그래 여자라는 확실한 증거지.(시선 맞춘 채)저기 그런데··나 당신 줄거 또 있어.

**지현**　···뭔데요··

**종혁**　카드 썼어.

**지현**　?무슨··· 카드요?

**종혁**　당신 한테 주는 카드.

**지현**　(조금 웃고)··줘요 그럼.

**종혁**　있지··그런데 나 지금부터 당신 존경하기로 했어.

**지현**　?

**종혁**　야아 그거 무지하게 어렵더라.하하··태어나서 그렇게 고생해 보기 처음이다 정말(하면서 봉투 꺼내 내민다)

**지현**　(봉투 보고)?····

**종혁**　받아.

**지현**　(받으며)뭐 세계에서 제일 큰 카드에요?(하고 아구리 열어 보다가 놀라서)무슨 카드가 이렇게 많아요?

**종혁**　응 많아. 많다구. 많기는 한데 그런데 그게 나는 바보다야··그런데 나는 바보단데 어쨌든 내 마음이야.그러니까 나 무시하지는 마라..(뒷좌석 문 열면서)태워다 주까?아직 한참 가야하는데.

**지현**　아니 그냥 걸을래요. 가요.괜찮아요.

**종혁**　그래 그럼…공기 좋으니까 걸어…몸에 좋아.

**지현**　(끄덕이고)

**종혁**　(손 들어 보이며 조금 웃고)

　　　[뜨는 자동차.]

**지현**　….(보며)

**S#**　**지현네 마루**

**지현**　(들어온다)

**지현모**　(마루 쓸다가 보고)최서방 왔다면서.

**지현**　갔어요.

**지현모**　술먹느라 고생했다구 꽃사갖구 왔대?

**지현**　(엄마에게 안기듯 주며)응.

**지현모**　그건 뭐야.

**지현**　카드래.

**지현모**　?

**지현**　한 보따리야…돈 많으니까 뭐든지 돈으루 승부하잖아. 취미에
　　안맞아 진짜…(하고 들어가는)

**S#**　**지현의 방**

**지현**　(들어와서 카드 쇼핑백 한꺼번에 침대로 쏟으면서 침대로 올라가 앉
　　으며 한 장 펴 보고)?

　　　[펼쳐진 카드/사랑하는/에서 끊겨 있는]

**지현**　….(애매한 표정으로 놓고 다른 카드 펴는)

　　　[펼쳐진 카드]

226

내가/(만 살아 있고 그 뒤는 몇 글자가 박박 지워져 있고/단 두 글자에서 그만)

　[다시 펴지는 카드]

　　처음 당신 만났던 날/

　[다시 펴지는 카드]

　　인생이란/

　[다시 펴지는 카드]

　　인생에서 가장 소중한 것은/

　[다시 펴지는 카드]

　　사랑은/

**지현**　(다른 카드 집어 펴면서 조금씩 웃음이 나오기 시작하는/또 다른 카드 펴 보고/또 다른 카드 펴 보고/또 다른 카드 펴 보고 하면서 마침내는 아예 소리 나는 웃음이 터져버리고 만다)…(웃으면서 계속 카드는 펴 보는)아하하하……깔깔깔깔……호호호호호……우후후후후후후후후

**진이**　(문 열고 들여다보며)? 왜 그래요 언니?

**지현**　호호호호호호호호호호호호(에서)

**S#**　**달리는 종혁의 자동차 안**

**종혁**　(신문 보고 있는데)…

　　E 전화벨.

**종혁**　(받는다)네에.

**지현**　F 우후후후후후후/후후후후

**종혁**　…카드 보구 그러는 거지.

**지현**　F 우후후후후

**종혁**　(김새서)그럴 줄 알었어.(지현 계속 웃는)그럴 줄 알았다구.비웃

을 줄 알았다구 그래.

**지현**　F　(웃음인 채)비웃는 거 아니에요.후후.비웃는 거 아냐 하하 하하

**종혁**　F　비웃는 게 아니면 이보쇼 그게 그렇게 웃을 일야? 어이..어 어이 챙피해..어이

**지현**　F　(오버랩)이제 그만 웃을께요. 후후 그만 웃으께요. 끊지말구 조금만 기다려요.

## S#  지현의 방

**지현**　(휴지 뽑으며)조금만요.(눈물 닦으면서)고마워요. 요 몇 년 동안 이렇게 즐거워 본일 없어요.

**종혁**　F　(오버랩)좋아…못난 내 꼴이 당신 그렇게 즐겁게는 해 줬다 니 안 한 거 보다는 난걸로 생각하께.

**지현**　정말 고마워요.(웃음기 없어지며)정말 고맙게 생각해요‥

**종혁**　F　그래 …나두 고마워.

**지현**　커피 마실래요. 그만 끊어요.

**종혁**　F　어 끊어.

**지현**　(전화 내려놓으며 시선이 카드들로)……(가만히 카드 한 장 집어 펴 들고 보며)……

## S#  강욱의 주방

**민경**　(밥솥에 손가락 꽂으면서 전화 중이다/강욱이 들을까봐 조금 소리 죽인)반마디?‥이모 반마디?

## S#  민지의 거실

**이모**　가만 얘.쌀을 얼마나 앉혔는데‥두공기면 너 사인분 나온다.그 래 불쿠기는 했구?…얼마나…그럼 반마디면 돼. 반마디만 부어(하

228

다가)아이구 얘 고생하지 말구 집에 와 먹어어.할줄두 모르는 애가
무슨/…(듣다가)너 요리책 안갖구 갔니? 갖구 갔잖어.

**S# 민경의 주방**

**민경**  아직 안풀었단 말예요‥엉…콩나물 먼저 김올려서…네…네….
고추가루는 언제 풀어요?….어 파마늘 맨 나중에 너라구‥알었어
요…알았어 내가 해본다니까요‥엉‥네.(끊고 밥물 다시 맞추면서도
영 아리송하다/어쨌든 밥솥 뚜껑 닫는데)

　**M** 거실에서 시작되는 음악

**민경**  (돌아보고)깼어?

**강욱**  (오디오 앞에서 돌아보며)엉….커피 냄새 좋으네.

**민경**  이리 와 주께‥아니 거기서 마실래?

**강욱**  내가 가께‥(주방으로 움직이며)정말로 밥하는 거야? 그밥 먹을
수 있을까?

**S# 주방**

**강욱**  차라리 내가 낫지 싶은데.

**민경**  그렇다구 서방님 밥 얻어먹고 살순 없잖아.(커피 두 잔 따르면
서)머리 좋은 여자 살림두 잘한다더라.나 머리 좋으니까 실습기간
약간만 주면 잘할 거야.

**강욱**  (웃으며 찻잔 든다)

**민경**  (앉으며)뭐 꿈꾼 거 없어? 첫날인데.

**강욱**  …(생각하다가)기억 안나는데? 너는.

**민경**  없어. 나두 안꿨나봐.

**강욱**  아 참 히터 틀어주까?

**민경**  아니 아직은 괜찮아.

강욱　……뭐하까.

민경　할일이 얼마나 많은데.. 각자 책장 정리만 하재두 종일일 걸?

강욱　당장 급할 거 없는데 뭐…뭐 보고 싶은 연극 없어? 연극이나 보 러 갈까?

민경　그냥 있을래…너한테 치대기나 하면서..

강욱　그래..마음대로 해 그럼..

민경　(일어나며) 콩나물 다듬자. (콩나물 봉지 냉장고에서 꺼내 그릇 두 개 갖고 와 식탁에 놓고 그릇 하나에 콩나물 쏟으며 앉는다)…(그릇 밀 며)같이 하자구.

강욱　알았어…하자구.(콩나물 집으며)꽁지두 따는 거지.

민경　식성이 어떠신데.

강욱　따는 게 깨끗하더라.

민경　그래 따 그럼……(둘이 다듬는 시간 약간)많이 뒤척이더라..(안 보며)

강욱　잠자리가 바뀌었으니까….나때매 성가스러웠어?

민경　아니…왜 어디가 불편할까..그냥 그랬어..

강욱　그런 거 없어…새 이불두 그렇구 그래서 그랬겠지.

민경　(한 모금 마시고 내리면서 안 보는 채)니 눈치 안 봐두 되니?

강욱　……(보며)그런 말 하지 마.

민경　나 안을 때….개라구 생각하구 안진 말아주라..

강욱　….(보다가 일어나며)샤워하구 나오께..

민경　….(안 보는 채 나물만)

강욱　….(잠시 보다가 움직여 아웃)

민경　(작은 한숨 내쉬며 커피 잔 들어 올리는)

**S# 어느 식당**

**노여사** (엽차 잔 내려놓으면서)어떻게 마음에 들어서 든다 그런 거야 노인네 다리품 파는 거 봐주느라 덮어놓고 좋다좋다 그런 거니.(쇼핑 봉투 잔뜩)

**지현** 아니에요 다 마음에 들어요 어머님.다 마음에 드는데 다 너무 비싸서

**노여사** (오버랩)그런데 신경쓸 거 없다. 우리 집에 핸드백 사구 화장품 사두 뭐 딸들이 있어 여자 치장에 돈나가는 집이기를 하니 뭐/ 종혁이 하구 다니는 거 봐서 알잖어.그녀석이 표안나게 멋쟁이야.. 보기 좋잖아.

**지현** 네..

**노여사** 너 일 그만두기로 했대서 사실은 후유했다.

**지현** ...(보는)

**노여사** 말이 출퇴근이구 일이지 새벽같이 일어나 움직여야지 종혁 이 들어올 때까지는 잘 수두 없지/그래가면서 그일을 어떻게 해.

**지현** ...네..

**노여사** 좋은 재주 썩히는 거 아깝지 않은 거 아니지만 어떡하니. 상대 를 잘못 골랐지.

**지현** ....

**노여사** 들어오거든 그저 덮어놓구 애기 먼저 가져. 시집살이 빨리 느긋해질려면 애 빨리 낳아놓는 게 상수야...어린애가 있으면 많이 봐 주거든 응?

**지현** ..네..

**노여사** 아이구 참 잊겠다.(핸드백에서 봉투 꺼내 놓으며)아버님 용돈

주시더라.

**지현**  ?아니에요.저 쓸 돈 있어요. 저번에 주신 것도

**노여사**  (오버랩)집어 넣어.그건 그거구 이건 이거/이건 아버님 주머니에서 나온 거야……얼른.

**지현**  (봉투 집으며)그럼 감사히 잘 쓰겠습니다…

**노여사**  맛사지는 좀 다니니?

**지현**  ?..아니요.

**노여사**  너두 얼굴이 이랬다 저랬다 하더라. 관리 좀 하지 그래 왜.

**지현**  네..제가 신경 좀 쓰구 그러면 잘 뒤집어져요.

**노여사**  쯔쯔쯔 작가라 신경이 너무 예민해서 그런가부다.

**지현**  저 이제 작가 아니에요..(웃으며)

**S#  지현의 차 안**

**지현**  (운전하면서 전화 받는 중)어 성북동어머님 뵙구 지금 들어가는 길이야.

**현경**  F 지금 어딘데.잠깐 안들릴래?

**지현**  나 당분간 거기 안가. 늬들 일하는 거 보면 배가 뒤틀려.몸 애낄 거야.

**현경**  F 야 가슴찢어져 그런 소리 마.

**지현**  아냐 괜히 그러는 거야.

**현경**  F 너 인터뷰 안할래?

**지현**  ?무슨 인터뷰?

**현경**  F 먼저 만났던 송기자 있지

**S#  작업실**

**현경**  (송기자 돌아보며)그 친구가 너 인터뷰하자 그러는데.

**지현**  F 뭐 아직두 끝 안났대?

**현경**  (오버랩)아니 그런 거 아니구 니네 결혼기사 쓴다는 거야.종혁
씨랑 너 어떻게 만나서 어떻게 연애하구 뭐 그런 거 있잖아 왜.

**지현**  F (오버랩)얘 그만둬.그런 인터뷰를 왜해. 쓸데없는 소리하
지 마.

**현경**  (오버랩)아니 호의적으로 하겠다는 거야 호의적으로

**지현**  F 호의구 뭐구 글쎄 싫어.

**S# 차 안**

**지현**  (연결)그거 바보같지 않니? 그런 기사 나오는 사람들 나 바보같
애.나는 그거 안해.

**현경**  F 그럴줄 알았어. 그래 그럼 들어가.안녕.

**지현**  안녕‥(끊고)

**S# 강욱의 거실**

[나란히 앉아서 비디오 보고 있는 두 사람. 민경 강욱의 팔 끼고 조금
기대서]

**강욱 민경**  ……(비디오 보며)

**민경**  ……(보다가 문득 강욱 돌아본다)

**강욱**  ……(문득 눈 맞추며)왜…

**민경**  재미없지.

**강욱**  음…

**민경**  바꾸자‥(비디오로 가는)

**강욱**  ……(담배 들고 테라스로 나가려)

**민경**  괜찮아 그냥 피워.

**강욱**  공기 더럽혀지는 거 싫잖아.

**민경**  나는 괜찮아글쎄…이상하다? 오피스텔이랑 병원에선 아무 상관없이 펴대던 사람이 갑자기 왜 그래?

**강욱**  답답해.

**민경**  뭐가./나하구 있는 게 답답하니?

**강욱**  실내가…(하고 나가는)

**민경**  ……(보면서)그럼 우리 양수리 갈래?

**강욱**  (돌아본다)

**민경**  아니면 너혼자 갔다 올래?……너 양수리 좋아하잖아. 혼자 가서 진종일 술 마시다 오구싶니?

**강욱**  왜 그래.

**민경**  나하구 있는 게 답답하다면서.

**강욱**  내가 언제 그랬어.

**민경**  그랬잖아.

**강욱**  억지 쓰지 마. 이 화창한 날씨에 여행 접어버리고 집에 박혀 비디오 보는 게 안 답답해 그럼?

**민경**  여행 누구때매 접었는데.

**강욱**  ….(보다가)우리 몇살이니.

**민경**  사십이 낼 모레다 왜.

**강욱**  …(잠깐 보다가 그냥 테라스로 나가버린다)

**민경**  ……(보다가 두 손으로 얼굴 쓸어 올리듯 머리로 올리며 안방으로)

**S#**  안방

**민경**  …(들어와 의자에 앉아서)……(아냐 이게 아냐 ..이러면 안 되는데 하는)……

**S#**  테라스

234

**강욱** ·····(침울하게 담배 태우는)·····

**S#** 운전하고 있는 지현·····

F.O

**S#** 청주 본가 안방(일주일쯤 뒤)

**강욱모** (앞서 들어오며 화들짝)들어와라 얼른 들어와.들어와들어와
(민경 손 잡아끌며)아이구우우우 우리 박사 며느리 얼굴 보기 힘들
어 죽겠네 그냥.(민경 만지며)내가 그냥 늬들 보구 싶어서 날짜만
꼽구 있었다

**강욱** 아버지는요.

**강욱모** (민경 손 놓고 부지런히 전화로)여태 기다리시다 답답증난다
구 나가신지 십분두 안됐어 애.(전화 찍으며)벌써 도착하셨는지 어
쨌는지 모르겠네. 어 딴데 안들리셨나아··앉어 애···앉어라 응?(여
보세요?사장님 도착 하셨어?··아이구 그렇지 이제 곰방 도착하실겨.그
럼 /우리 둘째 며느리 왔다구 빨랑 들어오시라구 좀 햐···그려··그려 부탁
햐 미스 신.(끊으며)앉으라니까

**민경** 저기요 어머님. 인사부터 드리구(한복)

**강욱모** (덥석 민경 손 잡아끌어 앉히며)아이구 아녀.인사는 낭중에 늬
아버님 들어오시면 한꺼번에 받을껴.천천히 햐.

**민경** (강욱 돌아보고)

**강욱** (앉으며)그렇게 해···별일 없죠?

**강욱모** 아유 애 말마라. 별일이 왜 읍서. 니 형 때문에 속상해서 내가
아주 까물어치겠어.

**강욱** 왜요.

**강욱모** 사업은 사업대루 꼬여서 안 풀어지는데다 어이구/그거때문

에 늬 아버지 시끄럽기는 또 얼마나 시끄럽냐. 작년한 해 까박은
것만두 늬아버지 말루 십억이라니 시끄러울만두 하지만

**강욱**　(오버랩)뭐 또 잘못됐어요?

**강욱모**　(오버랩의 기분)술집 기집애하구 바람 피다 들켰댜.늬 아버
지는 아직 몰러.아시면 곧장 살인여 너 아뭇소리 하지 마. 늬 형수
가 안 산다구 애들 다 데리구 친정으루 가구 어쨌든 한바탕 난리가
났었어. 요즘 세상에 어떤 여자가 그꼴 보구 살어‥안산다지.안직
두 안 끝났어 속 썩어 죽겠어‥에이구우우

**강욱**　…

**민경**　‥‥

**강욱모**　아이구 내가 새애기 있는데 별 소릴 다한다. 집안 망신인 걸…

**민경**　(조금 웃으며)괜찮아요 어머님.

**강욱모**　(민경 손 끌어 잡으며)늬 친정에는 행여 이런 말 하지 마라. 너
는 이제 우리 이씨 집안 사람여. 시집 흉은 니흉인 거라구.

**민경**　네에‥

**강욱모**　그래 여행은 잘 한겨? 우리 애가 잘해 주든?

**민경**　네에‥

**강욱모**　이 사람이(아들)다른 건 몰러두 마음 하나는 참 따시지…나나
즈 아버지가 어쩌다 몸이 아퍼두/애만 몸달어했지 즈 형은 그런 거
모르던 위인여.

**민경**　(강욱 돌아보며)네 알아요오‥

**강욱모**　(며느리 쓰다듬으며)우리는 니가 고마워 죽겠다 그냥.(아들 보
며)저러다 몽달귀신으루 그냥 끝나지이이 몽달귀신은 면했어 흐
<u>흐흐흐흐</u>(에서)

**S#  지현네 마루**

[전 가족들 옹기중기 모여 서서 지현이 나올 때 기다리는…]

**지현부**  (기다리다 못해서)얘 안늦어?

**현경**  E 네 나가요.나가요 아버지이..

**지현부**  나가요 하구 왜 안나와. 나가요 아까두 했잖어.(아내에게 말
하는데)

**현경**  (결혼식장에 가는 신부의 짐 가방 들고 나오고)

**지현**  (나온다)

**지현부**  거 참 나오기 힘들다.

**지현**  안 급해요 시간 있는데 뭐.

**지현부**  안 급하다가 늦어 낭패 봐. 어서 나가 어서..(몰아내듯)

**현경**  그럼 식장에서 뵤요.(앞서며)

**지현모**  그래애.얘 화장 너무 짙게 시키지 마.짙으면 미워.

**현경**  알었어요 어머니 후후후(나가고 지현 따라 나가는)

**모두**  (따라 나가는)

**S#  집 밖**

[현경은 훨씬 앞섰고]

**지현**  (계단 내려오다가 줄줄 따라 나오는 가족들 돌아보며)뭐하러 나와
요오.

**지현모**  아 어이 가.

**지현**  아이구 참..나오지 마요 기분 이상해애.

**지현모**  뭐가 이상해…이상할 거두 많다. 어이 내려가…뒤에 밀렸어
….(보다가) 얼르은?

**지현**  (별수 없이 조금 픽 하며 내려가는)

**S#** 미장원

**지현**  (드레스는 입혀지고 있다)

**S#** 예식장 신랑 대기실

**종혁**  (흰 턱시도 입고 마지막 손질하는 중)

**S#** 미장원

**지현**  (베일 씌워지고 있다)········(거울 속의 제 모습 보면서)·······

# 제17회

**S#  제주공항 출구**

    [승객들에 섞여 나오고 있는 종혁과 지현.]

    [두 사람 모습이 보이자 말쑥한 이사/부장급 남자 뛰어가 인사한다.]

**김이사**    어서 오십시오 김종호 이삽니다.

**종혁**    아 예.

**손부장**    손정수 부장입니다. 안녕하십니까.

**종혁**    안녕하세요.(움직이면서) 날씨가 좋군요.

**김이사**    예 그렇습니다. 가방 이리 주시죠.(부장 먼저 냅다 뛰어 나가고)

**종혁**    아 괜찮습니다.

**김이사**    주십시오. 우리가 갖구 가겠습니다.(짐 건너가고)

**S#  공항 밖**

    [나오면서 대어지는 자동차.]

**손부장**    (자동차 문 열고)

**종혁**    타요.

**지현**    (타고 자리 옮기려 하는데)

**종혁**  그냥 있어요.내가 저리 탈테니까.(하며 돌아가고)

**손부장**  (문 닫아준다)

**종혁**  (반대편으로 타고)

[뜨는 자동차.]

[공항을 벗어나는 자동차…]

**S# 자동차 안**

**종혁**  ……(창밖 보고 자기 생각에 빠져 있다가 문득 돌아보며)당신 여기/
와본 적 있겠지.

**지현**  (돌아보며)몇번요.

**종혁**  몇번이나?..나는 처음야.

**지현**  ?..정말요?

**종혁**  (웃으며 창밖으로 고개 돌리는)서울 촌놈이야……

**지현**  ……(종혁 보다가)여행 생략한다구 했었잖아요.

**종혁**  이게 여행인가 어디…(돌아보며)그렇다구 답답하게 서울 호텔
에서 지낼 순 없잖아. 오늘 장 이미 끝났구 내일 모레 휴장이니까
잘 쉴 수 있어. 피곤하지.

**지현**  (조금 웃으며 끄덕이는)

**종혁**  (넥타이 조금 느슨하게 하면서 기대는)그 결혼식이라는게 상당
히 고된 행사군.처음하는 거라 몰랐어.(하며 돌아본다)

**지현**  ….(보며 그냥 미소)

**종혁**  (지현의 손 잡아 제 무릎으로/보며)…이쁘더라..

**지현**  아까 그 사람들 누구에요?

**종혁**  아 아버지 회사 사람들.

**지현**  일부러 와 있는 거에요?

240

**종혁**   아냐. 골프장 만들러 와 있는 거야.(창밖으로 고개 돌리며)

**지현**   골프장 만들어요?

**종혁**   그런가봐. 아버님 회사서 하는 일야.난 몰라. (창밖 보는 채)

**S#**  제주도 해변길을 달리는 종혁 자동차와 바로 뒤따르고 있는 또 한 대의 차

**S#**  서귀포 어느 호텔 어귀

[뒤따르던 자동차가 앞서 나가고…]

**S#**  어느 호텔 앞

[대어지는 종혁의 자동차.]

[차가 대어지자마자 이사와 지현 쪽 문 열고/종혁은 운전기사가 열어

주는 문으로 내리는]

**지현**   (내리면서)? (해서 종혁 보는/여기까지 쫓아와 있을 줄은 몰랐다)

**종혁**   (지현 등에 팔 대고 움직이는)

**지현**   (그냥 따라 들어가는)

**S#**  호텔 복도

[종업원 짐 들고 앞서고/부장 방키 가지고 앞서고/따라오는 종혁 내외.]

**S#**  방 앞

**종업원**   (가방 내려놓고)키 주십시오.

**손부장**   아니 내가 하지요(하는데)

**종혁**   (오버랩)손부장 키 이 사람주고 김이사님하구 회사루 들어가

일 보십시오.

**손부장**   아니 저

**종혁**   (오버랩)차만 한 대 대기 시켜 놔주고 회사 일 보세요. 외국도

아니고 도움 받을 일 없겠어요. 우리 두 사람 편하게 쉬고 싶으니

까 신경쓰지 말고 잊어버려 주십시오.부탁합니다. 문 열어요.

**종업원**　예.(부장에게서 키 받아 열고/지현에게 들어가라는 태도)

**종혁**　당신 들어가요.(지현 들어가고)자 그럼(손 내밀며)안녕히 가십
시오.

**손부장**　(황송하게 손 잡으며)예 그럼 (꿉벅)편히 쉬십시오.

**종혁**　(방으로)

**S# 객실(스위트)**

**종혁**　(들어오고)

**종업원**　(인사하며)편히 쉬십시오.

**종혁**　땡큐.(종업원 아웃/상의 벗으면서 바다 내다보고 있는 지현 보면
서)전망 괜찮아?

**지현**　(돌아보고)바다에요.(하며 종혁이 벗어놓은 옷 처리하러 움직이는)

**종혁**　(와이셔츠 벗기 시작하며)서울보다 낫지?

**지현**　(상의 집어 옷장 쪽으로)낫기만요.

**종혁**　그럼 됐어. 당신 배 고픈가?

**지현**　아뇨.

**종혁**　그럼 저녁 여덟시에 먹는 걸로 합시다. 나 샤워하고 저녁 먹을
때까지 잠 좀 자야겠어. 계속 잠이 모자랐거든. 너무 피곤해서 우
스운 말로 신랑 노릇두 못할 지경이야. 당신은 안자구 싶어?

**지현**　아니요..

**종혁**　그럼 나 자는 동안 뭐하지?

**지현**　뭐 호텔 구경이나 하든지..신경쓰지 말아요.(종혁이 벗어내는
와이셔츠 받으며)

**종혁**　아/우리 잘 도착했다구 전화부터 드려야지/(지현 잡아 전화 있
는 의자로 끌어 앉으며 번호 찍는다)

E  신호가 가자.

**종혁**  (전화 지현에게 주며)당신 집이야.

**지현**  (받는다)

## S# 지현네 마루

**현식**  (할머니 방에서 뛰어나와 받는다)네 여보세요‥아 고모.(괜히 웃
으면서)할머니 할아버지 밖에 계세요. 잠깐만요오?(하며 일어나
는데)

## S# 청주 공원 묘지

[멀끔한 상석에 비석 묘지.]

**강욱**  (자리는 벌써 깔아 놓았고/상석 위에 갖고 온 조촐한 음식 차리고 있
는데/)

**강욱부**  아부지 엄니‥두째 손주 며느리 보셨슈.(사람한테 하듯이)큰
메느리는 아시다시피 그리 썩 잘 들어온 거 아닌 거/ 아부지 엄니
두 발써 아실 거구유/두째두 두구 봐야지 어떨지 알지 안직은 모르
겠슈.

**민경**  (입 다물고 가만있지만 시아버지가 조금 우습다)

**강욱부**  E 의사라네유. 피부과 의사래유. 요새는 먹구 살기가 따 셔
그런지 피부과두

**강욱부**  장사가 갠찮구 강욱이 놈 얼굴 고치는 장사두 썩 괜찮다네유.
준비 된겨?

**강욱**  네.

**강욱부**  그럼 절 햐.

**강욱 민경**  (절 올릴 채비)

**강욱부**  강욱이 장개들었다구 엄니 아부지한테 신고한대유. 절 받으

세유. 햐 빨리.

**강욱 민경**   (절하는)

## S# 호텔 베란다

**지현**   ……(바다 보면서 있는)………(한참 동안 그대로 있다가 몸 돌려 실
내로)

## S# 실내

**지현**   (발코니에서 들어와 침실 쪽으로 움직여 간다)

## S# 침실 문 쪽

**지현**   ….(오다가 멈춰 서 보는)….

**종혁**   (정말 자고 있고)…

**지현**   (잠시 더 보다가 몸 돌려 얇은 걸칠 것 장에서 꺼내 들고 출입구로 움
직이는데)

　　 E 전화벨

**지현**   (급히 뛰어 들어와 얼른 전화 받는다 소리 죽여서)네 여보세요.

**노여사**   F 새애기냐?

**지현**   네‥네 저에요 어머님‥

**노여사**   F 얘 우리가 전화를 못받았구나.

## S# 성북동 거실

**노여사**   예식 끝나구 작은 집 식구들하구 따루 또 차 마시구 얘기하
구 그르느라구 지금 막 들어왔어. 피곤하지? 거기 날씨는 어때…
어 그래?(남편 보면서)날씨는 괜찮다네요.

**최회장**   (의자에 앉아)으음.

**노여사**   종혁이는…자? 얘 그럼 너두 자던 중이었니?….아니 신부 놔
두구 저만 자는 녀석이 어딨어. …응…응 그래 걔가 피곤은 할 거다

아마. 매일 너댓시간 밖에 안 자구 일을 하니 늘 잠이 모자란 애야 개가…오냐…오냐 그래 잘 쉬다 오럼…오냐 그래.(하고 끊으면서) 원 녀석.아무리 피곤해두 그렇지 도착하자마자 자기부터 하는 신랑이 어딨어.

**최회장** 자기부터 한 대?

**노여사** 그렇다네요.

**최회장** (일어나며)어디 시원찮은 거 아니냐?

**노여사** 시원찮기는 고단해서 그렇지 무슨

**최회장** 아무리 고단해두 그렇지 그렇게 데려오구 싶어 몸살을 했던 애 데리구 신혼여행 가서 잠부터 잔다는 게 말이 돼? 어디가 시원찮으면.

**노여사** 어이그 할짓은 했겠지요. 그게 아니면 시원찮은 정도가 아니라 큰일이게요?(제천댁 차 갖고 나오고)

**최회장** 내말이 그말이야.

**노여사** (찻잔 남편 앞에 놓아주면서)선녀가 하강한 거 같습디다 우리 며느리.

**최회장** 쯔쯔 어린애나 날 수 있을러는지 걱정이구먼 당신은 무슨 생각을 하구 사는 사람야. 얼굴만 인형모양 이쁘면 뭐해. 여자는 살피듬이 좀 있어야 보기두 흔연하구 쓸모두 있지. 무슨 모델 내세울 것도 아니구 비린내나게 깡 말라갖구는

**노여사** (오버랩)아이구 요새 젊은 애들은 마른 여자 좋아한대요. 우리 때하구는 달라요. 투실투실 복성스럽구 어쩌구 지금은 그거 아니에요.

**최회장** (오버랩의 기분)너무 마르면 성격이 나빠 보여. 어느 정도 살

집은 있어야 해.

**노여사** 나이 들면 붙어요. 아 나는 뭐 소싯쩍부터 이랬수?

**최회장** 당신은 보기 좋았어. 지금은 뭐 어때서. 보기 좋아. 딱 알맞어 (하면서 일어선다)

**노여사** (따라 일어서며)어이구 고맙습니다 회장님(에서)

**S#** 해변 산책길을 걷고 있는 지현……걷다가 바다 보다가 걷다가…석양 무렵‥

**S#** 침실

**종혁** ‥‥(자다가 뒤척인다…뒤척이다가 눈 뜨고)……(있다가 벌떡 일어나 거실 쪽으로)

**S#** 거실

**종혁** (나와서 찾는)‥‥(찾다가 담뱃갑에서 하나 빼물로 라이터 들고 베란 다로)

**S#** 베란다

**종혁** (나오며 불붙이고 내뿜다 보면)‥‥‥

**S#** 저 아래 지현의 모습‥‥

**종혁** ……(보면서)

**S#** 호텔 전경(밤)

**S#** 호텔 객실

**지현** (드레시한 옷/종혁에게 상의 입혀주고 있다)…

**종혁** (입으며)어떻게 많이 해본 솜씨야.

**지현** 아버지 양복 입으실 때 더러 해 드렸었어요.

**종혁** 이런 거 안해줄 사람 같았는데.

**지현** 엄마가 하시는 거 봐서 그런지 해야하는 일 같아서요.(나이트 백 집으며)안해두 된다 그럼 좋구요.

246

**종혁**  아니. 해줘. 나가자…

**S# 청주 안방**

　　[저녁 먹는 가족들‥]

　　[둥근 자개 큰 상에 둘러앉아서/]

**강욱부**  (화면 시작과 동시에)너는 어디가 쌈질하구 댕기는겨? 왜 여기 저기 반창고는 붙였댜?

**형**  어이 쌈은유 아버지. 지가 쌈하구 댕길 나이에유?

**강욱부**  그럼 반창고는 왜 붙였어. 것두 콧중배기에 터억 하니.

**형**  뽀루지가 났어유.

**강욱부**  맛빡에두 뽀루지여?

**형**  야.

**강욱부**  좋겄다.안직두 청춘여?

**형**  그런 개비쥬 허허.

**형수**  (잠깐 표 안 나게 흘끈)

**강욱모**  (형에게 오버랩의 기분)아가 이거 먹어라 응? 손이 멀어서 그라니 왜 먹는 것만 먹어.

**민경**  아니에요 다 먹구 있어요 어머니.

**강욱부**  많이 먹어라 많이 먹어. 나 서울 음식 같잖어서 참.늬들 결혼식 끝나구 우리는 청주 와서 잔치 한바탕 또 벌렸잖어.

**강욱**  그러셨어요?

**강욱모**  (오버랩의 기분)늬 아부지를 누가 말려. 결혼식장 음식 시원찮다구 기어이 중국집 통째 빌려 다 저녁들 다 멕여 보냈어.

**강욱**  음식이 왜요.

**형**  (오버랩의 기분)촌 양반들 칼루 써는 거 좋아들 하시니? 버스

타구 내려오면서 모두들 짜압짭 하시니까 아버지

**강욱부**  모두들 짜압짭해서가 아니라 내가 짭잡해서 한겨. 뭐 먹은
거 같어야 말이지.

**민경**  그래두 그 식사 비싼 건데…

**강욱모**  비싸면 뭐햐. 먹은 거 같지를 않은걸. 서울가 이런거 먹어봤
다아 얘기거리는 돼두 음식은 파이더라.

**민경**  네에..

**강욱**  음식/ 좋다구들 했는데요.

**강욱부**  그려 느이끼리 좋구 말어.우리는 아니었으니께.그런데 수진
이 에미는 얼굴이 왜 그렇게 껌껌한겨?

**형수**  ?(잠깐 보고 말고)

**강욱모**  (얼른)껌껌하기는 어이구 하얗기만 한데 무신/

**형**  (오버랩)감기 앓구 일어났슈 아버지.그래서 그래유.(음식 집어
아내 식접시에 놓아주며)많이 먹어.그저 감기 뒤끝에는 많이 먹는
거 이상 장땡 없어.

**형수**  (옮겨 놔 주는 것 도로 옮기면서)기운 많이 필요한 사람이나 많이
먹어요.나는 필요없으니까.

**강욱부**  ?

**강욱모**  (오버랩)에미야.(나무라는)

**형수**  (하는데 젓가락 놓으면서)저 이사람하구 안 살아요 아버님.

**형수**  (? 한 부친 위에)작은 며느리 보시구 좋은 날 이래서 정말 죄송
한데요

**강욱모**  (오버랩)애 에미야!

**형수**  (오버랩)저 이 사람하구 헤져 애들 데리구 서울가 따루 살래요··

**형**　(오버랩)이 여편네가 정신 나갔어 이게.(하면서 손목 잡아 일으키며)일어나 일어나!

**형수**　(안 일어나려 하면서)나 못살아. 나 못산다구 했잖아!

**강욱**　(일어나면서)형수님 일어나시죠. 일어나세요.

**형수**　서방님 죄송해요.오늘만은 참을라구 했는데

**강욱모**　(오버랩)관둬! 참을라구 했으면 참어야지 대관절 이게 뭐하는 행우여..으응? 니가 요렇게 생각읍시 빡빡하게 구니까 애비가 그라지 달래 그라는줄알어?

**형수**　(강욱에 잡혀 일어나면서)어머니두 그렇게 말씀하시는 거 아니지요.

**강욱부**　이게 무신 귀신 풀뜯어 먹는 소리여! 뭐여!(무슨 일이야) (상 벌컥 밀어젖히며 버럭)

**형**　(아버지가 소리 지르자 냅다 토끼는데)

**강욱부**　스토오옵!(형 문 열고 나가다 멈춰 서고)너 스톱여. 꼼짝마.

## S#　호텔 레스토랑

　　　[식사 중인 두 사람.]

**종혁**　(와인 병 들며)한 잔 더 해.

**지현**　(끄덕이며 잔 대주고)

**종혁**　(따라주고 제 글라스에)

**지현**　(해준다고 손 내미는데)

**종혁**　내가 하께..(따르고 병 놓고 글라스 내미는)

　　　[같이 부딪치고]

**종혁**　(지현 입으로 글라스 가져가는데)혼자…. 무슨 생각했어.

**지현**　별로…바다 구경하고 바다 냄새 맡았어요.

**종혁**  (글라스 놓으면서 안 보는 채)정말 달게 잤어. 당신 소감은 어떤
지 모르지만 나는 그저흠흠...아주 길고 긴 행군을 마친 거 같아...
죽게 피곤한 느낌이야...

**지현**  ......(보며)

**종혁**  ....(시선 내리고 있다가 문득 보며)왜 안 먹어. 맛없어?

**지현**  많이 먹었어요..

**종혁**  .......(그저 보는)

**지현**  (한 모금 마시고 내리다가 문득 보고).....왜요.

**종혁**  그저.....그냥 보는 거야....이제 내 집 내 방에 갖다 놓게 됐으니
까...감개가 무량해서..(웃기는 하지만 다소 쓸쓸한)...(한 모금 마시고
내리며 다시 보며)감개가 무량해서..

**지현**  ...(웃음기 없이 가만히 보며)단순하게 감개가 무량한 거 아닌 거
....알아요...

**종혁**  어떻게 알어...

**지현**  한짓이 있으니까...

**종혁**  (못 들은 척 다른 쪽으로 고개 돌리면서)당신하구 같이 춤두 추구
그랬으면 좋겠는데 (돌아보며)다른 사람들에 뒤죽박죽 섞여서는
싫어.

**지현**  .....(보며)

**종혁**  (웃으며)막 결혼하고 왔습니다 표나는 것도 싫구....

**지현**  나도 별 취미없어요.

**종혁**  그럼 다행이고 (글라스 들며)마셔.

**지현**  (글라스에 손 대면서)성북동 어머님 전화하셨었어요 참.

**종혁**  그래? 언제.

**지현**  자는 동안에‥몰랐어요?

**종혁**  전혀 몰랐어.

**지현**  작은 댁 가족들하고 차 드시고 들어가셨대요.

**종혁**  ‥(끄덕이며 훌쩍 잔 비우고 내리며)커피 마실까?

**지현**  좋아요‥

**종혁**  (손 가볍게 들어 보이고)

**종업원**  네 사장님.

**종혁**  커피 주세요. 아 둘 다.

**종업원**  예 알겠습니다.(아웃되고)

**종혁**  ‥‥(식탁 내려다보며 말없이)‥‥

**지현**  ‥‥‥(가만히 보며)‥‥

## S#  청주 안방

[상은 한 옆으로 밀쳐져 치워져 있고/]

**강욱모**  (화면 시작과 동시에/방 걸레질하면서)그려 나두 짐작은 하구
이해는 한다구‥오죽하면 돌부처두 돌아앉는다는 말이 있을겨 알
어알어.(걸레 문께로 밀어 던지면서)그렇지만 그렇다구 어떡할겨.
안 산다는 게 말이 쉽지 자식새끼덜은 어떡하구 안살어 안살기는.

**형수**  애들 제가 데려 간다구요 글쎄.

**강욱모**  안 살구 마는데 어디루 데려가. 이씨 자식덜을 어디루 보
냐.늬 아버지가 그랄 양반 같어서 그라는겨?

**형수**  ‥

**강욱모**  말이 되는 소리를 햐 너. 씨두 안 먹을 소리를 뭐하러 햐 입만
아프게‥

**형수**  그럼 어떡하란 말예요오.

**강욱모**   아 그냥 참구 넘어가. 눈 질끈 감구 참구 넘어가면 만사가

**형수**   (오버랩)차라리요 어머니. 저보다 난 멀쩡한 여자면 지금보다
  는 훨씬 낫겠어요.

**강욱모**   어이구우우 맹꽁이 같으니라구.너보다 난 멀쩡한 여자라서
  그래/그년하구 살겠다구 너 나가라면 /그게 더 날 거같단 말여 시방?

**형수**   자존심은 덜 상할 거 아니에요.

**민경**   (오버랩의 기분)그건요··그건요 안그럴 거 같네요 제 생각에
  는···

**형수**   동서가 뭐 안다 그래.

**민경**   그건 그냥 지나가는 바람이 아니구 마음까지 완전히 뒤집혔다
  는 뜻이잖아요···마음까지 뒤집힌 남자보다는··그래두 몸 만으로
  잠깐 쓸데없는 짓 하구 다닌 게 훨씬 낫지 않아요?

**강욱모**   그러엄.낫구말구.

**형수**   어이구우우 얼마나 더러운데에.

**민경**   더러운 건 마찬가지죠··

**형수**   경험두 없이 어떻게 그렇게 잘 알어?

**민경**   경험없어도 짐작은 할 수 있어요··

**강욱모**   (오버랩의 기분/조금 돌아앉아서)그렇잖어두 신용타락해서
  숨두 제대루 못 쉬는 지 서방 아예 잡어놔 속이 시워언하겠다.

**형수**   어머니

**강욱모**   (오버랩)그만큼 했으면 할만큼 한거. 아 너 애 얼굴에 지렁이
  를 몇마리나 그려 놨냐/그만하면 분풀이 할만큼 한 거 아녀?

**형수**   E (보는 민경 위에)잡어먹어두 시원치 않어요 어머니.

**강욱모**   E 잡어먹어두 안 시원 한거 그려 이저 그만 좀 하구 각설햐.

252

(에서)

## S# 호텔 객실/거실

**종혁** (바에서 술 두 잔 만들면서)……(아무 표정도 없는)….

**지현** (화장실 쪽에서 나오다가 보고)더 마실려구요?(종혁 쪽으로)

**종혁** ?…약하게..당신 껀 약하게 탔어.(술잔 들고 움직이는)

**지현** 안주는요.

**종혁** 필요없어….이리 와…

**지현** (종혁 쪽으로)…

**종혁** (소파에 앉으며 술잔 두 개 놓으며)와 앉아…마주 앉아서 당신 구경이나 실컷하자…(담뱃갑 집으며)평생을 통털어 스물네시간 당신 하구 같이 있을 기회 불과 몇날 안될 테니까 기회 온 김에 실컨 보자. 음?

**지현** (앉으며)아직…술..취한 거 아니죠..

**종혁** 나?..사람 뭘루 보는 거야…쎈 편은 아니지만 와인 몇잔에?

**지현** 해두고 싶은 얘기가 있어요…

**종혁** …..(보는)

**지현** 해두 되죠.

**종혁** ….(담배 꺼내며)부탁인데 김새는 얘기는 하지 말아줬으면 좋겠다.

**지현** (오버랩의 기분)나는….종혁씨가 좀 …무서운 느낌이 들어요..

**종혁** (불붙이다가)?..(보는)….(뿜으며)..왜..

**지현** 기어이 여기까지 끌고 온 거요…쉽지 않은 일이라구 생각해요.

**종혁** …..(그저 보는)

**지현** (안 보며)종혁씨 좋아 안 했어요.

**종혁**  강조할 거 없어 알아.

**지현**  좋아안하면서 약혼까지 한거…집안에서 등 떠밀어댄 것도 있지만 내가 그렇게 좋다니까 그럼 화려한 결혼이나 해 보자‥그런 심리가 있었어요.

**종혁**  알고 있었어.

**지현**  (보며)그런데… 약혼하고 나서 종혁씨 스타일과 내 결정에 대해서 갈등이 더 심해졌었어요. 결정적으로 참을 수 없었던 건 내가 하고 있는 일을 우습게 아는 거였고요.

**종혁**  (보는)…

**지현**  방황했던 거 사실이에요…끊임없이 없었던 상황이 됐으면 했었구‥‥방콕 다녀와서는 더…심했어요…

**종혁**  (술잔 집으며)꼭 얘기해야 하니?

**지현**  털어놀수 없었던 건/…믿어줄지 아닐지 모르지만 그래도 그게 종혁씨에 대한 단 한 가지/ 마지막 예의라구 생각했었어요.

**종혁**  ……(보며/술잔 든 채)

**지현**  종혁씨 스스로가 포기해 줬으면 했어요…그래서 더 고약하게/ ‥정나미 떨어지게 굴었었어요.

**종혁**  (훌쩍 마시고 내리며)그랬는데도 내가 안 떨어져 나갔군.

**지현**  ……(보며)

**종혁**  (술잔 놓고 보며 조금 쓰게 웃으며)음?‥당신이 원하는대로 안돼 줬어.

**지현**  (시선 내리면서)나는 종혁씨 나한테 그러는 게…사랑이라구 생각 안했었어요.

**종혁**  그럼.

지현　(보며)뭐든 가질 수 있는 오만한 사람의 목표 달성요…한 번 마음 먹은 건 반드시 해내야 하는

종혁　(오버랩)틀린 건 아냐. 맞는 얘길 수도 있어.

지현　내가…많이 잘못 본 거 같아요…그 동안 속 썩여서…화나게 해서…미안해요…

지현　E (보는 종혁 위에)잘못했어요…이제부터 종혁씨 이해하구 인정하는 쪽으로 노력하구

지현　…성실하께요…지난 일은…마음에 담아두지 않아줬으면 해요…자수했으니까…광명을‥(조금 웃으며)줘요…

종혁　…‥(보며)

지현　…‥잘못했어요…‥미안해요‥

종혁　(일어나 지현 옆으로 옮겨 앉으면서 안는다)…‥

지현　…‥(마주 안으면서)

종혁　…‥(안고 저쪽 맞은편 보면서)

지현　(안고)…‥

종혁　역시 영리한 여자야…마무리를 잘하는군‥

지현　머리 쓴 건 아니에요‥

종혁　머리 썼대도 좋아…괜찮아‥상관없어…‥

**S#　침실**

[조금 거리가 있는 곳에서/침대 위에 마주 앉아 있는 두 사람.]

**S#　침대**

종혁　…(마주 보면서…지현 머리 만지면서)…‥안 밀어내겠지‥

지현　…‥아뇨…

종혁　사실은‥그냥 잘려구 했었어…‥왜냐구 안 물어?

**지현**　…왜요…

**종혁**　나한테 사랑없는 여자한테 그러는 거….잔혹해서…

**지현**　(한 손 종혁의 빰에 대면서)자수했잖아요….

**지현**　종혁씨 카드가 나를….무장해제 시켰어요‥

**종혁**　(지현 입에 입술 찍기 시작하는/….한 번 /또 한 번/또 한 번/…또 한 번/감미로운)

　　　[마침내 서로 한치의 틈도 없이 밀착되는 포옹으로 넘어가면서]

## S# 청주 본가 강욱의 방

**강욱**　(막 들어와서 파자마로 갈아입는 중)….

**민경**　(강욱이 벗어놓은 옷 처리하면서)…..(있다가 앉는 강욱의 옆으로 오며)어떻게 됐어?

**강욱**　…..(이불 속으로 다리 넣으며)

**민경**　으응?

**강욱**　(안 보는 채)뭐얼,

**민경**　…..(보며)

**강욱**　아 묻지 마 뭘 알구 싶어서 그래‥

**민경**　나한테 챙피하니?

**강욱**　(엎드리며 담배 집는다)방문 좀 열어 놔.

**민경**　(방문 조금 열어놓고 오며)혈통인가부지?

**강욱**　?(잠깐 보고 말고 불붙이는)

**민경**　아버님두 그러셨니?

**강욱**　그만 해.

**민경**　이선생 형수는 나같은 상황이면 차라리 낫겠다 그러는데 나는 형수 상황이면 차라리 날 거 같으니 웃기지‥

**강욱**   ···(담배만)

**민경**   그래서 어떻게 됐는데···남자 셋이 나가서 어떻게 해결봤냐구.

**강욱**   참 악취미다. 뭐가 그렇게 궁금해.

**민경**   코메디같지 않니? 바람난 작은 아들 내외 인사왔는데 큰아들
　　　　바람나 사네안사네 하구 있구.

**강욱**   (담배 끄고 이불 끌어 올리며 등 대고 눕는)그래 콩가루 집안이다.
　　　　그만해.

**민경**   어디 갔었는데··

**강욱**   (오버랩의 기분)무심천 뚝방가서 형 아버지한테 몇대 쥐어맞구
　　　　개개빌구 그랬어 됐니?

**민경**   그래서 너는 끝까지 자기는 아닌척 하구 열심히 말리구 그랬니?

**강욱**   (이불 머리까지 뒤집어쓰는데)

**민경**   (잡아 내리면서)아버님 한 번 더 하라구 그럴까? 여기 작은 아
　　　　들두 전과잡니다 말씀드려 뚝방으루 끌려나가게 하까?

**강욱**   (불끈 일어나며)계속할래?···

**민경**   ·····(보는)

**강욱**   나 싫어··그만해 응? (하고 도로 눕는다)

**민경**   ·······(보며)···

**S#**   제주 바다의 아침···

**S#**   산책하고 있는 지현·······

**S#**   객실

**지현**   (들어온다)·····(침실 쪽으로 들어와 옆에 서서 내려다보는)

**종혁**   (엎드려서 세상 모르고 자고 있다)·····

**지현**   ······(좀 더 보다가 침대 옆구리에 앉으며)종혁씨·······(조금 흔들며)

종혁씨..

**종혁**　(몸 뒤집으며)으응…..응..(눈뜨고)왜…

**지현**　그만 자구 일어나 아침 먹어요….배 안 고파요?..

**종혁**　몇신데..

**지현**　아홉시 넘었어요…

**종혁**　(일어나며)어 배고프겠다. 나 샤워할테니까 당신 먹구 싶은 거
　　　시켜..

**지현**　아침 뷔페가 좋든데..

**종혁**　내려가기 귀찮아. 방에서 먹자..(욕실 쪽으로)

**지현**　뭐 먹어요..

**종혁**　아메리칸 브랙파스트 밖에 뭐 있어?..(하고 욕실로)

**지현**　그래요 그럼.(침대 시트 적당히 만지는)

### S# 아침 식사(발코니)

**종혁**　(오렌지 주스 단숨에 비워버리고 컵 내리면서)좋다. 맛있다.(돌아
　　　보며)나는 시체처럼 잤는데 당신은 어떻게 잘 잤어?

**지현**　(빵에 버터 바르면서)여러번 깜짝깜짝 놀랐어요. 닿을 때 마다.
　　　여기요.

**종혁**　어 당신 먹어. 나는 아무 것도 안 발라.

**지현**　그래요?

**종혁**　(빵 집으며)오기 잘했다…가슴이 시원해..

**지현**　(빵 놓고 커피 잔 들며)서울보다는 낫지요 머.

**종혁**　왜 커피부터 마셔. 그거 놓구 쥬스 먼저 마셔 응?

**지현**　(보는)

**종혁**　빈 속에 커피부터 집어넣는 거 줄 거 없어.말들어 빨리.

258

**지현**  (조금 웃으며 커피 잔 놓고 주스 잔 집어 마시는)…

**종혁**  (빵 먹으며)뭐하까…관광지에 왔으니까 관광이라는 거 해야 하지?

**지현**  그냥 몇군데 돌아다니죠 머.

**종혁**  꼭 해야 해?

**지현**  ?(보는)

**종혁**  나는 잠이나 잤으면 좋겠는데…

**지현**  그럼 자요.

**종혁**  당신은 뭐하구.

**지현**  혼자 돌아다니께요.

**종혁**  그럼 안되지…그래 나가자…밥 먹고 잠깐 쉬었다 나가보자구 …(하면서 터지는 하품/하품하고 나서)으으음…좀 심하다…거의 열시간을 자구 일어났는데 말야…(하면서 다시 하품)

**지현**  (고개 돌리고 웃어버린다)

**종혁**  왜 웃어.

**지현**  하품같은 거 안하는 사람인줄 알았어요.

**종혁**  나 하품하는 거 못 봤나?(다시 터지는 하품)

**지현**  (조금 소리 내어 아예 웃어버린다)..

**S#  침실**

**종혁**  (엎어져서 또 자고 있다)……

**S#  객실**

**지현**  ……(혼자 앉아서 심심하게 있다가 일어나 핸드백 챙겨 든다)

**S#  관광지 어슬렁거리는 지현(신혼부부들 속에서)**…

**S#  어슬렁거리는 지현 2**

**S#  제주 시내 서점**

**지현**   (책 고르고 있다)….

**S#  호텔 앞**

[택시가 와서 멎고]

**S#  차 안**

**지현**   (택시값 챙겨서 주는데)

**기사**   (돈 받으며)들어가서 화해하세요.

**지현**   ?네?

**가사**   신혼여행와서 싸우는 사람들 많아요. (거스름돈 주며)그저 지
      는 게 이기는 거다 생각하구 화해하세요.

**지현**   네에. 아니에요 됐어요 아저씨.(하고 내린다)

**S#  택시에서 내려 호텔로 들어가는 지현**

**S#  호텔 로비**

**지현**   (들어와서 커피숍 쪽으로)

**S#  커피숍**

**지현**   (들어와 자리 잡고 앉는데)

**종업원**   (와서 물 놓는다)

**지현**   커피 주세요…(하고 봉지에서 책 하나 꺼내는데)

      E 핸드폰 우는 소리.

**지현**   (백에서 꺼내 받는다)네 여보세요.

**현경**   F 지현아.(반가워서)

**지현**   어머 얘..

**현경**   F 뭐하는 중야? 방해한 거 아냐? 옆에서 그거만 받구 꺼 그러니?

**지현**   아냐 후후/ 웬일야 전화할 줄 꿈에두 생각 안했어 얘.

**S# 작업실**

**현경**　어 너 그 소리 /주책없이 왜 했냐야?

**유자**　(옆에서)신방 잘 치렀나 물어봐.

**현경**　신방 잘 치렀냐구 물어보랜다..누군 누구야 유자지. 어떠니 괜찮아?지금 뭐하는 중야? ....뭐?신랑은 어따두구 혼자 커피 마셔?.....신랑 자?

**유자**　(돌아보며)너무 혹사시켰나부다.

**현경**　어머머머 그 신랑 웃긴다.신부 팽개치구 혼자 잠만 퍼자는 신랑이 어딨니 얘....아무리 고단해두 그렇지 얘/두드려 깨워. 깨워서 끌구 나가. 신혼여행은 신혼여행답게 해야지 얘는/가서 조랑말두 타구 바위에서 까꿍 사진두 찍구 엉?....일한다구 앉았는데 우리 둘 다 오늘 진도 안나가구 그냥 너만 부러워하구 있다....부럽지이이 안 부러우면 사람이 아니지이이이

**유자**　(전화 달라고)얘 나 좀 줘...(바꿔 들고)신랑은 자구 너 혼자 뭐하는 중이라구?....종혁씨 뭐 재미없게 구니?...그런데 왜 그래...막상 결혼하구 나니까 별거 아니다 싶은가?

**현경**　얘느은?

**유자**　(상관없이)솔직히 얘 너무 먹였잖아 니가. 혹시 오기루 결혼한 거 아닌가 잘 체크해 너. 남자 충분히 그럴 수 있어.

**현경**　야 너는 무슨

**유자**　아니면 천만다행이구. 예식장에서 보니까 종혁씨 얼굴이 복잡하드라.

**S# 커피숍**

**유자**　F 단순하질 않더라구.

**지현** 그랬니?

**유자** F 너는 너한테 신경쓰느라 못봤겠지만 착잡하더라. 웃어도 뭔가 심플하질 않았어. 양심이 있으면 너 말야 그 남자 모르는채 그냥 넘어간 거 하늘에 감사하구 잘해 줘..톡 까놓구 디게 미안한 일 아니니?

**현경** F (전화 뺏으려하면서)야 이리 내. 좋은 소리나하지 얘는 지현이 바보 아냐 지가 알아서 해.(하고는)얘 지현아.

**지현** 엉.

**현경** F 유자 말 신경쓸 거 없어. 복잡하긴 뭐가 복잡하니.그런 거 하나두 없었어 얘 지금 대본 쓰는 거야. 상관마 응?

**지현** 그래 알었어.

**현경** F 그럼 잘 쉬었다 와 응?우리 언제 만나지?서울 오면 전화해 줄래?

**지현** 그럼 하지 하께..잘 있어.

**현경** F 그남자 깨워 얘. 무슨 그런 법이 있니.(커피 와 놓이고)

**지현** 깨워서 뭐해.자구 싶다는데 자게 두지.

**현경** F 깨워서 푸른하늘 은하수래두 하자 그래. 혼자서 그게 뭐야.엉?

**지현** 그래 알었어.안 그래두 이제 깨워야할 시간야./

**현경** F 야 유자 또 바꿔달란다 끊어. 안녕

　　　　F 하며 툭 끊어지는

**지현** (전화 접으며)…(전화 집어넣고 커피 잔 집어 한 모금 마시고 내리며 고개가 창 밖으로)….

**S#** 객실

262

**지현**   (앉아서 책 읽고 있다)……(안경 쓰고)

**종혁**   E (소리만)…박지혀언.

**지현**   ?…(일어나며)깼어요?

## S# 침실

**종혁**   (한 손으로 눈 덮고 일어나 앉으면서)……

**지현**   (들어와 본다)…

**종혁**   (안 보는 채)몇시야.

**지현**   (시계 보고) 두시 넘었어요.

**종혁**   어어이 내가 왜 이러지? (침대에서 내려서며)당신 뭐했어.

**지현**   나가서 돌아다녔어요.

**종혁**   혼자서?

**지현**   택시 기사마다 화해하래요. 싸우구 혼자 나온 건줄 알구.

**종혁**   택시 타구 다녔어?

**지현**   그럼요.

**종혁**   차 대기하구 있지 않아?

**지현**   그냥 택시 탔어요.

**종혁**   이런 딸빵한 친구 봤나 (하면서 전화로) 대기하구 있으라면 대기해야지. 무슨 짓 하느라 사람이 나가두 몰라.

**지현**   뭐 할려구요.

**종혁**   혼내야잖아.(하며 전화 든다)

**지현**   (다가들며)내버려둬요. 내가 누군지 잘 몰랐을 수 있어요.

**종혁**   봤는데 왜 몰라.

**지현**   (전화 빼내 놓으면서)한번 얼핏보구 어떻게 알아요.

**종혁**   왜 몰라.

**지현**  (종혁 달래듯)종혁씨 무서워서 제대로 못봤을 거에요. 내려가
면서 미리 연락 안한 게 잘못이지 그 사람 잘못 없어요.(화장실로 밀
며)얼른 볼일이나 봐요 나 배고파 죽겠어요. 빨리요 응?

**종혁**  (화장실로 들어가며)당신을 왜 몰라봐. 당신만큼 눈에 띄는 여
자가 어딨는데.

**지현**  (조금 웃는 듯하고) 나가서 먹을 거에요 여기서 먹어요.

**종혁**  E 어 나가자. 나가서 먹읍시다.

**지현**  옷 뭐 입을 거에요?(에서)

**S#**  아파트 단지 전경

**S#**  강욱의 거실

**강욱**  (전화하고 있다)네 방금 들어왔어요 아버지.(민경 강욱의 옷 벗
는 것 받아내면서) 아니 별루 안 밀렸어요....(민경 돌아보며)속 괜찮
으냐 그러셔.

**민경**  괜찮아졌어.(장으로)

**강욱**  괜찮아졌대요....네.....네 알았어요 걱정마세요...여기는 걱정
마시구요 형수님 잘 달래세요...

**민경**  (돌아보는데)

**강욱**  (침대에 앉으면서)고지식해서 아마 충격이 클 거에요..형두
정신차린다구 했으니까 잘하겠지만 아버지 엄마가 특별히 신경
좀 써 주세요...네...네..그럼 쉬세요 그만 끊겠어요...네 들어가세
요..(끊는데)

**민경**  (제 옷 벗으며)정말 코미디다.

**강욱**  (잠깐 흘끗 보고 문으로)목 안 마르니?

**민경**  콜라 줘.

**강욱**  (나가고)

**S# 주방**

**강욱**  (나와서 콜라와 물 준비하면서)………

**민경**  E 우리 왔어요 엄마…지금…아냐 저녁 우리끼리 해 먹구 이따 잠깐 들를께요··응 저녁 해먹구.점심은 오다 먹었구…

**강욱**  가서 먹지 그래 왜··피곤하지 않어?

**민경**  E 이따 가께요··네··네··

**강욱**  (제 물 먼저 몇 모금 마시고 놓고 콜라 들고 안방으로 움직이는데)

**민경**  (나오면서)반찬 있겠다 밥하구 국만 만들면 되는데 뭐…(내미는 콜라 받으면서)비디오 보자…아직 한참 남았잖어. 돈 아깝게 그냥 갖다 줄 수 없어.(하고 마신다)

**강욱**  그거 꼭 봐야 해?

**민경**  ?…왜애?

**강욱**  차라리 책 보는 게 낫잖아….나는 그거 정말 시간 아깝더라.

**민경**  휴가잖아.(싱크대로 가며)책은 휴가 아닐 때 지겹도록 보는데 뭐 휴가까지 책 보면서 지내니. 골라봐…빵빵빵빵 쏘구 터지는 것도 더러 좀 넣지 기집애 맨 무슨 영화학도 공부시키는 것만 골라왔드라. (강욱 침실로 가는 것 보고)고르라니까?

**강욱**  니가 해.나 옷 갈아입구 나올 거야.

**민경**  …..(보다가)그래 그럼 내가 골라보께…(하고 테이프 쪽으로/고르다가)이선생 사운드오브뮤직 봤니?

**강욱**  E 봤지 그럼.

**민경**  한번 더 볼 용의 없어?

**강욱**  E 허선생 하구 싶은대로 해. 나는 아무래두 상관없으니까.

**민경**　마이 페어 레이디두 있다 이선생(에서)

**S#**　일식당

**종혁**　(냅킨 펴면서)어제서부터 몇시간을 잔 거야 도대체가.

**지현**　(냅킨 펴면서)깨어 있던 시간을 따지는 게 훨씬 쉬워요.

**종혁**　흠흠흠흠…

**지현**　밥 먹는 시간 한시간 쯤/그러니까 도착해서 저녁 /오늘 아침/ 점심/세 시간 빼구는 전부 다요··

**종혁**　그래두 어떻게 안 깨우고 뇌 두니.

**지현**　자는 거 깨우는 사람 제일 싫으니까··

**종혁**　아.

**지현**　허리 아프지 않나? 나는 좀 자면 나중에는 허리가 아파서 더 못 자겠든데··

**종혁**　(안 보는 채 젓가락 종이 빼면서 아주 조금 쓴 미소)아주 탈진을 해 버린 거 같아·····

**지현**　(보며)······

**종혁**　당신 붙잡구 씨름하면서 말야.(웃음기 없이 보며)

**지현**　잘못했다구 했잖아요.(시선 내리고)···

**종혁**　·····(웃음기 없이 보며)

**지현**　(시선 들어 보는)·····

**종혁**　·······(보는)

**지현**　·····(보다가 시선 피하는)

**S#**　해변

　　[손잡고 같이 걷는 두 사람·······바람 맞으며 그냥 걷다가]

**종혁**　··(문득 허리 조여 붙이면서 멈추어 서는)당신 그렇게 잘났어? 응?

266

**지현**  …(안겨서 보며)그런 말 /한 적 없어요.

**종혁**  그렇게 대단해 응?

**지현**  그런 적 없다니까요.

**종혁**  입 맞출 거야.

**지현**  (밀어내려 하며)사람들 봐요.

**종혁**  밀어내지 마.질색야. 밀어내지 마.

**지현**  본다구요··

**종혁**  보라그래. 풍기문란으루 백차 실려 파출소 한번 가보자 우리.

    (붙으려)

**지현**  종혁씨.(밀어내며)

**종혁**  밀어내지 마.가만 있으라니까.(조금 올라서)

**지현**  ?

**종혁**  (키스하는)…

**지현**  ……(눈 뜬 채 당하다가…눈 감는다)……

## S#  강욱의 아파트 거실

    [〈사운드 오브 뮤직〉 필름/알프스산 장면.]

**민경**  (나란히 앉아 강욱의 허리 안고 앉아서 보는)……

**강욱**  (편하게 앉아서 보는)……

**민경**  (문득 강욱 뺨에 입 붙이고)

**강욱**  (돌아보며 부드럽게 입술 찍어주고 화면으로 고개 돌리는)····

**민경**  ········(보다가 다시 붙으며 놓치지 않으려는 듯 당기며 찰싹)

**강욱**  ··(잠깐 돌아보고 민경 어깨에 둘렀던 팔과 다른 팔 얽어 당겨 붙인다)

**민경**  (눈 감는)……

**강욱**  ····(내려다보며)····

**S#  호텔 침대**

**종혁**   (시트만 감고 앉아 있는 지현의 목덜미에 입술 찍어대고 있는)······

**지현**   (삼십 초반 여자의 자연스러운 반응)····

**S#  강욱의 침실**

**민경**   (강욱의 상체에서 상체만 옆 바닥으로 내리면서)····

**강욱**   ······(한 팔 머리로 올라가며)후-우-우-우··

**민경**   ·······(그대로)

**강욱**   ·····(그대로)

　　　[가까이 가지 말고 발치에서 조금 멀게·····]

**S#  호텔 테라스(밤)**

**지현**   ·····(팔짱 끼고 머리칼 날리며)······

**S#  아파트 베란다**

**강욱**   (담배 태우고 있는)·········

　　　　　　　　　　　　　　　　　　　　　F.O


**S#  민지의 집 거실**

**민지**   어서 오세요. 형부.

**강욱**   (이바지 보따리 들고 들어오며)잘 있었어?

**민지**   어떻게 바로 옆에 사는데 보기는 전보다 더 힘들어 응?

**민경**   그게 출가라는 거야. 출가외인.(하는데 이모 주방에서 나오며)

**이모**   어서 와 이서방.

**강욱**   안녕하십니까.

**민경**   엄마는.

**이모**   샤워 들어갔는데 나올 때 됐어. 그거 이리 주구 앉아 이서방 응?

268

**강욱**  네 (보따리 넘어가는)

**이모**  (받으며)아이구우우 서울 이바지에 손색없네에. 요즘은 지방 수준두 아주 높아졌단 말야아?

**민경**  (강욱 잡고 소파로 가다가)왜 그래 이모 약간 깔보는 거 같이이? 불쾌해질려 그러는데/

**이모**  사돈양반 안목 칭찬했다 왜.불쾌하긴 이바지 하루 묵혔다 받는 우리가 불쾌해 애/어제 밤에 갖구 온다드니.(이바지 들고 주방으로)

**민경**  피곤하다 그랬잖어어어

**민지**  점심 될려면 멀었는데 뭐 차 드려요 형부?

**강욱**  아니 나는 물이면 되겠는데.(하는데)

**서여사**  (안방에서 나온다)왔니?

**민경**  네 엄마.

**강욱**  다녀왔습니다‥즈이들 인사드려야하니까 방으루

**서여사**  (조금 웃어 보이며)받은 걸로 치자구‥나는 한식 절 받는 거 그다지 취미없는 사람이야…늙은이 같어서.(앉으며) 앉게……(두 사람 앉고)그래…편안하게 쉬구 온 거야?

**민경**  네.

**서여사**  시어른들께 실수는 안하구?

**민경**  실수는….

**서여사**  실수해 놓구두 모를 위인한테 내가 뭘 물어. 뭘 아는 게 있어야지. 공부만 할 줄 알었지.

**강욱**  그런 거 없었어요. 잘하구 왔습니다 어머님.

**서여사**  애기 들어섰다는 말씀은 드렸니?

**민경**　?..어 아니...아직/그걸 어떻게 말씀드려요..민망하게..

**서여사**　민망스럽기야 하지만 그래두 좋아하실텐데 왜...속도위반 옛날처럼 망칙한 일두 아니구/혼인 늦은 아들/ 애 들어섰다 그럼 기쁜 소식이지 뭘..

**민경**　급할 거 없어요...천천히 말씀드려두 돼요.(강욱 보며)

**민지**　(강욱의 물 들고 나와 놓아주면서)내 용돈요.

**서여사**　화장대에 놔뒀어.갖구 가.

**민지**　(침실로)

**이모**　E 언니 /이서방네 이바지 구경 안해요?

**서여사**　구경할 거 뭐 있어.다 뻔한 건데..

**이모**　E 에이 그래두 그러는 거 아니지 언니느은.(나와 보면서)사부인 정성 다해 보낸 이바지를/아 언니가 보낸 이바지 사부인께서 언니처럼 그렇게 시큰둥 그럼 좋겠수?

**서여사**　(일어나며)아이구 그래 알었어..보자 봐.(하며 주방으로)

**민경**　(강욱 눈치 보면서)우리 엄마 참...

**강욱**　(물컵 집으며 그저 약간 웃는 듯)

**민지**　(서여사 침실에서 나오면서)용돈 인상/ 안해주는 거에요?(하며 주방으로)이달부터 좀 더 달랬잖어어.

**강욱 민경**　(돌아보고)

**S# 주방**

**민지**　(들어오며)남의 얘기 뚝 잘라잡숫구 기분 나쁘게 모른척 하기유?

**서여사**　(이바지 뚜껑 열어 보면서)뭐 하는 게 있다가 용돈을 그렇게 써.그거면 충분하지.

**민지**　엄마 나두

270

**서여사** (오버랩)엉뚱한 치다꺼리하느라 궁짜 떠는 거 보는 것만으로두 열불이 나는데.

**민지** 엉뚱한 치다꺼리가 아니지 엄마. 한 때 엄마 남편이었구 내 아버지

**서여사** (오버랩)오십만원에서 쓰는 거 글쎄 말 안해. 내가 뭐라든?

**민지** ……(엄마 보는)

**이모** 아 한 이십만원 쯤 더 주구려. 요새 돈/ 쓸 거 뭐 있어. 종이보다 쬐끔 난 게 돈일 정돈데‥

**서여사** 오십만원 용돈 받는 대학생이 얼마나 되나 한 번 알아봐. 우리나라 최저 생계비가 얼만줄이나 알아? 갈비는 누구 갈비 못먹구 사나…(양념 포장)

**민지** (팩하니 나가면서 곧장)

**민지** E 언니 나 삼십만원만 보태줘. 우리 아버지 생신이 다음주야. 양복한 벌 사드릴 거야. 줄 거야?

**민경** E 그래 알었어. 주께.

**서여사** 제게 유세통 질머졌어 저게.(나가려 하며)

**이모** (잡아 세우며)놔둬요 나가서 어쩔려구. 유세통에 벌통까지 질머지구 있는 애 벌통 건드려 뭐 할려구‥

**서여사** 웬일루 조용한가 했어‥무슨 맘 먹구 조용한가. (이바지 보따리들 밀며)보관 잘해.

**이모** 달라는대루 주지 어이그 이제 오천만원 억지 또 나올테니까 두구 봐요.

**서여사** (동생 보는)……?

**이모** 내기 할래우? 오천만원 또 나온다니까? (에서)

**S#** 지현네 목장 전경(낮)

**S#** 지현네 마루

**부부** (부모에게 절하고 일어나며)

**종혁** 별일 없으시죠?

**부모** (흐뭇해서 올려다보는)

**지현부** 별일은 별일 있을 게 뭐 있어. 아무 일 없어. 앉어 앉으라구.

**종혁** 네.. 앉으세요 형님..앉으세요(초희) 앉아.앉아요(진이 한수/모 두 적당한 대답)

**지태** (앉으면서)늬들까지 앉을 거 뭐 있어.

**지현부** 아냐. 앉어 앉어라 한수야.

**한수** 네..

**지현부** 왜 그래.식구 아냐?

**지태** 그게 아니라 어려울까봐.

**지현부** 어려울 거 없어.늬들 어려워하지 마.이 사람 한수 매형이야. 자네 애 처남이야 응?

**종혁** 예 아버님..왜 안 앉어요/

**지현** (안 앉고)나 옷 바꿔 입구 나올께요.

**종혁** 그래 그럼.

**지태** 옷 바꿔 입는 게 뭐 그리 급해. 보기 좋은데 좀 보자 우리두.

**지현** 불편해서

**지현부** (오버랩)불편해 봤자 얼만 불편해.오래비 말에 찬성이야. 보 기 좋으니까 잠시 입구 있어.

**지현** …알었어요 그럼..(하고 도로 앉는데)

**지현모** (슬그머니 딸 손 잡아다 만지는)…

272

**지현** ?…왜요..

**지현모** 오랜만이라 그러지 뭐…

**지현** 엄마는…

**지태** 날씨는 어땠어.

**종혁** 네 쭉 좋았어요…

**초희** 복많은 사람은 다르네. 우리 때는 처음부터 끝까지 비가 주룩
주룩 아주 진상이었는데..

**지현부** 배탈은 안나구?

**지현** 아뇨.

**초희** 제주도 해물 뚝배기 잡숴 보셨어요?

**지현** 아니 그냥 쭉 호텔에서 먹었어요.

**초희** 아이구 제주도 가서 해물 뚝배기 안 먹구 왔으면 제주도 간 것
도 아니네. 한번 잡숴보지 그랬어요 왜.(종혁에게)

**종혁** 뭔데..(지현에게)

**지현** 오분자기라구 전복 유사품하구 게랑 조개랑 그런 거 넣어서

**지태** (오버랩)제대루 끓이는 집 거나 먹을만하지 그냥 그래.아쉬울
거 없어.

**진이** 가신다면 제가 맛있는 집 가르쳐 드렸을텐데요. 우리 갔던 그
집 한수 씨

**한수** 가만 있어..(오버랩)

**지태** 점심 준비 다 한 거야?(아내에게) 있는대로 다 나와 있어두 점심
먹을 수 있어?

**진이** (냉큼 일어나며)다됐어요 오빠. 상만 보면 돼요.

**지현** (오버랩)그런데 왜 현식이 안보여요?

**초희**   일요일인데 집에 붙어 있나요 어디‥친구들하구 피씨방 간다
   구 일찌감치 나갔어요. 저녁 먹기 전에 들어오면 빠른 거죠 뭐.

**지태**   일어나 어서.

**초희**   알았어요. 일어나요‥(일어나면서)종혁씨두 타이까지 매구 불
   편해요. 옷 갈아 입으라 그러세요 어머니.

**지현모**   아이구 그렇겠다 참…갈아 입어라.응? 최서방 갈아입혀.

**지현**   네…일어나요.

**종혁**   어‥(일어나고)

**한수**   (옷 갈아입으라 소리에 벌써 일어나 있고)

**S#**  **지현의 방**

**종혁**   (편한 옷으로 바꿔 입으며)우리 어디서 자지? 저기서 둘이는 못
   자는데.

**지현**   (시중 들면서)한 사람 바닥에서 자면 돼요.

**종혁**   누가 당신이 내가.

**지현**   내가요.

**종혁**   그럼 나두 바닥에서 잔다… 따로는 안 잘 거야‥

**지현**   (잠깐 흘기듯 하면서)암말 말어요.아버지 엄마 신경 쓰세요.

**종혁**   누가 뭐래? 암말 안할 거야…걱정 마‥

**지현**   다 입었으면 나가요.나 갈아 입게.

**종혁**   나 있으면 안돼?

**지현**   안돼요 나가요‥

**종혁**   흠흠 당신 냄새 좋다. 향수야 로션야.

**지현**   아버님 회사 화장품이에요.

**종혁**   아 그래?‥몰랐네‥(하며 의자에 앉으려고 의자에 손대는)

274

**지현**　나가라니까 왜요‥

**종혁**　아 나가랬지 참…알았어 나갈께‥(나가고)

**지현**　(저고리 벗어서 침대에 놓고 치마 벗어 침대에/옷 꺼내려 장으로 움직이다가 문득 컴퓨터가 눈에 들어온다)……(컴퓨터로 가서 뚜껑 가만히 손바닥으로 쓸어보는)‥‥

**S#  목장 우리 앞**

**지현부**　(사슴 보면서)초식 동물이라 병 없어. 평생 사슴 키우면서 병으로 속 썩이는 놈 별로 구경 못했으니까 좌우간‥

**종혁**　사슴 키우기는 더할 수 없이 좋은 자리에요 아버님…

**지현부**　더할 수 없어.조용하구 깨끗하구…집에 차 몇 차례 드나드는 거 밖에는 무슨 소음 들릴 일이 있나‥그러니까 애들두 스트레스 받을 일 없구 다 건강해‥뿔 쑥쑥 잘 자라 돈벌이 잘 시켜주구 새끼 부지런히 낳아 식구 불궈주구 백마리 이상 키울 때는 재미있었어…애들이 하두 편하게 살라구 성화를 대서 줄여놔 이렇지 장관이었다구‥(길로 나서면서)

**종혁**　네에.(따르며)

**지현부**　(잠깐 옆으로 보며)저 눔들이 말야…눈이 어찌나 선한지…세상에 없는 흉악한 눔이라두 사슴 눈만 들여다 보게 하면서 한 석달만 살게 하면 착해질 거야. 그만큼 눈이 선해. 우리 지현이가 사슴 눈을 닮아 이쁜 거라구 자네.

**종혁**　네에.(하고 조금 소리 내어 웃는다)

**지현부**　(잠깐 멈추고)왜/ 안 이뻐?

**종혁**　아닙니다 이쁩니다 아버님…

**지현부**　(다시 움직이며)우리끼리 얘긴데… 우리 애가‥‥아주 예민한 편이야..

**종혁**  예.

**지현부**  예민하면서 까다롭지.. 아니 예민하니까 까다로운 걸 거
야...그래서 뭐 따지는 게 많아...대충 넘어가는 게 없이 뭐든지 그
저 아구가 딱딱 맞어야 직성이 풀리지 안 그럼 못견뎌하는 애라구..

**종혁**  네..

**지현부**  연애루 만난 것도 아니구...자네 집안은 너무 거창하구..저
하구 싶은 일은 있구 여러 가지루 속이 불편했지 싶어 짐작으루...
...그래서 자네한테/ 재 잘 못했을 거야. 까탈 부리면서...... (멈추며)
그렇지만 자네 이걸 알아야 해......재...순수하구 맑은 애야...그런
놈 아니면 자네같은 결혼상대 속/ 그렇게 안 썩여......무슨 뜻인지
알아?

**종혁**  네 압니다..

**지현부**  딸 아이 시집 보내는 애비로서는...딸년이 좀 두루뭉술...그랬
으면 편켔어...보내기는 하는데/잘하구 살지 어쩔지 걱정이 많아.

**종혁**  ......

**지현부**  (앞 보면서 심란하게)결혼식해 떠나 보내구 나니까 왜 그렇게
자네하구 결혼하는데 애를 먹였나 알 거 같어...차라리 평범한 사
람 만나 저 하구 싶은 일 하면서 사는 게 저를 위해서 옳았던 거 아
닌가 싶기도 하고..

**종혁**  죄송합니다..

**지현부**  그러니까...(멈추고 마주 보며) 날개 잡아매 들여앉힌 애니까
가엾다 한 수 접어주구 자네가 잘 살펴 줘...더러 성질 펴두 품 널직
하니 받아 주구..응?

276

**종혁**　네 명심하겠습니다. 아버님…

**지현부**　(다시 걷기 시작하며)즈 엄마랑 나랑 걱정이 많아…걱정이 아주 많아…

**종혁**　….(걸으며 아버지 보는)

**진이**　E 아버니임/

**진이**　(나와 서서)진지 드세요오오오.

**지현부**　E 오냐그래/

**지현부**　들어간다아아…쟤들 말야 최서방…

**종혁**　네..

**지현부**　한수 열두살 때 데리구 와 키운 눔야…대학 공부까지 시킬려구 했는데 지가 공부에 취미가 없어 공부 작파하구 사슴으루 들러 붙었어..

**종혁**　….(보는)

**지현부**　E 적당한 때 봐서 쓸만한 가게라두 만들어 내 보낼 거야..한 정없이 착한 눔이야..

**지현부**　우리 마지막 저눔 내외한테 얹혀 살 계획야…

**종혁**　네에…

S# 민경의 식탁

**서여사**　(반찬 집으며)당장 내일부터 해봐 어디. 해주는 밥 먹구 홀랑 홀랑 병원만 나가면 그만이다가 쯔쯔쯔.

**이모**　파출부 한 사람 대 줘 언니.

**서여사**　내가 왜..쓸려면 즈들이 쓰지 내가 왜 대 줘?

**이모**　요샌 친정어머니가 다 해 준답디다.

**서여사**　친정어머니 무슨 죄인이야? 낳아서 키워서 공부시켜 바리바리 싸 시집 보내구 파출부까지 붙여주게?

**민경**    필요하면 내가 부를테니까 걱정마세요.

**민지**    나는 대 줘야할 거야.

**서여사**    ?

**민지**    나는 형부처럼 돈 잘 버는 남편두 아닐 거구 언니처럼 내가 벌지두 못할 거구 그러니까. 나는 가난뱅이한테 시집갈 거니까.

**이모**    아이구 참 저거. 가난뱅이한테 가는데 파출부가 무슨 필요 있니.니가 치우구 니가 해 먹구 그러는 거지.

**민지**    죽을 때 돈 수표루 바꿔 관에 너 갖구 가는 거 아니잖아요··엄마 돈 같이 쓰구 살면 되지 애껴서 뭐해. 나는 시집갈 때 집두 사줘야 하구 차도 사줘야하구 경우에 따라서는 시부모님 집까지 사줘야 할 걸?

**이모**    너 그 말같지두 않은 소리 말구 맛있게 밥이나 먹자 응? 니 엄마 혈압 올려 밥상 파장 만들지 말구 아가씨야 엉?

**서여사**    이 서방 미역국은 안 좋아하나부다 얘.

**강욱**    아니 아닙니다.

**민경**    아니랄 거 뭐 있어. 미역국 안 좋아해요. 미끈덩거리구 코같다구.

**이모**    어으 야!

**서여사**    그럼 생일날 미역국 안 먹구 뭐 먹어.

**강욱**    아니 저 먹기는 해요··좋아를 안할 뿐이지··

**서여사**    집은 언제쯤 살 거야.

**강욱**    ?(보고)

**민경**    집사는 걱정을 왜 해요. 문제두 아닌 걸.

**서여사**    이삿짐 끌구 이년에 한번 씩 이리저리 돌아다닐래?

**민경**  걱정마요. 이년 안에 사요.

**서여사**  내 자식 셋집에서 시작할 줄은 정말 몰랐어.

**민지**  엄마아(싫어서)

**서여사**  (얼른 바꿔서)아 말이 그렇다는 거야. 사돈 어른이 집은 사줄 줄 알았다는 얘기야.

**민경**  (싫어서)멀쩡하게 잘 벌구 있는 아들/ 집은 왜 사줘요. 뭐 맡겨 놨어요?

**서여사**  자식이라구 단 둘이라면서 사줄 형편되면 사주지 못 사줄게 뭐야.

**민경**  싫어 죽겠어 정말. 밥이나 먹어요.

**서여사**  E (강욱 위에)뭐랬다구 이래 얘가‥

**S#**  **지현네 마루**

**지현모**  (식사 다 마친/일어서서/진이 한수/큰 밥상 부엌 쪽으로 옮기고 있는)어떻게 음식이 입에는 맞았는지 모르겠네.

**종혁**  (같이 일어서서)아니에요 잘 먹었어요.아주 맛있게 잘 먹었습니다.

**지태**  과일 내와야지.

**초희**  (마루 걸레질하며)우리 집은 완전히 시골 음식인데 그래두 생각보다는 잘 드시네에? 시래기 나물 같은 거 안 드실줄 알았는데‥

**종혁**  아 저이 집두 가끔 먹어요. 그런데 우리 집 거보다 훨씬 맛있는데요?

**초희**  호호 그러세요?

**지현부**  한가지라두 입에 맞는 게 있어서 다행이네. 앉어‥과일 먹구 들어가‥

**지태** 앉아.

**종혁** 네··(앉는데)

**지현부** 담배 태우구 싶으면 나가 태우구 들어오구.

**종혁** 아니 아닙니다. 나중에 하겠습니다.

**지현** (걸레 들고 일어서는 초희에게 손 내밀며)이리 줘요.내가 빨아갖
구 나오께.

**초희** 어이그 놔 둬요··(욕실로 움직이며)보통 때두 안하던 사람이 괜
히 신랑한테 잘 보일려구/

**지현모** 어이구 저 말 하구는

**지현부** 허허 사실이지 뭐 사실 아냐?

**지현** 그 정도는 아니에요 아버지.(하며 주방으로)

**지현부** 애 큰일났어 최서방.할 줄 아는 거 아무 것도 없어. 할줄 아는
거 지 얼굴 씻는 거 밖에 없는 애야.

**지현모** 아니 느이 아버지는 왜 저러신다니? 딸 표깨구 뭐 자기가 올라
갈 일이 있나.

**지태** (웃으며)사실은 사실이니까요. 회사다니네 글쓰네 /할 줄 아는
거 뭐 있어요 솔직히?

**지현모** 걱정마라. 하러들면 그래두 밥두 잘하구 국두 먹게 끓여내.
사람 없는 집두 아니구 가르치실 어른이 없는 댁두 아니구 배워가
면서 차차 하면 되지 뭐/모두 다 그러는데 무슨 걱정야. 걱정할 거
없어. 사부인두 각오하구 계실 거야.너 아무 것도 모른다는 말씀
내가 열두번두 더 드렸으니까.

**종혁** 네··걱정하실 거 없어요. 살림할 사람 없어 데려가는 거 아니니
까요.

**지현모**   봐라.

**지현부**   그럼 뭐 화초루 데려가는 거야? 아무리 그래두 여자는 여자
로서 기본은 할 줄 알아야하는 법이야.

**지현모**   아 기본은 하구두 남을 애에요.걱정 붙잡아 매세요.

**지현**   (과일 쟁반 들고 나오며)아직두 내 걱정이에요?

**지현모**   늬 아버지 오늘 이상하다.(과일 받으며)오래비랑 쿵짝 맞춰
은근슬쩍 너 헐뜯구 있어 얘.

**지현부**   내가 언제.(펄쩍)

**종혁**   (소리 내어 웃고)

**다른 사람들**   (적당한 웃음)

F.O

**S#**  아파트 주차장(아침)

  [강욱 부부 나와서 민경/자동차로/리모트컨트롤로 차 문 여는 강욱.]

**민경**   몇시에 나올래.

**강욱**   (자동차 문 열어주면서)열한 시 쯤 나가께.

**민경**   그때까지 뭐 할 건데?

**강욱**   대충 꽂아 놓은 책장 좀 제대로 정리하구 그럴 거야…

**민경**   (자동차로 오르면서)하는 김에 내꺼두 좀 해주라.

**강욱**   내가 해두 돼?

**민경**   니꺼 하는 식으루 해 줘. 괜찮아. 키 내.

**강욱**   아 (키 주고)

**민경**   (키 꽂아 시동 걸면서)병원 문 닫구 싶다…(돌아보며) 출근하기
싫어.

**강욱**   (그저 웃는)

**민경**  그런데 나 집에 있구 너만 나가면 또 니가 보구싶어 안되겠지?

**강욱**  어서 나가. 이따 보자.

**민경**  (손 들어 보이고 출발)

**강욱**  ……(나가는 자동차 보다가 아파트 쪽으로)

**S#  아파트 침실**

**강욱**  (청소기 들고 들어와서 한 옆에 놓고 침대 위에 벗어놓은 아내의 집
안 옷 집어 들고 장으로 가서 단정하게 옷걸이에 걸어 처리하는)

**S#  아파트 거실**

**강욱**  (청소기 밀고 있는)

**S#  사장실**

**종혁**  어때 재밌어? (이십 대 후반 펀드 매니저들 여섯과 함께 앉아서)

**사원1**  예 재미있습니다.

**종혁**  며칠 전에 말야 씨디아이비라고 대만에 투자은행이 있는데.
그 사람들이 우리 회사에 투자하고 싶다고 왔었어.그 사람들 만나
면서 우리나라 사람들은 왜 저렇게 못하나. 그 사람들 최근 삼년동
안 우리나라에서 한 삼천억 벌었다구 하드군. 우리 입장에서 보면
얼마나 김새구 가슴아픈 얘기야.우리나라 금융기관은 부실로 퍽
퍽 쓰러지는데 외국인 들이 들어와 삼천억 벌었다는 거 말 돼?우
리도 인도나 인도네시아 말레이시아 이런 금융시장이 좋으면 얼
마든지 나가서 벌어들일 수 있는 일이라구.나 우리나라 사람들이
외국시장가서 그만큼 벌었다는 소리 못들어봤거든? 그러니까 결
론은 느이들이 잘해야 한다는 거야. 열심히 좀 해.

**사원들**  (적당히)예/열심히 하겠습니다.알겠습니다 사장님(등등)

**종혁**  과거하구 달라서 스케일이 커져야 해.과거에는 가치투자 위주

였지만 이젠 인터넷 혁명이 되면서 성장투자 쪽으로 가고 있단 말야.그러면서도 항상 리스크를 볼 수 있는 능력이 있어야 해.어느 기업을 누가 가장 정확하게 보느냐가 관건이야.앞으로는 포트폴리오가 굉장히 중요하니까 자료들 잘 읽어보고/그렇다고 또 자료에만 의존하란 소리 아냐. 공부해. 김 성환 영어공부 좀 하니?

**김성환**  예 하고 있습니다.

**종혁**  술은 몇번이나 먹어들.

**모두**  …

**종혁**  한달에 한번 씩은 모여서 술들 먹어 엉? 노는 것도 일하는 것 만큼 중요해.늬들끼리 커뮤니케이션이 중요하다구.느이들끼리 경쟁하지 마. 그건 지지한 소모전일 뿐야. 궁극적으로 세계무대를 목표로 하란 말야. 알아 들어?(에서)

**S#  지현네 마당**

**한수**  (지현의 가방 /지현 자동차 뒷좌석에 싣는 중)

**진이**  (이바지 짐 같이 실으면서)신랑없이 언니 혼자 가는 거 너무 이상해.

**한수**  워낙 바쁜 양반이라잖아.

**진이**  어쨌드은.

**S#  지현의 방**

**지현**  (옷 입고 있고)

**지현모**  (보다가)화사하게 한복입구 갔으면 좋겠구먼 참 말두 징그럽게 안 들어.

**지현**  점심 때 인사드릴 건데 글쎄 뭐하러어.

**지현모**  새색시잖어. 새며느리 들어가는 첫날 한복 곱게 입구 들어서 보여드리는 게 좋지.

**지현** (오버랩)아우 됐어요. 인사드릴 때 보여드리면 돼. (핸드백 들고 문 열며)나가요.

**지현모** 얘..

**지현** ?(돌아본다)

**지현모** 문 좀 닫어봐.

**지현** 왜애.

**지현모** 닫어 글쎄.

**지현** (문 닫고)

**지현모** (딸 앞으로 가서서 딸 한 손 잡아 쥐고) 너 딴 생각 하는 거 아니야.

**지현** ……(보는)

**지현모** 죽으나 사나 이제 최씨 집안 사람이야…시덥잖은 잡생각 다 털어버리구 최서방 생각만 해. 최서방 보통 물건 아니야…아주 독 하구 무서운 애야……넘어가기 어려운 거 넘어가줬기때문에… 내 생각에는 있지…너 더 어렵지 싶어..작은 수든 큰 수든….수 빠트리 지 말어….남자나 여자나 그런 일은 …절대루 안 잊는 법이야…어쩌 면 남자가 더할 수두 있어 너.

**지현** ……(보며)

**지현모** 알아듣지?

**지현** 알아들어요.

**지현모** (어깨 만지면서 한숨처럼)

**S#** 안방

**지현** (들어오며)아버지 뭐하세요?

**지현부** (담배 끄면서 안 보는 채)담배 폈어.

284

**지현**  (선 채)…저 가야 해요.

**지현부**  (올려다보며)그래 알어…

**지현**  (무릎 꿇고 앉는다)……(방바닥 보면서)

**지현부**  ……(보다가)무릎은 왜 꿇어…뭐 야단 맞으러 들어왔어?

**지현**  (안 보는 채)편안하게 못해드리구….속 상하게 많이 해서….죄송
해요…

**지현부**  그런 거 없어…너…착한 놈이야‥

**지현**  (입이 떨리는)이만큼 키워주시구…공부시켜 주시구…사랑해 주
시구….감사합니다…

**지현부**  (고개 옆으로 돌리며)마음만큼은 못했어…내가 그렇게 훌륭
한 사람이 못돼서….마음만큼은 못했다.

**지현**  (툭툭툭툭 떨어지는 눈물)

**지현부**  한 가지 ….너 그렇게두 하구 싶다는 일….그거 포기시키구 보
내는 게 나는….그렇게 가슴이 아퍼…

**지현**  (울며 보는)….

**지현부**  (안 보는 채)그게 정말 안됐구…딱해…..하지만 어떡해‥(보며)
그렇게 된 걸 응?

**지현**  (끄덕이는)…

**지현부**  일어나야지.

**지현**  (끄덕이며 핸드백에서 봉투 꺼내 놓으며)아버지 이거‥

**지현부**  ?…이게 뭐야‥

**지현**  통장‥

**지현부**  무슨 통장

**지현**  그동안 모은 거랑‥성북동에서 주신 용돈

**지현부**   (오버랩)그걸 왜 내놔?

**지현**   (일어서며)아버지 쓰시라구요.

**지현부**   (빠르게 집어 들며)별 쓸데없는 소리. 갖구 가. 어이 너..

**지현**   아니에요 (아버지한테 잡히고)아버지랑 엄마 같이 써요.

**지현부**   아 필요없어. 얘가 왜 이래.

**지현**   아버지.

**지현부**   나 돈 궁한 사람 아니야. 너 갖구 있다 써.

**지현**   아버지이/

**지현부**   (오버랩 정색하고)필요없다니까 말 안들을 거야?

**지현**   ....(보는)

**지현부**   (백 당겨 넣어주면서)공연히 힘들여 왜...(넣고 어깨 건드리며)
   나가..나가 빨리..

**지현**   ...(문으로)

**지현부**   나는 안 볼 거야.

**지현**   (돌아본다)

**지현부**   너 가는 거 안 본 다구.

**지현**   알았어요...가요..

**지현부**   가...

**지현**   (나가고)

**지현부**   ....

**S#** 마루

**지현**   (나온다)

**지현모**   (앉아 있다가 일어나면서)나두 안 본다...

**지현**   왜애..내가 뭐 어디 죽으러 가요?

**지현모**  어쨌든 안보기루 느이 아버지하구 같이 짰어…

**초희**  (엄마와 같이 앉아 있다 일어났다)어머님두 별걸 다 아버님하구 짜시네…아가씨 다시 못 봐요?

**지현모**  어이 나가 나가.

**S# 집 밖**

　　　[나오는 지현과 초희]

**한수 내외**  (아래서 기다리고 있고)

**한수**  (운전석 문 열고)잘가요 누나.

**지현**  응 그래..잘있어..

**진이**  언니 안녕히 가세요.

**지현**  (진이 어깨 만지면서)잘있어. 우리 한수 계속 잘봐주라 응?

**진이**  네 잘봐주구 있어요.(남편 보며)

**한수**  니가 봐주냐? 내가 봐주는 거지.

**지현**  (웃으며 핸드백 운전석 옆자리에 놓고 나서)?..언니..(두어 걸음 떨어져 보는 초희)

**초희**  가세요..(어쩐지 울먹하다)

**지현**  (초희에게 가서 안아주면서)우리 엄마 아부지 잘 부탁해요..

**초희**  (마주 안으며)이제부터 나는 누구 붙잡구 하소연해요오

**S# 목장길 빠져나가는 지현의 자동차··**

**S# 운전하는 지현……**

# 제18회

**S#  종혁네 거실**

　　[현관문 열리며 미스장 지현의 가방 들고 들어오고 곧이어]

**제천댁**　(앞서 들어오며)머리 만지러 미장원 가셨어요. 집에 와서 만
　　져주는 미용사가 오늘 따라 노는 날이라구 해서/얼른 올라오세요.
　　(지현 올라오고)아이구우 우리 사모님 새며느리한테 잘 보이셔야
　　한다구 얼마나 신경을 쓰시는지··

**지현**　(그냥 웃어 보이고)

**제천댁**　(미스장에게)올려놔 드려.왜 그러구 섰어.

**미스장**　네에··

**지현**　아니에요 이리 줘요 내가 갖구

**제천댁**　(오버랩)아이구 아니에요. 올라가세요··가세요··

**지현**　(웃어 보이고 이 층 쪽으로)

**S#  종혁의 방**

**미스장**　(들어와 가방 적당한 데 놓고 인사하고)

**지현**　고마워요.

**미스장** (수줍어하며 나가고)

**지현** ……(방 둘러보면서/이제부터 여기서 살아야 한다)……(한 구석 흐트러짐 없이 말끔하게 정돈되어 있는)……(가방 들고 침실 쪽으로)

**S# 침실**

**지현** (들어와서 장 앞에 가방 놓고 옷 집어넣으려 가방 열다가 문득 침대 위에 놓았던 핸드백에서 핸드폰 꺼내 들고 거실로 나가며 찍는다)

　　E 벨 가는 소리

**S# 거실**

**유자** F 네에.

**지현** 유자니?

**유자** F 어 얘. 오랜만이다.

**지현** 응 지금 막 성북동 들어왔어. 어머님 안 계셔서 잠깐 틈 봐 전화하는 거야. 일은 잘 돼? 현경이는 없어?

**S# 작업실**

**유자** 일은 그럭저럭인데 현경이만 찾지 마 야. 나 꼬여.

**지현** F (오버랩)아냐 유자야.

**유자** (오버랩)바꿔주께(옆에서 손 내밀고 있는 현경)

**지현** F (오버랩)아냐 괜찮아. 그냥 얘기해.

**유자** 나랑 얘기하구 싶댄다.(현경 손 밀어내며)내 방송 너 봤니 참?

**지현** F 어 못봤어.

**유자** 어떻게 그럴 수가 있니.

**S# 거실**

**지현** (의자에 앉아서)생각은 했는데 안 봐버렸어.

**유자** F 왜.

**지현**  보기 싫더라. 당분간…드라마 안 볼 거 같아. 보고 싶지 않은 거
있지.

**유자**  F 바꿔주께.

**현경**  F 유자 얘 삐졌다. 지거 안 봐줬다구 삐졌어 낄낄‥

**지현**  이해해 달라구 해. 보구 싶지 않더라구‥현경아 너두 이해 못해?

**현경**  F 아냐 우리 이해해…다 이해해‥

**지현**  유자한테 말해줘…보구 싶지두 않았지만 텔레비전 자체를 켜
지두 않았었어.

**현경**  F (전화 저쪽에서)야 텔레비전 자체를 안 켰단다.‥‥(전화에)그
렇게 깨가 쏟아졌니? 티비 켤 필요두 없이?

**지현**  그건 아냐…그건 아니구(하는데)

  E 노크

**지현**  ?(막고)네에

**미스장**  (문 열고)사모님 들어오세요.

**지현**  (벌떡 일어나며)얘 끊어야 해.어머님 들어오신대.

**현경**  F 어 끊어(하는데)

**지현**  (벌써 끊어 전화기 탁자에 놓고 부리나케 나가는)

**S# 거실**

**지현**  (계단에서 빠르게 내려오는데)

**노여사**  (벌써 현관에 들어서면서)그래? 새애기 왔어? 생각보다 서둘
렀나보네 응?(하고 고개 들어보면)

**지현**  (와서 인사하며)저 왔어요 어머님.

**노여사**  오냐‥그러구 왔니?

**지현**  ?(했다가)네‥인사드릴 때 갈아입으려구

**노여사** (오버랩의 기분)아버님 언제 들이닥치실지 모른다. 열 한시 넘었어. 어이 올라가 같아 입구 내려와 아버님 맞어라 응?

**지현** 네에.

**노여사** 점심 준비 잘하구 있지?

**제천댁** 네 사모님.

**노여사** (안방으로 움직이면서)아이구 덥다…벌써 이렇게 더우면 어떡하나.

**지현** …(노여사 들어가고 나서 이 층으로 몸 돌리는)

**S# 민경의 진찰실**

**민경** 언제 나오셨어?

**간호사1** F 한 이십분 되셨어요.

**민경** 그래? 지금 뭐하구 계시는데?

**간호사1** F 지금 묵은 신문 보구 계세요.

**민경** (시선 앞에 펼쳐져 있는 신문으로)

**간호사1** F (연결)그동안 못보신 거요.

**민경** …그래 알았어…(전화 끊으며)…

**S# 강욱의 진찰실**

**강욱** (스포츠 신문 보고 있는)……(보다가 넘겨서 훑다가 문득 멈추는)

**S# 인서트/**

  [지현의 결혼 사진과 간단한 박스 기사….]

**강욱** …………(한참 동안 보다가 신문 접어 다 본 신문 쪽에 놓으며 일어서는)……(커피 있는 곳으로 가 커피 따라 들고 마시면서)……(커피 잔 내리고 가만히)……(있다가 다시 커피 마시고 내리고)……

  E 노크

**강욱** (돌아보며)네에.

**민경** (들어오며)그래서 책장 정리는 다 한 거야?

**강욱** 어.. 끝냈어.

**민경** 내꺼는?(커피 쪽으로)

**강욱** 본인이 한번 더 봐야할걸?..내 식으로 하긴 해 놨는데 좀 그렇 드라…책들이 분류하기 어려울 정도로 뒤죽박죽이든데?

**민경** 온갖 잡서를 다 끌어들이니까.(커피 잔 들고 돌아서서 보며)

**강욱** 정말 온갖 잡서들이드군..

**민경** (한 모금 마시고 내리며)신문 보는 중이라면서…다 봤어?

**강욱** 보는 중이야..

**민경** ….(커피 잔 내려다보며)봤지.

**강욱** (잠깐 보고)…봤어..

**민경** 나두 봤거든…나두 보구 이선생두 봤을 거 알면서 모르는 척 시침떼구 있기는 좀 ..징그럽드라…그래서….내려 왔어…

**강욱** (안 보는 채 끄덕이는/아무 일 아닌 듯)

**민경** (보며)이 선생은 착잡하겠지만 나는 솔직히….훨씬 안심이 돼…두 사람 이제 뭐 더 어쩔 거야 그치?

**강욱** (테이블 의자로 움직이며)환자 없어?

**민경** 아예 문닫았는지 아는지 한가하네…

**강욱** 그러다 오후에 밀리겠지 뭐.(신문들 한꺼번에 정리하며)

**민경** 그럴지두….우리 애들은 왜 커피를 이렇게 못 뽑는지 모르겠드 라…이방께 훨씬 맛있어..

**강욱** (조금 웃으며)흠흠 그렇드라…그방 껀 언제나 좀 어정쩡 해. 대 충 너무 싱거워서 숭늉같구 군맛두 있는 거 같구….

**민경**  커피 메이커를 바꿔볼까?

**강욱**  기계 탓일 수도 있나? (전화벨)

**민경**  글쎄 말야..

**강욱**  네에….아 알았어요.(끊으며)환자 왔대. 선생님 찾아. 얼른 올라가.

**민경**  알았어.(커피 잔 놓고)수고.

**강욱**  수고.

**민경**  (나가고)

**강욱**  ….(신문들 한꺼번에 들고 출입구로 나가는)

**S#  대기실**

**강욱**  (나오며)이거 좀 치워 줘요.

**간호사2**  네 선생님..

**S#  종혁네 안방**

  [자식들 마주 앉혀놓고 /지현 한복.]

**최회장**  길게 얘기 안해. 이제부터 이 집안 며느리니까 바깥 세상에 관심 가질 필요도 없고 너 하고자 했던 일에 대한 미련도 버리고/ 이 집안 며느리들 모범이 되고/종혁이 안사람으로 슬기로운 내조자가 돼서 집안 화평에 큰 역할을 해 다오.

**지현**  …..

**종혁**  (잠깐 아내 보는)..

**최회장**  일전에 내가 애한테두 좀 지껄였는데..너보다 먼저 들어온 니 사촌 동서들 텃세/

**지현**  ?…(아무도 안 보는 채 시부가 알고 있는 것에)

**최회장**  E 당분간은 그러려니 하면서 크게 상관할 거 없다. 늬 어머

니는

**최회장**  제일 맏인데두 여인네들 집안 위세에 눌려 몇 년은 힘들었었
어..

**노여사**  세째 동서가 제일 유난스러웠지요(좀 쓴 미소)

**최회장**  그런 얘기는 할 거 없구/너 할 나름이야. 살다 보면 평정이
되느니라.

**지현**  ....(다소곳이)

**최회장**  그리구 더러 불쾌한 일 당해도 너혼자 먹어버리고 말아. 사
내라는 게 덩치는 커두 애같은 데가 있어서 지 안사람 부당한 대우
받았다 소리 들으면 그거 참아 넘기기 어려워. 그러다 보면 쓸데없
이 느이 형제들 우애나 상하고 더 잘못되면 내 형제들까지 불편해
질 수 있어.

**노여사**  세째 숙부 내외분이 모시기 제일 어려울 거다 아마.

**최회장**  쓸데없는 말 할 거 없다니까.

**노여사**  아 정보 좀 줘놓는 게 뭐가 나빠요.

**최회장**  지금 누가 얘기하구 있는 거야. 나보구 하라면서.

**노여사**  알았어요 잘못했어요.(에서)

**S#** 식당

**지현**  (제천댁 도와서 상 차리는 것 거드는데)

[회장 부부와 종혁 들어온다.]

**최회장**  (들어오면서)어떻게 된 눔으 시장이 주주들한테 면목이 없게
만들어 도무지가. 언제 제대루 가는 거야..

**종혁**  (조금 웃으면서)걱정이에요.

**최회장**  (앉으면서)소위 느네 전문가라는 인물들 예측 어디 하나나

294

맞어들어가? 금년 상반기 뭐 장미꽃 만발할 거라드니 장미꽃은커
녕 다 말라죽는 지경이잖아.

**종혁**  그렇습니다.

**최회장**  너는 왜 말을 애껴‥

**종혁**  (그냥 조금 소리 내어 웃는)

**최회장**  (수저 들어 먹기 시작)

**노여사**  (수저 들고/종혁도 함께)

**지현**  …(잠깐 있다가 슬그머니 나가려고 하는데)

**노여사**  어디 가니.

**지현**  ?(나가다 돌아보는)

**노여사**  아버님 다 드실 때까지 있으면서 국두 바꿔 드리구 숭늉두
올리구 그래라(안 보는 채)

**지현**  ‥‥(조용히 다시 제자리로)

**종혁**  …(신경 쓰이지만)‥‥

**최회장**  ‥‥

**노여사**  ……

**종혁**  ……

**지현**  ‥‥‥‥

**S#**  병원 식당

**지현**  식사들 하면서

**간호사1**  저는 그냥 그 동안 못 만난 친구들 한 바퀴 다 만나구 다녔어
요. 일박이일 여행두 하구요.

**민경**  잘 보냈네. 참 호주는 갔다 왔니?

**간호사**  (호주 간다던 아가씨)네‥어제 왔어요 선생님.

**민경**　호주 좋지.

**간호사**　아무 데두 못다니구 거의 집에만 있었는 걸요 뭐.

**민경**　왜.

**간호사3**　가는 날이 장날이었대요 선생님.

**민경**　무슨 소리야?

**간호사4**　올케언니가 한달 보름이나 조산하는 바람에 산모 치다꺼리 하면서 팔짜 타령만 하다 왔대요 흐흐흐(다른 간호사들 같이 웃고)

**민경**　안됐다아. 팔자타령하게 생겼다 응?

**간호사1**　그 대신 오빠가 결혼 때 크게 써준다 그랬대요 선생님.

**민경**　어 그럼 결과적으로 돈 벌러 갔다 오신 거구만.

**모두**　(조금씩 웃고)

**간호사2**　그런데 선생님네는 왜 여행 안가셨어요?

**민경**　글쎄 왜 안갔드라? 이선생‥우리 왜 안갔지?

**강욱**　?‥

**민경**　여행 말야.

**강욱**　아아 그거/요즘 여행객들이 부쩍 늘었다 그러드라구요. 여행 객들이 나가서 쓰는 달러가 만만치 않대요. 그래서 우리라도 달러 애끼자 그래서 안간 거에요.

**간호사들**　에에이/(못 믿겠다)

**민경**　선생님 말씀하시는데 에에이가 뭐야 버릇들 없이?

**간호사3**　댁에만 계셨다는 게 너무 이상해요 선생님.

**민경**　그래 우리는 이상한 사람들야 좀 튀구 싶어 그랬다 왜.

**모두**　(또 웃고)

**간호사2**　그럼 신혼여행 사진두 없겠네요?

**민경**   그러네?

**간호사2**   나중에 애기들이 엄마아빠 왜 신혼여행 사진 없냐 그럼 뭐라실 거에요?

**민경**   뭐라 그러지?

**강욱**   찍어갖구 와서 필름 현상 갖다주라구 김간호사 줬는데(간호사 1의 성) 김간호사가 갖구 가다가 필름 또랑에 빠쳐서 없다 그러지.

**모두**   에에이/호호호호 (웃어버리는)

**S# 종혁의 방**

**지현**   (깨끗하게 접힌 종혁의 새 와이셔츠 들고 침실에서 나오는데)

**종혁**   (들어오면서 와이셔츠 벗기 시작하며)당신 우리 집 이상하지.

**지현**   (새 와이셔츠 단추 풀다가)?

**종혁**   아버님 진지 드시는데 세워 놓는 거.

**지현**   (조금 웃으며)작은 댁들두 다 그래요?

**종혁**   그래 다 그래…며느리 둘이면 둘 다 셋이면 셋 다.

**지현**   (쓴웃음)

**종혁**   (벗은 와이셔츠 적당히 치우면서)차 먼저 마시자. 와 앉아 차 줘‥

**지현**   (와이셔츠 놓고 소파 쪽으로 가 녹차 따라준다)

**종혁**   (앉아서 보며)당신 집에서는 잘하구 왔어?

**지현**   (제 잔에 따르다가 잠깐 보고 마저 따르며)잘하구 왔어요.

**종혁**   (찻잔 집으며)마음 안 좋지?

**지현**   나보다 아버지 엄마가 더 안좋으시겠죠 뭐…배웅두 안해주시더라구요.

**종혁**   그래? 배웅두 안해주셔? (마시고 내리며)

**지현**   보기 싫으셨나봐요‥

**종혁**　서운하셔서.

**지현**　..(그냥 찻잔 든다)..

**종혁**　오늘 좀 늦어…간부들 데리구 저녁 먹어야겠어..결혼 턱 내라 구 난리야.

**지현**　얼마나 늦는데요.

**종혁**　열두 시 안에 들어오는 건 거의 불가능일 거구 한시냐 두시냐 야.(찻잔 비우는)

**지현**　.....(보며)

**종혁**　왜…결혼하자마자 심하다 그래서? 특수 상황이잖아. 되도록 일찍 일어나도록 해보께.

　　　(일어나면서)당신 이쁘다구 난리들이더라. 뭐가 그렇게 이쁘 지?(기웃이 보듯이) 당신이 이쁜 거야?

**지현**　(피하면서 와이셔츠 터는)나보다 이쁜 여자는 하늘에 별처럼 많 아요.

**종혁**　흠흠 그거 어디서 들어본 소리다.

**지현**　(입히면서)과음하지 말아요.

**종혁**　?(돌아본다)

**지현**　다음 날 힘들잖아요.

**종혁**　(지현 쪽으로 돌아서며 단추 채우며)힘들까봐 걱정 돼?

**지현**　(조금 흘기는 듯한)

**종혁**　(코 잡아 흔들면서)나 과음한 거 봤어? 내 주량 내가 알어.(단추 채우며) 절대 비틀거릴 정도루는 안 마시니까 걱정 마. 나는 나 자 신한테두 흐트러진 모습 보이는 거 결코 싫은 사람이야. 알아?

**지현**　알아요 잘났어요.

**종혁**  (안으면서)당분간 상당히 고단할 거야. 할수 없다 죽었다 그러
구 참구 견뎌. 차차 적응 될 거야. (떼고 보며)응?

**지현**  (단추 마저 채워주면서)새벽 다섯시 반에 일어나야 한다는 것만
으로 벌써 나는 죽었다 하구 있어요.

**종혁**  아 아버님 들어오시면 그때부터 당신 자. 나 들어올 때까지 꼼
박 안자구 있을 건 없어.들어오기 오분 전에 전화할 테니까 그때
일어나 나 맞으면 돼.

**지현**  ?..자다 일어나야 해요?

**종혁**  우리 둘이 사는 거 같으면 상관없는데 아버님 어머님 계셔서
당신 나 들어오는 거 봐야해. 우리 집 법이야.안 그럼 당신 찍혀.

**지현**  (후우우 숨 내쉬며 고개 돌리는)

**종혁**  (소리 내어 웃으며)큰일났지?

**지현**  ?(보는)

**종혁**  흠흠흠흠

**지현**  그렇게 재미 있어요?

**S#  강욱의 진찰실**

**민경**  (커피 머그잔 두 대 쟁반에 들고 와 놓고 앉으며)커피 마셔.

**강욱**  (보던 책 놓고)응.(하고 머그잔 집으며 괜히 민경 보고 웃는)

**민경**  묵은 신문은 뭐하러 봐.

**강욱**  ....(보는)

**민경**  나는 훨씬 가벼워졌는데...이선생은 무겁네..밥 먹으면서두 한
마디두 안하구.

**강욱**  언제 한 마디두 안했어. 얘기했잖아.

**민경**  시켜야 했잖아.

**강욱**  (좀 싫증 나서)그냥 모르는 척하구 예사롭게 넘어가구 그럴 수
는 정말 없는 거니?

**민경**  ⋯⋯(보며)

**강욱**  어떻게 내 머리 속 구석구석 갈피갈피까지 다 알아야해. 나 자
신두 다 모르는 거까지 말야⋯⋯있잖아⋯가끔 대답이 궁한 질문 많
이 하는 거 알아?

**민경**  그만큼 대답할 수 없는 생각을 많이 한다는 증거 아냐?

**강욱**  그런 거 아니구 나 자신두 잘 모르겠는 추궁을 한다는 뜻야 내
말은⋯나 자신두 잘 모를 때 많아.그저 말이 하기 싫을 때 있구 입
이 잘 안 덜어질 때 있구 그래. 그럴 때마다 일일이 왜 그런가 고문
하잖아.

**민경**  고문이래.

**강욱**  ⋯⋯(보다가)그래 고문은 좀 심했다.(조금 웃으며)아무튼 꼭 알구
싶어하잖아.

**민경**  그럼 이선생은 이선생이 어떤 상태든지 내가 아무 관심없이
그래야 한다는 거야?

**강욱**  ⋯⋯관심있다구 꼭 호벼 팔 건 없잖아. 번번이.

**민경**  (머그잔 탁 놓으면서)개 결혼기사가 이 선생 입을 꼬매 버렸다
는 생각이 드니까 그렇지.

**강욱**  그렇다 그러는 게 좋겠지 아니라 그러는 게 좋겠니⋯그렇다 그
럼 기분 상할 거구 아니라 그럼 거짓말이라 몰아칠 거 아냐.

**민경**  ⋯⋯(보며)그래 건 이선생 말이 맞어.

**강욱**  이러지 말자⋯나 좀 내버려 둬⋯혼자 내비 좀 둬⋯

**민경**  그럴 거면 결혼할 필요 없었잖아.

300

**강욱** ·····(보는)

**민경** 차라리 우리 솔직한 게 어떨까···내 마음 다칠까봐 아닌 척하구 그러지 말구 이 선생 드는 기분/느낌//내가 알구 싶어하면 그때그 때 정직하게 말해주는 거···

**강욱** ·····

**민경** 그게 낫지 싶은 생각이 들어···그럼···김은 새겠지만 이거 아닐 까 저거 아닐까 아니 저럴 거야 맞아/ 아냐 설마 그럴라구 이런 식 으로 나혼자 끌탕하는 거 보다 응? ···어떻게 생각해?

**강욱** ········

**민경** 걔 결혼했다는 거때매 입이 붙어 버린 거지.

**강욱** ······참 못말리겠다····정말 정직한 대답 원해?

**민경** 응.

**강욱** 뒤는 나 책임 안져.

**민경** 내가 감당하께.

**강욱** 그래····그거 보구 그래···됐어?

**민경** ····실망스러워서?

**강욱** ·····그래···

**민경** 아쉽구.

**강욱** ····그래···

**민경** 놓친 물고기는 몇배나 크게 생각된다드라.

**강욱** 맞어···몸부림이 나게 아까워.

**민경** 됐어 그렇게까지 솔직할 건 없어.(하며 일어서서 의자에서 빠지 는데)

**강욱** (한 손 잡으며)봐···좋을 거 없잖아.

**민경** …(내려다보며)아냐 나 기분 좋아.고문해서 자백 받아냈으니까
　　　성과 있잖아.

**강욱** (올려다보며 당겨서 무릎에 민경 앉게 하는)

**민경** …왜..

**강욱** 어쨰 이렇게 기집애니. 누가 널 사내 같대.

**민경** 나 기집애 되는 거 너한테 뿐이야.

**강욱** 흠흠 알아….알구 있어(하며 안아주고)

**민경** ……(안겨서)

**S#** 성북동 거실

**노여사** (작은 노트 뒤적이고 있다…따로 메모한 종이도)……

**지현** (이 층에서 내려오는데 진 바지에 티셔츠 차림)…(빠른 걸음으로 내
　　　려오는데)

**노여사** ?….(문득 보고)……

**지현** 네 어머님.(앞에 서서)

**노여사** 너 옷이 그게 뭐야.

**지현** ?….아주머니/어머님 외출하시면 대청소 해야 한다 그러셔서..

**노여사** 대청소를 하면 했지 /아이구 애 좀 봐…너 그러면 안돼…그
　　　바지는 뭐구 티셔츠가 웬말야 얘가.

**지현** 이거…안돼요 어머님? 일하는데는 이게 편한데요.

**노여사** 누가 널더러 아예 걷어부치구 일하라든? 우선 앉어라.우선
　　　앉구….(그래도 멍한 지현)앉으라구.

**지현** ….(앉는다)

**노여사** 청소니 뭐니 그런 일은 굳이 니가 덤벼들어 안해두 돼.아줌
　　　마랑 미스 장이 있잖아.커튼 바꾸구 그러는 건 정원사 아저씨 들어

와 도와주구 화분 내구 들이는 거두 아저씨나 기사들이 해주구 크
게 기운 쓸일은 없다. 그저 부엌 일이나 거들면 되구 아버님 시중
종혁이 시중만 들면 돼…너 그런 바지에 티셔츠 입고 왔다갔다 하
는 거 느이 아버님 보시면 니가 아니라 내가 죽어..나 나가구 나면
당장 올라가 단정하게 갈어입구 /이 집에서 바지 차림은 안되는
거니까 그렇게 알구…(하는데)

**제천댁**　(물 한 컵 들고 나온다/비타민 같은 영양제와 함께)

**노여사**　제천댁 애 옷입은 것 좀 보라구…아이구우 기가 막혀서 참.

**제천댁**　(웃으면서 약과 물 집어 들며 지현 보는)

**지현**　…(괜히 주눅이 들고)

**노여사**　(약 넘기고 물컵 놓고)

**제천댁**　(물컵 들고 들어가고)

**노여사**　그리구 참 생각난 김에 얘기해 두자. 너 아까 인사 여쭙고 나
서 아버님 말씀 하시는데 그냥 가만히 아버님 말씀 다 삼키구 말드
구나.

**지현**　?…(무슨 얘긴지 몰라서)

**노여사**　어른이 무슨 말씀을 하시면 ‥중간중간‥네 잘 알겠습니다 라
든지‥잘못했습니다 라든지 명심하겠습니다라든지 /잘 듣고 있는
표시를 해주는 게 어른에 대한 예의야‥알겠니?

**지현**　네에‥

**노여사**　우리 집안이 회장님 형제분이 사형제에 /거기서 나온 자손
들이 손주 손녀까지 합쳐서 모두 모이면 서른이었는데 니가 들어
와 서른 하나가 됐어.

**지현**　네에‥

**노여사**  추석 설 명절 차례 두 번에 일년에 모셔야 하는 제사가 여섯
분이니까 여덟 번은 기본으로 모두 한자리에 모이구…아니 이럴
게 아니라··(노트 밀어주면서)이거 보면 간단해··제사 모시는 날이
며 맨 꼬맹이 생일까지 전부다 거기 적어뒀으니까 그거 봐 가면서
잊어버리지 말구 날짜 챙겨라.

**지현**  (노트 집어 펴 보는/서너 장 넘기면서 질리는)

**노여사**  <u>호호호호</u> 기가 막히지?

**지현**  ?(본다)··

**노여사**  기막힐 거 까지는 없다. 숙부들 숙모들 생신 때는 집집이 가
서 아침이든 저녁이든 먹으면 되구 사촌들 생일 때는 느이끼리 나
가서 치르구 조카들 생일두 선물챙겨 나가 밥만 먹구 들어오면 돼
…나는 애들 생일은 선물만 챙겨보냈는데 너는 나가 줘야지. 다들
그러구 사니까 응?

**지현**  …(노트 보며)

**노여사**  거기 날짜들 전부다 음력이야.옆에 양력으로 써논 거 있지?

**지현**  네··

**노여사**  해마다 새 달력 나오면 음력날자 양력으로 바꿔 적어놓구 달
력에다 아예 표시를 해둬라. 나는 지금까지는 회장님 비서실 여비
서한테 무슨 날 이틀 전에 꼭 챙겨 연락하게 해뒀는데/이제 니가
맡아서 해. 그래두 다행이 너 정신 좀 차리라구 제사는 유월부터
야. 육칠월 한참 더울 때 네 번이 몰려 있구 그 다음에는 시월이다.

**지현**  (입 조금 벌리고 보는 위에)

**노여사**  실수해서 모르고 넘어가는 일 없도록 해…정신 바짝 차려야
한다……봐라 너 또 대답안하지 않니.

**지현**  네 알겠습니다.

**노여사**  그리구…한 사나흘 쉬구 나서부터 너 보구 싶은 손님들 발길이 좀 잦을 거야…내 친구들두 네 패나 벼르구 있구 또 니 숙모들두 며느리들 데리구 한 차례 씩은 와서 점심먹구 간다 그러구··

**지현**  ·····(그저 보며)

**노여사**  (일어나며/핸드백 들고)그거 끝나구 나면 방배동 전선생이랑 청담동 지선생한테 요리 공부 다니는 거 시작해. 한 사람은 한식 전문이구 한사람은 밑반찬 전문이야…그럼 나 다녀오마.

**지현**  ·····(따라 나가는)

**제천댁**  (미스장과 함께 나오면서)말씀 다 하셨어요?

**노여사**  행사 노트 물려주구 나니까 내가 아주 날아갈 거 같아 <u>흐흐 흐흐</u>

**제천댁**  네에 그러시지요오 사모님··

**노여사**  갔다 오께··

**제천댁**  네 다녀 오세요··(하고 지현 슬쩍 밀어준다/따라 나가라고)

**지현**  (얼떨떨한 채 따라 나가는)····

**S# 정원**

**노여사**  ·····(대문으로/정원사 인사 받으면서)

**지현**  (따르고)

**정원**  (먼저 움직여 대문 열고 기다리고)

**S# 대문 앞**

**노여사**  (나와서 자동차로)

**지현**  ·····(서 있다가 뜨는 자동차에 인사하고)

[자동차 뜨고…]

지현　....(멍청하게 보다가 돌아서 대문 안으로)

S# 대문 안

지현　(들어오는데)

정원　(대문 닫으려고)

지현　(문득)제가 하께요 아저씨 (제가 대문 닫고 집으로 걷기 시작하는)………

S# 거실

지현　....(들어와서 이 층으로 곧장 가려다 문득 노트와 메모 생각나 소파 쪽으로 움직여 집어 들고 계단으로)…….

S# 지현의 방

지현　(들어와 소파에 앉으면서 노트 내려다보는)………(그러다가 고개 들어 맞은편 보면서)…….

S# 사슴 목장

　[한수와 함께 사료 풀어서 넣어주고 있는 아버지.]

S# 지현네 마루

지현모　(그릇에 감자 씨알 굵은 것 담아놓고 감자 껍질 벗기는 칼로 착착 착착 벗기면서)글쎄다아…

초희　?….싫으세요?

지현모　아니 그게 아니라

초희　(오버랩의 기분)현식이 방 줘야죠오오··아가씨 방 비면 당연히 현식이 차지 되는 거 아니었어요? (빨래 개키면서)

지현모　글쎄 현식이두 지방 줘야하는 거는 당연지산데…그래두 얘 지현이 나가자마자 기다렸던 것처럼 ….좀 그렇다…

초희　뭐가요··

**지현모**  우선 늬 아버지하구두 상의 좀 해 보구··지현이한테두 얘기 하구 하자···니 방 현식이 줘두 되냐 물어보구 해야지 물어두 안 보 구 덜컥 주구는 ···애 왔다가 지방 없어진 거 보면 마음이 좀 그럴 거 같어.

**초희**  어이그 참 어머니두 아시는 게 그냥 딸 밖에 없어···현식애비 어디서 줏어다 키웠어요?

**지현모**  (옆에서 다리미질하고 있는 진이가 걸려서)에/그런 말이 어딨어.

**초희**  진짜 줏어온 한수만큼두 생각 안하세요 머 우리는.

**지현모**  아 무슨 말같지두 않은 소리야 얘가.

**초희**  뭐 아니에요?

**지현모**  아 시비붙지 마 시비 붙지 마. 늬아버지랑 내 마음에는 다 똑 같어. 한수나 진이나 너나 현식애비나 다 똑같어.하늘에 맹세코 한치 한푼 안틀려.

**초희**  어이그 인간인 이상 그럴 수는 없는 거에요 어머니. 어떻게 배 아파 낳은 자식하구

**지현모**  (오버랩)아 우기지 말구 똑같다면 똑같은 줄 알어. 그런 소리 하는 거 늬 아버지 들으시면 너 혼나. 혼나보구 싶어 이래 얘가 왜 이래.

**초희**  아가씨는 왜 전화두 안해···제가 한번 걸어봐요?

**지현모**  어디라구 시집 들어간 첫날 친정에서 전활 걸어어. 뭐하구 있는 줄두 모르면서어.

**초희**  뭐 그럴 수두 있는 거지 그 집은 사람 사는 집 아니에요?

**지현모**  참 말두 익힌다. 안 그래두 애 보내놓구 심난스러 죽겠는데 오늘 따라 얘가 왜 이리 수다야··귀에 들리지두 않는데.(하는데 전

화벨)

**진이**  제가 받을께요 (전화로) 네 목장입니다..어머 언니이.

**지현모**  ?지현이야?

**진이**  네에(대답)안 그래두 지금 언니 얘기 하구 있는 중이었어요.
잠깐만 기다리세요(벌써 엄마 손 내밀어 전화)

**지현모**  애 왜애. 왜 전화해. 안해두 되는데‥

**S# 종혁의 거실**

**지현**  (옷은 갈아입었고)뭐…어머님 외출하시구 안계시는데……네 점
심 드시구 나가셨어요‥그이두 나갔지이…대청소한대‥바지 입구
내려갔다가 꾸중듣구 옷 갈아입으러 올라왔어…(바지는 왜 입어)청
소한다길래 그랬지이…바지두 못 입는 집인줄 누가 알았나 뭐…‥엉
아버님이 싫어하신대. ‥아버지는‥…엄마는 지금 뭐하는데요?‥…감
자탕 맛있겠다.

**S# 지현네 마루**

**지현모**  맛있으면 뭐해. 보내줄 수두 없는데(괜히 뿌우)

**초희**  어머니 방이요 방 방‥

**지현모**  (미워서 며느리 보며)애 그런데 참‥니 방 말이다…‥아니 현식
에미가 니가 허락하면 현식이 주자 그래서 …(수화기 막고)봐라 야
박하다 그러지.

**초희**  야박하대요?

**지현모**  아니 올케두 지금 당장 그러자는 게 아니구 결국은

**S# 지현의 방**

**지현**  (오버랩의 기분)결국 현식이 줄 거 당장 줘요 엄마…‥웅 괜찮아…
개두 지방 갈 때 됐어 현식이 쓰라 그래요…나?‥…아냐 나 괜찮아

요.왜 기운없는 거 같아요?··고단해서 그렇지 뭐···내 걱정 하지 마요 괜찮으니까····응··괜찮아.어머님두 잘해 주시구···네···응···나 내려가 봐야 해요 엄마···아버지한테 전화했다 말씀드려줘··엉 끊어요(하다가)엄마····벌써 보구싶어···웃기지···

## S# 지현의 마루

**지현모**  우리두 마찬가지야··그게 시집이야··뭐 어떡해··그래··그래 그만 끊구 어서 내려가 봐···그래··(끊으면서)에이구우우우 이래서 딸보다는 아들이 좋은 건가부다··

**초희**  아가씨 밖에 없으시다니까 글쎄··

## S# 부부 거실

**지현**  ····(전화 끊고 전화 내려다보면서)······(있다가 떨치듯 일어나는)

## S# 거실

**지현**  (내려온다)

　[아예 소파까지 가장자리로 밀어놓고 미스장은 소파들 털이개로 털고 있고]

**정원사**  (새 커튼 달고 있고)

**제천댁**  (떼어낸 커튼 둘둘 말고 있다가 지현 보고)내려오지 마세요. 먼지 투백이에 뭐하러 내려 오세요. 우리가 다 해요.

**지현**  (제천댁 쪽으로)이거 다 어떻게 빨아요?

**제천댁**  거죽은 크리닝 보내구 안에 꺼만 빨아요. 비누 풀어 욕조에 담가났다 밟어 빨면 깨끗하게 새거 돼요.

**지현**  (속 커튼 뭉쳐 올리면서)그럼 이건 내가 빨아 볼께요. 물 얼마나 받구 비누 얼만 풀면 돼요?

**제천댁**  (웃으며 보고 있다가 뺏으면서)놔둬요.아씨. 이건 우리가 할 일이에요.

**지현**  그 정도는 저두 할 수 있어요.

**제천댁**  안돼요. 사장님 한테 우리 쥐약 먹어서 안돼요.

**지현**  …네?

**미스장**  사장님께서요…몸 약하시다구 일 시키지 말라구 하셨어요.

**지현**  (잠깐 기막히면서)큰일나겠네. 소문나서 어머님 아시면 나 곤란하니까 비밀 지켜줘요.(도로 뺏으며)주세요. 내가 하께요.

**제천댁**  아이구 참

**지현**  욕조 어디 꺼 써요?

**제천댁**  미스 장 앞 서라.

**미스장**  네 이리 오세요(하고 주방 쪽으로)

　　[두 사람 아웃되고.]

**정원사**  (커튼 매달고 내려서며)요새 젊은 사람 같지 않게 아주 인정스러워요.

**제천댁**  예에 얌전해요오··(에서)

**S#** 민경의 진찰실

**민경**  (환자 앞에 서서)안경 벗어봐요.

**환자**  (대학생/안경 벗고)

**민경**  술 많이 마셨죠.

**환자**  아뇨

**민경**  그럼 나이트 다녔어요?

**환자**  아닌데요.

**민경**  (자리로 가며)그런데 왜 그렇지? 낭종성 여드름은 많이 피곤하구 스트레스 많이 쌓이면 나는 건데?

**환자**  공부를 너무 열심히 해서 그런가?(혼잣말/저도 쑥스러워하며)

**민경**  (웃으며)그런가? 엄마 좋아하시겠네 공부를 그럴 정도로 열심
히 하면?(차트에 쓰면서)일단 짜야겠어요.짜구 약바르구? 나가서
조금 기다릴래요?

**환자**  네.(나간다)

**민경**  (차트 조금 밀어놓듯 하며 기대는)……(테이블 내려다보면서 한동
안 가만히 있다가/떨치듯 전화 버튼 누르는)

**S# 강욱의 진찰실**

**강욱**  (책 보고 있다가 놓고 담배 피워 물고 푸욱 기대는)……

[스치는 지현의 모습/]

[스치는 모습]

**강욱**  (머리까지 젖히며 한 모금 빨아 내놓으며 눈 감고)……

**S# 욕실(가정부들이 쓰는 꽤 넓은 세탁실 겸 욕실)**

**지현**  (욕조에 반쯤 찬 속 커튼 비눗물 속에서 열심히 밟고 있으면서/땀이
나게)……

**S# 종혁 집 전경(밤)**

**S# 주방**

**지현**  (마른행주질하고 있는)

**제천댁**  (슬그머니 행주 뺏으며)올라가세요 그만. 고단하지요 그만 해
두 돼요 올라가요.

**지현**  …(보며 그냥 조금 웃으며)그럼…

**제천댁**  (끄덕여주면서)애 썼어요.올라가세요.

**지현**  (에이프런 벗는데)

**미스장**  주세요.제가 치우께요.

**지현**   고마워.(주고 나간다)

**S#**  거실

**지현**   (나와서 소파 쪽으로)어머님.

**노여사**   (드라마 보고 있다가/일곱 시 반에서 여덟 시 사이)어..앉어라 /
티비 봐.

**지현**   아니에요 저 올라가두 되면 그만 올라겠어요.

**노여사**   그래? 드라마 안 보구?

**지현**   (웃으며)네에..

**노여사**   그럼 올라가 쉬어라.종혁이는 늦는다더라.

**지현**   네에.

**노여사**   그럼 몇시간이라두 자. 회장님두 들어오셨구 너 찾을 일 없
지 싶으니까 웅?

**지현**   네 그럼 ..안녕히 주무세요 어머님.

**노여사**   오냐 잘 쉬어라.

**지현**   (다시 목례하고 돌아서 계단으로)

**노여사**   ......(지현 올라가는 것 보다가)제천대액.

**제천댁**   네에 사모님..

**노여사**   아직 안 끝났어?

**제천댁**   다 됐어요 사모님.

**노여사**   그럼 나와서 테레비 봐.

**제천댁**   네에 그러께요..

**노여사**   나올 때 녹차 좀 만들어 갖구 나오구.

**제천댁**   네에..

**S#**  부부의 거실

**지현**  (들어와서 문 닫으며 등 기대는)……(기대고 서서/체력적으로 지친)
……(한동안 그대로 있다가 느리게 갈아입을 옷 챙겨 들고 욕실로 가다가
다시 돌아서 핸드폰 집어 들고 다시 움직인다)

## S#  욕실

**지현**  (들어와 옷 욕실 의자에 놓고 쪼그리고 앉으며 핸드폰 단축 번호)

    E 신호 가는

**유자**  F 네에?

**지현**  …(말하려고 하는데 얼른 말이 안 나온다)

**유자**  F 여보세요..여보세요?..(투덜대는)재수없게 걸어놓구는 왜 말
을 안해. 너 누구니.

**지현**  (그냥 접어버린다)

## S#  작업실

**유자**  (끊어진 전화 내리면서)이런 왕재수.

**현경**  (공기에 밥 푸면서)암말 안해?

**유자**  그냥 퍽 끊는다.(식탁으로 옮기며)가끔 저런 전화 도대체 누굴까.

**현경**  뭘 신경써. 대부분이 잘못 걸린 전활텐데.

**유자**  근데 너 부쩍 더 심할 때가 있다?하루 서너번씩 며칠 계속되면
이게 누군가 디게 궁금해.(지벅거리며)

**현경**  (밥 공기 두 개 각각 놓으며)나현경 밥 짓는 솜씨하나는 알어줘
야 해. 확실히 타구났단 말야.

**유자**  밥짓는 솜씨같은 거 타구 남 뭐해. 글쟁이가 글재줄 타구 났어
야지. 밥짓는 솜씨 갖구 뭐 급식소 밥아줌마 밖에 할 거 있어야지.

**현경**  급식소 밥아줌마한테 무슨 솜씨 씩이나 필요 하겠니. 옛날같
으면 임금님 수랏상에 올리는 밥짓는 여인으루나 뽑혀 들어갔을

까 원.

**유자** 니네 하는 시트콤 말야.

**현경** 엉.

**유자** 재미있을려구 너무 용을 쓰더라.

**현경** 그렇지 유자야…요새 다 그렇잖아 다…너무 용을 쓰다 못해 거
품까지 게우다 못해 눈 뒤집구 발작까지 하는 지경야.야 그런다구
재미 있니?

**유자** 거북살스럽기만 하구 재미 하나두 없거든.

**현경** 그런데 웃기는 건 만드는 사람들은 재미있는 줄 안다는 거야.
자기들끼리 낄낄거리구 하하거리구 아주 신나 죽는다. 완전히 많
이 모자란 사람들 같애애.

**유자** 저절로 웃게 만들어야지 자연스럽게.

**현경** 내 말이 그말야.

**유자** 아이디어는 좋은데 아이디어만 아까운 경우가 많아.

**현경** 부지기수지 뭐.

**유자** 그래두 느이꺼 시청률 잘 나온다면서.

**현경** 뭐 그런가봐.

**유자** 지현이 원고 아까워.(먹으며 불쑥)

**현경** ….나두 그래…우리가 이럴 때 본인은 오죽하면 여북하겠니.

**유자** 그런데 왜 하랬다가 하지 말랬다 그런 거니.

**현경** (잠깐 보고)모르지이.

**유자** 미스테리야….작품 좋던데…

**현경** 뭐 단막 체질이라면서.

**유자** 한 두 개는 쓸 수 있지 뭐…누구보다 작가다웠다구 할까 진지

하다구 할까 그랬던 박지현이 말야…담장 높은 집에 들어가 상류
사회 아주머니루…행복할까?

**현경** 참 대답하기 어려운 질문이다. 아무두 모르지 그건.

**유자** 걔 웃기게 고고하잖아…이제야 말인데 존경스러운데 있어…
최종혁 조건 앞에서 그렇게 뻐덩거리기 그거…·여자를 너무 폄하
하는 거 같아서 안됐지만/ 여자들 허영기에 쉽지 않거든?

**현경** 안 쉽지…

**유자** 애가 구식이래야 하는 걸까 났다 그래야 하는 걸까··

**현경** 고집쟁이지 뭐.

**S# 욕실**

**지현** (머리 싸매고 이 닦고 있는)·…·

**S# 침실**

**지현** (나와서 옆으로 쓰러지듯 누워서 눈 뜨고 있는)·……(돌아누우며 눈
감고 잠시 있다가 갑자기 벌떡 일어나 거실로)

**S# 거실**

**지현** (나와서 낮에 시모에게서 받았던 노트 꺼내서 손가락으로 짚어가면
서 무언가 찾는)·…·

**S# 강욱의 거실 주방··**

**민경** (설거지 그릇 마지막 넘겨주면서)우리 뭐하까.

**강욱** (마른행주질하다 보며)뭐…

**민경** 잘 때까지 뭐하냐구··

**강욱** 음악 틀어놓구 책보구 그러지 뭐.

**민경** 야외 극장 가 영화하나 보구 들어오까?

**강욱** 비디오 서른 편 물리지두 않았어?(그릇 놓고 행주 털어 걸쳐놓으

며) 영화가 또 보구 싶어?

**민경**　비디오는 비디오구 영화는 영화야.

**강욱**　기어이 가셔야겠다면 따라는 가는데요 나는 공부가 하고 싶어
요. 봐야할 거 못보구 밀어논 게 너무 많아요. 장가 드느라구요.

**민경**　(가볍게 주먹으로 가슴 밀면서)알았어요 아저씨. 어거지로 끌구
나가면 또 입 내밀구 뿌루퉁할테니까 그거 보느니 내가 포기하겠
어요‥하구 싶은 거 해. 나 씻구 나올게.

**강욱**　그래‥

　　[민경 안으로 들어가고 강욱 오디오 세트로 가 조용한 음악 틀어놓고
서재로]

**S#**　서재‥(책상 두 개)

**강욱**　(들어와서/방문은 닫지 말고 테이블 의자로 가서 봉투 하나 들고 도
로 나오는)

**S#**　거실

**강욱**　(나와 봉투 안의 책들/전문 서적, 최신 의학 정보지 따위 대충 쏟아
놓고 아주 편한 자세로 보기 시작하는데)

　　E 전화벨

**강욱**　(받는다)네에.

**이모**　F 나야 이서방‥

**강욱**　아 네‥저녁 드셨어요?

**이모**　F 저녁이구 뭐구 자네 민지 돈 줬었어?

**강욱**　?‥

**이모**　F 아니 왜 대답을 못해 돈 줬냐구.

**강욱**　아니 저 그게.

316

**S#  민지 거실**

**이모**  (오버랩)여러 소리 말구 민경이 데리구 빨리 와. 언니 머리가
깨진대. 빨리 와 조치해 초상치르지 말구(하고 퍽 끊고 급히 안방
으로)

**S#  서여사 침실**

**이모**  (들어오며)어때요. 좀 나아져요? 나아지지 않어요?

**서여사**  (이마에 손 얹고 기운 없이)이러다 죽을 거야 내가‥내가 이러
다 죽어어어어.

**이모**  그러게 왜 흥분은 하구 그래 언니느은…무슨 일이 있어두 흥분
을 하지 말라구 글쎄‥흥분하면 혈압 오르잖어어어. 뻔히 알면서
무슨 새대가리두 아니구

**서여사**  (그래도 눈 뜨며)뭐야?

**이모**  (못 들은 척)어으 속상해 죽겠어 그냥 내가…엄마 넘어가시는 거
보구 언니 넘어가는 거 보구 그래야겠수? 내가 무슨 팔자야 이게‥

**서여사**  골 흔들려…아뭇 소리 말구 조용히 좀 있어.

**S#  빌라 단지**

[급히 들어와 멎는 차에서 내려 뛰어 들어가는 민경과 강욱.]

**S#  빌라 거실**

[들어오는 강욱과 민경]

**민경**  이선생이 민지 돈 준거 엄마 어떻게 알구우.

**이모**  (물 주전자 들고 침실로 들어가다가 소리 죽여)큰돈 보내줘 고맙
다구 민지 아버지가 전화했어 이것아.

**민경**  ?

**이모**  돈이 무슨 돈이냐 / 민지가 갖구 왔더라 / 나는 그런 거 보낸 적 없

다/ 밖에 있는 민지 잡아 실토 받었어. 얼른 들어가 늬 엄마 봐. 누가 볼 거야 너야 이서방이야.

**민경**  (가로막듯)좋은 소리 못들어 내가 들어가께.(혈압계 챙겨 들고 들어가는)

**이모**  이거 갖구 들어가.(주전자)

**민경**  (받아 들고 들어가고)

**이모**  앉게…앉어…

**강욱**  …네…

**이모**  (먼저 앉으며)앉으라구..

**강욱**  (무겁게 앉는데)

**이모**  왜 시키지 않는 짓은 해 이 서방.(소리 낮춰서)저 양반 돈 안내놓는 거/물론 돈이 아깝기두 하지이.그런데 단순히 돈 아깝다만이 아니라..거기에 민지 아버지 도루 들러붙을까봐/ 돈 주면 그런 오해하까봐 더구나 딱 잡아 떼는 거야아. 그런 걸 자네가 나서서 언니가 전화 받게 만들었으니/ 기함할 일 아니야? 언니가 걱정하는대루 됐잖아…민지 아버지는 당연히 언니가 보낸 건줄 알지 그러엄…

**강욱**  ……

**이모**  자네 죽었다…쓸데없는 짓 했다구 가만 안 내버려 둘 거야…민지 아버지 …목소리두 듣기 싫어해…봐…목소리 듣구 혈압 팍 올라 간 거…

**강욱**  ….

**이모**  그렇지 않어두 증권이 속 끓여 불그락푸르락 하는데 그 덤테기까지 이서방이 쓰게 생겼으니 어떡할 거야..

**민경**  (나오며)이모 주사약 꺼내와요.(하며 서랍에서 주사 놓을 기구 꺼

낸다)

**이모** (벌떡 일어나며)그 정도야?

**강욱** (같이 일어나서)

**민경** 있어 들어오지 마..(하고 방으로)

**강욱** ……

**이모** (부엌에서 주사약 하나 들고 침실로)

**강욱** ….(보며)

**이모** (주방에서 작은 주사약 병 들고 침실로 뛰는/이모 문 열고 들어가는
　　　 데 약간 문이 덜 닫쳤고)

**강욱** (도로 앉는데)

**서여사** E 주제넘구 건방진 녀석/(소리를 지를 필요는 없음)

**강욱** ?(방 쪽으로)

**서여사** 지까짓게 뭔데 내 집 일에 대가리 디밀구 아는 척 해.

**이모** E 아이구 언니이(이서방 있어어)

**서여사** 지가 무슨 재벌야? 겨우 전세살이 하는 주제 야냐아/

**강욱** ….

**S# 아파트 복도**

　　　 [강욱 민경 승강기에서 내려 제 집 쪽으로]

**민지** (기다리고 있다가 돌아보는)….

**민경** 언제부터 여기 있는 거야.

**민지** 형부 미안해요..

**강욱** (민지 어깨 감싸며)괜찮아.(키로 열고 문 열며)들어와.

**S# 거실**

**강욱** (먼저 들어와 주방으로 가며)나 차 마실 건데 희망자

**민경**  나두 줘..(들어오며 뒤따라 들어오는 민지에게)아버지한테 엄마
　　　가 주셨다구 했니?

**민지**  그럼 훔쳤다 그래?

**민경**  차라리 형부한테 얻었다 그러지이.

**민지**  엄마가 보낸 줄 알구 좋아하시는데....아니라구 차마 못하겠더
　　　라구...엄마 생각하구는 상관없이... 우리 아버진 엄마/..나쁘게 생
　　　각 안해...

**민경**  와...와 앉어.

**민지**  (와서 앉는)

**민경**  그럼 엄마한테 내가 줬다구 하든지...형부 박살났잖아...

**민지**  언니가 안줬잖아.

**민경**  내가 갚았어 그러니까 내가 준 거야.

**민지**  나는 몰랐잖아. 또... 언니가 갚았어두 건 형부가 준 거지 언니
　　　가 준 거 아냐.

**민경**  ....참 희한한 계산법이다.

**민지**  엄마는 어때..

**민경**  강하제 놔 드리구 왔어……(보다가)걱정은 되니?

**민지**  나는 사람 아냐?!

**강욱**  (차 갖고 와 놔주는)

**민지**  미안해요 형부.

**강욱**  괜찮아 정말 괜찮다니까?……(보다가)처제한테 유감없어. 차나
　　　마셔.

**민경**  (찻잔 들며)여기 있다가 전화해보구 엄마 주무시거든 들어가...

**민지**  아우 참 아버지는 주책없이 왜 전화는 하시는 거야아. 사람 취

급두 못받으면서어어…

**강욱**  ……(보며)

**민지**  (안 보는 채)형부 우리 아버지 모르죠…우리 아버지는요 법없어

두 사실 분이에요. 엄마하구는 달라요…

**강욱**  ……(보며)

**민지**  아버지 때문에……내 마음이 얼마나 아픈지는 아무두 몰라…·알

아달라는 건 아니지만…

**강욱**  ……·(지그시 보며)

**S#  지현의 침실**

**지현**  (꼬부리고/옷 입은 채 자고 있다)

**S#  강욱네 침실**

  [침대에서 각각 책 보면서]

**민경**  ……(책 덮으며)안 자?

**강욱**  ……·(책 덮으며)민경아…

**민경**  ?……(보는)

**강욱**  (일어나 앉으면서)··잠깐 일어나 봐··

**민경**  (일어나 앉는)……왜…

**강욱**  ……(안 보는 채)

**민경**  ……왜…·

**강욱**  (보며)…어머니 닮지 마…

**민경**  ……(보며)

**강욱**  내가 한 짓이 마음에 안들구 싫으실 수 있어 그래두…그렇게까

지…·전세살이 시키는 주제에…그런 말…그렇게 막 하는 거 아니지

않어?

**민경**  (고개 조금 옆으로)미안해……

**강욱**  ……(보다가)나…집 살 수 있어….아버지한테 이삼년 빌려다가 샀으면 샀어..아버지 그렇게 하라 그러신 거 내가 안한 거야.

**민경**  이선생.

**강욱**  (오버랩의 기분)형 하는 일두 잘 안풀려 아버지한테 폐끼치구 있는데 나까지 그러 거….노인양반 너무 가여워서 안한 거야…

**민경**  미안하다구 했잖아…

**강욱**  (오버랩의 기분)있지 허선생(여전히 안 보는 채)..부탁인데…제 발 닮지 말아 줘…안해야 하는 말은 ..어떤 경우에도 하면 안되는 거야…

**민경**  (팔 잡아 좀 흔들 듯하며)미안해 미안해…

**강욱**  ……(보는)

**민경**  지금쯤 엄마두 후회하구 있을 거야…평생 자기 마음대루/자기 위에 사람 없게 살아서 그래….나두 엄마 싫을 때 많어. 그렇지만 엄만데 어떡해. 나까지 엄마 들이받을 수는 없어 이해해 주라…

**강욱**  ..그래……자자…누워…(하며 눕히는)……불 꺼.(누우며)

**민경**  (제 편 스탠드 끈다)

**강욱**  (제 편 스탠드 끄는)….

**민경**  (파고드는)…..

**강욱**  …(별수 없이 안아주는)

　　[당분간 그대로]

**S#  지현의 침실**

**지현**  (불 켜놓은 채 곤하게 자고 있는데)

　　E 전화벨/네다섯 번

**지현**  (받는다)네에에.

**종혁**  E 미안해. 나 지금 들어가. 다 왔어.

**지현**  알았어요··(전화 놓고 일어나 비틀거리면서 나가는)

**S# 거실/계단/(밖의 불빛이 새어 들어오기는 하지만 꽤 어두운)**

**지현**  (불을 어디서 켜는지 모르겠다···더듬거리다가 포기하고 그냥 내려
오는······서너 계단 내려오다가 헛디뎌서 몇 계단 굴러 간신히 멈추는)···
····(입 벌리고 아파하는데)

   E 현관문 똑똑

**지현**  ?·····(아파하면서 팔꿈치 하나 움켜쥐고 현관으로 가서 문 연다)

**종혁**  (들어서며)왜 이렇게 어두워··

**지현**  스위치 어딨는지 미처

**종혁**  (오버랩의 기분)그런 건 낮에 체크해 놨어야지(하며 불 켠다/자
기는 아무렇지도 않은 말인데 상대는 스트레스 받는)

**지현**  몇시에요.

**종혁**  세시(하고 지현 돌아보다가)왜 그래.

**지현**  (구부리고 무릎 문지르면서)아니에요.

**종혁**  (일으키며)왜 그러냐구.

**지현**  어두워서 잠깐 넘어졌어요.

**종혁**  어디서

**지현**  계단··

**종혁**  이 사람··조심해야지··쯧···(팔 잡고 조금 끌며 현관께 스위치들로)
봐 이건 거실 전체등이구 이건 현관밖 등이구 이건 정원 등이야 알
았어? 왼쪽에서부터 오른 쪽으로 가면서 거실/현관/ 정원/ 기억
해 둬.

**지현**  (끄덕이고)

**종혁**  (손잡고 계단으로 올라가는)애두 아니구…많이 아파?..다친 건 아니야?

**지현**  괜찮아요…

## S# 계단 위/이 층 거실

**종혁**  (데리고 올라와서)여기두 왼쪽으로 가면서 거실/현관/정원이야…꺼져 있으면 여기서 켜지구 켜져 있으면 여기서 끄게 돼 있어. 아래층은 반대구 알았지.

**지현**  알았어요..됐어요.

**종혁**  (흠흠 거실등 끄고 안으며)순하게 말 잘들으니까 이쁘다…

**지현**  (빠져나가려)

**종혁**  가만 있어..

## S# 이 층 거실

**종혁**  (들어오면서 상의 벗는)

**지현**  (받으려)

**종혁**  (아무 데나 던지며)놔둬.놔두구 이리 와 봐 어디..내 마누라 어디 깨진데 없나 검사해 봐야겠다..이리와..(의자로 끌며)

**지현**  (안 끌려가려 하며)깨진 데 없어요.그냥 좀 짓찐 거 상관없어(하는데 입이 막힌다)….(잠깐 참아줬다가 밀어내며)씻어요..안 씻어요? ….옷 벗구 씻어요오(하는데)

**종혁**  (번쩍 안아 들고 침대로)

**지현**  종혁씨…아이…종혁씨이..

## S# 침실

**종혁**  (그대로 지현과 함께 침대로 엎어지는)……

324

**지현**  ······(눈 뜬 채)····

## S# 같은 침실

**종혁**  (엎드려 자고 있고)

**지현**  (속옷 차림으로 앉아서 자는 종혁 내려다보며)········(가만히 침대 내려서서 스탠드 불까지 끄고 로브 집어 들고 입으며 거실로)

## S# 거실

**지현**  (나와서 탁상 시계 쪽으로 가 시계 조금 눕혀서 시간 체크)

[시계 3시 40분···]

**지현**  ····(시계에서 손 떼고 의자로 가서 앉는)········(팔 얽어쥐고 가만히 있다가)····(옆으로 쪼그리고 누워 눈 감는)·····(일어나야 할 시간이 불과 얼마 안 남았다)·····(눈 감고 있다가 떨치고 일어나서 테이블 위에 쌓여 있는 책 몇 권 중에서 한 권 들고 소파로 가 앉아 펴 들고 읽기 시작/···터지는 하품 막는다)·····

## S# 집 전경(새벽 다섯 시 반/화창한 새 울음소리)

## S# 주방

**노여사**  (유리컵에 녹즙/만들어서 쟁반에 받쳐 컵 받침까지 지현 주며)갖다 드려.

**지현**  네에.(나가는)

**노여사**  우리 회장님 좋으시겠네. 주굴주굴한 마누라 서비스 받다가 구슬같이 이쁜 며느리 시중 받으니 흐흐

**제천댁**  네에에

## S# 거실

**지현**  (소파에서 신문 보고 있는 최회장 옆으로/괜히 눈치 보듯 잠깐 보고)···아버님····

**최회장**　(잠깐 올려다보고 쟁반으로 손 뻗어 집어 든다)

**지현**　(놓으려다 주춤하고)

**최회장**　거기 있거라..(하고 단숨에 쭈욱 마시고 쟁반에 놓아주며) 몇시
　　에 들어왔든..

**지현**　..네..세시 쯤...

**최회장**　말을 하다 마는 버릇은 좋지 않아...(올려다보며) 왜 하다 말아.

**지현**　세시쯤 들어왔습니다.

**최회장**　옳지..(하고 신문 보는)

**지현**　....(잠깐 보다가 돌아서는)

**S#**　대문 앞(낮)

　　[대여섯 대의 승용차 늘어서 있고 각각 기사들.]

**S#**　주방

　　[쟁반에 찻잔 여섯 개]

**지현**　(인삼차 봉지 가위로 아구리 베어 두 개 컵에 쏟고/홍차 티백 세 개
　　각각 세 개의 컵에 넣고 마지막 하나는 다른 티백 집어넣고 포트에서 뜨
　　거운 물 따르고 있는데)

**제천댁**　(쟁반 들고 들어오며)차준비 다 됐어요?

**지현**　네..다 됐어요.

**제천댁**　얼른 들구 나가세요. 왜 새댁이 안나오냐구 나는 인기 없네요.

**지현**　(조금 웃으며 찻물 따르는데 코피 주르르)

**제천댁**　아이구 (잡으며)저런/코피 나요오(달려들며) 미스장아. 솜 찾
　　아 솜.

**지현**　(얼른 찻잔 놓고 코 아래 만져 보고 고개 뒤로 젖히는)

**미스장**　(딸기 씻고 있다 놀라 벌써 싱크대 서랍 열었다 닫았다)

326

**제천댁** (우선 휴지로 닦아주면서)쯔쯔쯔쯔쯔 코피 나구두 남지 나구
두 남어..벌써 며칠 째야 이게...

**미스장** (솜 갖고 와서)여기요.

**제천댁** 얼음 좀 꺼내서 찬 수건 좀 만들어 오서.

**지현** 아니에요 놔두세요. 금방 멎어요..그럴 거 까지 없어요.

**제천댁** 차 미스 장이 들구 나가라.

**미스장** 네.

**지현** 아니 내가 하께.. 내가 할 거야..잠깐만...딸기부터 내다 드려
응?(에서)

**S#** 백화점 슈퍼마켓

　　　[같이 시장 보는 노여사와 지현. 카트 하나/]

**노여사** (재래종 더덕 흙 묻은 것 고르면서)이게 토종 더덕이야. 토종은
이렇게 날씬하게 가늘구 길어.중국에서 들여온 건 이거보다 훨씬
통통하구 보기는 더 난데 맛하구 향은 어림없다. 회장님 더덕을 좋
아하셔서 우리가 더덕을 많이 먹지...잘 봐둬. 나중에 중국산 사들
구 들어오지 말구.

**지현** (웃으며)네 어머님..

**S#** 배추 고르는 노여사

**노여사** (배추 한 통 집어 들고)배추는 이렇게 푸른잎이 싱싱하면서 채
가 작달막해야지 긴건 못쓴다. 요렇게 생겼으면서 살피듬이 얇어
야지 두꺼우면 못써. 그저 무조건 크구 실해보이는 게 좋은 건줄들
아는데 그게 아니야. 배추 골라본 적 있니?

**지현** 아니에요 없어요 어머님.(에서)

**S#** 주방(다른 날)

**제천댁**    (차 준비하고 있고)

**미스장**    (설거지하고)

**지현**    (과일 준비하는데/아랫입술 한쪽이 부풀어 터져 있는 상태)

　　　E 더러 여인네들 박장대소하는 소리.

　　　E 전화벨

**지현**    (옆에 두었던 전화 집어 든다)네에‥

**종혁**    F 나야. 손님들 아직인가?

**지현**    아직‥

**S#  사장실**

**종혁**    당신 죽어나는군‥어머니 어디 계셔‥‥그럼 전화 좀 들고 마당으
　　　루 나갈래?‥‥응 그래 기다리께

**S#  거실**

**지현**    (과일 쟁반과 전화 같이 들고 나와 현관으로 가는데)

**노여사**    (서둘러 들어오면서)뭘 이렇게 꾸물(하다가)엉 나오는구나. 나
　　　가라. 나 화장실 볼일이 급해

**지현**    저기 어머님. 이‥(쟁반과 같이 들었기 때문에)전화받으세요, 그
　　　이에요.

**노여사**    그래?(며느리 손에서 수화기 빼내면서 지현에게는 어서 나가라
　　　는 손짓/지현 현관으로)여보세요?‥어 그래.

**S#  종혁의 사무실**

**종혁**    손님들 가시면요 어머니 그 사람 좀 내보내 주셔야겠는데요?‥
　　　저녁에 대학 친구들 부부동반모임이 생겨서 동행해야 해요‥‥갑자
　　　기 그렇게 됐어요‥‥네 그런데 저 급히 필요한 서류가 있어요‥‥우
　　　선 서류가 급하니까 들고 나오라 그러구/저녁시간까지 어디서 좀

기다리라 그러죠 집에 또 들어갔다 나오게 하는 거 보다는 그게 났겠어요...네..네 빠르면 빠를수록 좋아요 어머니....아니에요 바꾸실 건 없어요. 제가 이층으로 전화할테니까 올라가 옷갈아입구 있으라 그러세요.

**S#  거실**

**노여사**   그래 알었다.금방 내보내마.(안방 쪽으로)

**지현**   (들어온다)

**노여사**   어 애 애 너 그 앞치마 벗어 놓구 얼른 올라가 옷갈아 입어. 종혁이가 빼놓구 나간 서류가 급하게 필요하단다.얼른/얼른 응?

**지현**   네 어머니..

**노여사**   (돌아서다가 되돌아서며)아이구 애 그런데 너 입이 그래서 어떡하니. 무슨 입이 그렇게 약해 그래. 고거 며칠 바빴다구 툭 불어나서 그게 뭐야. 저녁에 대학 동창들 모인다는데 우리 집 된 시집살이 시킨다는 소문나게 생겼다.쯔쯔

**지현**   ?저녁에 모임있대요 어머님?(여기다 그거까지)

**노여사**   그래. 얼른얼른 올라가 전화 받어. 이층으루 건댔어 빨리.(하고 자기 볼일)

**지현**   (쟁반 들고 맥이 쭉 빠지는)

**S#  이 층 침실**

**지현**   (느리게 지쳐서/들어와 침대 옆구리에 앉어서)..........

　　　E 전화벨

**지현**   (천천히 일어나 전화 받는다)네에.

**종혁**   F 어 나야 여보.

**지현**   나를 아주 쓰러트려 입원시키구 싶어요? 이 지경에 모임은 무

슨 모임이에요. 가만 내버려 둬두 기절할 지경인데에‥(거의 울음이 터질 지경이다)……내가 무슨 철인인줄 아나봐. 나 체력/ 없는 사람이라구 그랬잖아요. 지금부터 화장하구 옷 골라 입구 아우 돌겠어 진짜아……여보세요?(전화 끊어진 줄 알고)

**종혁**   F 화장하지 마. 옷두 그냥 수수하게 입구 나와.

**지현**   화장을 어떻게 안해요 엉망인데.

**종혁**   화장 안한 게 더 이뻐.

**지현**   농담하지 말어요 농담할 기분 아니야.

**종혁**   (오버랩)책상 오른 쪽 맨 아래 서랍에 대봉투들 들어있어. 그중에 한 장 들구 나와. 빈봉투니까 그런 줄 알구 그냥 들구 나오면돼 왜 빈봉투냐구 또 따질까봐 그래.

**지현**   ? 나한테 빈봉투갖구 나오라는 거에요? 거기 문방구 없어요?

**종혁**   F 시키면 시키는대로 해 암튼…집 나서면서 전화해. 알았어? 전화할 데 있어. 끊어.

    E 끊기는 전화

**지현**   ………(이해 안 되는 채 너무 고단해서 죽을 지경이다)

**S# 종혁의 사무실**

**종혁**   ………(전화 내려다보며 있다가 돌아서 의자로 가 앉으며)……

**S# 성북동 집 앞**

**지현**   (나와서 줄줄이 늘어선 손님들 자동차 사이 빠져나와 서면)

**정원사**   (지현의 자동차 갖고 와서 대어주고 내린다)

**지현**   (웃으며)고맙습니다 아저씨.(하고 자동차로)

    [출발하는 자동차.]

**S# 모퉁이 길 도는 지현의 자동차**

**S#  차 안**

**지현**  …(전화 들고)

    F 신호 가는 소리.

**종혁**  F 네에.

**지현**  나에요. 바빠요? 왜 전화 금방 안 받아요?

**S#  종혁의 사무실**

**종혁**  (타월에 손 닦으며)화장실 갔었어. 내 얘기 잘 들어.당신 회사루
    나올 거 없어. 저녁모임은 없어. 그러니까 지금부터 밤 열한시쯤까
    지 (시계 보며)아홉시간 당신 쓰고 싶은대로 써. 뭐하구 싶어.

**S#  자동차 안**

**지현**  ?..

**종혁**  F 친정가구 싶으면 가구/작업실 가 놀구 싶으면 그렇게 하구
    마음대로 해.

**지현**  …‥

**종혁**  F 뭐해/ 듣구 있는 거야?

**지현**  그러구요‥열한 시까지 놀구요.

**종혁**  F 삼십분 전에 어디 있다구만 알려주면 데리러 가께. 같이 들
    어가면 돼. 알았지.

**지현**  …‥

**종혁**  F 왜 조용해…

**지현**  갑자기 그러니까…뭘 해야할지 생각이 안나서요…

**종혁**  F (오버랩/전화 저쪽에)아 알았어요. 금방 가요. 그 생각은 당신
    혼자 해야겠어. 나 회의 들어가. 됐지? 끊는다.

**지현**  (오버랩의 기분)저기요‥

**종혁**  F 어 뭐.

**지현**  고마워요.

**종혁**  F 천만에. 끊어.

　　E 끊는

**지현**  ……(전화 접으며)……(운전하며 골똘히 생각하다가 전화 단축 번호)

　　F 벨 가는

**현경**  F 네에.

**지현**  현경아 난데.

**현경**  F 어머 야! 너 어떻게 된 거야 열흘 동안 어떻게 전화 한통두
안하구 야 궁금해 죽는 줄 알았어.

**지현**  미안해. 그런데 나 지금 거기 가면 늬들 일하는데 지장 있어?
(에서)

## S# 작업실

**현경**  (들어서는 지현 가슴 가볍게 치며)야 이 배신자야. 너 너무했어 야.

**유자**  어서 와.(두드리며)반갑다.

**지현**  엉..쟤 무지 바쁜가부다.

**유자**  아냐 한 쪽만 쓰면 끝야. 끝내버릴려구.

**지현**  어 그래 끝내. 나두 있잖아. 일단 자구 싶거든?(소파로 가면서)
성북동 들어가서 오늘까지 하루 평균 다섯시간 이상 자본 적이 없
어. 잠 모자라 죽겠어. 자러 온 거야. 늬들은 일하구 나는 좀 자구 그
러자. 나 자두 되지?

**유자**  그 조직 만만치 않구나.

**지현**  어떻게 아니. 만만치 않어.

**유자**  누가 그러드라. 그런 집안 며느리루 들어가는 거/조직에 들어

가는 거랑 똑 같다구. 조직 스케줄에 맞춰 딱딱딱딱 로봇처럼 움직여야 한다드라.

**지현** (옆으로 누우며)비슷해.누군지 그 사람 좀 만났으면 좋겠다…
(눈 감는)

**현경** 야 침대루 가아.

**지현** 아냐 여기가 편해..

**현경** …..(내려다보다가 침대로 가서 얇은 덮을 것 들고 와 덮어준다)

**지현** ..(눈 감은 채)고마워…

**현경** …..(조금 더 보다가 제 책상으로/의자에 앉으며 작게)쟤 입 터졌다.

**유자** (돌아본다)

**현경** 부르텄다구..

**유자** (지현 쪽 돌아보는데)

**지현** (돌아누우며)코피두 터졌었어어어.

**유자 현경** (돌아보는)….

**S#** 강욱의 아파트 거실/주방

**강욱** (주방에서 오렌지 주스 따르고 있는데)

**민경** E 이선새앵..

**강욱** ?엉 왜애.

**S#** 서재

**민경** (데스크톱/컴퓨터 앞에서)잠깐 와봐. 내 컴퓨터 부팅이 안돼……
(컴퓨터 주물럭거리며)

**강욱** (주스 한 잔 들고 문 열며)뭐라구?

**민경** 내거 부팅 안된다구. 연결 제대루 한 거야?

**강욱** 무슨 소리야. 내가 연결두 못할 사람같애?..(민경의 컴퓨터 체크)

[껐다가 다시 전원 넣으면/까만 화면에 글씨가 몇 줄 뜨다가 스톱.]

**강욱**　…?…이게 왜 이러지?(뒤로 돌아가 전원 기타 주물럭거리면서)연
　　　결은 제대로 됐는데에…허선생 이거 이사와 처음 부팅한 거야?

**민경**　엉.

[앞으로 돌아와 다시 부팅/역시 그 상태.]

**민경**　뭐야 왜 그러는 거야.

**강욱**　글쎄‥운반중에 충격이 있었나?‥

**민경**　이 선생 껀.

**강욱**　내건 멀쩡해.

**민경**　못 고쳐?

**강욱**　나 그거까지 하는 도사는 못돼. 자료들 때문에 포맷을 할수두
　　　없구 말야 에이에스 부르는 수 밖에 없겠다.

**민경**　어이 신경질 나. 에이에스 좀 불러 줘.

**강욱**　그래 그러게 쥬스 마셔.(나가고)

**민경**　(제 컴퓨터 전원 끄고 주스 마시면서 강욱의 컴퓨터로 옮겨 앉는
　　　다)…(전원 넣고…주스 마시며 기다리다가 화면 뜨면 아웃룩 익스프레스
　　　클릭)

**S#**　화면/아웃룩 익스프레스/새 메일 클릭/편지 쓰는 작은 상자 화면 중앙에
　　　뜨고/주소란에 찍히는 누군가의 이메일 주소/제목/한선희 /본문으로 커
　　　서 옮겨져서/편지 내용/

[한기자 / 나 허민경. 내 컴퓨터가 고장 나서(에서 멈추는)]

**민경**　?….(시선이 왼쪽 하단에 연락처 란 이름들—강욱이 이메일 주고받
　　　는 사람들의 이름—예닐곱 개 중 맨 마지막의 박지현.)…………(한참
　　　동안 병찐 상태로 있다가 제가 쓰던 화면 닫고 보낸 편지함 클릭하면 맨

334

마지막 부분에 몇 차렌가 지현에게 보낸 막대기 뜨고.)

**민경**　………(한참 보다가 맨 마지막 하나 클릭하면)

　　[뜨는 화면]

**강욱**　E 결혼한다는 신문 기사 보았습니다.

　　말로 듣는 것과 기사로 난 것을 보는 것과는 느낌이 많이 다르더군요.

　　축하한다는 거짓 인사는 하지 않겠습니다.

　　이제는 정말/ 따로따로이지만 같은 서울 하늘 아래 살고 있다는 것 밖에는 위안 삼을 일이 없겠습니다.

　　쓰고 있는 작품/좋은 성과 올리기 바라고/ 내내 건강 하기를…

　　지현씨에 대한 모든 기억/가슴 깊은 곳에 간직합니다.

**민경**　………(하나 더 클릭)

**S#** 화면의 글자들

**강욱**　E 고향에 다녀왔습니다.

　　일은 잘 되고 있는지요.

　　봄볕이 화사한 길을 달리면서 나의 비겁함을 탄식했습니다.

　　좋은 글 쓰십시오.

**민경**　………(뚫어져라고 화면 보면서)…

F.O

# 제19회

**S#** 18회 마지막 연결

**민경**　….(뚫어져라 화면 보고 있는)….

**강욱**　E 에이에스 불렀어.(방문 앞에서)

**민경**　?(정신이 드는)

**강욱**　E 이따 여덟시 쯤 온대.

**민경**　알았어.땡큐…….(하고 기다리다가 이메일에서 빠져나가고 전원 끄고 일어난다)

**S#** 서재 밖

**민경**　(나와서 주방으로 움직이며)뭐해 먹을까.

**강욱**　(소파에 앉아 책 펴 든 채)아무 거나.

**민경**　(냉장고로 가며)아무거나 그러는 거 도움 안돼.

**강욱**　편한 거 해.

**민경**　(냉장고 열고)국을 뭘루 끓이나 말야.

**강욱**　…..

**민경**　(돌아보며)으응?

**강욱** ?……(보다가)나한테 그러지 마. 나두 아무 생각 안나. (하고 다시 책으로)

**민경** (냉장고 앞에 앉아 야채 박스 열면서)국 꼭 있어야 해?

**강욱** (안 보는 채)없어두 돼.

**민경** (야채 박스 도로 넣으며)국 없으면 싫어하잖아.

**강욱** ……

**민경** (일어서며 문 닫으며)잠깐 나갔다 올게.

**강욱** 어디.

**민경** (안방으로 움직이며)콩나물 사러.

**강욱** 그냥 있는대로 먹어.

**민경** (그냥 안방으로)

**S# 안방**

**민경** (들어와서 빠르게 핸드백에서 지갑 찾아 들고 나가는)

**S# 거실**

**민경** (나와서 현관 쪽으로)

**강욱** 기어이 가는 거야?

**민경** (그냥 현관문으로)

**강욱** 같이 가줘?

**민경** (나가며)됐어.

**S# 승강기 쪽으로 퍽퍽퍽 걷는 민경**

**S# 승강기 앞**

**민경** (버튼 눌러놓고 숫자판 올려다보는 눈에 크렁크렁한 눈물)…

**S# 아파트 광장(오후 6시쯤)**

**민경** (부지런히 나와서 부지런히 걸으면서)………(한 손으로 이쪽저쪽 뺨에 눈물/닦아내는)…

**S#  강욱의 거실**

**강욱**  ….(책 뒤적이다가 일어나 음악 넣고 담배 태워 물면서 테라스 창문 열어 젖힌다.)

　　E 밖에서 들어오는 약간의 소음

**강욱**  ……(열린 창 앞에서 담배 태우는)…….

**S#  슈퍼를 향해서 걷는 민경…**

**S#  걷는 민경…**

**S#  작업실**

　　[유자 현경/각각 원고 만드느라 여념이 없고……]

**지현**  (꼬부리고 자고 있는데)…….

　　E 핸드폰 벨 소리…

**지현**  (그 소리에 눈뜬다)

**현경**  (작은 소리로)누구야.(서둘러 전화 받는)네 여보세요(자는 지현 때문에 소리 죽여)어 철수씨 왜….중요한 거 아님 끊어 나중에 내가 걸께….어 지금 바빠 철수씨 푸념 들어줄 새 없어. 어‥(끊으며 살며시 돌아보는)전화 때매 깼니?

**지현**  (일어나 앉아서 멍한 채로)엉. 얼마나 잔 거야.

**유자**  (손목시계 보며)일곱시 반이니까 네시간/ 유선 전화 뽑아 놓고 우리 적극적으로 협조했는데 야 현경이 핸드폰이 산통깼다.

**지현**  (일어나며)엉 고마워. (비틀)

**현경**  야.

**지현**  아냐 다 안깨서 그래. 물 마실려구.

**현경**  (벌떡 일어나며)그래 주께‥

**지현** (머리 만지면서)정말 잘 잤어. 신나게 잤다 진짜.(식탁 의자로)

**유자** (의자 돌려 아예 돌아앉았다)이렇게 오래 자두 되는 거야? 깨웠어야 하는 거 아냐?

**지현** 아냐 시간 많어.(물 받으며)고마워 (마시는)

**유자** 시부모님 어디 가셨니?

**지현** ……(물 잔다 비우고 내리면서)아냐. 한잔 더 마실래(하며 냉장고로)

**현경** (제가 움직이려)

**지현** 앉아있어 내가 하께.(냉장고 열고 물병)

**유자** 설마 너 조폭 집안 시집살이 못견뎌 가출한 거 아니니?

**지현** (따르며)아냐. 종혁씨가 몇시간 빼돌려 준 거야.(마시며 의자로/앉으면서)동창부부 모임이라구 말씀드려 빼내서/ 자유시간 줬어. 열시 반에 연락하면 데리러 온대. 입을 이래갖구 우리 집으루 갈 수두 없구 여기 와서 잠이나 자자 그런 거야. (등 펴면서)꼬부리구 잤나봐 등은 좀 아프지만 훨씬 괜찮다.

**현경** 잠을 그렇게 못자 어떡하니.

**지현** 엉 내맘대루 자구 내 맘대루 일어나다가 돌겠어. 저녁들 안먹니?

**S# 근처 냉면집**

**현경** 야아아 느이 시어머님 좀 심하시다. 열흘 동안 어떻게 일주일을 손님을 치르시니. 그 어른은 안 고단하시다니?

**지현** 나만 길길거리지 우리 어머님은 아주 해피하셔/기운이 너무 쎄신 거 있지. 어떻게 노인이 그렇게 건강하시니? 나는 사흘에 녹촌데 아무렇지두 않으셔 애. 무서워 죽겠어.

**유자** 부잣집에서 좋은 거 많이 잡숴 그런가부다.

**현경** 코피 터지구 입술 부르트구 그러는 거 보시면서두 하나두 안

봐 주셔?

**지현**   코피 나는 건 못 보셨어…입 부르튼 거는 후후후 나오는데 뭐
라셨는지 알아? 남들이 된 시집살이 시켜 부르텼다 그러겠다 그러
시면서 무슨 입이 그렇게 약하냐구.

**현경**   틀림없는 시어머니다.

**유자**   종혁씨는

**지현**   ?(냉면 말다 보는)

**유자**   종혁씨는 어떠냐구.

**지현**   무슨 의미루 어떠냐는 건데··

**유자**   결혼하구 달라진 거 없어?

**지현**   ?····아니.

**유자**   친절하게 굴어?

**현경**   거짓말해서 빼돌려줬다면 알아보는 거지 뭘 물어어?

**유자**   남자들 결혼하면 틀려진대잖아. 잡을려구 애 쓸 때랑 잡아다
놓고가 다르다드라.

**현경**   벌써 그럼 어떡하니.

**유자**   넌 좀 가만 있어봐. 지현이 좀 다르잖아. 결혼 전에 너무 틱틱
거렸던 여자/결혼하구나서 골탕 먹일 수도 있단 말야.

**지현**   (오버랩의 기분)그런 건 없어. 그런 느낌은 전혀 아니야…

**유자**   그래?

**지현**   잘해…잘해 주려구 애써…

**유자**   다행이다. 그럼 입 좀 부르트고 코피 좀 흘려도 괜찮겠다.(갑자
기 소리 죽여) 속궁합은 어때?

**지현**   ?

**현경**  ? 어머 얘 누가 들어어.

**유자**  느네 겉궁합은 나빴잖아. (소리 죽인 채)

**지현**  (픽 웃으며 고개 딴 쪽으로 돌렸다 보면서)조금 더 살아보구 얘기
해 주께.

**유자**  겉궁합 나빠두 속궁합만 좋으면 산다더라.싫지는 않구?한 침
대 쓰니?

**지현**  (현경 보며)얘 왜 이러니 정말

**현경**  노처녀 뻔뻔한 호기심야. 니가 이해해라.

**S#  카페**

　　[차 마시면서]

**유자**  아직두?(찻잔 들고)

**지현**  아직…보구 싶지가 않아.

**유자**  독하다아.그래두 어떻게 그럴 수가 있니. 현경이 꺼두 나가구
내꺼두 나가는데‥그냥 순수한 시청자루 봐주면 될 거 아냐.

**지현**  아직은 보기 싫어. 더 지나면 될 거야.

**현경**  유자 일일은 유자가 쓰면서 살금살금 시청률이 올라 애. 그래
서 일단 삼십회 연장한단다.

**지현**  그래애? 축하해 유자야.

**현경**  그거 보다두 김정희 일일이 죽을 쑤구 있다는 거 아니니. 얘는
지꺼 오르는 거 보다 김정희 죽 쑤는 게 더 신난댄다.

**지현**  죽 쒀?

**유자**  현재는 죽이야. 앞으로 어떨 지는 모르지만.

**지현**  너 조금은 기분 좋겠다.

**유자**  조금이 아니라 상당히 좋아. 난 인간성이 나쁘거든. 후후후후

현경  시아버님은 어떠시니.

지현  …어렵지 뭐. 나한테는 별로 …아무 말씀두 안하셔…

현경  며느리 사랑은 시아버지라는데에?

지현  아마 조금 찍혀 있는 거 아니가 싶어.

현경  왜.(니가 어때서)

지현  나 방콕 갔을 때 종혁씨가 데리러 움직였었잖아. 그 때 꾸지람
      하셨었거든. 신경쓰게 만든다구. 그거 말구두 또 …그만두자.

유자  또 뭐어?

지현  (찻잔 들며)암튼 그런 느낌이야.…(하고 있다 보며 조금 웃는)그
      냥 느낌이야. 틀린 걸 수도 있어(하고 마신다)

유자  (시계 보면서)얘 나 집에 들어가야 해.(챙기면서)오늘 우리 할머
      니 제사야. 반가왔다.

지현  엉.

유자  낼 보자.

현경  그래애.(유자 빠지는 것 보다가)‥조조조 조 기집애 찻값 안내구
      그냥 나가는 것 좀 봐.

지현  (픽 웃어버리고)

현경  이뻐 죽겠어 그냥.

지현  놔 둬.어렵잖아.

현경  원고료 나오잖아아아.

지현  짐이 무거운 애니까 봐줘.

현경  ……(보며)

지현  (차 마시고 내리다 문득 보고)?‥‥왜.

현경  육체적으로 중노동인 건 알겠는데 정신적으로는 어떤 거니…

**지현** 정신적으로도 마찬가지야…할줄 아는 건 아무 것도 없는데 별로 하고 싶지 않은 일들을 해야 하니까…나는 그저 얼치긴가봐 현경아…글두 제대로 못써..집안 일도 취미 없어……(있다가 고개 들어 보며 웃는다)그래도 재미 부칠려고 애는 써. 별수 없이 가야할 길이니까 방법없잖아…다리미질 같은 거 깔끔하게 잘 되면 기분 좋기도 하고….

## S# 강욱의 주방

**민경** (콩나물국 한 숟갈 떠서 강욱에게)

**강욱** (맛 보고)…내 입에는 좀 짠데?

**민경** 그래?…(다시 간 보고)나는 괜찮은데?

**강욱** 간 보는 건 한 두 번에 결정내야지 자꾸 보면 짜지더라…(물그릇 집어 물 조금 첨가)이 정도면 될 거야…좀 짜..

**민경** 알았어.(뚜껑 닫고) 밥 먼저 푼다.(밥솥으로 가 뚜껑 열고/황당)?……(돌아본다)

**강욱** 왜.

**민경** 왜 밥이 안되구 그냥 있는 거야?

**강욱** 뭐어?

**민경** (밥솥 보고 김 팍 새서)세팅을 안 했어.생쌀 그냥 있는 거 당연해……(맥 빠져)

**강욱** 그럼 세팅해…좀 늦게 먹으면 돼.

**민경** 삼십분은 기다려야 해.

**강욱** 기다리자구.

**민경** (밥솥 세팅하면서)……

**강욱** (세팅 끝날 때 기다렸다가)와. 와서 좀 쉬어………(움직이다가)응?

(돌아보며)

**민경**   (밥솥 앞에 그냥 밥솥 내려다보면서)

**강욱**   (다가가 손 잡아끌면서)뭘 그런 거 갖구 그래…살림하던 사람 아니니까 깜박할 수두 있지…별걸 다 갖구 자존심 상한다.흠흠..(소파에 앉히고 다리 한쪽 잡아 발바닥 마사지해주면서)발바닥 아프지…내내 서서 종종 거려서…있는 반찬 갖구 먹는데두 부엌 일이라는 게 은근히 시간 잡아먹어….

**민경**   …….(보며)

**강욱**   (주먹으로 가볍게 쳐주기도 하고)

**민경**   (빼려 하며)놔둬. 더럽잖아.

**강욱**   (도로 잡으며)더럽기는/ 가만 있어….(만져주는)….

**민경**   …….(보다가)엄마네 밥 있냐구 물어 볼까?

**강욱**   아냐..기다렸다 먹어..

**민경**   배고프잖아.

**강욱**   참을 수 있어..(하는데)

　　　　E 전화벨

**강욱**   잠깐/(받는다)네에.

**이모**   F 어 이서방 저녁 먹었나?

**강욱**   아니 아직 전입니다. 잠깐만요(전화 민경에게 주려 하는데)

**이모**   F (오버랩)아니 이서방은 뭐 나하구 얘기 좀 하면 어디가 덧나 아니면 내가 그렇게 불쾌해.

**강욱**   무슨 말씀이세요.

**이모**   F 그럼 왜 번번이 딩겁을 해서 민경이 바꿔.

**강욱**   아니에요 그런 거 아니라 이모님(하는데)

344

**민경**  뭐라시는 거야 이모‥(하며 뺏는다)왜요 이모.

**S# 주방**

**이모**  (식탁의 찬그릇들 쟁반에 옮기면서)니 엄마 어떠냐구 너 전화 왜 안해‥‥(소리 죽여)그게 아니라 이것아 느네 전화 안하다구 눈이 깔고 장하잖어.(어쩌다 하루 빼먹을 수도 있는 거지)어쩌다 하루 빼먹는 게 엄마한테 통해? 내가 아주 신경이 곤두서 죽겠다. 반찬 여덟가지 일일이 젓가락으로 헤집으면서 트집잡더니 결국은 너 전화 안한다는 푸념야. 얼른 끊고 전화해 이것아. 알았어?

**S# 민경의 거실**

**민경**  알았어요‥‥네 알았어요. 끊어요…(끊고 버튼 찍는다)

**강욱**  전화 안 드렸었어?

**민경**  (눈물 크렁크렁해지면서)사는게 왜 이렇게 피곤하니‥‥

　　　 E 신호 가는 소리

**민경**  (연결) 진짜 살기 싫다…

**강욱**  ‥‥‥(보는)

**서여사**  F 여보세요?

**민경**  (아무렇지도 않게)나에요 엄마…(떨어지는 눈물 닦으며 강욱 외면하며)저녁 잡수셨수?

**서여사**  그래 먹었다.

**민경**  우리는 아직 못먹었어요.있잖아 엄마 내가 어떡했는지 알우? 쌀 앉혀놓고 세팅을 안한 채 그냥 둔 거 있지. 밥 다 된 줄 알구 열어보니까

**민경**  E (보는 강욱 위에) 글쎄 그냥 생쌀이잖아. <u>으흐흐흐흐</u>(웃는/눈에서는 눈물)

**S#** 서여사 거실

**서여사**  쯔쯔쯔쯔 정신을 어따 놓구.

**민경**  F 글쎄 말유. 날샜어. 그래서 우리 이서방 아직 저녁 못 얻어먹구 기다리구 있어요. 컨디션 괜찮아요?

**서여사**  그래 어지간해.

**S#** 강욱의 거실

**민경**  (목이 찢어지게 아파오면서)그래요 그럼 엄마 쉬세요··

**서여사**  F 안 올 거야?

**민경**  아냐. 공부해야해. 책 볼 거 많아요.

**서여사**  F 이서방이 오기 싫대?

**민경**  그런 거 아니구 책 봐야한다니까아?

**서여사**  F 알았어 책 봐 그럼.(하고 끊는)

**민경**  (전화기 내리면서 한 손으로 입 막는)

**강욱**  ·······(보며)

**민경**  (일어나 침실로 빠르게)

**강욱**  ·········(보는)

**S#** 침실

**민경**  (화장대에 서서 휴지로 눈물 찍어내며 훌쩍이는)····

**강욱**  ·····(들어와 보는)····민경아··

**민경**  (오버랩)괜찮아. 암말 마····그저 내 마음이야··· 내 마음이 변덕인 거야···우리. 결혼하면··행복할 줄 알았어····그런데···행복하지가 않아···

**강욱**  (다가와 뒤에서 안는)···

**민경**  (안겨서 두 손 올려 강욱의 팔 잡고)나도 행복 안하고 너도 물론 행복 안하고….이런 결혼을 우리는 왜 했을까…

**강욱**   노력하기로 했잖아….노력하면서 시간을 벌자….그럼 해결 될
거야….

**민경**   …해결될까?

**강욱**   그럼…해결돼…

**민경**   안되면…

**강욱**   안되지 않아….돼….

**민경**   돼야하는데…그렇지?

**강욱**   돼…꼭 돼….(하며 돌려세운다)….우리 밥 먹구 나가자. 나가서
영화 보구 들어오자.

**민경**   ……(보며)

**강욱**   들어오다 시장 볼 거 있으면 시장두 보구 응?

**민경**   불쌍하니?

**강욱**   ……(머리 만지며)아냐…미안해서 그래. 미안해…잘못했어.

**민경**   ……(보며)

**S#  작업실**

[침대에 나란히 기대어 누워 있다가]

**현경**   ….(일어나며) 그 조직 장난 아니구나…(지현 내려다보며) 니 체
력으로 버텨내겠니?

**지현**   (그냥 웃는다)너무 어막지니까 그저 멍청해지더라. 지금두 멍
청한대로야..큰일 났다는 생각도 안들구 그저…해보는데까지 해보
는 거지…아니면 아이구 그래 될대로 돼봐 한번 /그런 거 비슷해.

**현경**   어른들 생신은 당연히 챙겨야 하는 거지만 뭐 사촌형제들 애
기들 생일까지 챙겨야 하는 거니? 친형제도 아닌데..종혁씨는 뭐

라구 그래?

**지현**　(일어나 앉으면서)그 사람한테는 당연한 일야. 그 집안 여자들
　　　은 당연히 그렇게 사는 거니까.

**현경**　……(보며)

**지현**　종혁씨 장가 잘못 든 거야. 탱크처럼 건강한 여자 골랐어야
　　　해…아무래도 그 남자 두 번 장가갈 팔짠 거 같아.

**현경**　?…너 벌써 못살겠다 그런 거니?

**지현**　아니이…(웃으며)내가 일찍 죽을 거니까…이대로는 나 몇년 못
　　　살고 순직할 거 같아.

**현경**　(흘기며)끔찍하게 애는/길들면 괜찮아. 첨이니까 그래…

　　E 지현의 핸드폰

**지현**　왔나부다.(받는다)네에.

**종혁**　F 현관으로 나와. 다왔어.

**지현**　나 차갖구 왔는데

**종혁**　F 우기사 갖구 들어오라면 돼. 빨리 나와 다 왔어.

**지현**　알았어요.(끊으며 벌써 내려서며)빨리 나와 다 왔어/같은 말이
　　　라도 왜 이렇게 할까. 빨리 안 나가면 재미없어로 들리게 말야.

**현경**　(같이 서둘러 내려서며)빨리 나가 빨리.

**S#**　작업실 현관 앞
　　　[나오는 두 여자]

**현경**　아직 안 왔나보다. 야 또 언제 보니.

**지현**　모르겠다.

**현경**　전화는 해 응?

**지현**　하잖아. 호시탐탐 틈만 나면 우선 니네랑 우리 집에 전화하느

348

라구 바쁜 내가 너무 웃겨 얘. (하는데 와서 멎는 자동차)

**현경**  왔다.

[우기사 운전석에서 내리고]

**종혁**  (뒷좌석에서 내리며)안녕하십니까.

**현경**  안녕하세요 무지 오랜만이에요.

**종혁**  네 그렇게 되네요 어떻게. 당신 키.

**지현**  (키 주고)

**종혁**  (우기사 주며)지하에 있지?

**지현**  네…엘레베이터 쪽에 있어요(우기사에게)

**우기사**  예 알겠습니다.(화면에서 아웃)

**종혁**  이 사람 좀 즐겁게 해 줬어요?

**현경**  오자마자 네시간 스트레이트로 자는 바람에 유자랑 나는 애/ 몇날며칠 철야 고문 받고 온 줄 알았어요.

**종혁**  하하. 잠이 많이 모자라요. 고생하느라 계속 낑낑 매요. 그래서 결혼 잘못했다 그랬어?

**현경**  아직 그 소리는 안하네요/종혁씨가 유능한가봐요. 오히려 종 혁씨 걱정해요.저 순직하면 종혁씨 두 번 장가들어야하는데 큰일 이라구요.

**지현**  얘는

**종혁**  순직한다 그랬어?

**지현**  가요 그만.

**종혁**  그래‥(차 문 열어주며)타.

**지현**  현경아.

**현경**  어 안녕.

**지현**  (타고)

**종혁**  그럼 갑니다.

**현경**  더러 좀 만나요 우리.

**종혁**  네 자리 만들죠. 그럼.

**현경**  안녕히 가세요.

**종혁**  안녕히 계세요.(운전대로)

**지현**  (손 들어 보이고)

**현경**  (손 흔들고)

    [뜨는 자동차]

**현경**  ……(보다가 돌아서려는데)

    [종혁 자동차 멎고]

**현경**  ?

**S# 후진하는 자동차 안**

**지현**  왜요?

**종혁**  (후진해서 현경 앞에 멈추며 벨트 풀며)잠깐 있어 깜박했어.(내려
서 뒷좌석 문 연다)

**지현**  ?(해서 돌아보는)

**종혁**  작업실 줄려구 뭣 좀 샀었거든.

**S# 자동차 밖**

**종혁**  (묵직한 봉투 현경에게)쿠키하구 몇가지 샀어요.

**현경**  아이구우우 황송해라. 맛있게 먹으께요.

**종혁**  (웃어 보이고 다시 자동차로)

**현경**  (보고 있는데)

    [뜨는 자동차.]

**S#** 빠져나가는 자동차‥

**S#** 자동차 안

**종혁** ……(운전하다가 돌아보며)그래서‥‥좀 쉬구 친구들도 보고…훨씬 낫지?

**지현** (돌아보며)그럼요.

**종혁** 저녁 사 줬어?

**지현** 냉면 먹는다 그래서 냉면‥

**종혁** 친정가 있는 줄 알았어‥시간 충분해서‥

**지현** 입술이 이래서‥

**종혁** 아아‥한번 다녀와야 하는데…보구 싶으실 거야‥

**지현** ……(앞 보며)

**종혁** 당신 친구들 만나서 우리 집안 얘기/‥힘든다는 말 같은 거/…하지마‥

**지현** ?(돌아본다)

**종혁** 당신 한 말에 날개 달리고 발 달려서 시중에 돌아다닐 수 있어. 우선 기본적으로 내 집안 얘기 남들이 아는 게 싫구…

**지현** 그럼 어떻게 얘기해요. 입은 터져서 부풀었는데 힘 하나 안 들고 너무 편하다 그래요?

**종혁** 처음에 고단하지 않은 여자가 어딨어. 누구나 다 겪는 일야.

**지현** 그런데요.

**종혁** 순직 소리까지 할 건 없잖아. 작가들 상상력 어디까지 갈지 알아.

**지현** (좀 언짢아져서)유자 있는데서는 순직 소리 안했어요.

**종혁** 현경씨가 유자씨한테 하겠지.

**지현** ?‥(잠깐 보고)알았어요 꿰매노께요.

**종혁**  기분나빠 하지마…일거수일투족/…전하고는 다른 상황인 거 감내해야 해. 우리 같은 사람들은 우리대로 잡지에 안 나는 말꺼리들이 얼마나 많은지 당신 몰라.

**지현**  (돌아보며)….

**종혁**  조심해서 나쁠 거 없잖아.

**지현**  알았어요.(고개 앞으로 돌리며)

**S#  자동차 극장…**

[민경/ 강욱의 가슴에 기대앉아/ 영화 보고 있는 두 사람…….]

**S#  거실**

[들어오는 두 사람.]

**제천댁**  늦으셨네요.

**종혁**  예. 주무시죠?

**제천댁**  그럼요 주무세요‥

**종혁**  안녕히 주무세요 아주머니.

**제천댁**  예 올라가세요.

**지현**  주무세요.

**제천댁**  주무세요.

**지현**  (먼저 움직이고 있는 종혁 따라 움직이는)

**S#  종혁 거실**

**종혁**  ….(들어와 기다리고 있다가)

**지현**  (무심히 들어서는데)

**종혁**  (답싹 안아 올린다)

**지현**  하지 마요.

**종혁**  가만 있어.(움직이며)

**지현**  내려줘요. 하지 마요.

**종혁**  가만 있으라니까.(움직이며)

**지현**  (오버랩/조금 강하게)강제쓰지 말아요. 고단해 죽겠어요.

**종혁**  ….(힘 빠지며 내려놓는)

**지현**  이러니까 순직 소리 하는 거라구요.(짜증은 아니고/사정하는)
나는 힘이 딸려요….얼른 샤워하구 일해요…(옷 벗기면서)나는 자
께요 응?

**종혁**  …..(보며/상의 벗겨지는 채로)

**지현**  삐지지 말구요 응?(하며 가볍게 뺨에 입 맞춰주고)

**종혁**  (피식 웃어버리며 넥타이 풀며)그래 봐 줬다.

**지현**  고맙습니다.(벗은 상의 팔에 걸치며)

**종혁**  당신 용두 안먹구 컸냐?

**지현**  많이 먹어서 이 정도에요.

**종혁**  그럼 /지푸라기였었어?

**지현**  (타이 받으면서)그랬어요.

**종혁**  (와이셔츠 벗으며)용 먹은 게 다 성깔로 갔나부지?

**지현**  (피식 웃고)

**종혁**  당신 오빠 우리 회사 총무이사로 발령 냈어.

**지현**  ?

**종혁**  아버지 회사에서는 형님이 좀 치이시는 거 같더라구.

**지현**  (와이셔츠 받으며)오빠 좋겠네‥

**종혁**  당신은 안 좋구?

**지현**  내가 이사된 거 아닌데 뭐.

**종혁**  흠흠흠/(바지 벗어주고 욕실로)

**지현**　····(잠시 서 있다가 양복 걸기 시작하는데)

　　E 전화벨

**지현**　(받는다)네에··

**지현모**　F 얘 엄마야. 전화 받기 괜찮어?(조심스러운)

**지현**　어 엄마 괜찮아요.

S# 지현네 마루

**지현모**　잠깐 있어 아버지 바꿔주께··

**지현부**　왜 바꿔. 당신이 얘기해.

**지현모**　당신이 해요.

**지현부**　(일어서며)싫여. 당신이 해.

**지현모**　이이는/ 얘 늬 오래비 지금 막 들어왔는데··

**초희**　(자기 방에서 나오면서)저 주세요 어머니. 제가 하께요.

**지현모**　간단히 해 그럼.

**초희**　네에.(전화 받아서)아가씨 고마워요··이게 다 아가씨 덕이지 뭐
　　에요. 우리 현식 아빠 고모부 회사 총무이사루 발령났대요 아시죠?

**지현부**　알겠지이

**초희**　정말 고마워요 아가씨. 아가씨 덕에 그래두 이사님 사모님 소
　　리는 듣겠어요(하는데)

**지태**　(자기 방에서 씻으러 나오면서)쓸데없는 소리하지 말구 전화 끊
　　어.그런 소리 걔 좋아 안해. 내가 저 팔아먹은줄 아는 애잖아.

**초희**　그래두 여보 인사는 해야

**지태**　(오버랩)글쎄 인사할 거 없어·· 걔 덕 아냐. 본사 있어도 승진하
　　게 돼 있는 거/ 매제가 도와달래서 미리 움직인 거 뿐야. 알지도 못
　　하고(하며 욕실로)

354

**초희**   저이는 아이구 그렇더라도 아가씨 한테 인사해놔 나쁠 거 없네.

**지현모**   (아들 말에 남편과 서로 마주 보았다가 오버랩)애 그만하구 끊

어. 간단히 하구 말랬는데 왜 그렇게 길어‥

**초희**   어머님이 그만 하래요.아무튼 아가씨

## S# 침실

**초희**   F 최사장한테 감사 인사나 전해 주세요.

**지현**   알았어요.

**초희**   안녕히 주무세요.

**지현**   네 언니두요‥(끊으면서)

　　　E (욕실에서는 아까부터 물소리 들리고 있고)

**지현**   (좀 무겁게 일어나는)‥

## S# 침실

**지현**   (옆으로 자고 있다)

## S# 거실

**종혁**   (모니터들 끄면서 일어나 테이블 정리 대충하고 침실로)‥‥‥

## S# 침실(어둠)

**종혁**   (들어와 로브 벗어 대충 치우고 침대로 들어가는)

**지현**   (잠자다가 침대 흔들리는 바람에 깨서)몇시에요.

**종혁**   두 시.

**지현**   ‥‥‥(다시 잠으로)

**종혁**   (누우며 옆으로 안는)

**지현**   (종혁 쪽으로 돌아누워 주면서)잘 자요.

**종혁**   그래 잘자…

　　　　　　　　　　　　　　　　　　　F.O

**S# 식탁**

[식사하는 회장 내외와 종혁 옆에 보초 서듯 서 있는 지현…기꺼이가 아니라 포기한 모습. 그 상황이 우습고 따분하지만 별수 없다……지현의 입은 나아 있고/]

[침묵……]

**S# 주방**

[제천댁과 함께 찬장 정리하고 있는 지현. 제천댁이 꺼내주는 접시 네댓 장 한꺼번에 받다가 미끌/떨어뜨려 깰 뻔하면서 진땀이 부쩍 나는 상황..]

**S# 노여사한테서 실내 화초 이파리 닦아주는 것 배우고 있는 지현/지시에 따라 스프레이를 품어주기도 하고**

**S# 종혁의 거실**

[와이셔츠들 몇 장이나 내놓고 다리미질하는 중인 지현….]

**지현** (문득 다리미 세워놓으면서 아무 데나 시선 던지고 멍청한)……

**S# 방배동 요리 선생집 주방**

**요리 선생** (도미 한 마리 도마에 놓고)생선은 우선 눈을 보세요.신선한 생선은 이렇게 눈이 투명하고 탄력이 있지요? 반대로 신선하지 않은 건 눈이 꺼지고

**요리 선생** E 빨갛게 충혈돼 있고 그래요. 또 신선할수록 이 아가미가(아가미 들춰 보며)깨끗한 선홍색이고 이게 단단할수록 신선한 거에요. 오래된 건 아가미가 회색빛을 띠고/모양이 망가져있지요.

**요리 선생** 배 부분을 살짝 눌러서 단단하고 탄력있는 것이 신선하고/배가 터져서 내장이 빠지거나 하는 건 오래된 거/비늘이 그대로 다 붙어있어야 신선하고 알겠지요?

**지현**　네에‥

**요리 선생**　작은 생선은 큰 생선에 비해서 신선도가 쉽게 떨어지니까 특히 신선한 걸로 사야 해요. 메모 안해도 돼요?

**지현**　(조금 웃으며)메모 머리 속에 하구 있어요 선생님.

**요리 선생**　(좀 못마땅하지만)좋아요 그럼 이제부터 손질해 보지요.생선은 쉽게 상하는 식품이기 대문에/더구나 내장은 아주 부패하기가 쉬운 부분이지요. 그러니까 바로 내장을 드러냅니다.(배 가르면서)‥‥

**지현**　‥‥(보며)

**S#**　운전하고 있는 지현‥‥‥‥

**S#**　백화점 주차장으로 들어오는 지현의 자동차. 자리 찾아 주차하고/

**S#**　차 안‥

**지현**　(핸드폰 꺼내 펴는데)

　　　　E 빵빵

**지현**　?(소리 나는 쪽 보면)

**현경**　(맞은편 줄 자동차에서 내리고 있다)

**지현**　‥(혼자 조금 웃으며 차에서 내린다)

**S#**　주차한 주차장

**현경**　(지현 쪽으로 오며)기차게 맞췄지?

**지현**　바쁜데 불러낸 거 아냐?

**현경**　아냐 윈고 넘기고 하품하고 있는 중이었어. 야 참 이거 먼저 처리하고 들어가자.(가방에서 비디오 테이프 하나 꺼내 내밀면서)니 전화 받구 오분두 안돼서 정감독 왔었어. 니 베스트으.

**지현**　(아아 하는 얼굴)

**현경**　마지막 작품이니까 기념으루 갖구 있으라구 카피해 왔대. 생

제19회　357

긴 거 보다는 섬세하지 않니?

**지현**　(받으며)그래 정말 고마우신 감독님이네에?

**현경**　하나 카피해서 우리 볼까하다가 시간 없어서 그냥 나왔어. 오늘 방송이더라‥

**지현**　?‥그래?

**현경**　너 신문두 안보니? 스포츠 신문에는 니 사진까지 났던데.

**지현**　사진 씩이나?

**현경**　세기그룹 며느리 마지막 작품이다 뭐 그런 거.

**지현**　‥‥못봤어.(자동차 문 도로 열고 테이프 자동차 오른쪽 앞 수납칸에 넣으며)떨린다 애.

**현경**　‥‥‥‥(어떻게 살길래 신문도 못 보고 사나 싶어서 보는)

**지현**　(자동차 문 도로 닫고 자동으로 잠그며)마지막인줄 알았으면 더 잘 써 볼 걸.

**현경**　(팔 끼며)걱정마.정감독 그러는데 지금까지 나간 베스트 몽땅 합해서 베스트 화이브 안에 들어갈 거라드라.

**지현**　호훗 설마아.

**현경**　진짜야 애.(백화점 쪽으로 움직이며) 물론 연출이 딴 감독인데 정감독이 그럼 훨씬 신빙성있는 거지만.(둘 다 조금 소리 내어 웃고)

**S#** 백화점 만두집

**현경**　(만두 먹으며)몇살짜린데.

**지현**　사년 육개월‥

**현경**　여자 남자.

**지현**　여자.

**현경**　사년 육개월짜리 여자애 생일 선물이라…어떤 거 하는 거지?

**지현**  나두 캄캄해.

**현경**  없는 집두 아니구.

**지현**  응.

**현경**  옷이 제일 무난한 거 아니니?

**지현**  취향두 모르구 사이즈두 모르잖아.

**현경**  그럼 금반지?

**지현**  (픽 웃으며)글쎄 말야 그런 거두 괜찮으면 그게 차라리 편할 거 같아.

**현경**  시어머닌 뭐라 그러시는데.

**지현**  니가 알아서 해라 그뿐이셔…젊은 애니까 당신 보다는 낫지 않 겠니 하시면서..어머님두 그 동안 머리 많이 아프셨대…그래서 그 냥 봉투로 해결하셨다는데..어머닌 어른이시니까 그러셔두 되지 만.. 나는 그럴 수 있는 레벨은 아니잖니.

**현경**  그런 거 고민하구 사니?

**지현**  그런 거 고민하구 살아. 챙겨야할 생일이 나 빼구 서른 번인 거 어떻게 생각하니.

**현경**  이잉?

**지현**  명절 차례 포함/ 제사가 여덟 번이래.

**현경**  (입 벌리고)……

**지현**  (웃으며)입 다물어. 바보같애.

**현경**  너 진짜 순직하겠다 야.

**지현**  아 참 순직소리 너 유자한테 안했지.

**현경**  ?..했는데 왜애?

**지현**  그런 말 친구들한테 하지 말래. 자기 집안 얘기 바깥으로 나가는 거 싫은 가봐.

현경	……(보다가)그래 잘못했다. 그건 그럴 수 있어. 다시는 안하께.

지현	먹어….왜 안 먹어.

현경	만두 맛 똑 떨어진다 야……너….(보면서)기 차겠다..

지현	얼떨떨하면서 좀 우습기도 하구…. 그래..

현경	…..(보며)

지현	나는 완전 무자격잔데 응? 히히히 해보는 데까지 해보는 거지 뭐/그런 기분이야.

현경	….(그저 보는)….

## S# 백화점 유아용품 가게/

지현	(현경과 함께 선물 고르고 있다…둘이 대화/ 상황에 맞춰 자유롭게 몇 마디/점원이 권하기도 하고)

## S# 슈퍼마켓/

현경	(수레 끌고 두리번거리며)

지현	(메모 보면서 식품들 실으며 움직이는)….(물건 하나 실으면서)나 백화점 떨리는 거 있지. 완전히 그 사이코 아줌마 공포야.

현경	그렇지 않아도 목이 아프게 두리번거리고 있으니까 걱정 마. 만약의 경우를 위해서 운동화 갈아 신고 왔다는 거 아니니.

지현	운동화 신고 뭐할 건데.

현경	이단 옆차기 할래면 운동화가 날렵하거든.

지현	(웃어버린다)

## S# 종혁의 침실

지현	(옷 갈아입고 침대로 가서 쓰러지듯 엎드리는)…………(잠깐 동안 눈 감고 있다가 무겁게 몸 일으켜서 전화 찍는다)

E  벨 가는 소리··

**현식**  F 네 목장입니다.

**지현**  (웃으며)어 현식아 고모야.

**현식**  F (반갑게)네 고모 안녕하세요.

**지현**  엉··너두 잘있어?

**S# 친정 마루**

**현식**  네 할머니랑 엄마랑 할아버지 모두 장에 가셨어요.진이 아줌
마 바꿔주께요 고모.

**진이**  네 언니 저에요. 어머님 아버님

**지현**  F 어 그래.알아. 잘 있지?

**진이**  그럼요 여기는 다 편안하세요.언니는요?

**지현**  F 나두 잘 있어…저기 그런데 오늘 내 작품 방송나가는 거

**진이**  (오버랩)어머 그래요 언니?

**지현**  F 몰랐지.오늘 나가는 거 내 꺼야.

**진이**  어어 큰일날 뻔 했네에? 알았어요 제가 말씀드리께요.

**S# 침실**

**지현**  그래··베스트에 작가 이름 같은 거 안 나오니까 아마 몰랐을 거
야··

**진이**  F 네 몰랐어요.

**지현**  그래 그럼 잘 있어.

**진이**  F 언제 오세요?

**지현**  글쎄··곧 가게 될 거야.

**진이**  F 보구 싶어요.

**지현**  나두 그래··안녕.

**진이**  F 안녕히 계세요‥

**지현**  (끊고 생각하다가 다시 번호 찍고)

　　　F 신호 가는 소리.

**종혁**  F 최종혁입니다.

**지현**  오늘 많이 늦어요?

## S# 종혁 사장실

**종혁**  어 늦는데 왜.

**지현**  F 많이요?

**종혁**  열두시는 안 넘길께. 왜 그러는데.

**지현**  F 내 베스트…오늘 방송이래요.

**종혁**  아 그래?

**지현**  F 됐어요 늦으면 할 수 없구.

**종혁**  자신 있나부지?

**지현**  F 먼저 번 꺼 보다는 날 거 같아서…

## S# 침실

**지현**  먼저 번 꺼 발효 다 안된 술 같다구 했잖아요…

**종혁**  F 뭘 그런 걸 다 기억하구 있어…몇시지?

**지현**  열시부터…

**종혁**  F 맞추기 좀 힘들겠는데?…기대하지 마. 그 시간은 못 맞춰.

**지현**  알았어요. 끊어요…

**종혁**  F 쏘리‥

**지현**  됐어요.(끊고 다시 엎드리는데)

　　　E 노크

**지현**  (벌떡 일어나며)네에‥(일어나 거실로)

362

**S# 거실**

**노여사** (들어오면서/쇼핑백)얘 이거 작은 집 애 선물 인 거 같은데 뭐 샀니. 풀어볼 수는 없구 궁금하다.

**지현** 네 어머니...여자 애라 드레스가 좋을 거 같아서 백설공주 드레스 골랐어요.

**노여사** 그래?

**지현** 여자 애들이 좋아한대요. 생일 파티 때두 입구 그냥 집에서 입어도 이쁘겠어서...마음에 안들면 교환하라구 교환권두 넣었어요.

**노여사** 잘했다.(소파에 놓으며)애 썼다.(하고 앉으며)잠깐 앉어.

**지현** (소파로 움직이며)보시구 싶으면 풀었다가

**노여사** 아니 아니다. 그럴 거 없어. 돈 들여 포장한 거 같은데 그냥 두자.

**지현** (앉으며)시장 봐 온 거...마음에 드세요?

**노여사** 뭐 그럭저럭...잘 봐 왔드구나··그런데 너··요리 배우러 다니면서··노트 안하니?

**지현** ....(보며)

**노여사** 다른 집 며느리들 꼬박꼬박 노트하는데 너는 그냥 듣기만 한다구··말로는 며느님이 머리가 아주 좋은가봐요 그러는데····그건 선생님에 대한 예의가 아니야. 다음 시간부터는 노트 갖구 가서 제대로 해.

**지현** 알겠습니다··

**노여사** 인품이 그렇지는 않은 사람이지만 혹시 또 누가 아나. 뉘집 며느리는 요리 배우러 와 노트도 안하더라 말 나면/그렇지 않아도 뉘집에 작가 며느리는 어떨까 호기심이 많은 모양이던데··응?

**지현**    ···네···

**노여사**    사회생활하면서 자유스럽게 지내다 들어와 갑갑하기두 할 거구 고되기두 할 거다만/어떡하니 결혼이라는 게 그런 건데··결혼 전에 어떻게 살았든 일단 결혼하면 시집 가풍에 맞춰야하는 게 당연지사야 응?

**지현**    네에.

**노여사**    누구를 만나든 누가 뭐라든 특히 말 조심하고 절대로 튀게 굴지 마라. 요리 공부하러 가서 노트 안하는 거/그게 바루 튀는 행동이야. 튀니까 말이 되지.

**지현**    ····

**노여사**    하러 들면 일어둘 말이 한 두가지가 아니야. 그러나 미련한 아이도 아니고 뭐냐/뉘 집 며느리라는 게 그게/ 어떤 배우 탈랜트보다도 남의 입에 오르내리기 쉬운 사람들이라구 생각하면 돼. 어디서 물건 살 때 이거 얼마 좀 깎아주면 안돼요 그럼 그날로 뉘집 며느리가 물건 깎더라아. 부잣집이 더 지독하다아 파다아하고 그래.

**지현**    ·····

**노여사**    그저 어느 장소에 가거나 차분하고 조용하게···말 많이 하지 말고 말소리도 크게는 내지 말고 그래라···살얼음판이다 생각하면 돼···

**지현**    (보며)······(한심해서)

　　E 노크

**노여사**    누구야.

**제천댁**    E 사장님인데요 사모님.

**노여사**    그래?(일어나는)

364

**지현**  (같이 일어나는)

**제천댁**  E (노여사 문으로 움직이는데)전화는 끊었어요.오늘 밤에 새댁 드라마 방송한다구 꼭 보시라구요.

**노여사**  어어 그래?(지현 돌아보며)그러니?

**지현**  네에.

**노여사**  (나가며)그럼 봐야지/보구말구/꼭 봐야지 그럼…(나가고)

**지현**  ……(시모 나가는 문 보며 우두커니)……

**S# 성북동 전경(밤)**

**S# 지현의 거실**

**지현**  (소파에 앉아 멍하니)……(어깨 떨어뜨리고)….

  E 노크.

**지현**  ?(깜짝 놀라서)네에.

**미스장**  E 회장님 들어오세요.

**지현**  (놀라서)어 알았어요.(하고 총알같이 방을 나가는)

**S# 거실 계단**

**지현**  (총알같이 뛰어 내려오는)

**S# 서여사 거실**

  [다 같이 차 마시는 중인데]

**이모**  (찻잔에 더 따르면서)언니 옷 손 안대게 그러니까 옷값좀 내요. 간단한 거 아니에요.

**서여사**  손버릇이 그런 거지 옷이 없어 그래?

**이모**  양심이 있으면 그런 말 못하네. 언제 언니가 옷 사입으라구 옷값 한 번 준 적 있어요?

**서여사**  그래서 벗구 살았단 말이야?

**이모**  언니 찌꺼기잖아 평생.

**서여사**  직장을 다니는 애야 사업을 하는 애야. 대충 입구 살면 되지 무슨 옷탐이 그렇게 많아서 남 한번두 안 입은 옷 훔쳐입구 나가 후질러 들어와.

**민경**  (듣다 못해서)아이구 참 이서방두 있는데 이제 그만 좀 해요.

**민지**  (오버랩의 기분)솔직히 이모 /우리 집에 너무 희생봉사지 뭐. 엄마가 심한 건 사실야.

**이모**  고맙다 너라두 바른 말 해 줘서.

**민지**  이모 벌써 몇 년이유. 남의 집 가정부를 이모처럼 유능하게 해 줬으면 지금쯤 은행 통장에 아마 일억 넘게 묻어두구 있을 걸?

**서여사**  (작은딸 꼬나보는)

**이모**  E (서여사 위에)이자 붙어서 일억 오천은 될 거다.

**민지**  이모 월급은 아직두 오십만원이유?

**이모**  오년 전 그대로다.

**서여사**  민경이가 다달이 주는 건 어떡하구.

**이모**  민경이는 민경이구 언니는 언니지이.

**서여사**  주면 뭘해 주면/ 주면 주는 날로 탈탈 털어쓰는 물건한테/ 내가 어디 아픈 사람야?

**이모**  우리 솔직합시다 언니.(하는데)

**민경**  (오버랩)아우 정말 계속할래요? 챙피해 죽겠어 그냥. (벌떡 일어나며)가자 이 선생.

**강욱**  왜 그래애.

**민경**  신경질 나 못 있겠어. 엄마 너무한 건 사실이에요. 이모 좀 줘요. 하나 밖에 없는 이모잖아.

서여사  푼돈 줘서 다 녹이게 만들구 늙어서 무료 양로원 가게 만들어?

이모  양로원엘 왜가.아들이 둘이나 있는데.

서여사  어쨌든 너는 쓰고보자는 물건이잖아. 나 죽기 전에는 그냥 요대로 살아. 죽구나면 뭐가 있어도 있을 테니까.

이모  그걸 믿으면 내가 우리 아버지 엄마 딸이 아니네.

서여사  돈이 뭐에 필요해 돈이.

민경  (오버랩)안가? 나 혼자 가? (하며 현관으로/화나서)

**S# 빌라 주차장…**

민경  (먼저 픽픽픽 나와서 강욱의 자동차 옆에서 빌라 입구 보며)…………
(속이 상한다)

강욱  ….(입구에서 나온다)…..(자동차로/문 열면서)뭘 그래. 처음 있는 일두 아닌데··타.

민경  (타는)

강욱  (탄다)

**S# 차 안**

강욱  (시동 거는데)

민경  어떻게 된 집이 화제에 칠십퍼센트는 주제가 돈이야 돈…

강욱  (쓰게 웃는)

민경  없어서 돈이아니라 있어서 돈이야. 돈돈돈돈.

강욱  (출발시키며)나는 니가 역할을 제대로 못하고 있는 거라고 생각해.

민경  ? (돌아보는)

강욱  바른 말 할 사람 너밖에 없잖아.처제 바른 말은 전혀 안 먹히는 거고.

민경 　내가 안한 줄 알아?···포기한 거야···알지도 못하면서··

강욱 　···그런가?

민경 　태어나길 수전노로 태어난 사람을 어떡하니·····태생이라구···

강욱 　그럼 너라도 이모님 챙겨드려.

민경 　?···(보는)

강욱 　너무 안되셨어···

민경 　(고개 틀며)안되기만····그렇지만 이모가 헤픈 것도 사실야. 있
　　　으면 있는대로  애들한테 주고 친구들 꿔줬다 뜯기고 그래···말하
　　　면 뭐해. 돈 사고 쳐서 이혼당한 사람인데···

강욱 　····

민경 　낭비벽 심하잖아···

강욱 　···약 먹어야겠어.저녁 먹은 거 얹힌 거 같아.

민경 　(흘낏 보고)나두야.

**S# 거실**

민경 　(물 갖고 소파로 오면서)몇시야.

강욱 　(소화제 꺼내면서 흘낏 시계 보고)열시 다 됐는데?(약 주는)

민경 　먼저 먹어.

강욱 　(약 넘기고/민경 약 준다)

민경 　(받으면서)박지현이 드라마 나가드라.(하며 약 넣고 물 마시는)

강욱 　·····(보며)

민경 　(물 마시고)신문 봤지?···못봤다 그러지 마. 내가 봤으면 이선생
　　　두 본 거야.

강욱 　(그냥 돌아서는/침실 쪽으로)

민경 　안 볼 거야?

**강욱** (돌아보며)뭘 봐.

**민경** 보구 싶지 않아? 보구 싶을 거 같은데..

**강욱** (돌아서는)

**민경** 같이 안 볼래? 우리 같이 보자...어떤 앤지 알구 싶어.

**강욱** 참 악취미다 응?(하고 움직이는)

**민경** 보구 싶은 게 당연하잖아. 사양할 거 없어.........(강욱 대답 없고/
민경 침실로)

## S# 침실

**민경** (문 열면서)니 맘 내가 알구 내 맘 너 다 알잖아. 억지로 아닌 척
할 거 없어. 당분간은 셋이 살자..나 그러기로 했어.

**강욱** 문 닫아.

**민경** .....(보다가)너 그래두 나 안 고마운데?

**강욱** (조금 올라서)고맙든 안 고맙든 상관 안해. 그만 좀 해둬.그 정
도면 할만큼 했어. 알아도 모르는 척 몰라도 모르는 척 / 말 안하고
그저 조용히 삭힐 수는 정말 없는 거니?

**민경** 강욱아.

**강욱** 자꾸 건드려서 뭘 어떡하겠다는 거야.

**민경** 건드리는 걸루 받아들여지니?

**강욱** 아냐 그럼?

**민경** 당분간 셋이 살자니까? 너 걔 안 잊었잖아. 못 잊잖아.

**강욱** 그래 그래서 어쩌겠다는 거냐구.

**민경** 못잊는 애 작품 보구 싶을테니까 보라 그거야. 안 말린다구. 너
보는 옆에서 나두 같이 보면서

**강욱** (오버랩)보구 싶으면 혼자 봐/ 그거까지는 못해 주겠다.(옷 갈

아입기 시작하며)

**민경**  ……(굳으며)나한테 뭘 해 줬는데…

**강욱**  …….

**민경**  결혼해 준 거?….눈 질끈 감고 결혼해 줬으면 됐지 성가스럽게 굴지 말라구?

**강욱**  …..

**민경**  안 보구 싶니?

**강욱**  너하구 같이는 안 보구 싶어.

**민경**  혼자 보구 싶어?

**강욱**  그래.

**민경**  왜.

**강욱**  (벗은 옷 팽개치면서)더할래?!

**민경**  …..(차분히 보면서)

**S# 거실/**

**지현**  (미스장 앞에서 내려오고/이 층에서 내려오고 있다)…..

**최회장**  돌려 봐.

**노여사**  아직 시작 안해요.

**지현**  네 아버님.

**최회장**  니꺼 나간다면서.앉어라.같이 보자.

**지현**  (당황해서)아니 아니에요 아버님. 저는 나중에 혼자 봐두

**노여사**  (오버랩)그러지 말구 앉어 얘. 평생 회장님하구 같이 앉어 드 라마 볼 일 없을 거야.니 작품이니까 보신다구 이러구 기다리시는 데 앉어 어서.

**지현**  저..저는 나중에

**최회장**   (오버랩)여러 말 시킨다.틀어 얼른.

**노여사**   네에.(채널 돌리면서)앉어 어서..

**지현**   (별수 없이 바닥에 앉는)…(최회장과 노여사가 장의자에 같이 나란
히 앉아 있으니까)

   [시작되는 오프닝‥]

   [자막/베스트 단막극장.]

   [제목/마지막 수요일/]

**최회장**   저거냐?

**지현**   ‥네에‥

**노여사**   저 박지현이 이름 나오네요.

**지현**   ……(거북해죽겠고)

**S#  지현의 친정**

   [식구들 몽땅 다 나와 극장이 되어 있고/]

   [식구들 얼굴에 오디오만.]

**아내**   E 당신하구 사는 거…재미없어졌어요.

**남편**   E ‥‥뭐라구? 뭐가 없어졌어?

**S#  화면**

**아내**   (30대 후반)내가 이럴 때는 당신두 마찬가질 거에요…우리 결
혼‥‥그저 일종의 습관같은…아무 의미도 뜻도 없는 일상이 돼버린
거‥‥ 벌써 오래 전 부터에요‥

**남편**   그래서…

**아내**   우리…여기쯤에서 그만 둬요.

**남편**   그만둬? 뭘 그만 둬.

**지태**   뭘 저런 걸 써 재는.

**초희**  가만 있어요.

**아내**  E 이렇게 살려고 결혼한 거 아니에요. 좀 더 일찍 끝냈어야 하는 거 /내가 비겁하구 용기가 없어서 이날까지 끌고 온 거 에요. 더 이상은 안할 거에요.

**남편**  E 이유가 뭐야. 의미고 뜻이고 어렵게 굴지 말고 이유를 말해.

**아내**  E 당신은 나를 사랑하지 않고

**S# 종혁네 거실**

**아내**  E (연결)나는 당신을 사랑하지 않아요.

　　　M (티브이의 음악)

**최회장**  오나가나 저놈으 사랑 타령.

**지현**  ....

**노여사**  ㅎㅎㅎㅎㅎㅎ

**S# 화면/카페에 마주 앉아 있는 아내와 다른 남자…**

**남자**  (탁자 위에 손 내미는)

**아내**  ……(보다가 그 손 위에 제 손 올려놓고)…

**남자**  (손 오무려 잡으면서)……

**최회장**  E 꺼.

**노여사**  ? 예?

**최회장**  꺼 치우라구.

**노여사**  아니 보다가 말구

**최회장**  저거 유부녀 아냐. 유부녀가 지금 뭐하는 거야.(지현은 벌써 일어났고)

**노여사**  저 남자랑 결혼할려구 했는데 부모 때매 못하구

**최회장**  빨리 못 꺼?

**노여사**  아이구 알았어요. 꺼요. (티브이 서둘러 끄고)

**최회장**  저게 바루 니 사고방식이냐?

**지현**  …

**최회장**  작가 명찰 부치고 저런 부도덕한 거나 쓰고 있었던 거야?

**지현**  ….

**최회장**  쯧쯧쯧쯧. 끄으웅/(일어나 안방 쪽)

**노여사**  끝까지 다 봐야 어떤 얘긴지

**최회장**  (오버랩)볼 것도 없어. 들어와.

**노여사**  (남편 들어가고 난 뒤에)너는 왜 저런 건 써 갖구 쯔쯔…좋은 얘기 숱해 놔두구 어이구우.(움직이며)얘기가 재미는 있겠구먼서두…(방으로 아웃)

**지현**  ……(숨 내쉬며 눈 감는)…(한동안 서 있다가 몸 돌리는데)

**S#** 민경의 거실

**민경**  (소파 위에 쪼그리고 무릎 싸 안고 뚫어져라 티브이 보고 있는)……

　　M 음악만…

**S#** 침실

**강욱**  (책 보고 있다)……

　　M 티브이 음악 소리 가늘게 들리는…

**S#** 종혁의 거실

**지현**  ……(앉아서)………

　　E 지현 핸드폰 전화벨

**지현**  ……(핸드백 찾아서 꺼내 받는다)··네에··

**유자**  F 얘 축하해. 훌륭하다.

**지현**  그래?

**유자**  F 대답이 뭐 이래? 맘에 안들어?..야 정감독두 그중 잘 만들었구 대본 끝내주구 질투날 정도야. 주제 선명하구 삼십대 중후반 여자들 누구나 느끼는 갈등/너 세련되게 참 잘 풀었어.종혁씨 뭐라니.

**지현**  그이 아직 못들어왔어.

**유자**  F 그래?

**현경**  F 정감독 뻥만이 아니다 지현아. 베스트 중에 베스트다. 멋있어.

**지현**  그럼 다행이구.

**현경**  F 왜 그렇게 기운이 없어? 너 마음에 안 들었어?

**지현**  아니 나는 못 봤어.

**현경**  F ?..손님 오셨니?

**지현**  아니야...아버님 어머님 굳이 같이 보자구 하셔서 내려갔었는데...

**S# 작업실**

**현경**  엉...엉........(듣다가 김새면서)야 그 어른 천 팔백년대 답답돌이 시구나아...

**유자**  왜애.(식탁에서 송기자와 함께 간식 준비하다가)

**송기자**  ?

**현경**  그래 너 황당했겠다. ...엉...아니 드라마는 드라마루 보셔야지 야 신경쓰지 마. 모르시는 양반을 어떡하니. 그렇다구 그게 아닙니다 가르쳐드릴 수두 없는 입장이구 가르쳐 드려두 모르실 양반이다 야. 엉..엉 그래. 힘내.... 너는 진짜 우수한 작가 될 소양이 풍부한 애였는데 그만 애석하게 됐어. 유자가 질투 느낀대잖아....아니 진짜야 저 못된 기집애가 그 말 할 정도면 너 승리한 거야....

374

**유자** 왜 나는 씹어?

**현경** 그래‥잊어버리구 자‥응 안녕‥(끊고 식탁으로 뿌우해서)

**유자** (먹으며)시부모님이 뭐라 그러신대?

**현경** 어/(얘기하려다 그만두고)어른들 한테는 못마땅한 소재지 뭐. 별로 마음에 안 드시는 눈치래.

**송기자** 그럴 수 있어.

**현경** 그럴 수 있어.

**송기자** 박지현씨 갑갑하다 소리 안해요?

**현경** 뭐…뭐가 알구 싶은데‥기자 양반.

**송기자** 아니이‥ 좋아하는 사람 따로 둔채 작가 폐업하고 그런 집안에 들어가서

**현경** (오버랩)지금 무슨 얘기하는 거야.

**송기자** (좀 느긋하게)아닌 걸로 넘어가기는 했지만 공개된 비밀인데 현경씨 뭘 그래.

**현경** 뭐?

**송기자** 필름 최종혁씨가 딜해서 회수해 갔대요. 액수는 모르지만 모두 그 방송사 사보 기잘 얼마나 부러워하는데에…한 두푼이었겠냐 그거지.

**유자** 걔 그거 전문하는 애야? 파파라치 비슷한 거?

**송기자** 건 아니구 우연히 땡잡은 건 가봐요…첨부터 무슨 저의가 있었던 건 아니구 놀랜 김에 사진 몇방 찍었대요.그런데 걔 남편이지 친구 스포츠지 기자한테 얘기하구/그게 최종혁씨한테 전달되고/최종혁씨가 얼마나 딜하는 바람에 횡재한 거래요.

**유자** 횡재도 가지가지다.

**현경**  확실하지 않은 얘기 떠들고 다니지 마 송기자.

**송기자**  벌써 다 떠들고 시들해진 얘기야...

**현경**  종혁씨 그 성격에 필름 회수해가면서 어림없는 소리야.

**유자**  그 성격에 그 능력이면 충분히 가능해.

**현경**  ?

**유자**  (다 아는 거지만)여행지에서 잠깐 차 마시고 잠깐 관광 같이 한
남자 때문에 결혼을 깨니? 그 남자 그렇게 졸렬한 사람 아니야.

**송기자**  정말..차 마시구 관광 잠깐 한 게 단가?

**현경**  왜 그래 간족거리지 마.나한테 맞는다아.

**송기자**  (웃어버리고)

### S# 강욱 침실

**강욱**  (누워서 책 보고 있고)······

**민경**  ·········(눈 뜨고 가만히 있는)

**강욱**  (책장 넘기는)····

**민경**  무슨 얘긴지 궁금하지 않아? (안 돌아보는 채)

**강욱**  ·······

**민경**  군더더기 없이 깔끔하더라····재주 있어····

**강욱**  ······

**민경**  무슨 얘긴지 알아?...헤어지고도 십 오년을 ···가슴 깊은 곳에 간
직하고 있는 사랑 얘기야·····마지막에는 가슴이 저리다 못해 시리
더라·····느이들 만난 뒤에 쓴 거지···

**강욱**  아니야..훨씬 전에 쓴 거야···

**민경**  ···그래?····어떻게 알아..

**강욱**  여행에서...그랬어...탈고해서 넘겼는데..감독이 마음에 안든다

고 해서…낙망해서 여행왔다구……그거 손질한다 소리 들었어…

**민경**   …그렇구나……걔 연애대장인 거 같더라…

**강욱**   (잠깐 보는)….

**민경**   많이 알던데?

**강욱**   …(책 놓고 불 끄는/제 쪽 스탠드/불 끄고 눈 감고)

**민경**   ……(그냥 가만히)

## S# 부부 거실

**종혁**   (들어오면서)방송 잘 나갔어?

**지현**   나는 못 봤는데 현경이랑 유자는 잘 나갔대요.

**종혁**   왜 못 봐.(옷 벗으며 침실로)

**지현**   (침실 쪽으로 따라 움직이며 벗어내는 옷 받으며)아버님이 같이 보자구 하셔서 옆에 있다가 벼락 맞고 못 봤어요.

**종혁**   (손 멈추며)?..벼락?

**지현**   내용이 아버님 마음에 안드셨나봐요. 사랑없는 결혼/ 정리하는 여자 얘기였거든요.

**종혁**   (조금 웃으며)마음에 안드셨겠다.(다시 벗는)

**지현**   중간에 끄라구 하셔서 꺼버렸어요.

**종혁**   ?그 정도였어?

**지현**   아버님한테 찍혔어요. 큰일 났어요…

**종혁**   ……그런 얘긴 줄 알았으면 괜히 어머니한테 알려 드렸다…그런 줄 모르고 나는 또/나도 못 보는데 당신 섭섭할까봐 일부러 알려 드렸지.

**지현**   오늘은 안 친절했으면 좋을 뻔 했어요…

**종혁**   그랬군…그래서 당신 기 팍 죽어서 있는 거야?

**지현**  작가 명찰 붙이고 그런 부도덕한 거나 쓰고 있었냐구요.

**종혁**  ……(보는)

**지현**  아버님 너무 무서워요…눈앞이 캄캄해지더라구‥

**종혁**  (안아주면서)봐…작가 생활 할 수 있었겠어?‥‥

**지현**  ……

**종혁**  잘 그만둔 거야…미련 완전히 버려.

**지현**  (조금 밀어내면서)마저 벗구 씻어요…

**종혁**  (마저 벗기 시작)

**지현**  ‥‥(보다가)나는‥우리 집에 언제 보내 주는 거에요…

**종혁**  어 가야지‥

**지현**  한달이 다 됐어요‥

**종혁**  알아…내가 나서지 않고 어머니가 가라 그러실 때 기다리는데
안 그러시네…잊고 계신가아‥

**지현**  내가 말씀드리면 안되나?

**종혁**  아냐 가만 있어‥조금 더 기다려 봐‥곧 무슨 말씀이 있으실 거
야‥(하며 욕실로)

**지현**  ‥‥‥‥

F.O

**S#  작업실 복도**

**송기자**  (승강기에서 내려 작업실로/봉투에 두둑한 잡지)

[벨 누르고]

**현경**  E 네에 누구세요.

**송기자**  현경씨.나 송유선.

**S#  작업실**

**송기자**   (들어오면서)오랜만.

**현경**   오랜만.

**송기자**   안녕하세요.

**유자**   (작업하면서 뒤로 손 한 번 들어주고)

**송기자**   우리 잡지 못 봤다 그래서 한 권 갖구 왔지.(내밀며)

**현경**   (받으며)뭐 그렇게 까지.

**송기자**   박지현씨 결혼 사진 우리 꺼가 제일 잘 나왔다니까?

**현경**   (뒤적이면서 식탁으로)글쎄 그거야 송기자 자화자찬일 수도 있고/어 정말 잘 나왔네?

**송기자**   현경씨는 일단 비틀고 보더라 응?

**현경**   우우우 디게 이쁘네 얘.

**송기자**   뭐 신혼 소식 없나? 애기를 가졌다든지.

**현경**   (커피머신으로 가며)박지현이한테 왜 그렇게 관심이 많아.

**송기자**   완벽하게 거절하고 있는 신혼취재 나는 좀 어떻게 안될까 진짜?

**현경**   (커피 따르며)송기자가 뭔데.

**송기자**   우리 친구니까.

**현경**   (커피 갖다주면서)나하고 친구된 거 뭐 일에 써먹기 위해서야?

**송기자**   한 껀 봐줬으니까 그 쪽에서도 뭐 하나 줄 수 있는 거잖아.

**현경**   (앉으면서)내가 지현이 부부 매니저두 아니구 나 그런 힘 없네요. 그리구 뭘 봐줬는데.

**송기자**   (흘기면서)죽는 날까지 오리발 하겠다.

**현경**   무덤에 누워서도 오리발이다.

**유자**   조용히 좀 해주라.

**현경**  어 미안해.

**S# 민경의 진찰실**

**민경**  (피부 측정기로 환자 이마와 뺨 측정하면서)저번에 많이 아팠죠?
오늘은 좀 덜 할 거에요.(제자리로 가며)물약은 반 이상 남았죠?

**환자**  반 못 남았는데요.

**민경**  (차트에 기록하며)알았어요.약 드릴 테니까 나가셔서 조금 기
다리세요.(하는데)

　　E  전화벨

**민경**  네에….어 얘 오랜만이다. 웬일야 니가 전활 다 하구? 어 그럼
행복하지.아주 행복해…흐흐흐흐흐 너 결혼초기 생각해봐.어땠는
지……?..어디서 무슨 소릴 듣구 이래 얘가……(들으면서 점점점 굳어
지는)….무슨/ 무슨 방송작가가 우리하구 무슨 상관이구 뭐 무슨 그
룹?…..(웃으며)참  별 말두 안되는 스캔들 주인공 돼 보네……(듣다
가 김새서)얘 나 지금 환자 많아 바빠. 그만 끊자 응?  ..어 그래 만나
자….어엉…(끊으면서)……………

**S# 강욱의 진찰실**

**민경**  (노크도 없이 들어온다)

**강욱**  ?….(책상 서랍 정리하다가)

**민경**  (책상 앞으로 와서)나 친구 전화 받았는데………정말 재미없다..

**강욱**  ? 뭐가 재미없어.

**민경**  E 어디서 줏어들었는지…너 박지현하구 바람났었다는 소문
확인하는 전화드라구. 어떻게 된 거니..

**강욱**  …내가 그걸 어떻게 알아..

**민경**  그래…본인은 물론 모르겠지…세상에 비밀은 없다는 말…실감

난다…어디서 샌 거지?…아는 사람 너랑 개랑 나랑 우리 이모 밖에
없는데 말야…

**강욱**  소문 낼 사람…… 이모 밖에 없어.

**민경**  이모가 어디 신문에라도 냈대? 일년에 한두 번 모이는 동창 귀
에까지 들어가게?…

**강욱**  ……몰라..나는 모르는 일이야..

**민경**  여행에서 누구…아는 사람 만난 적 있었니?

**강욱**  아니 없어…

**민경**  ……(보다가)어쨌든 망신살 뻐쳤다…잡아 떼기는 했지만 동창애
들 금방 다 즈이끼리 통하겠지..남의 얘기 재미있으니까….참 기분
더럽다…(하고 나간다)

**강욱**  ……(어떡해서 소문이 났을까)

**S#  성북동 거실**

**지현**  (빨래 개키면서)아버님…많이 언짢으셨나봐요…..며칠 동안 눈
길 한번 안 주세요…

**노여사**  (신문 뒤적이면서)그러니까 모두 호랑이 회장님이라구 그러
지이…하필이면 왜 그런 얘기를 써서는…그래두 너 봐서 한참 참
아 주신 거야…다른 사람 같았으면 삼분/아니 삼십초두 안 참으
셨다…

**지현**  오래 가세요?

**노여사**  너 할 나름이야…가만히 보니까 너두 별로 부침성은 없드구
나. 회장님 그러신다고 너무 주눅 들어서 한 옆으로 슬슬 피하지 말
구……아 왜 있잖아.새벽에 회장님 방 들어갔을 때 아버님..방송 때
문에 언짢게 해드려 죄송합니다…다시는 그런 일 없을 테니까 한

번만 너그럽게 용서해 주십시오·· 그래 보든지···

**지현**  저 그런 걸 못해요 어머님.

**노여사**  못한다고 생각하지 말구···그럼 어쩔래. 역정나 있는 어른한 테 아랫사람이 용서해 주세요하는 게 당연한 거지. 바로 그런게 지 혜라는 거야. 아무리 머리가 좋으면 뭐해. 지혜로 써먹지를 못하면 자루 없는 호미나 다름 없어.

**지현**  (조금 웃으며)네에··

**기사**  (문 열고)회장님 들어오십니다.

**노여사**  (일어나며)아이구 그래. 들어오실 때 됐지 했네.(현관으로)

**지현**  (일어나 같이 현관으로)

**최회장**  (들어오고)

**노여사**  이르시네요.(지현 목례)

**제천댁**  (나와서 인사하고)

**최회장**  할일 없어 일찍 들어 왔어. (상의 벗으며)목 말라. 꿀물 하나 타 서 들여 보내.

**노여사**  예 알었어요.

**최회장**  (서재로)

**S#**  주방

**노여사**  (꿀물 대접 쟁반 집어 지현 주며)한번 해봐.

**지현**  ?

**노여사**  아 얘기했잖아.

**지현**  네···

**S#**  거실

**지현**  (나와서 서재 앞으로/노크)

382

**최회장**  E 들어와.

**S#  서재**

**지현**  (들어와서 쟁반 놓고 대접 들어서 내미는)

**최회장**  (받아서 마시고 내려놓으며)됐다.

**지현**  ‥‥저기‥언짢게 해드려 죄송합니다‥‥다시는 그런 일 없겠습
니다‥‥용서해 주세요‥

**최회장**  ‥‥(이슥히 보는)

**지현**  ‥‥잘못했습니다‥

**최회장**  나는 건전한 사고방식을 가진 사람이 좋다. 시대에 뒤떨어
졌대도 상관없어. 눈 돌아가게 변하고 있는 세상도‥‥거기 맞춰서
같이 깨춤을 추면서 망가지고 있는 인간/인간관계도 나는 싫은 사
람이야‥

**지현**  ‥‥

**최회장**  나가 보거라.

**지현**  ‥‥(목례하는데)

**S#  종혁의 사무실**

**종혁**  (전화 중)야 거기는 대기업군에 속하는 벤처잖아‥‥응‥응 전혀
아니야. 얼리 스테이지 벤처 주식을 왜 팔아.초기투자한 회사들은
코스닥할 때까지 안 팔 거야.투자자들하구 신뢰가 있는데 야‥‥애
들이 무슨 말인지 몰라서 그래.기자들이 공부를 안해서 그렇다니
까‥‥‥전혀 아니야‥기사 쓴 기자가 누구야‥‥‥걔 왜 그래.무슨 연예인
기사 쓰듯 그렇게 선정적으루 쓰면 어떡해‥어 아냐. 아니니까 기사
잘못 된 거라고 확실하게 얘기해‥됐지?‥그래‥(끊는데)

      E 노크.

**종혁**  네에.

**비서**  (들어와서/명함 내밀면서)이분이 꼭 좀 뵈야겠다구 하시는데요··

**종혁**  (명함 보고)모셔.

**비서**  (나가고)

**기자**  (들어온다/사진 회수해준 친구)

**종혁**  나 너보구 싶지 않은데 전화두 없이 불쑥 웬일야/일단 악수나
하자.

**친구**  (악수하며)회산 잘 돌아가니?

**종혁**  잘 돌기도 하고 삐그덕거리기도 하고 그래. 앉아.(앉으며)아 너
결혼식장에 왔었니 참?

**친구**  (같이 앉으며)다른 기자 보내구 못갔어. 부산 있었거든.

**종혁**  어쩐지…본 기억이 없어서 말야…뭐 무슨 용건야.

**친구**  야 우리 신문 광고 좀 팍팍 밀어주라.

**종혁**  광고루 자리 옮겼어?

**친구**  (웃으며)아니야…그게 아니라 느네 세기가 광고에 짜대··어떻
게 알았는지 광고부장이 너 친구 아니냐구/ 광고 좀 더 얻어내 달
라고 윗사람까지 동원해 압력넣어서  말야.

**종혁**  그래서 /나한테 빚 갚으라는 거야?

**친구**  짜식/말을 꼭 그렇게 해야하는 거야?

**종혁**  알았어. 한번 알아보께.

**친구**  부탁한다··

**종혁**  그래 임마. 말값은 하게 해 주께··(하고 일어나려)

**친구**  바쁘니?

**종혁**  (시계 보고 도로 앉으며)이십분 여유있어. ··왜.

**친구**　니 와이프 아직 애기 소식 없어?

**종혁**　야 이제 한달이야.

**친구**　딴 거 다 그만두고 너 애기 먼저 만들어.

**종혁**　짜식.

**친구**　농담 아냐. 니 와이프 소문/아직 무성해.

**종혁**　?·····(보는)

# 제20회

**S#  종혁의 사무실**

**종혁**  ········(지그시 친구 보는 위에)

**친구**  E 느네 집안도 무섭고 또 일단 결혼한 사람들은 안 건드리는 게 우리 쪽 원칙이기 때문에 활자화 될 염려는 없는데···시중에서 더 난린가봐. 파다하대.

**종혁**  어떻게 난리라는 거야.

**친구**  성형외과의라는 것 밖에 안 나왔었잖아. 그런데 이제 이름까지 지목해서 퍼지고 있는 모양이야···그쪽도 최근에 결혼했는데··그쪽 여자는 여드름 전문으로 유명한 피부과의래····

**종혁**  ·········(보며)이름이 뭐야. 성형외과의라는 사람.

**친구**  이강욱이라구 현재 제일 솜씨 좋기로 꼽히는 사람이래.

**종혁**  ······(보며)

**친구**  더 기막힌 건 니가 필름 회수했다는 소문까지 도는 모양이야.

**종혁**  (오버랩 나직이)너 책임지고 마무리한다 그랬잖아 이 자식아.(이 자식아에서 터지는)

386

**친구**  나는 최선을 다했어. 영수증까지 받아다 줬잖아. 연예부 기자들 모아서 술 퍼먹이구 할만큼 했어. 봐 기사 안났잖아. 문제는 기자들이 아니라 소문이야.

**종혁**  (오버랩)필름 회수 껀은 어떻게 된 거야.너하고 나/사진찍은 계집애 부부 밖에 모르는 사실이잖아.

**친구**  그것들이 떠든 거 아니겠어?

**종혁**  약속 받았다고 했잖아!

**친구**  너 왜 그렇게 순진해. 자기네들 모른대. 신문사서 나와 공중전화로 개같이 짖었는데 반응이 어땠는지 알아? 저쪽은 미친 개같이 짖더라. 목을 따도 자기네들한테서는 안 나갔대.

**친구**  E  (보는 종혁 위에)그걸 어떡할 거야 증거 있어?

**종혁**  ....(보며)

**종혁**  쓰레기같은 것들.

**친구**  기사 보다도 입에서 입으로/입이 퍼트리는 전달력이 더 무서워./세균 번식만큼이나 대단해 그거.

**종혁**  ...(시선 피하는)

**친구**  너는 워낙 바쁜 사람이구 잘 모르겠지만 그렇게 당한 집안 많아. 멀쩡하게 잘 사는 사람들 놓고 이혼이 초읽기라느니/ 내막적으로는 벌써 이혼한지 오래라느니/

**친구**  E  몇 년을 악성루머에 시달린 집안도 있어. 모르는 척 묵살해 치우더라.

**친구**  그러더니 애기 낳는 것으로 잠재웠어. 그게 제일 좋은 방법이야. 그러니까 일도 좋지만 너 빨리 애 먼저 만들어. 임신되면 임신사실 흘리면서 행복한 결혼 생활 인터뷰 같은 거 한 번 해. 그럼 끝

나. 광고도 광고지만 이 얘기/꼭 해주고 싶었어.

**종혁**   ….(안 보는 채)

**S#  종혁의 침실**

**지현**   (침대 이불 얇은 것으로 바꾸고 있다)………

**S#  종혁의 사무실**

**종혁**   …..

   [스치는 사진 커트/커트/커트/]

**종혁**   …….

**S#  강욱의 진찰실**

**강욱**   (두 손 테이블에 올려 관자놀이 누르고 앉아서)…………(불현듯 팔
   내리고 의자에 기대면서)………

   E 노크

**강욱**   …..(그대로)

**간호사1**   (문 열고)……(조금 보다가)선생님.

**강욱**   ?…아 예.

**간호사1**   준비 됐는데요.

**강욱**   알았어요. 곧 갈께요··

**간호사1**   (나가고)

**강욱**   (무겁게 일어나는)

**S#  민경의 진찰실**

**민경**   (책상 위 정리하고 있다.)

   E 전화벨

**민경**   네에·· 어 그래 누구니…아아 남숙희…너 웬일야?아 웬일인
   지 내가 맞춰보께. 너 무슨 소문듣구 확인 전화한 거지…·그래 알

구 있어. 그거 때문에 일년 열두 달 전화 한통 안하던 희수가 아까 전화했더라. 어 너두 희수한테 들었구나……아니야아 우리 얘기…엉…엉 … 글쎄 살다보니까 별일을 다 보겠어 얘 정말……뭐?… 너는 깔깔/하루 스물 네시간 같이 있는 사람한테 무슨 확인을 해. …그래. 안심해 응..얘 그리구 말이다 너 한가하면 우리 친구들한테 전화 한번씩 쫘악 해주라. 그거 우리 아니라구……아니 스을슬 기분이 나빠질려구 해…응..똑같은 대답 해주기두 피곤하구 말야…그래…엉 그래 잘 있어.(끊고)………

**S# 수술실**

**강욱**    (수술 시작하고 있는)…..

**민경**    (문 열고)이선생..

**강욱**    ?…(본다)

**민경**    나 먼저 들어갈게..

**강욱**    아 그래요 허선생…

**민경**    몇시쯤 끝날 거 같아?

**강욱**    글쎄..한 일곱시간?

**민경**    알았어…수고해 그럼..

**강욱**    ….

**민경**    (나가는)

**S# 수술실에서 나와 움직이는 민경…또박또박**

**S# 병원 건물에서 나오고 있는 민경**…..

**S# 병원 주차장**

**민경**    (주차장으로 들어와 제 자동차에 오르는)…..

**S# 차 안…**

**민경**  ········(앉아서 앞 보며)·····

## S# 종혁의 사무실

**종혁**  (의자 옆으로 돌려놓고 앉아서)············(한참 동안 그대로 있다가 인터폰 누른다)

**비서**  F 네 사장님.

**종혁**  지금부터 회사 스케줄 전부 취소하고 약속도  정중하게 양해 구하고 캔슬 시켜.

**비서**  F 네 알겠습니다.

**종혁**  (인터폰 놓고 또 가만히)········

## S# 성북동 집 길 앞(어둡기 전)

[종혁의 자동차 들어와서 집 앞에 멎고]

**종혁**  (내려서 벌써 정원사가 열어놓은 문으로 들어간다)····

## S# 정원

**종혁**  ····(차분하게/뚝뚝한 얼굴로 들어가는)·····

## S# 거실

**종혁**  (들어온다)

**미스장**  (서 있다가 인사)

**종혁**  (들어오며)저 들어왔습니다아.

## S# 주방

**노여사**  어 그래.(저녁 준비하다가 놓고 나가며)얘 나와라.

## S# 거실

**노여사**  (나오며)부자가 같이 웬일야. 해도 지기 전에.

**종혁**  아버님두 들어오셨어요?

**노여사**  얘 아버진 벌써 아까 일찌감치 들어오셨다.

390

**종혁**  어디 계세요.(움직이려 하며)

**노여사**  서재··글씨 쓰셔··

**종혁**  네에.(움직이려는데)

**노여사**  어디가 시원치 않니?

**종혁**  ?··(돌아보고)일이 좀 많았어요. 일찍 쉬려구요··

**노여사**  잘했다.그런 날두 있어야 해··아버지 뵙구 올라가라. 저녁 금
    방 돼.

**종혁**  네··(서재 쪽으로)

**노여사**  (따르는 지현에게)올라가 애 시중 들어 줘야지?

**지현**  네··

**종혁**  아버님 저 들어왔습니다.

**S#** 서재

**최회장**  (커다란 붓에 먹물 묻히면서)그래··

**종혁**  E ·····

**최회장**  ····

**S#** 거실

**종혁**  (계단으로 오르고)

**지현**  (따른다)

**S#** 거실

**종혁**  (들어오며 웃음기 없이)어떻게 지냈어. 집에 있는 날이었지?

**지현**  (끄덕이는)

**종혁**  손님은.

**지현**  오전에 어머님 외당숙 되시는 분 잠깐 다녀가셨어요.

**종혁**  (선 채 타이 풀면서)당신 아직 애기 소식 없어?

**지현**  ?....

**종혁**  없어?

**지현**  (고개 흔들며)아니.

**종혁**  피임하는 거 아니지.

**지현**  .....(보며)

**종혁**  아니지.(안 보며)

**지현**  왜요.

**종혁**  (가볍게 잡아서 소파로 끌며)이리 와 봐…앉아.(앉히는)

**지현**  (앉혀지며 올려다보는)

**종혁**  (앉으면서)기분…엉망이야.…말대꾸 잘못해서 화나게 만들지 말고 듣기만 해…알았지.

**지현**  ......(보며)

**종혁**  이강욱이라는 이름이 맞아?

**지현**  ......(보며)

**종혁**  맞아?

**지현**  (보며)새삼스럽게 왜요.

**종혁**  ….(보다가)그래 새삼스럽게 뭐 어쩌자는 건 아냐. 별일 아니니까 그렇지?

**지현**  ….(보는)

**종혁**  그런데 그 별일 아닌 게 보다 더 구체적으로/ 계속 퍼져나가고 있대.

**지현**  ….(보며)

**종혁**  그쪽도 최근에 결혼했다든데…알아?

**지현**  …대답해야 해요?

**종혁**  피부과의사 맞아?

**지현**  대답해야해요?

**종혁**  ……(보다가 접어버리고)됐어 안해도 돼. 당신 최선 다하고 있는
거 알아. 고맙게도 생각하고 기특하게도 생각해…그런데··재수없
으면 아버님 다시 문제 삼으실 수 있어. 그런 소문 아버님 못 참으
셔. 한 번은 나 믿고 넘어가 주셨어. 그것으로 끝난 줄 아셔. 다시 문
제가 되면 당신도 나도 괴로워져.

**지현**  ……(보며)

**종혁**  그러니까 빨리 아이 가져. 빨리 가져서 빨리 나아……알았어?

**지현**  또 쫓겨야 해요?

**종혁**  ?

**지현**  (시선 피하며)쫓겨서 미뤘던 결혼 당기구/ 쫓겨서 하던 일 중단
해야하구/ 쫓겨서 아이 빨리 가져야 하구.

**종혁**  ………(보다가)나때문이니?

**지현**  (오버랩의 기분)나 때문이에요. 하지만 숨이 차네요. 숨차다는
불평이에요. 불평할 주제 아니지만.

**종혁**  ……(보며)

**지현**  미안하다는 말 이제 안 할래요. ··미안하다는 말 …당신한테 빚
바랬을 거구··더 이상. 하기두 싫어··

**종혁**  ……

**지현**  그리구…애기는 생겨야 가져지는 거지 갖는다구 가져지는 거
아니에요.

**종혁**  마음 자세를 정하라는 말야.

**지현**  (보며)나두…갖구 싶어요…

**종혁**  ?…(조금 의외)

**지현**  빨리 생겼으면 좋겠어…

**종혁**  그래?

**지현**  어머님 그러시대요‥아이가 생기면 지금보다는 편해질 거라구. 여러가지 면제되는 일이 생긴다구요‥

**종혁**  ……(보다가)이리 와…

**지현**  ?…

**종혁**  이리 내 옆으로 와…

**지현**  강아지 만들지 말구 볼일 있으면 볼일 있는 사람이 와요.

**종혁**  ….(보며)

**지현**  (일어나며)내려가 봐야 해요‥옷 혼자 갈아 입어요…(의자 빠지다가 문득 멈추고 보며)그런데 나 우리 집에는 언제 보내주는 거에요.

## S# 목장(해 질 녘)

**지현모**  (집 계단 내려오는 중)아 안 들려요?……(내려오다 멈추고)저녁 안 들어요?

**지현부**  (긴 나무 의자 같은데 앉아서 목장길 쪽 보며)……

**지현모**  으으응?(이상하네에?/ 마저 내려와 남편 등 뒤로)여보….아 뭐해요.저녁 먹으라는데 들은 시늉두 안하구……이이가.(건드리면서)여보.

**지현부**  (돌아보는)

**지현모**  저녁이요 저녁…밥 먹자구요.

**지현부**  (도로 고갯길 쪽으로 돌리며)지현이 보구 싶다아아…

**지현모**  ?….

**지현부**  우리 딸‥지현이 보구 싶어어어….

**지현모** (꿍얼꿍얼)결혼 전에는 원 그럴 거 같지 않더니만 데려가구 나서는 생판 모르쇠야 응?..한달이야 한달...어떻게 한달 씩이나 얼굴 구경을 안 시켜줘 그래...해두 너무 한 거지 사람들이..

**지현부** 너무 보구 싶어어...

**지현모** 시집을 보낸 게 아니라 도둑맞은 거 같어 그냥...최서방인지 뭔지도 그렇게 풀방구리 쥐드나들 듯 하더니 애 데리구 가서는 코빼기 한번 안보이구..싹수없이..

**지현부** 바쁘니까 그렇겠지이이.

**지현모** 언제는 안 바쁘댔어요?...어이 일어나요 해 넘어가는 시간 안그래두 심난스러운데 청승 떨지 말구요....예?

**지현부** (끄으응 일어나 움직이는)...

**지현모** (남편 엉덩이 털어주면서 따르며)전화두 안 오면 애 죽은 줄 알겠어 아닌 말루....(따르면서)그러니까 그런 집안으루 보내는 게 아닌데 우리가 잘못했어요...우리가 잘못 한 거라구요...

**S# 마루**

**지현모** (남편 따라 들어오며)그냥 전화로만 잘있어 잘 있어요/얼굴을 봐야 바늘 방석인지 비단 방석인지 뭘 알 수가 있지 어이구 답답해.

**초희** (수저 놓으며)아가씨 얘기에요?

**지현모** (쥐어박지는 말고 뿌우)빨리 알어 챘다.누구 얘기야 그럼..(한 수 진이 같이 움직이고)

**초희** 워낙 보통 집이 아니니까 살림두 크구 손님두 많구 바쁘겠지요오. 틈 나면 보내 주실 거에요...그래두 전화는 거의 매일 오잖아요오.

**지현모**  이제 하루 걸러 이틀 걸러야‥늬 아버지 찾길 보면서 우시게
생겼어 이것아‥원 해두 너무하네 그 집안.

**초희**  에이그 아버님은 정말 아가씨한테만 특별히 유난하시더라 아
버님 저 보구 싶었던 적은 없지요.

**지현부**  (수저 들면서)왜애 너두 한 이틀 안 보이면 보구 싶어‥현식이는

**진이**  (냉큼)현식아아

**현식**  E (지현의 방에서)네에에

**진이**  얼른 나와 밥먹어.

**현식**  (뛰어나와 제자리로 들어가고)

**한수**  해결봤어?

**현식**  아니요 아직이요.

**초희**  뭐를.

**한수**  누나 컴퓨터 갖구 게임하는데 한군데서 걸려서 안 넘어간대요.

**지현부**  ?너 고모 컴퓨터 건드리는 거야? 그러다 고모 글 써 논 거 잘
못 되면 너 고모한테 죽어. 그거 왜 건드려.

**지현모**  그러게?

**현식**  아이 괜찮아요 할아버지. 그냥 기본으로 깔려 있는 게임에만
들어갔다 나왔다 그러기 때문에 아무 상관없어요.

**지현부**  상관있거나 없거나 고모꺼 건드리지 마. 그런 거 함부로 건
드리는 거 아냐.

**초희**  아으 아버님은. 그럼 컴퓨터 한 대 사주세요‥요샌 컴퓨터 일찍
부터 만져야 시대 쫓아가는 세상인데 사주시지는 못할 망정

**지현부**  지 애비가 이사님인데 애비한테 사달래. 고모 꺼 건드리지
마 알았어?

## S# 지현의 주방

[식사 중인 시부모와 종혁]

**지현**　....(서 있는)........

## S# 민경의 거실

**민경**　(소파에 등대고 양반다리하고 앉아 혼자 술 마시면서 울고 있는)…
……(한 모금 마시고 내리며…술잔 내려다보며/작은 소리로)민경아.. 자
존심 무지 상하지?……죽구 싶지 그치?….그냥 칵…죽어버리구 싶
어 그치?…후우우우 (한 모금 마시고 내리면서)괜찮아괜찮아 민경
아…원래 계획대루 안되는 게 인생살이구우?…원하는 대루 안되
는 게 인생이야아…꿈꾸는 대로 다 안되는 게 인생이구 상처없는
인생도 없고…후후후후 아니아니 나 돈 거 아냐 걱정하지 마. 민
경아….너 알지?…내가 선택한 거야…그 자식 못 내버려서 여기
까지 온 거 나니까아?…감수해야지 별수 있니?그래애 감수할 거
야.감수한다구.(훌쩍 잔 비우고 내리면서)그런데에…자존심이 너무
상해….그리구 있잖아…나 너무 슬프다?..가슴 깊은 곳에…딴 기
집애 간직하고 살겠다는 그 자식보다/ 내가 더 미운 게… 너무 슬
퍼…….이쪽이든 저쪽이든 나/ 왜 산뜻하게 정리 못하구 아직두 이
렇게 끓을까…나 그렇게 못났니?…형편없어?(마시려다 술잔이 비어
있자 일어나서 주방으로)

## S# 주방

**민경**　(따르면서)많이 안 마실 거야…사랑하는 우리 서방님 데리러
가야지…힘들게 수술하는데 가서 모셔 와야지…(술잔 들고 움직이
면서)그때까지는 말짱하게 깰 거야…걱정마 말짱하게 깰 거야.(하
며 앉았던 자리에 앉는데)

E 현관 벨··

**민경**  ?····(현관 쪽 보고)··누구야?····올 사람 없는데?··(혼잣소리처럼 말하고 일어나며)네 누구세요.(말짱하게)

**이모**  E 문 열어 이모야.

**민경**  ?····(문 열면서)이 시간에 웬일이유?

**이모**  (작은 골프 가방 사이즈 가방 하나 들고 들이닥치면서)느이 집에 가정부 필요하지. 나 들어올테니까 많이 안 달래. 월 백만원만 내.

**민경**  ?···(술이 싹 깬다)

**이모**  (소파에 퍽 앉다가 바닥에 술잔 보고) 술먹구 있었니? 반갑다. (컵 들어 한 모금 마시고)카아아아 이거 왜 이렇게 독하니··몇도짜리야 이거.(하고 보다가)···이서방은.

**민경**  수술해.늦어요. 그런데 이모

**이모**  (오버랩의 기분)그런데 너혼자 술 먹구 있어? 저녁은 어떡하구.

**민경**  (의자에 앉으면서)무슨 소리유 가방은 뭐야.

**이모**  니 엄마랑 더 이상은 못 있겠어.

**민경**  왜 또오.

**이모**  이십만원 갖구 시장 봐들였는데 어디서 잘못됐는지 사람 환장하게 글쎄 이만 칠천원이 온데간데 없이 비어. 대단한 서분이여 사/나보구 삥땅했다는 거야. 어이구 드러워. 이만 칠천원 삥땅하구 삥땅 소리 들을 나니? 아무리 내 신세 쪼그랑 바가지래도 나 스케일이 있는 사람야. 기가 막혀서.

**민경**  그게 왜 비는데에.

**이모**  내가 아니? 어떤 여편네가 거스름 돈을 잘못 줬거나 아니면 어디 흘렸거나 내가 알 게 뭐니.

**민경**  간수 좀 잘하지요오.

**이모**  얘가/즈 엄마하구 꼭 닮았어. 하구한날 다니는 시장 그럴 수도 있는 거지 뭐 /왜/ 늙어서 나두 깜박깜박 차이나타운 등불야. 거스름 돈을 안받든지 거스름돈은 받구 물건을 안챙기든지 마안어. 나 옛날 니 이모 아니야아.

**민경**  그래서 엄마랑 대판하구 나온 거에요?

**이모**  혈압 환자랑 대판이나 할 수 있니? 어이구 내 팔짜. 저녁 상 얌전하게 차려주고 팽이 걸음으로 온다간다 없이 그냥 나왔지.

**민경**  ……(한심해서 보며)

**이모**  밥 있니? 아우 배고파 밥부터 먹자.(주방으로 움직이며)니집에 빈방있구 잘됐지 뭐.

**민경**  (오버랩의 기분)집으루 가요 이모.

**이모**  ?(돌아보는)

**민경**  빈방 그거 청주 아버님어머님 오시면 묵으실 방이구/아니 그리구 엄마 팽개치구 우리 집이 말 돼요?

**이모**  못 받어준다구.

**민경**  못 받어요. 아니 안 받아요…

**이모**  ……(보다가)며칠두.

**민경**  며칠두.

**이모**  ……(보면서 끓기 시작)그래 알었다 나쁜 기집애. 초록은 동색이라 그거지. 늬 엄마한테 얼마나 당하구 사는 지 뻔히 알면서 너 어떻게 이럴 수가 있니 엉?(가방으로 움직이며)그래애. 그 피가 어디 가니? 너두/너한테두 나 감정 존 거 아냐 기집애야.(가방 들고 현관으로)

**민경**  이모.

**이모**  (돌아보며)내가 해주는 밥먹구 내가 싸주는 도시락 들구 십년이 넘게 학교 다녔으면 너 이모 빵가게라구 하나 차려주라구 나서 줘야 사람인 거야. 그것두 안하는 애를 무슨 사람이라구. 어이구 치사하게 내가 이게 무슨 그만두자(하며 나가려)

**민경**  이러지 마세요 이모(울듯이) 나두 지금 속이 속이 아니야아아.

**이모**  ?(돌아보고/금방 다 잊어버렸다)·········이서방 그 기집애 아직두 만나니?

**S# 수술실의 강욱····**

**강욱**  ····(수술이 순조롭지 않다)

**간호사1**  ?(강욱 보는)···

**강욱**  환자 상태 어때요.

**간호사2**  좋아요 선생님.

**강욱**  잠깐요···(환자에게서 떨어져 심호흡 두어 번 하면서)오늘 이상하게 매끄럽지를 못하네요···

**간호사1**  잠깐 찬바람 좀 쐬시면 어떨까요 선생님··

**강욱**  (환자에게 다시 붙으면서) ······

**S# 민경의 거실**

**이모**  (다 잊어버렸다)야야야 결혼해서 목줄 묶어 놨는데 뭘 그래애··· 이제는 저두 어쩔 수 없는 건데 속 썩일 게 뭐 있어.

**민경**  ·····

**이모**  어거지루 갈라논 거기 때문에 그래 한동안은 그 기집애 생각에 멍하게 굴구 그럴 거야. 너 개새끼두 주인 바껴 남의 집으로 끌려가면 종종 대문 간 바라보며 머엉하니 옛주인 생각한다? 그거까

400

지야 니가 어떡해.

**민경** 누가 옛주인인데··이모는 말두 안되는 무슨 개새끼 얘기야아.

**이모** 모르는 척 하라니까? 이서방 딴 생각을 하거나 말거나 그냥 너는 절대 모르는 척 해애.그리구 더어 잘해주라니까? 애교 철철 넘치게/그냥 이서방한테 간이라두 빼서 꿔 바칠 것처럼 그러라구.

**민경** 그게 안돼 이모.

**이모** 안돼두 해야 해 이것아. 이길려면 해야한다니까아?

**민경** ·····

**이모** 애 민경아····니가 먼저 잊어버려야 해.니가 먼저 그 기집애 사건 잊어버리구 없었던 일로 만들어야 이서방두 잊어버려어. 저두 인간이니까 잊을려고 애쓸 거야. 그런데 잊어야지 잊어야지 하면서 멍한 사람한테/너 뭐하는 거야 지금 그 기집애 생각하구 있지 / 잡아 족치면 역심나서 에이 씨/ 나 애 안써/이렇게 되는 게 인간 심뽀라구우.

**민경** 이모 혹시 우리 일 누구한테 얘기한 일 있어요?

**이모** ?····누구한테? 애 미쳤니?누워서 침뱉기를 왜 해·· 내 자존심에 내 조카 깨졌다 소릴 누구한테 해?······그건 왜?

**민경** 혹시해서요···

　　E 전화벨

**민경** 네에.

**서여사** F 혹시 니 이모 거기 가 있어?

**민경** 네 엄마.여기 계세요.

**S#** 서여사 거실

**서여사** 어이구우 매친 것. 밥상 차려 놓구 거긴 무슨 볼일루 가 있는 거야. 빨리 와 설거지 하라 그래.

**민지**　(과일 내다가)놔둬. 내가 하께‥(전화에 대고)

**서여사**　빨리 보내.

**S#**　**종혁의 거실**

　　　[지현 차 들고 나와 내려놓는‥]

　　　[다큐멘터리 티브이 프로그램]

**지현**　(찻잔 들고 와 놓는다)

**최회장**　늬 어머니 뭐해‥

**지현**　‥떡 담으세요.

**최회장**　? 무슨 떡‥

**지현**　양로원 보내신답니다.

**최회장**　‥(티브이로)

**지현**　(물러나고)

**S#**　**주방**

**지현**　(들어오는데)

**노여사**　(김이 펄펄 나는 큰 시루에서 떡 옮기고 있는 중이다. 제천댁과 미스장은 이미 담겨진 라면 박스만 한 박스 끈으로 묶고 있는데/지현 기척 있자)얘 얼른 비닐 깔아라 응?

**지현**　(급히 쟁반 놓고 빈 박스에 비닐 집어 넣어주고)

**노여사**　(큰 나무 주걱으로 시루떡 몇 켜씩 꺼내 박스로 옮기며)이거만 담으면 끝이다.너 올라가 옷갈아 입고 내려와.

**지현**　?

**노여사**　(안 보는 채)가서 원장이랑 노인들한테‥새로 들어온 식굽니다 인사하자.

**노여사**   E  ···그동안 집안에 큰일 있어 지난 달 걸렸다 소리도 하고······응?

**지현**   네 알겠습니다··

## S# 종혁의 거실과 침실

**지현**   (들어와 침실로)

**종혁**   (침대에서 책 보면서)빨리 씻구 올라와.

**지현**   (돌아본다)

**종혁**   일찍 자자. (안 보는 채)빨리 해.

**지현**   ·······(그냥 보며)

## S# 움직이고 있는 자동차 안/밤/(노여사 자동차)

**지현**   ·········(어두운 창밖 보고 있다가)저기····멀어요 아저씨?

**기사**   아닙니다··금방이에요··

**지현**   네에·····(다시 창밖 보며)·····

## S# 강욱의 수술실 앞

**강욱**   (나오고)

**간호사들**   (인사하고)

**강욱**   수고들 많았어요··환자분 입원실로 옮겨 드리고 한 사람은 퇴근하구요.음?

**간호사들**   네에.

**강욱**   (되돌아서며)오늘 누가 집에 안 가죠?

**간호사2**   저에요 선생님.

**강욱**   환자분 지나치게 예민하니까 혹시 많이 괴롭다 그럼 시간 상관하지 말고 전화 해요.

**간호사2**   네 선생님.

**S# 진찰실**

**강욱** (들어오면서 수술복 벗어 적당히 치우고 피곤에 지쳐 푸욱 앉으며 담배 꺼내 맛있게 피워 물며 기대고 눈 감고)‥‥‥‥(손가락에서 담배는 타고)‥‥‥

**S# 어느 양로원 방/**

**지현** (원장의 안내로 노인들에게 인사하고 있는 중. 노인이 껴안으면 같이 안아주고 하면서)‥‥(익숙하지 않고 서툴기는 하지만 노인들 상황에 대한 연민은 가지고)‥‥‥‥

**S# 강욱의 진찰실**

**강욱** (담배는 껐고 기대서 깜박 잠들어 있는)

**민경** ‥‥‥‥(옆에 서서 내려다보고 있는)‥‥‥‥(연민)

**강욱** ‥‥‥‥

**민경** (조용히)이선생‥‥

**강욱** ‥‥‥

**민경** 강욱아‥

**강욱** ?(퍼뜩 눈뜨고) 아 ‥어‥왔어? 나 잤니?‥아아‥(얼굴 부비며) 왜 나와‥

**민경** 일어나‥집에 가 자야지.(하며 강욱 상의 가지러 움직이는)

**강욱** 어 응.(무겁게 일어나는)‥

**민경** (상의 들고 오며)많이 힘들었다며‥

**강욱** 그랬어‥(양복 입혀지면서)‥

**민경** 수술 끝난 너 보면 ‥오래 못살 거 같아서 걱정돼‥

**강욱** (쓴웃음)‥오래 안할 거야‥적당한 때 손 놓고‥건달처럼 살 작정이니까 니가 생각하는 거 보다는 더 살거야‥

404

**민경**  배 안 고파?…나는 출출해‥

**강욱**  그래 어디…뭐 좀 조금 먹구 들어갈까?

**민경**  집에 들어가서 먹어두 돼…

**강욱**  (한쪽 어깨 안으면서)뭐 가벼운 거 없을까?

## S# 어느 오뎅집

**강욱**  …(국물만 떠 마시고 있다)……

**민경**  ……(먹으며 보는)……

**강욱**  …(국물 뜨다가 문득 보며)왜…

**민경**  뭐가 왜야…

**강욱**  왜 보냐구…

**민경**  내꺼 내가 보는데 왜 시비야‥

**강욱**  (픽 웃고 국물 먹으며)또 무슨 말 할려구 그러나‥긴장돼서‥

**민경**  …내가‥긴장시켜?

**강욱**  …아니라구 생각하나?

**민경**  뭘 감추구 참는 걸 못하지.

**강욱**  …(잠깐 보고 쓴웃음)

**민경**  왜 국물만 먹어어‥부드럽구 좋은데 좀 먹어봐.

**강욱**  안 땅겨‥너나 많이 먹어‥

**민경**  이제 그만하께.

**강욱**  ?

**민경**  아니 그만하는 쪽으로 노력하께…완전히 자신 있는 건 아니거
든…

**강욱**  (끄덕이듯)먹어‥

**민경**  아냐 됐어…갑자기 느글거려…속이 고장난 거 같지는 않은데

며칠 전부터 불쑥 불쑥/(하다가)?····(혼자)

**강욱**   어제부터 뭐··

**민경**   (보는)

**강욱**   어떤데···

**민경**   어 아냐····약간 거북해····소주 한잔 안할래? 들어가자 마자 떨어지게 응?

**강욱**   술 안 먹어두 떨어지게 돼 있어 괜찮아.(하며 국물 뜨는)

**S#  움직이는 자동차 안**

**강욱**   (기우뚱해서 자고 있고)

**민경**   (운전하면서 잠깐 보고)····

**S#  아파트 근처 약국 앞에서 멎는 자동차**

**S#  차 안**

**민경**   (내리는데)

**강욱**   어 왜··

**민경**   아냐 자··잠깐 소화제 좀 살려구. 자자.(내려서 약국으로)

**강욱**   ······(보다가 도로 기대며 눈 감는)

**S#  강욱의 침실**

**강욱**   (누워서 팔베개 하고)········(있다가/뭐 하나 욕실 쪽 보는)······뭐해····

**S#  욕실**

**민경**   (임신 테스트를 막 마친 상태)······(임신 반응이 나타난 테스트기 내려다보면서)·······

**강욱**   E  뭐하냐구······

**민경**   (침실 쪽 보는)······

**강욱**   E  으응?······

**민경**　……

**S#　침실**

**강욱**　(일어나 앉으며)민경아(하는데)

**민경**　(나온다)

**강욱**　?…왜 대답을 안해……무슨 일 있나 놀랬잖아…

**민경**　……(대꾸 없이 보는)

**강욱**　…?….왜 그래 왜 그렇게 이상하게 굴어 엉?

**민경**　(차분하게)우리 애기 생겼어….

**강욱**　?…….

**민경**　테스트…양성반응야…

**강욱**　……(입 벌리고 보다가….고개 옆으로 돌리면서 조금 웃듯/)하……

　　　(돌아보며)정말야?

**민경**　응…

**강욱**　약국 그거때문에 들린 거였어?

**민경**　응……

**강욱**　…..(보다가 침대 내려서며 민경 껴안는)……언제부터 이상했는데..

**민경**　며칠 됐어…이상하게 느글거리더라구…

**강욱**　(민경 머리에 코 박으면서)잘했다…잘 했네 우리/신통해….(떼고

　　　보며)정말 기특하다 너……기특해 응?

**민경**　좋아?

**강욱**　좋지 그럼…자식이 생기는데 안 좋은 미친 놈이 어딨어..

**민경**　……..(보다가 꽉 껴안으면서 달라붙는다)

**S#　민경의 거실**

**민경**　(전화하고 있다)어 엄마 아직 안 주무셨수?….응 우리두 아직 안

자…이 서방 수술하구 조금 전에 들어왔거든요··그런데 엄마 나 입
덧 시작했어요…(주방에서 와인 준비하는 강욱 보면서)엉 며칠 전부
터 이상하게 속이 느글느글 불쾌해 죽겠더라구요. 엉 확실해요 테
스트해 봤어요.

**S# 서여사 거실**

**서여사**  (전화 들고 앉으면서)입덧이 얼마나 힘든 건데 입덧 시작한 게

**S# 주방**

**이모 민지**  (북어 찢다가/민지는 떡볶이 볶다가)?(거실 쪽 보는)

**서여사**  E (연결)그렇게 좋아. 너 한번 겪어 봐라.(이모 뛰어나간다)

**S# 거실**

**서여사**  (연결)에미 되는 게 얼마나 고생스러운 건지 이제 톡톡히 알
거다.

**이모**  입덧 시작했대요?

**서여사**  애는 무슨 장원급제한 거 처럼 좋아 죽는다··

**이모**  급제는 급제지이. 나이가 몇이유··입덧 시작했다니까 이제야
애기 가진 거 실감이 나네.(민지/ 떡볶이 들고 나오는데)얘 니 언니 입
덧 시작이란다.

**민지**  (이 층으로 움직이며)임신하면 입덧이야 자동 코슨데 별 게 다
전화로 알려줄 뉴스 꺼리네…언니두 이상하게 유치한데 있더라··

**서여사**  잘 자리에 너는 그거 또 뭐야.

**S# 강욱의 거실**

**민경**  (강욱에게서 샴페인 잔 받으며)엄마 우리 축하주 마셔야 해요.
그만 끊어요.안녕히 주무세요…네…네··(끊고 옆에 앉는 강욱 쪽으로
샴페인 잔 들어 보이며)애개개. 요게 뭐야. 자기 껀 잔뜩 담구.

**강욱**  임신부니까 흉내만 내. 자…(잔 띄워 들며)대단히 고맙습니다…

**민경**  (잔 부딪치며)고맙습니다.

**S#  종혁의 침실**

**종혁**  (지현과 마주 앉아서…천천히 잠옷 단추 풀어내고 있는)………(안
보며)

**지현**  (웬일인지 서글프다/ 그러는 종혁을 보면서)………

F.O

**S#  성북동 거실**

**노여사**  다녀 오세요 회장님.

**최회장**  (나가고)

**제천/장**  (인사하고)

**지현**  (따라 나가고)

**종혁**  다녀오겠습니다.

**노여사**  그래 수고하시게.

**종혁**  (나간다)

**S#  정원**

**최회장**  (앞서고)…

**지현**  (따르고)…

**종혁**  (나와서 서둘러 지현 뒤에)……

**S#  대문 앞**

**최회장**  (나와서 대기 중인 자동차에 오르고)

[지현과 종혁 인사 받으며 뜨는 최회장 자동차.]

[종혁의 차 최회장 자동차 서 있던 자리에 대어지고]

**우기사**  (문 열고 대기)

**종혁** 피곤하지. 쓰러질까봐 걱정이다.

**지현** (안 보며)말로만 걱정하지 말아요.(기사 있으니까 조용히)

**종혁** ……(보다가 어깨에 손 잠깐 올리며)적응되면 괜찮아져…조금만 참아.

**지현** 얼른 가요…

**종혁** 수고해.

**지현** (끄덕이듯)가요.

**종혁** (타고)

　　[자동차 뜨고]

**지현** ……(맥없이 보면서)….(있다가 돌아서 들어간다)

**S# 정원**

**지현** ….(천천히 집 쪽으로……)

**S# 거실**

**지현** (들어오는데)

**노여사** 애 이리 와 나 좀 보자.(소파에 앉아서 조간신문들 간추리며)

**지현** ?(정신 펄쩍 나서 바르게 시모 옆으로)네에….

**노여사** (신문 한쪽으로 치우면서)친정 가구 싶지?

**지현** ?…

**노여사** (올려다보면서)내색 않구 참느라구 그동안 애썼다.기특해… 진작에 보내주고 싶었지만 나두 참느라 애썼어….시집 왔으면 되도록 빨리 시집에 발 붙여 정 붙이라구 부러 모르는 척 놔둔 거야..

**지현** ….(보는 위에)

**노여사** E 시집에 자리 잡기도 전에 친정 자꾸 들락거리는 거 좋을 거 없거든.

**노여사**  얼른 아침 먹구 일찌감치 갔다가 저녁 전에 와‥

**지현**  (조금 웃는)…네 어머님‥

**노여사**  뭘 좋아하시는지 니가 알아서 시장도 좀 봐들구 가구.응?

**지현**  네…

**S# 식탁**

　　[아침 먹는 제천댁/미스장 /지현‥‥]

**지현**  ‥‥‥(조용히 먹는)

**제천댁**  너무 좋아서 밥이 안 먹혀요?

**지현**  ?…네 그러네요‥‥‥안 먹히네요‥저 먼저 일어나께요…

**제천댁**  에이그으으 좋지요 그럼…친정보다 더 좋은 게 어딨을라구
　　요.(일어나며)얼른 올라가 준비하세요.

**지현**  아니에요 일어나지 마세요,일어나지 마세요.

**S# 거실**

**지현**  (나오는데)

**노여사**  (화분 건드리다)벌써 다 먹었니?

**지현**  네 어머님‥

**노여사**  그래 준비해라.

**지현**  네에

**노여사**  (지현 오르는 것 잠시 보다가 주방으로)

**S# 주방**

**노여사**  (들어오면서)에이구 오늘은 치마 좀 벗구 편하게 지내겠다.
　　(일어나려는 제천댁)앉어 먹어.(말리고 냉장고 열면서)저는 내가 시
　　집살이 시킨다겠지만 나두 며느리 시집살이 만만치 않네.

**미스장**  (쿡쿡 웃고)

**제천댁**   네에 오늘은 다 벗으시구 편하게 지내세요.

## S# 이 층 침실

**지현**   (정신없이 바쁘게 옷 입고 있다)···

## S# 병원 민경의 대기실

**민경**   (들어오며)날씨 좋다 안녕.

**간호사3**   네에 선생님 기분두 좋으시네요.

**민경**   엉··날씨가 좋아서··

## S# 강욱의 거실/주방

**강욱**   (주방에서 설거지 마무리하고 손 씻고 행주에 물기 닦아 넣어놓고
손 냄새 맡으면서 서재 쪽으로)

## S# 서재

**강욱**   (들어와 테이블 의자에 앉아서 담배 피워 물면서)···········

## S# 집으로 가고 있는 지현의 자동차 안···

**지현**   (운전하면서 통화 중/핸즈프리)어 우리 집 가는 길야···엉 마침내
윤허가 떨어졌어····응···하루지만 엄청 좋아. 꼭 교도소 모범수 하루
귀휴받아 나가는 거 같은 느낌이야. ···응··그런데 현경아··너 혼자랬
지···응 그래··우리 어머님 그동안 나/ 쭉 지켜 보신 거 있지. 얘가 친
정가고 싶다는 소리를 하나 안하나/ 내색없이 잘 참아서 기특하다
그러시는데 얘 확 무서운 생각 드는 거 있지···응··무섭드라구··

## S# 작업실

**현경**   (국에 고춧가루 넣으면서)전부가 다 만만치 않구나. 시아버지
호랑이 남편 표범 시어머니 구렁이 /아이고 무서버라. 그러니까
너 그동안 어머니 저 친정 좀 보내주세요 한 마디 했으면 꼭 찍혔
다는 거 아니니····그래··그래···(파 씻은 것 도마에 올리면서)나 지금

햄찌개 끓이는 중야. 소작가가 입맛이 없으시대요.목욕가면서 주
문하더라.나 완전히 밥아줌마라니까?…기집애 타구났어 얘…하루
두 개씩 따악딱 끝내구 (유자 들어온다)저 씹는 줄 알구 재 들어온
다..지현이 친정 간댄다.

**유자**   뭘 씹어 또 나를?

**현경**   야 너 여기 들릴 새 없지….아니 지난 번 니 베스트 신문 평 난
거 내가 다 오려 뒀거든…여섯군데 꺼 다 모았어. …엉…뒀다가 나
중에 니 애들한테 보여주면 좋잖아…니 엄마가 이렇게 평가받던
작가였단다..

**S# 차 안**

**지현**   (웃으며)평가는 무슨..그래 고마워…영원한 친구는 너밖에 없
어.감사하게 생각해…글쎄…나두 늬들 보구싶은데 모르겠다..봐서
하께..응…응 그래 맛있게 먹어..얘 너 우리 시집 얘기 유자한테는
하지 마…어 그래 미안해..끊어…(끊는다)….

**S# 근처 길**

**S# 들어오고 있는 자동차**

　　　E  핸드폰 전화벨

**S# 차 안**

**지현**   …(받는다)네에……여보세요..

**강욱**   F  지현씨 나에요..

**지현**   ?……

**강욱**   F  전화받기 거북한가요?

**지현**   …..

**S# 강욱의 서재**

**강욱**　……예 아니오로만 대답해요…거북해요?

**지현**　F 아뇨…그렇지는 않아요…

**강욱**　…(다행이다 싶은)그럼…얘기 좀 조금…해도 되겠어요?

## S#  지현의 자동차 안

**지현**　(자동차 한 옆으로 세우면서)……

**강욱**　F ‥건강해요?

**지현**　…건강해요……그런데 무슨 일로‥

**강욱**　F 마음에 몹시……걸리는 게 있어서…

## S#  강욱의 서재‥

**강욱**　아마…우리에 대한 소문이‥ 퍼지고 있는 모양인데…허선생 친
구들이 그 사람한테 확인 전화하구‥그러는가봐요…이쪽은 그래
봤자‥무시해 넘기면 그만이지만…혹시…소문이 그쪽까지 들어
가면…만에 하나 그렇게 된다면 지현씨한테 타격이 클 거 같아서
요…그게 걱정이 돼서

## S#  차 안

**강욱**　F 일이 손에 안 잡혀요……많이 걱정이 돼요.

**지현**　(이미 눈물이 고이고 있다)나 결혼한 건…아세요?

**강욱**　F 알아요‥

**지현**　결혼늦췄다구 했던 거 기억하세요?

**강욱**　F 기억해요.

**지현**　이쪽은 소문 뿐이 아니었어요‥파타야에서 우리‥누군가한테
사진찍혀서 그게 그 사람 손에까지 들어오구‥

## S#  강욱의 서재

**강욱**　?…(자세가 바뀌는)

**지현**  F  그래서 결혼 도루 당겨지구··하던 일도 중단했어야 했어요···

**강욱**  ····(눈 감았다 뜨는)···

**지현**  F  소문···아직 안죽구 계속되구 있다는 얘기···어제 들었는데
···그쪽에까지 얘기가 들어갔다면 ··정말 온통 세상이 우리 얘기만
떠들고 있나보네요···

**강욱**  (오버랩의 기분)그래서 ··그래서 괜찮아요?

**지현**  F  ····뭐가요··

**강욱**  ···그 사람하구··괜찮은가 말이에요···

**지현**  F  속은 몰라요···겉으로는···괜찮아요···

**강욱**  어디까지 알고 있어요···

**지현**  F  어디까지 상상하고 있는지 몰라요···내 얘기 들을려고 안했
어요.

**강욱**  ·····

**지현**  F  그 쪽은 괜찮으세요?···편안해요?

**강욱**  썩···그렇지는 못해요···

**S#**  자동차 안

**강욱**  F  나는··· 죄인이니까···두 사람 다··그다지 편치는 않아요··

**지현**  지금 어딘데요··

**강욱**  F  그 사람 출근하구··집이에요··

**지현**  결혼하구 처음··친정에 가는 길이에요··

**강욱**  F  아아··

**지현**  전화···놀랐구···반가왔지만····이러는 거 아니죠·····걱정해 줄만
큼 생각하구 있다는 거···마음만 ···아파요··(찡그리며)···끊을께요··(하
며 끊는)

**S#  강욱의 서재**

**강욱**  ·····(끊긴 전화/툭 떨어트리면서)···

**S#  지현의 자동차 안**

**지현**  (눈물 크렁크렁해지며 입 꽉 누질러 다물고)······

**S#  테라스**

**강욱**  (담배 태우면서)·········

**S#  목장 길을 들어오는 지현의 자동차**

**S#  차 안**

**강욱**  (운전하면서)····

**S#  집 가까이**

**지현**  (열린 유리로 내다보며)한수야아!

**한수**  (사슴 우리 안에 있다가 뛰어나오며)누나아!

**지현**  잘 있었어?

**한수**  어어이 누나 왜 이렇게 보기가 어려워요! 어디 귀양살이 간 사람 같아요.

**지현**  글쎄 그렇지? 나 보구 싶었어?

**한수**  모두 얼마나 기다리시는데요. 얼른 들어가 보세요. 아버지 졸도 하시겠네. 전화/하구 오는 거에요?

**지현**  아냐. 그냥 왔어.

**S#  마루**

**지현**  (들어오면서)아버지··

**지현모**  (남편에게 머리 염색 맡기고 있다가)? 아이구 얘. 아이구우우우/ (일어나려 하면서 벌써 딸 돌아보고 있는 남편에게)지현이 왔네요.당 신 딸 왔어요··(딸에게 가며)아니 너 오면 온다구 연락을 하지

**지현**  (오버랩)깜짝 쇼 해줄라구 그랬지.

**초희**  (제 방에서 나오며)아가씨 오셨어요?

**지현**  네 언니 잘 있었죠?

**초희**  봐요 이렇게 오시잖아요.

**지현**  그런데 아버지는 왜 아무 반응이 없으세요? 아버지 저 안 반가
　　　와요?

**지현부**  (떠워 들고 있던 염색 솔 내리면서)안녕하세요.그런데 실례지
　　　만 누구세요.

**지현**  ?..아버지.

**지현모**  (오버랩의 기분)아이구 그동안 치매된 줄 알구 애 놀래겠어
　　　요. 너 보기 힘들다구 골나셨어. 골부리하시는 거야.

**지현**  ....(가슴 아파져서 아버지 보는)

**지현부**  (아내 말에 이어서)와 앉어.마저 칠해얄 거 아냐.

**지현모**  아이구 놔둬요.그만 합시다.(솔 뺏어 그릇에 담으며)오늘 못
　　　한 거 낼 다시 해요.애 왔는데 그만 둡시다..

**지현**  (뒤에서 아버지 안고 등에 얼굴 붙이며)......

**지현부**  ......(묵묵히)

**초희**  아는 척 좀 하세요오.

**지현부**  몰라..나 모르는 사람이야...

**지현**  (더 안으며)죄송해요오...

**지현부**  .......

**지현**  아버지이...

**지현부**  ....

**지현모**  아 심통 그만부리구 대답해요...

**지현**    …(눈물 나와서 제 방으로 들어가버리는)

**지현모**   쯔쯔쯔쯔쯔쯔..애 마음 안좋게 어떻게 나만두 못해.

**진이**    (뛰어들며)언니이.(과일 바구니 들고) 언니 어디 갔어요?

**지현모**   그건 뭐야?

**진이**    언니가 갖구 왔어요. 뭐 잔뜩 갖구 왔어요 어머니.

**한수**    (양손에 잔뜩 들고 들어온다)

**진이**    (들어오는 남편 돌아보며)우리가 부잣집 며느리라 다르다구 그
         랬어요.후후.

**지현부**   (슬그머니 일어나 안방으로)

**모두**    (보고)

**S# 현식의 방**

**지현**    ….(의자에 앉아서 휴지로 눈 아래 닦아내고 있는)….

**지현모**   (문 열고 보다가)………(들어와서 옆에 와 또 내려다보다가)……
         (침대 발치에 앉으면서)니 아버지…너 기다리다 지쳤어 애.

**지현**    …..(돌아보는)

**지현모**   어제는 저녁잡수러 들어오라 그래두 안 들어오구….길 끄트
         머리 바라보면서 우두커니 앉아 있다가는…우리 딸 보구 싶다아
         아…지현이 보구 싶다아아..해는 뉘엿뉘엿 넘어가는데 그냥 속이
         상해 죽을뻔(하는데)

**지현**    (울음 터뜨리면서 자리 옮겨 방바닥으로/엄마 무릎 안고 붙이면서)
         응응응응응응……응응응응…

**지현모**   ….(내려다보며 만지며)….얼마나 힘든 시집살이길래 한달 씩
         이나 친정 나들일 안시켜어.. 손님두 치를만큼 치렀다면서…

**지현**    ……(우는)

**지현모**  잘못 보낸 거야?··안 보냈어야 하는 거야?

**지현**  엉엉엉엉엉···

**지현모**  (만져보며)더 말랐잖어···거기서 더 마르면 어떡해···

**지현**  ····

**지현모**  아 왜 울어어·····시부모님이 너 못마땅해 하시는 거야?

**지현**  (떨어지며/눈물 닦으며 울음 참으려 하며/고개 흔드는)

**지현모**  (방바닥으로 내려앉으며)그럼··(머리 만지며)최서방이 전같지 않어? 잘 안해줘?

**지현**  아냐··그런 거 아니에요··그런 건 아냐··(코 푼다)

**지현모**  그런데 왜 목을 놓고 울어. 가슴 떨리게에···

**지현**  집에 오구 싶어 엄마.

**지현모**  ?··

**지현**  집에 와 내맘대루 자구 내 맘대루 일어나구···내맘대루 책보구 그러면서 살구 싶어.

**지현모**  ·····그렇게 힘들어?

**지현**  그러엄 힘들지···친정 와 이런 말 하는 거 아니라 그러지만 난 할 거야···힘들지 안 힘들어 그럼?··매일 다섯시 반에 일어나는 거 하나만으로도 엄마 나 죽을 거 같아···

**지현모**  (머리 올려주면서)그거야 그렇게 안 살다가 맞출려니까 당연 히 힘들지 너는/··어떡해.힘들어도 맞춰야지··시집살이 공짜루 하 는 사람 없어.

**지현**  새벽부터 밤중까지···거의 잠시두 내 시간두 없구···신경 놓구 편안하게 오분두 있을 수 없어··· 계속 긴장이야 긴장···이층에 혼자 있어두 긴장해 있어야 하구··나가서두 정신 바짝 차리구 긴장해야

하구··암튼··나 벌써 그런 생각 들어. 이렇게 살려구 태어난 거 아닌
데하는 생각…

**지현모**　……(한심해서 보는)너 아직두 최서방…정 안가?

**지현**　아냐 그런 거 아냐….잘 해 줘…잘해 줄려구 애써요…내가 잘못
생각했던 점두 많구··괜찮은 사람이야…전보다는 훨씬 나아.

**지현모**　그럼 됐네…그럼··좀 고단한 거야 참아 넘기면 되는 거구

**지현**　(끄덕이며)참아··참는데…힘들다구…내 갈길이 이거였다면 …
그래 열심히 가보자 그러구 있는데…엄마 벌써 나는 없어··벌써 나
는 다 없어져 버린 거 같애…로보트 같단 말야….엄마 이런 말 잘 모
르지?

**지현모**　그래 잘 몰라…여자 사는 게 그렇지 뭐··내가 어딨어·· 남편 자
식 시부모 다 내 앞에 둘 사람이지 내 뒤에 놀 사람 어딨어.

**지현**　…(끄덕이며)됐어요…이제 좀 시원해졌어··됐다구··(끄덕이며)··

　　E 전화벨

**지현**　(핸드백 집어 전화 꺼내 받는다)네에··

**종혁**　F 목소리가 왜 그래··

**지현**　뭐요··아니에요··

**S# 종혁 사무실**

**종혁**　울었어?…그럼 감기 아냐?…아 집으루 전화했더니 당신 집에
보냈다 그러셔서…움직이는데 왜 전화두 안해… 나한테 뭐 삐진 거
있어?….편안하시지?··나 안 찾아뵙는다구 뭐라구 안하셔?….오해
안하시게 잘 말씀드려…그래 그리구 당신한테 해둘 말 있어….거기
부모님께 우리 집 힘들다는 말 하는 거 아닌지 알지?

**S# 지현의 방**

**지현**　…(김새는)

**종혁**　F 신경쓰시게 만들어 드리지 말고 그저 대충 괜찮다구 해…잘 못 받아들이셔서 당신 시집 잘못 보냈다 생각하시게 만들면 재미 없잖아…

**S#　종혁의 사무실**

**종혁**　그리구 원칙이/시집 얘기는 좋은 소리든 나쁜 소리든 친정으로 물어 나르는 거 아니래….그거야 상식 아니겠어?…데리러 갈수 있었으면 했는데 스케줄 보니까 투자 유치 관계로 중요한 미팅이 있어 못 가겠다. 그렇게 알구/저녁 시간에 안 늦도록 해 오케이?··그래··저녁에 봅시다.(끊고 전화 버튼 누르는/컴퓨터 주식 가격표 보면서)…잡았어?··몇주··어제 몇주 샀댔지?…그래 그 정도 가격으로 계속 잡아··오케이.(끊고 내부 전화 다시)…난데··광고문제 잘 챙기고 있는 거야?…팩스 받았어?··그래 갖구 와 봐.(끊는데)

　　E 전화벨

**종혁**　네 최종혁입니다…아 네 전무님 안녕하십니까…네…네··그쪽에서 얼마 정도 투자 하실 건지 그걸 먼저 저희들한테 주셨으면 좋겠는데요…지분을 많이 드릴 수는 없거든요.벤처 캐피탈을 하더라두 지분 관리를 해야할 회사거든요……한통이 지금 15퍼센트지만 경영에는 전혀 관계하지 않습니다…예…예 그러니까 전무님께서 그쪽 기준을 먼저 말씀해 주시면 제 의견 말씀드리죠…네··네.

**S#　거리**

**강욱**　….(혼자서 생각에 빠져 걸어오고 있는)……..(한 손에 초밥 육 인분 봉투 들고)……(그러다가 문득 걸음 멈추고 꽃집 보는)……(지현이한테 가는 마음은 마음이고/)

**S#  피부과 대기실**

**강욱**   (들어오는) 이거 받아요‥

**간호사3**   (뭔가 딴짓하고 있다가)어머 네 선생님.

**강욱**   상 빨리 차려요. 초밥은 일초 지나면 일초 만큼 맛 없어지니까…

**간호사3**   네‥그런데 선생님 그거/

**강욱**   (꽃 들어 보이며)이거요? 허선생 줄려구.

**간호사3**   선생님 멋있어요.

**강욱**   그럼 허선생 멋있지.(하는데)

**민경**   (제 방에서 나오며)초밥 왔어?

**강욱**   어‥‥‥왔지(하며 민경 잡아 도로 진찰실로)

**S#  민경 진찰실**

**강욱**   (데리고 들어와 꽃 가슴에)‥이쁘지…

**민경**   ?……웬일야 꽃을 다 주구?‥이런 거 할 줄 모르잖아‥

**강욱**   축하해…

**민경**   (받으며)기분 괜찮은데?‥나두 뭐 선물 해야겠다…갖구 싶은
거 있음 말해…

**강욱**   갖구 싶은 거라‥‥.(생각하는 척)운동화 하나 사주라.

**민경**   운동화?

**강욱**   요새 에어 들어간 운동화 좋다드라. 비싸드라구‥돈 없어서 못
샀거든?

**민경**   (웃어버리고)

**강욱**   밥 먹자. 특으로 시켜 왔어…맛없어져 빨리.

**민경**   (강욱의 뺨에 가볍게 키스하고)고마워…행복할라구 그래.

**강욱**   (웃으며 문 여는)

422

**S#** 식당

　　[간단한 상 차려져 있고/초밥/간장 그릇 /김치 같은 것/장국은 담겨져
　　있고/]

**민경** 　(꽃 안고 앞서 들어오며)오늘이 무슨 날인지 알아맞춰 봐.

**간호사1** 　그렇지 않아도 무슨 날인가 궁금해요.선생님 생신은 아니
　　잖아요.

**민경** 　아니야.

　　[간호사4 꽃 받으려고]

**민경** 　(넘겨 주며)풀지 말고 그냥 물에 담거만 놔. 밥 먹구 내가 꽃을
　　거야.

**간호사4** 　네에.

**민경** 　앉으세요. 앉자 응?

　　[적당히들 앉는]

**간호사2** 　무슨 날이에요 선생님?

**민경** 　무슨 날이라구 할까 이선생.

**강욱** 　구름한 점 없는 날.

**간호사들** 　(웃으며)에이 선생님.

**민경** 　내가 얘기해주께…으으음.

**강욱** 　하지 마.

**민경** 　왜애?

**강욱** 　자아 밥 먹읍시다.배고픈.기도할 사람 오늘은 일초만 해주세
　　요. 하나님 화 안내시도록 내가 빽 써줄테니까.

　　[기도하고 초밥 뚜껑들 여는데]

**민경** 　두 사람이 세사람 되는 거 축하하는 날.

**강욱**    (민경 보고)

**간호사들**    ?…

**간호사1**    나 알었어.

**간호사3**    나두 알았어요.

**간호사2**    뭔데에?

**간호사4**    애기죠 선생님.

**민경**    네. 아직 병원에는 못갔는데요/ 그런 거 같습니다.

**간호사들**    (환호처럼/축하 인사)

**강욱 민경**    (적당히 대답하고)

**간호사3**    선생님 좋은 일 있는 거 같다구 내가 그랬잖아아.

**간호사1**    그런데 우리끼리는 왜 그 생각이 안났지이?

**간호사4**    나는 생각했었어요.그런데 그렇게 되면 속도 위반이니까

**간호사1, 2, 3**    간호사!(입 막는)

**민경**    괜찮아. 약간 창피하지만 내가 나이가 얼마니 응? 이해할 수 있
        잖아?

**다 같이**    네에/네 이해해요 선생님/그럼요(등등)

**강욱**    (아무도 안 보는 채)두껍기는‥

**민경**    뭐가‥생선이?

**강욱**    (흘기는)

**민경**    별로 안 두꺼운데?(하고 한 입으로 가져가다가 입 꽉 다물고 도로
        놓는다)……

**강욱**    ?….(보는)

**간호사들**    ?….(보고)

**민경**    ….봐 확실하지?….으으음 기분 좋은 거(하며 물컵 집는다)나 오

424

늘부터 진료 네시에 끝낼 거야. 몸조심해야지.

**S# 산부인과 대합실**

**강욱**  (기다리고 있는)····

**민경**  (씩씩하게 걸어 나오는)···

**강욱**  ····(그쪽으로 몇 걸음)

**민경**  (팔 끼며)육주···정상··· 암 해피.

**강욱**  (웃으며 어깨 안으며 출입구로 돌아서는데)

**S# 목장 마당···긴 의자에 나란히 앉아서···**

**지현부**  ·······너는···딸은 낳지 마···아들만 서넛 낳구 말라구···

**지현**  ?서넛이라구?

**지현부**  안 많아···자식은 많을수록 좋은 거야···너 이쁜 꽃나무/ 하나보다 둘이 좋구 둘 보다 셋이면 더 좋은 거랑 같어···얼마나 좋은데····

**지현**  ·····

**지현부**  그래두 딸은 낳지 마···· 아주····의욕이 떨어질 정도로 섭섭하구 허전해 야···니 엄마 말소리두 듣기 싫더라구··내가 그런 사람이야?

**지현**  ········(웃으며 보며)

**지현부**  절감을 했어 아하아··딸하구 아들이 이렇게 틀린 거구나아···

**지현**  (고개 내리는)

**지현부**  이럴 줄 알었으면 시집 안보내구 죽을 때까지 데리구 있을 걸 그랬어 야···

**지현**  ·····

**지현부**  참 니 드라마 봤어··

**지현**　마음에 안들었죠··

**지현부**　아니야···니가 뭘 쓸려구 했는지 알겠든데?

**지현**　?···정말요?

**지현부**　여자로 사는 게···그래···힘든 점이 많지 남자에 비해서····그
　　거 쓴 거잖아···

**지현**　····(웃으며)우리 아버지 훌륭해··

**지현부**　그리구 너 컴퓨터 갖구 가 참··현식이가 자꾸 만지는 모양야
　　···현식에미두 침 바르구 그러니까

**지현**　(오버랩)그거 현식이 줘요 아버지. 작업실 꺼두 그냥 거기 놔
　　뒀는데 뭐. 컴퓨터 필요없어.

**지현부**　···왜 필요없어··하나 갖다 놓구 일기라도 쓰지···

**지현**　아무 것도 안쓰구 싶어요(하는데)

**현식**　E (꽤 먼 거리에서)어어? 고모오오오오

**지현**　?

**현식**　(저만큼에서 구르듯이 달려오고 있다)고모오오오!

**지현**　어 그래 현식아아아아(하며 일어나고)

**현식**　(뛰어와 퍽 안기며)고모 언제 왔어요?

**지현**　아까 오전에.

**현식**　어쩐지 이 집에가 오구 싶더라. 애들이 피씨방 가자는데 웬일
　　이지 가기가 싫더라니까? 으하하하

**지현**　(안고 머리 흐트러뜨리며)그랬어?

**현식**　고모가 와 있었구나아 내가 귀신이다 하하하

**지현부**　얌마 고모 컴퓨터 너 가지래.

**현식**　예에?

**S# 작업실 복도**

**지현**    (친정에서 작업실로 가는 중/한결 기분이 나아진 상태로 발걸음도

　　가벼워지고/작업실로/벨 누른다)

**송기자**    E 네에‥누구세요.

**지현**    ?(낯선 목소리에)‥(잠깐 멍? 하는데)

**송기자**    (문 열고)어머 박지현씨.

**지현**    ‥(입만 잠깐 벌리고)‥

**송기자**    안녕하세요 반갑습니다.

**지현**    에‥그런데 (작업실로)

**S# 작업실 안**

**지현**    (들어서며)웬일이세요?

**송기자**    나 여기 잘 들려요. 인터뷰 정리하고 책보고 쉬기도 하구요.

**지현**    에에‥아무도 없어요?

**송기자**    유자씬 방송국 갔고 현경씨는 아래 커피숍 있을 거에요.(시

　　계 보며)올라올 때 됐는데.

**지현**    (조금 끄덕이듯 하고 가방에서 핸드폰 꺼내려는데)

**송기자**    행복하세요?

**지현**    ?(돌아본다)

**송기자**    나한테 거부감 갖구 있는 모양인데 그러지 마세요.

**지현**    그런 거 없어요.(전화 꺼내는)

**송기자**    현경씨하구는 잘 통해요. 좋은 친구 부러워요.

**지현**    네에‥(애매하게 대답하면서 단축 번호)‥‥‥‥어 현경아 미안해.나

　　작업실 왔는데 너 오래 걸려?…어 그래 알았어 삼분만 참을 걸.(하

　　고 끊는데)

**송기자** 커피 마실래요? (커피머신으로 가며)

**지현** 아니에요‥생각없어요.(하면서 소파 쪽으로)

**송기자** (커피 따르면서)신혼 취재 하구 싶어한다는 말 들었어요?

**지현** 들었어요.

**송기자** 기회 한번/ 안 주시겠어요? (커피 잔 들고 돌아보며)

**지현** 아뇨…나도 싫지만 어른들께서도 좋아 안하세요.(탁자 위의 신문 집어 들면서)

**송기자** (소파 쪽으로 움직이며)그래두…박지현씨 결혼생활 관리 차원에서라도 한 번은 나가 주는 게 좋을 거 같은데요.

**지현** ?‥‥무슨 뜻이에요? (보며)

**송기자** (앉으며)한번 시작된 스캔들은 결정적인 계기가 있기 전에는 저절로 수그러들지 않거든요. 스캔들의 생리라구 할까

**지현** (오버랩의 기분/안 보며 신문 뒤집으며)아직두 많이들 얘기한다구요.(알아요)

**송기자** 아직도가 아니라 이제부턴 거 같아요.

**지현** (보는)‥

**송기자** 지현씨가 결혼을 워낙 대단한 사람하고 했어요. 내노라는 기업 후계자죠 잘생긴 매력남이죠 거기다 능력까지 겸비했죠/두 사람 결혼 사진들 보고 이삼십대 여자들이 다같이 지현씨 너무 질투한다는 거 아니에요. 그래서 /훨씬 더 많이 말꺼리가 될 수 있다는 거죠.

**지현** ……(보는)

**송기자** 신혼 기사 한번 나가주는 것도 해롭지 않을 것 같은데요.

**지현** (신문으로 뒤집으면서)그럴 생각 없어요.(하는데)

428

**현경**  (들어오며)못 볼 줄 알았는데 왔네?

**지현**  (일어서며)어 시간 없어 현경아. 나 줄 거 빨리 줄래?(움직이는)

**현경**  오케이 금방 줄 수 있지이이.(제 책상 서랍에서 중간 봉투 꺼내 내밀면서)스크랩해서 코팅해서?니 애들한테 길이길이 대물림하라 그래.

**지현**  (웃으며)기집애. 별걸 다

**현경**  인터뷰하자구 안 들러붙대?(송기자 돌아보며)

**송기자**  보기 좋게 묵살당했어.

**지현**  묵살이 아니라 거절한 거에요 송기자.

**송기자**  그게 그거죠.

**지현**  아니죠 뉴앙스가 다르죠. 묵살은 거절보다 훨씬 불쾌한 거 아니에요? 묵살한 거 아닌데 묵살이라니까 겁나네요. 기자 분 비위 긁은 거 같아서.

**현경**  야 긁었어두 괜찮아 송기자는 내가 꽉 잡구 있어.

**송기자**  잡혔다구 누가 그래?

**현경**  내가‥바쁘다며 나가자.응?

**S#  주차장**

  [두 여자 나오면서]

**현경**  글쎄 말야 신경쓸까봐 말 안했는데  그런가부더라구. 도대체 남의 말 떠드는 게 왜 그렇게 재미있을까‥

**지현**  다 그렇게 살잖아.

**현경**  약 한번 확 뿌려서 없어지는 거라면  니 신랑한테 비행기루 약 한 번 치라 그럼 되겠는데.

**지현**  …(쓴웃음)누구 만났어?

현경   ......

지현   말하기 싫어?··

현경   아냐··너 김새는 소리 하기 싫어서 그래.

지현   ?(멈추며/자동차 앞)뭔데?

현경   정감독…아무리 생각해도 우리 만들던 거 아깝다구··어떻게 니
      양해 구할 수 없냐구.

지현   무슨 양해.

현경   육부까지 원고 나온 거랑 니 시납/ 자기한테 넘겨줄 수 없나 물
      어 보래. 그럼 다른 작가랑 나랑 완성하면 안되냐구. 니가 원한다면
      공동 극본으루 니 이름도 넣어준다구.

지현   그래서….

현경   어림없는 소리 말라 그랬어. 화면에 이름 뜨는 거때매 작가했
      던 애 아니라구.

지현   잘했어. 내 자식 남 못 줘.(하며 키 꽂는/ 문 열고 보며)가께.

현경   엉 가…야 근데 …갑자기 기분이 왜 이러니…디게 섭섭하다 응?

지현   ….(보다가 껴안는다)··고마워…너 밖에 없어.

현경   (마주 껴안으면서)우리 둘이 결혼할 걸 잘못했어 야.

지현   (웃으며 밀어내고 자동차로 올라 시동 걸고 보며)올라가.

현경   잘가.

지현   (끄덕이고)

현경   (운전석 문 닫아주고)

지현   (한 번 더 끄덕여주고 출발)

현경   (자동차 보면서)….

S#  운전하는 지현….심란한…

430

**지현**  (전화 핸즈프리로 바꾸고 단축 번호)

**S# 종혁의 사무실**

  **E** 전화벨

**종혁**  (사인펜으로 줄 그으면서)이거 말야(하다가 전화받는)네 최종혁입니다. 어 아냐 괜찮아….어…어..그래 들어가…운전 조심하구…응…(끊고)이거 너무 약해.(젊은 사원 하나 세워놓고)그리구 말야 고객이 중심이 되는 증권투자의 세상….증권투자를 시장으로 바꿔.증권 시장..고객이라는 것은 우리 입장에서 얘기하는 거잖아. 우리 입장에서 접근하는 것 보다는 투자가가 중심이 되는 단어를 한번 골라봐 응?

**사원**  예 알겠습니다.(메모하며)

**종혁**  그리고 여기 이건 박스 처리로 강조해주고/

**사원**  알겠습니다.

**종혁**  됐어.(보고 있던 팩스 종이 두 장 돌려주며)

**사원**  (인사하고 나가고)

**종혁**  (전화 찍는)….어 나야….야 너 요즘 시장 어떻게 보니…..주식형 수입증권은 트렌드가 꺾인 것 같지 않아?..그쪽은 통신주 못 따면서 꼬였잖아..그래 처음에 꼬이니까 계속 꼬이는 거지..그래..응..글쎄 난 /뮤츄얼 펀드 쪽도 당분간은 가능성 없다구 본다….응…응…우린 우리 나름대로 골라 치고 들어갈려구 해..엉 엠엔에이 관련 주식으로…이번엔 거래소 시장에서 터질 거 같아…..어 그래 한번 만나서 밥이나 먹자..어..어…

**S# 성북동 거실**

**노여사**  (녹차 따르면서)저번 꼬맹이 생일 때 우리 며늘애 뭐 백설공

주 드레스 선물했다 그러든데…꼬맹이가 좋아했는지 모르겠네‥

**한**　(셋째 동서)예 봤어요 형님…큰댁 선물이라구 다른 거 다 제쳐
놓고 그거 입혀 갖고 올라왔대요.

**노여사**　오오 그랬어? 그럼 성공했구만‥차 들어‥(찻잔 밀어주며) 우
리 회장님 좋아하시겠네‥‥생선을 워낙 좋아하시잖어.

**한**　(찻잔 들며)그러니까 어디서 좋은 생선만 들어오면 그이두 덮
어놓구 성북동 성북동 그러잖아요.

**노여사**　아이구 고마워라…

**한**　(찻잔 놓으며)그런데 형님‥

**노여사**　?‥‥‥응 왜…

**한**　며느리…마음에 드세요?

**노여사**　그럼 들구말구‥‥‥사회 생활하던 애라 뭐 그렇게 집안 일 차
분하게 배워갖구 온 애는 아니지만/ 머리 좋구 몸 재구/지딴에는
열심히 하는라구 하는데/죽을 맞이지 뭐. 그래두 그런 내색 않구
생각했던 것 보다두 애가 생각이 깊구 고상해‥ 잘 들어 왔어. 이쁜
애야.

**한**　(탁자로 고개 조금 내리면서)형님 마음에 들어하시는데 이런 말
씀 드려두 될지 모르겠네요…

**노여사**　?‥‥‥왜… 무슨 얘긴데…(하고 보는)

**S# 안방**

**노여사**　‥‥‥(혼자 앉아 있는)‥‥‥

　　E 노크.

**노여사**　누구야.

**지현**　E 저에요 어머님.

432

**노여사**　들어와.

**지현**　(들어와서 문께 서서 목례하며)잘 다녀왔습니다. 어머님.

**노여사**　(보며)그래/ 너 이리 좀 와 앉어. 너하구 할 얘기가 있어.

**지현**　?……

# 제21회

S# 노여사 안방

[마주 앉아 있는 두 사람.]

노여사  그래..부모님 좋아하시든?

지현  (약간 긴장한 채)네 그럼요 어머님.

노여사  편안하시구?

지현  네에.

노여사  (작은 한숨과 함께 토해내는)그래. 그런데….너 들어오기 조금
  전에….나는 아주 불쾌하구 …기가 막힌 소리를 들었다.

지현  ?…..

노여사  …..너 혹시/.. 우리 애 말구 다른 사람 있었니?

지현  ….(잠시 보다가 시선 내리는)

노여사  ?….(대답 없는 것에 어라? 하는 기분)…있었니?

지현  (시선 내린 채)..무슨 말을 어디까지 들으셨는지 모르지만

노여사  (오버랩의 기분)우리 집 얘기가 나하구 회장님만 모르구 온통
  파다하다드라.

**노여사**  E 혼인 직전에 여행까지 같이 한 사람이 있는 애를 며느리루 들였다구

**노여사**  아주 웃음꺼리가 돼 있대.

**지현**  어머님.(시선 내린 채)

**노여사**  (오버랩의 기분)내가 뒤루 안 넘어진 게 다행이야. 느이 셋째 숙모가 쓸데없는 말 물어들이는데는 워낙 좀 하는 사람이라 벌컥 화내구 쫓아버렸는데/ 생각할수록 기가 차구 어이가 없어. 어떻게 돼서 뭣 때문에 그런 소문이 파다해… 얘기해 봐 어디.

**지현**  (시선 내린 채)……

**노여사**  ?……(보다가)너 보니 전혀 근거없는 소리는 아닌 거 같구나 웅?

**지현**  ……

**노여사**  …사실이니?

**지현**  (오버랩의 기분)그 문제에 대해서는··그이하구 말씀하세요 어머님.(여전히 시선 내린 채)저는 말씀 드릴 게 없습니다.

**노여사**  ?…종혁이두 알구 있는 거야?

**지현**  그이가·· 말씀드릴 거에요.(하며 보는)

**노여사**  ……너는 왜 말 못하구.

**지현**  ··그이하구 말씀하세요.

**노여사**  (오버랩의 기분)떠도는 얘기들이 하두 흉칙해서 걱정이 돼 집안 대표해 무슨 대책이든 세우라구 해서 왔대. 둘째 셋째 넷째 숙부네 며느리들 /니 얘기 물어보는 친구들 전화에 머리가 아프다 그런대.

**지현**  ……

**노여사**  너 도대체 처신을 어떻게 하구 다녔길래 이런 거야 웅?

**지현**    ....죄/....죄송합니다 어머님.

**노여사**    아무리 허황한 소문두 많구 소문으루 그치는 소문두 많은 세
상이기는 하지만/ 그래도 전혀 아무 꼬투리없이 퍼지는 소문이란
없는 법야. 너 한 짓 아무 것도 없는데 누가 작정하구 너 때려잡을
사람 없잖아.

**지현**    ....

**노여사**    그래 니 남편한테 떠다밀구...너는 아뭇 소리 안하겠다구?

**지현**    저는...네..그이하구 말씀하세요.

**노여사**    ....(보며)....(이건 사실이다)...알었다 그래...올라가..

**지현**    ...(일어나 목례하고 나간다)

**노여사**    .........(지현 나간 문 보며 기가 차는)..

## S# 종혁 사무실

**종혁**    이번 달 말쯤해서 직원 워크샵을 했으면 하는데요 서울에서
너무 안 먼 곳으로 장소 한번 알아 보세요.

**지태**    (같이 앉아서)예 그러지요.

**종혁**    단합대회 겸이니까 프로그람 너무 빡빡하게 짜지는 말구요 구
기 종목두 하나 정도 넣어서 재미있게 짜 보세요.

**지태**    주제는 뭘로 할까요.

**종혁**    으음 사이버 증권시장의 현재와 미래 어떨까요.어차피 우리
회사 궁극적인 목표고 또 지금부터 병행해가야 할 문제기두 하니
까. 주제 그걸로 잡고 각 팀 별로 소주제를 정해서 브레인 스토밍
해보라 그럼 재미있는 아이디어 많이 나올 거에요.

**지태**    알겠습니다.

**종혁**    지현이 오늘 친정가서 종일 놀다 들어갔어요 형님,(일어나며)

**지태**  아 그래요? (같이 일어나며) 그거 잘했네요.

　　E 전화벨

**종혁**  그럼.

**지태**  아. (목례하고 문으로)

**종혁**  (전화로) 네 최종혁입니다. 네 어머니 저에요·· 무슨 일인데요···

**S# 부부 침실**

**지현**  (옷도 안 갈아입은 채 침대 옆구리에 앉아서)·····

　　E 전화벨

**지현**  ·····(전화 본다)

　　E 벨 계속/

**지현**  (받는다) 네에.

**종혁**  F 어머니 언짢으시던데 무슨 일야···나 왜 일찍 들어가야 하는
거야.

**지현**  셋째 숙모님 다녀가셨대요.

**S# 종혁의 사무실**

**종혁**  ?··

**지현**  F 집안 대표해서 오셨다구 대책 세우라 그러시더래요. 당신
집안 웃음꺼리 돼 있대요.

**종혁**  (다 듣기도 전에 탁 끊어버리는)·····

**S# 부부 침실**

**지현**  ·····(전화기 떨어트리듯 내리면서/)······

**S# 성북동 집 앞**

　　[와서 멎는 종혁의 자동차.]

**종혁**  (내려서 집 안으로)

**S#  주방**

　　[저녁 준비하는 지현/제천댁/미스장…]

**제천댁**　(괜히 /눈치 보는)

**지현**　‥‥‥

　　E 인터폰.

**미스장**　(받는다)네에. 네 알았어요.(끊으며)사장님 들어오셨대요.

　　(하며 나가고)

**제천댁**　나가보세요.

**지현**　‥‥(움직이는)

**S#  거실**

**종혁**　(들어오고 있다/나오는 지현 잠깐 보고)어디 계셔.

**지현**　(시선 피하며 안방 쪽으로 돌아서는)

**종혁**　‥‥‥(안방 쪽으로/노크하고)저 들어왔습니다.

**S#  안방**

**노여사**　(보료에 누워 있다가 일어나며)…들어와…(하고 자세 가다듬는)

**종혁**　(들어와 보는)

**노여사**　…(일어나며)위로 올라가자. 올라가 얘기하자‥(하며 나가고)

**종혁**　‥‥‥(나가는 엄마 보며)

**S#  거실**

**노여사**　(서 있는 지현 무시하듯 계단 오르고)

**종혁**　(나와서 잠깐 지현 보고 올라간다)

**지현**　‥‥

**S#  부부 거실**

**노여사**　(들어와 의자에 앉아서)……앉어.

**종혁**  ……(보다가 와서 앉으면서)셋째 숙모님 다녀 가셨다면서요.

**노여사**  (오버랩의 기분)느이 둘이 벌써 내통이 됐으니까 각설하고 어떻게 된 거야 바른대로 말해.

**종혁**  우리 집안 웃음꺼리 됐다구까지 하세요?

**노여사**  (소리 죽여)너 태국으로 재 데리러 갔던 것도 그 때문이구/결혼 미뤘다 댕겼다두 그때문이지.

**종혁**  …뭣 때문요.

**노여사**  (다그치는/종혁의 반응에 올라서)정신이 어떻게 된 녀석이야. 어디 여자가 없어 다른 사내 있는 애한테 홀려 약혼하구 결혼까지 해 인석아.

**종혁**  무슨 말씀이세요.

**노여사**  늬 아버지하구 나만 모르구 세상이 다 알구 있는 사실이래.

**종혁**  어머니(오버랩의 기분)

**노여사**  (오버랩)뭐가 그렇게까지 좋아. 뭐가 그렇게까지 좋아서 다른 사내 있는 애 끌어다 집안에 들여.

**종혁**  아니에요.

**노여사**  아니야? 이제야 척척 아구가 들어 맞는데 뭐가 아니야.. 약혼하면서 내도록 언 감자같은 얼굴이었던 거/약혼 하구두 내내 찌뿌드드 왜 그러나 그랬어 나는.

**종혁**  (오버랩)제 얘기 들으세요 말씀드릴께요.

**노여사**  (오버랩/소리 죽인 채)너 태국에 애 데리러 왜 갔었어. 혼자 간 게 아닌 거/ 알구 갔던 거야 모르구 갔던 거야.

**종혁**  사실 아니에요 어머니.

**노여사**  덮지 마.. 본인이 사실이라구 고백한 거나 다름 없어 인석아.

**종혁**  ?

**노여사**  너하구 얘기하라 그러구 저는 가타부타 입 딱 다물구 가만
있더라…

**노여사**  E (낭패한 종혁 위에)그게 무슨 뜻이야. 결백하면 그런 소리
듣구 그렇게 태연해?

**노여사**  구둘장이 내려앉게 펄펄 뛰든지 억울해서 기절을 하든지 할
일이지.

**종혁**  (오버랩의 기분)너무 말이 안되니까 저한테 밀어버린 거에요.
저 알아요 알구 있어요. 저 사람/ 여행 중에 만난 의사랑 차 한잔 같
이 마신 거 밖에 없어요. 그게 뻥튀기가 돼서 말도 안되는 소문으
로 떠돌아 다니는 거에요.

**노여사**  여행하다 의사는 어떻게 만나구/약혼한 애가 낯모르는 남
자하구 차는 왜 마셔.

**종혁**  어머니 쟤 작가였어요. 작가들은 우리하구 달라요. 알고 싶은
정보 가진 사람이면/누구하고든 취재 겸 소재 얻으려고 얘기하고
싶어해요.

**노여사**  바닷가서 신발 벗고 같이 정신없이 웃어대는 사진도 찍었더
라는데.

**종혁**  ?……

**노여사**  배도 탔다는데.

**종혁**  ……(보며)

**노여사**  니가 돈 풀어 틀어 막았다면서.

**종혁**  그런 사실 없어요.(아주 딱딱하게)

**노여사**  없어?

**종혁**  (상당히 오른다)네에/없어요. 그러니까 사람잡는 뻥튀기라는 거에요. 제가 돌았어요? 그런 짓까지 하면서 여자 데려와 살 저에요? 이 나라에 여자 저 사람 하나 밖에 없어요?

**노여사**  너두 속구 있는 건지도 몰라.

**종혁**  (눈 꽉 감으며)어머니.

**노여사**  백옥같이 깨끗하다면 왜 말이 돌아다녀.

**종혁**  차는 마셨대요. 그것도 험이라면 백옥은 아니에요!

**노여사**  약혼자 있는 애가 외간 남자하구 차는 왜 마셔!

**종혁**  어머니!

**노여사**  왜 소리가 높아 뭐 잘한 거 있다구!

**종혁**  문제 삼으실 일이 아니란 말이에요!

**노여사**  손 아랫 동서한테 며느리 단속 잘 하라는 소릴 들었는데 문제가 아니야?

**종혁**  (버럭)그집 단속이나 잘 하라 그러세요!

**최회장**  (문 열면서 나직이/그래서 더 무서운)너 이눔으 자식/ 뭐하는 거야.(문 열어놓은 채)

**종혁**  (일어나고)

**노여사**  (당황해서 일어나며)아이구 어떻게/소리두 없이

**최회장**  (아내와는 상관없이 연결)어디서 배워먹은 버르장머리야. 건방지게 누굴 치받어. 뭐? 그집 단속이나 잘해? 이런 형편없는 눔으 자식/ 오죽 귀가 시끄러우면 니 작은 어머니가 일부러 와서까지 걱정을 해.(약간 높아지는)

**노여사**  ? (남편 보는/자기는 전화 안 했다)어떻게 아셨어요.

**최회장**  (오버랩의 기분)너 자신있다구 했어 안했어.

**종혁**  했습니다.

**최회장**  (노여사?) 입방아들 점점 더 극심해진다는데 뭐가 자신 있었 던 거야 이 빙충이같은 자식아!

**종혁**  ·········

**최회장**  뭐 들을 말이 없어서

**S#**  계단 아래

**지현**  ····

**최회장**  E 헌 계집 들였다는 소릴 들어 이 한심한 놈아. 사실여부 차 치하구 그게 무슨 챙피스런 소리야 도대체가.(지현 눈 꽉 감는다)

**S#**  이 층 거실

**최회장**  망쪼가 든 거야 뭐야 이게····

**종혁**  ·····

**노여사**  그만하시구 내려 가십시다····내려 가요 그만·····(남편 좀 밀듯 이 하며)내려가요 회장님.내려가요.

**최회장**  못나 빠진 놈···

**노여사**  내려가자구요.

**최회장**  (아들 못마땅해죽겠으면서 아내에게 밀려 나간다)

**종혁**  ··········

**S#**  거실 계단

　　[부부 내려오고]

**지현**  ···(계단 아래에서 뒷걸음으로 물러서는···)

**회장 부부**  (둘 다 아주 불쾌해서 말없이 안방으로)

**지현**  ·····(그대로 있다가 계단으로 올라간다)

**S#**  부부 거실과 침실

**지현**  (들어오면서 멈칫)

**종혁**  (벗은 상의 침대에 패대기치고 있는)…(그래놓고도 화가 나서 어쩔 줄을 몰라 하며 침대에 퍽 엎어졌다가 불끈 일어났다가 견딜 수가 없는 지경이다)

**지현**  ………(가만히 보면서)…

**종혁**  …………(한동안 꼼짝도 않고 있다가 침대에서 내려서며 바지 혁대 풀어 빼내다가 문득 거실 쪽의 지현 보고)……

**지현**  ……

**종혁**  (거실로/지현 앞으로)왜 입다물고 가만 있었어. 왜 아니라구 펄펄 안 뛰었어!(있는 대로 다 소리칠 수는 없지만 감정은 그만큼)

**지현**  ……(보며)

**종혁**  사실이기 때문에!? 거짓말 하는 거 양심에 걸려서?

**지현**  나는 배우 소질은 없어요.

**종혁**  배우 소질 있냐구 질문했어? 중요한 게 뭔지는 알 거 아냐. 당신 바보야? 아이큐 두 자리야? 원하는 대답 뭔지 빤히 알면서 아니다/ 터무니없는 소리다 했어야지/ 왜 나를 이렇게 곤경에 빠트려. 도대체 무슨 생각으로 가만 있었어.

**지현**  다른 생각 /··생각같은 거…아무 것도 없었어요.(눈물 솟아나면서) …역시 이 결혼은/ 안하는 게 옳았다는 생각만 했지…딴 생각할 기운 없었어요··(안 보는 채)

**종혁**  ……(보며 기운이 빠진다)

**지현**  우리 둘다 …세상 너무 우습게 보구 너무 간단히 생각했나봐…· 이런 말 가증스럽겠지만…·설마 이렇게까지 질기게 (여전히 안 보는 채) 쫓아다닐 줄은

**종혁**   그건 나두 몰랐어.(칼로 치듯이)……

**지현**   나는 멍청이라 그렇다치구…당신은 왜 그렇게 순진해요.

**종혁**   ? (돌아보는)…. 참 여유 있군. 침착하기도 해.

**지현**   ..(외면하면서)…..(그럼 어떡해/손끝으로 눈물 닦는)

**종혁**   나/개꼴 만들어 논 건 알아?

**지현**   그러니까 포기하랬잖아요.

**종혁**   …..(보며)

**지현**   미안하다는 말 더 이상 하고싶지 않다구 했잖아요. 넘어간 일
은 넘어간 일이에요.(보며)또 미안하다 그러구 평생 미안하다면서
살아야해요?

**종혁**   ….(보며)

**S#  안방**

**최회장**   (아내 돌아보는)?

**노여사**   안하더라구요.

**최회장**   뭐야 그럼 기라는 얘기 아냐..

**노여사**   너머 말이 안되니까 지 남편한테 밀어버렸대요..시어머니하
구 다른 남자가 있었네 없었네…그것도 민망하구 그래서 그랬다
구/것도 종혁이 시켜서 한 말이에요.

**최회장**   ……(아내에게서 고개 돌리며/딴은 그럴 수도 있다)

**노여사**   어떡하실 거에요.(안 보는 채)

**최회장**   뭘 어떻게 해.

**노여사**   그냥 넘어가요?

**최회장**   ……

**노여사**   넘어가요?

**최회장**   넘어가지 않으면.(아내 돌아보며)

**노여사**   ….(남편 보는)

**최회장**   그렇지 않어두 시끄러운데 갈라서게 해 / 망신 위에 더 망신 당하구 싶어?

**노여사**   …..(그저 보는)

**최회장**   아니라구 하니까 믿어.. 아니니까 아니라겠지. 어떤 늠인데 그런 애 데리구 들어와. 어림 서푼어치두 없어.

**노여사**   모르는 일이네요. 속은 건지두 몰라요.

**최회장**   속아두 지 팔짜구…어떡하겠어….

**노여사**   나는….싫으네요…아니 땐 굴뚝에 연기 나요?  꼴두 보기 싫어요.

**최회장**   우리 자식 봐 그러지 마. 전화 갖구 와.

**노여사**   (전화 집어 들고)어디다 거시게요.

**최회장**   세째네 걸어.

**노여사**   (번호 찍는데)

**최회장**   종욱 애비 바꾸라 그래.

**노여사**   …응 동선가? 그래 날세. 회장님 께서 거기 회장님 바꾸라시는데 들어오셨나?…(전화 남편 준다)

**최회장**   …나야. 폐일언하고 너 잘 들어. 앞으로 우리 집안에서 누구든/우리 며늘애 갖고 이러쿵저러쿵하는 인물이 있다는 소리 내 귀에 들리면 호적에서 파 버릴 거야. 알았어?….알았으면 알았다 대답만 해 이 사람아. 누가 지금 니 얘기 듣재? 그래 됐어. 두 째 니째한테두 전해…아 왜 못해. 문제 만들어 끌어들인 거 늬집 식구들 아냐. 끊어.(전화 탁 놓고)생각없는 것들 같으니라구…무슨 좋은 일이라구 물어들여 물어 들이길.

**노여사**  거기서 안 물어들였으면 남들이 우리 집 갖구 뭐라는지두 모르구 있을 뻔 했어요.

**최회장**  알아서 좋은 건 뭐 있어. (일어서며)……(나가다가)저녁 안하구 뭐해.

**노여사**  (외면하며 무릎 아래 두 손 찌르며)저녁 할 기운 없어요…

**최회장**  ……(보다가 나가려고 문손잡이 잡는데)

　　 E 노크.

**최회장**  (문 연다)

**지현/종혁**  드릴 말씀이 있습니다.

**최회장**  나는 필요 없다.(하고 나가면서)늬 어머니한테나 해.

**두 사람**  ……(잠시 있다가 안방으로)

**노여사**  ……(안 보는 채)

**종혁 부부**  ……(보며)

**노여사**  ……

**종혁**  앉아. 앉아서 말씀드려.

**지현**  (앉는다)…

**종혁**  (앉고)……(어머니 보다가)말씀드려.

**지현**  …그건….사실이…아닙니다 어머님….(눈물 툭툭툭 떨어지며)그/ 그런 일 없었어요…그저 여행 중에 잠깐 …취재하느라 같이…커피 한잔 마신 게 와전이 돼서

**노여사**  (오버랩의 기분)어디까지가 참이구 어디까지가 헛소리든 어쨌든 나는 너한테 기함초풍을 했다.

**종혁**  (보는)….

446

**노여사** (상관없이)다른 거 아무 것도 안 보고 너/단정하고 차분한 게 마음에 들어 늬 아버지 갸우뚱거리시는 거두 내가 막은 사람이구/ 아는 척 하구 싶어하는 친척들 입두 내가 막았었어….이렇게 뒤통 수 쳐야겠니?

**지현** 죄송합니다 어머님.

**노여사** 니 양심은 알구 있겠지. 아니라니 아닌 줄 알 밖에 도리없지만/ 이 개운치 않은 걸 어째야 좋을지… 모르겠다.

**지현** ....

**종혁** 아까는 잘못했습니다…용서해 주세요.

**노여사** 이래서 집안에 여자가 잘 들어와야 한다 그러는 거야….이날 까지 그래본 적 없는 녀석이… 눈 무섭게 뜨구 대들지를 않나…어이 구우우우우

**종혁 부부** ......

**S# 식당**

[부부/종혁 들어와 자리 잡고 앉는다……]

**노여사** (남편 다음에 수저 들면서)……서 있을 거 없다 올라가라.

**종혁** (수저 들다)?

**지현** ?…(뒤에서 제천댁과 미스장?)

**노여사** 미스장 있으니 됐어. 친정 다녀오구 피곤할 테니 올라가 쉬어.

**지현** …(목례하고 나간다)

**종혁** ......

**S# 거실**

**지현** (나와서 계단으로 중간쯤에서)

**S# 부부 침실과 거실**

**지현**   (들어와서 방 가운데까지 오다가 서서)··········

# S# 지현의 거실 침실

**지현**   (소파에 앉아서)······(탁자 내려다보면서)

**지현**   ·····

**지현**   ······

　　E 방문 여닫히는 소리

**지현**   (고개 들어 본다)

**종혁**   (들어와 테이블로 가며)내려가 저녁 먹어.

**지현**   ·····(고개 내리고)

**종혁**   (담배 꺼내며)음?(들어 보는)

**지현**   생각없어요.

**종혁**   굶어?

**지현**   ·····(안 보며)

**종혁**   (담배 피워 물고 재떨이 들고 와서 앉으면서)어머니… 당신 좋아
　　하셨어. 좋아하셨던 만큼 실망두 큰 거구 실망시켜 드려 죄송하
　　다 생각하면 돼. 당분간은 어렵게 구실 거야. 당연해. 각오해.(사무
　　적인)

**지현**   ·····(시선 들어 보는)

**종혁**   기죽지 마. 기죽지 말구 당신 해야할 일 하면서 시간 벌어. 그
　　럼 해결 돼.

**지현**   ·····(보며)

**종혁**   (여전히 다소 사무적인)아버님께서 더 이상 문제 안 삼으시는
　　게 천만다행이야. 아버님이 문제 안 삼으시면 넘어가는 거야. 겁낼
　　거 없어.

448

**지현**　·····(보며)

　　　E 노크.

**종혁**　네에.

**미스장**　E 식사하세요.

**종혁**　그래 곧 내려가···일어나 빨리.

**지현**　생각없어요.

**종혁**　(좀 강하게) 일어나.

**지현**　? 먹구 싶지 않아요.

**종혁**　내려가 먹는 시늉이라도 해. 아무 일 아냐 알았어? 당신은 결백
　　해. 결백한데 세상이 제멋대로 떠들고 있는 거야. 아냐?

**지현**　결백하지 않아요.

**종혁**　결백해. 누가 뭐래도 결백해. 일어나. 결백한 얼굴로 내려가 결
　　백한 태도로 밥먹고 올라와 알았어? (다분히 명령조)

**지현**　····(보는)

**S# 식당**

　　[제천댁/미스장/지현/저녁 먹고 있는. 침묵··]

**노여사**　(들어온다)

　　[다 같이 일어나는]

**노여사**　일어날 거 없어. (차 준비하는)

**지현**　제가 하겠습니다 어머님.

**노여사**　됐다···상관 마.

**지현**　····(보며)

**노여사**　(그냥 움직이는)

**지현**　·······

**S#  종혁의 거실 침실**

**종혁**　(의자에 앉아서 골이 터질 것 같다)……(벌렁 기대면서)

　　[스치는 사진/사진/]

**종혁**　(눈 꽉 감는)…………

F.O

**S#  성북동 정원(오후 두세 시)**

　　[미스장 마당 바비큐 자리 쓸고 닦고 하는 중.]

**S#  거실**

**송기자**　(카메라 들고 서서)자연스럽게 말씀 나누세요 사모님.

**노여사**　아 글쎄 무슨 얘기를 하라는 건지 원.(옆에 앉은 지현 보면서)
　　너 무슨 얘기든 좀 해 보렴.

**지현**　(그저 웃어 보이는)

**노여사**　나는 당체 이런 일에는 서툴러서/어디 나는 것도 싫구 그런
　　사람인데(농담처럼)참 니 덕에 원치 않는 출세한다 응? (송기자는 연
　　신 찍어대고)

**현경**　(적당한 자리에 서서 보고 있다가)얘 너 어머님 팔을 좀 끼는 게 어
　　떨까. 어머님 그래두 되죠?

**노여사**　아 그럼 되지이. 그러자 우리.(하면서 자기가 어깨 가볍게 안는)

**송기자**　(떠트리며)네 좋아요 좋습니다. 어떻게 된 게 사모님보다 박
　　지현씨가 더 어색해요.네?좀 편하게 하세요.자요. 다시 한번 부탁
　　합니다.

**노여사**　얘가 내가 어려워서 그러지요…ㅎㅎㅎㅎ.

　　[촬영은 계속되는데.]

**미스장**　(뛰어 들어오듯)사모님 회장님 들어오셨어요.

**노여사**　아이구 우리 회장님 들어오셨다네.(일어나며) 잠깐 쉽시다 응?

　　　(하는데)

**미스장**　(오버랩의 기분)정원으로 나오시래요. 사모님. 안에 답답하시
　　　대요.

**노여사**　오 그래? 안 그래두 우리두 나갈 참이야. 얘 나가자 나가 응?

**지현**　네…

**노여사**　(앞서고 송기자 나가고)

**현경**　(움직이는 지현과 눈 맞추며 슬그머니 손 잡는다)

**S#  정원 식탁/**

　　　[지현을 가운데 두고 부부.]

**최회장**　(호탕한 웃음 터뜨리며)하하하하 그래요? 우리 며느리가 그정
　　　도로 이쁜가요? 나는 그거 몰랐지이. 흠흠흠 우리 나이가 되면 젊
　　　은 사람들은 무조건 다 미남미녀로 보이니까요 하하.

**송기자**　회장님도 대단한 미남이셨겠어요 네? 사모님 아드님하구
　　　회장님하구 누가 더 잘 생겼다구 생각하세요?

**노여사**　아들 없으니까 우리 회장님이 더 낫다구 해야지.(영감 보며)

　　　[다 같이 소리 내어 조금 웃는데/]

**종혁**　(뛰어 들어오며)죄송합니다 좀 늦었습니다. 미안합니다. (송기
　　　자에게)최종혁입니다.

**송기자**　(손 내밀며)송 유선이에요. 안녕하세요.

**종혁**　(손잡아주며)잘 부탁합니다. 현경씨 반갑습니다.

**현경**　네 무지무지요.

**송기자**　(오버랩의 기분)정말 부럽네요 박지현씨…신혼 인터뷰에 시
　　　부모님까지 이렇게 적극 협조해 주시기 쉽지 않은데 너무 아름다

워요 회장님.

**최회장**   하하 그렇게 봐 주시니 감사합니다. 너 시간 괜찮아?

**종혁**   네 저는 한시간쯤 여유 있습니다.

**최회장**   으음 나는 별로 여유가 없는데…

**송기자**   네 그럼 촬영 먼저 하겠습니다 회장님. 먼저 네 분 가족 사진 부터 찍겠어요. 신랑 앉아 주세요.

**종혁**   어디로 앉을까요

**송기자**   회장님 옆으로 가세요. 그게 좋겠어요. 네…네…찍겠어요.(찍으며)잠시만요…잠시만요 네에…

**S# 주방 식탁**

**노여사**   (콩국수 현경과 송기자 앞에 놓아주면서)한 젓가락 씩 밖에 안 말었는데 뭐 그저 간식으로 생각하고 맛이나 봐요.

**송기자**   네 감사히 잘 먹겠습니다아.

**노여사**   수고했어요…모쪼록 맛있게 자시고/우리 얘기 좀 잘 부탁해요오?

**송기자**   네 사모님 염려 마세요…

**노여사**   (지현에게)먹구 차는 늬들 방에 올라가 마셔라··친구두 오구 그랬으니까 좀 놀다 놀다 가요.(현경에게)우리 애가 지 맘대루 일 하구 돌아다니다 답답해요.

**현경**   네 어머님.그렇게 할께요.(웃으면서 대답하지만 석연치는 않다)

**S# 지현의 거실/침실**

**지현**   (소파에 앉아서 커피포트의 커피 따르고 있는)….

**현경**   (앉아서 보고 있는)…..

**지현**   ?(문득 보고) 왜.(작게)

**현경**  ..아냐..(하고 돌아보며)송기자 뭐해.

**송기자**  (침실 쪽에서 오면서)사진 몇 방 찍었음 참 좋겠다.

**현경**  쓸데없는 소리 말구 와서 커피나 드셔.(딸기 접시도 같이)

**송기자**  쓸데없는 소린 줄 알아.(앉으면서 찻잔 집어 드는)같은 여자로서 진짜 샘나게 부럽네요.

**지현**  그래요?

**송기자**  시부모님이 아주 좋으신데 현경씨?

**현경**  어..(지현 보며) 정말 좋으시다 얘.

**지현**  응 좋으셔.

**송기자**  소문 다 아신다면서 그렇게 아무 상관없이 며느리 지지하기 쉽지 않은 일일텐데 응?(현경에게)

**현경**  송기자. 소문에 시옷짜두 쓰면 안되는 거 알지?

**송기자**  나 바보야 현경씨? 봐주자 그럼 화끈하게 봐 줘. 나 몰라?

**현경**  뭘 봐 주는데?

**송기자**  두구 봐. 끝내주게 쓰께. 야 그거 아닌 거 같더라 /그렇게 만들어주면 될 거 아냐.

**현경**  그렇게 막강하셔? 창간 반년짜리 잡지가?

**송기자**  발행부수 손색없어 왜 이래. 더구나 이집 신혼기사 독점으로 나가면 무시 못하지이.

**현경**  좋아. 효과 있으면 내가 술 한 잔 걸게 샀다.

**송기자**  겨우? 만년필 식 녹음기 어때.

**현경**  그래 좋아. 사주께.

**송기자**  개르르르르/약속했어어?

**현경**  여기 증인 있잖아…(하고 지현 보면)

**지현**　(차 마시며 제 생각에)…

**현경**　야 너 뭐해.

**지현**　?…어..사진 너무 많이 찍혀 혼이 빠졌나봐…멍한 게 좀 어지럽다…(웃으며)

**S#　대문 밖**

　　[두 여자 배웅하는]

**현경**　(제 차 앞에서)잘 있어.

**지현**　잘 가.

**송기자**　(손 내밀며)박지현씨 큰기사 줘서 고마워요. 일주일 뒤면 책 볼수 있어요. 마감 다 된 다른 기사 빼 내구 들어가거든요.

**지현**　(손잡으며)현경이한테 고맙다 그러세요.

**송기자**　앞으로도 지현씨 기사는 독점이에요오?

**지현**　안녕히 가세요.

**현경**　(운전대에 타서)야 빨리 타.

**송기자**　알았어./그럼.

**지현**　(끄덕여 보이고)

　　[송기자 타고 뜨는 자동차…]

**지현**　……(부러운 듯 보고 있다가 돌아서는)

**S#　정원**

**지현**　….(천천히 집으로)

**S#　거실**

**지현**　(들어온다)…….(소파에 앉아 차 마시고 있는 시모 보면서)….

**노여사**　………

**지현**　(조용히 다가가서)…..죄송합니다 어머님….

**노여사**  이게 무슨 광대짓이야 도대체가⋯⋯이런 짓을 무엇 때문에 해야 하는 거야 응? 평생 안하구 산 짓을 너 때문에 하는 거 아냐 회장님이나 나나.

**지현**  ⋯⋯

**노여사**  누구 머리는 누구 머리만 못한 줄 알어?⋯여태껏 그런 데 안 나구 살던 사람들이/ 그것두 온 집안 식구가 몽땅 회장님까지 나와 사진 찍혀 나가면/⋯모르는 사람은 속겠지만 아는 사람은 안 속아. ⋯⋯

**지현**  ⋯⋯

**노여사**  내 친구들은 몰라서 아뭇 소리 안하구 가만 있는 줄 아니?⋯ 점잖은 체면에 아는 척 못해서 그냥 입 다물고 있는 거야⋯너 내가 요새 친구들 전화 받으면서 얼마나 진땀을 흘리는지 알기나 해? 세상이 다 아는 일 나만 모르는 등신 취급받구 있어 나. 이게 무슨 일이야 도대체가 이게⋯⋯(일어나며)어이구 챙피해. 어이구 망신스러워⋯⋯(들어가는)

**지현**  ⋯⋯⋯

**S#  지현의 침실**··

**지현**  (시장 갈 차림하면서)⋯⋯

**S#  큰 거실**

**지현**  (노여사 방 앞에 서서)어머님⋯시장 다녀오겠습니다··

**노여사**  E 놔둬라⋯⋯

**지현**  ?⋯

**노여사**  (나오면서)너두 나두 사람들 눈에 띠지 말자⋯남부끄러운 줄 모르구 어딜 나돌아 다녀.(하면서 주방으로 움직이며)

**노여사**  E  제천댁 시장 갔다 와.

**제천댁**  E  네에…

**지현**  ……(망연히 서 있는 위에)

**S#  밤 풍경이 겹쳐지고**

**S#  어느 레스토랑**

**강욱**  ….(썰다가 보는)?

**민경**  (썰다가 입 꾹 오무려 붙이고 있다)

**강욱**  왜 그래 먹구 싶댔잖아.

**민경**  (포크 나이프 놓으며)미안해. 나 빵하구 샐러드만 먹으께…안 받
을 거 같아.(하며 메인 접시 치우는)

**강욱**  그것만 먹어서 어떡해. 무슨 영양가 있다구. 한번 시도해봐.

**민경**  아냐 안하는 게 좋겠어. 역해. 먹기 싫어.

**강욱**  나 참·· 고프다면서.

**민경**  고파. 고픈데 싫어. 신경 쓰지 말구 먹어. 나 빵 먹음 돼…

**강욱**  (먹기 시작하며)먹구 싶은 거/먹을 수 있을 거 같은 거 생각해 봐.

**민경**  알았어. 생각해 보께…(빵 찢으면서)참 신기해.

**강욱**  …(본다)

**민경**  아직 이삼센티 되나? 그런데 벌써 생명 시작했다는 표/내는
거 봐…

**강욱**  그래…신기 해.

**민경**  그런데 마음에 걸리는 거 있어.

**강욱**  ?……

**민경**  너두 나두/ 편안한 상태 아닌 때 된 아인 게 걱정 돼.

**강욱**  ….(보는)

456

**민경**   우리 두 사람 갈등 고대루 아이한테 담겨져/우울한 아이 나오

 면 어떡해‥

**강욱**   공연한 생각이야. 아주 명랑하구 건강한 아일 거야.

**민경**   그래 그랬으면 좋겠어.

**강욱**   그러지 말구 너/습이래두 하나 더먹어라. 습은 괜찮았잖아.

**민경**   어 그럴까? 그래 그러자.

**강욱**   여보세요.(웨이터 부르는데)

 [강욱의 핸드폰 운다.]

 [주문은 민경이 하고]

**강욱**   네에.

**강욱부**   F  애비다.

**강욱**   아 예 아버지.(아버지 소리에 민경 강욱 보는)

**강욱부**   F  (오버랩의 기분) 느이 아직 퇴근 안 한겨?

**강욱**   ? 왜요 아버지.

**S#**  아파트로 급히 들어와 멎는 자동차(밤)

**S#**  차에서 내리는 강욱과 민경. 뛰듯이 건물로

**S#**  승강기에서 내리는 두 사람

 [강욱의 현관 앞에 아예 궁둥이 붙이고 앉아서 담배 태우는 부친과 옆

 에 앉아 있는 모친,]

 [먹을 거 보따리 서너 개.]

**강욱**   ‥(잠깐 난감했다가 빠르게 다가들면서)아니 아버지 오실려면 연

 락을 하구 오시죠오오‥(현관에 열쇠부터 집어넣으며)

**강욱부**   (일어나면서)바쁜 애덜한테 연락할 게 뭐 있어.다른 볼일 보

 구 느이들 퇴근 시간 맞춰 온다구 왔는데 느이들이 안 들어온겨‥

**민경** (그동안 엄마와 인사 챙기고)안녕하셨어요 아버님.

**강욱부** 오냐. 허박사두 안녕하시냐. ㅎㅎㅎㅎ

**강욱** 들어오세요. 아버지.엄마 들어와요.

**강욱모** 오냐 오냐 그래‥

**S# 거실**

　[들어오면서]

**강욱부** 니 엄마 서울 오구 싶다는 거 뜯어 말리느라구 내가 아주 애
　먹었어.

**강욱** 오시구 싶으면 오시지 왜요.

**강욱모** 괜히 그라지 뭐. 집 비는 거 싫으니께‥아이고오 깨끗하다아.

**민경** 앉으세요 아버님. 이리 앉으세요.

**강욱부** (둘러보면서)우리 방이 어디여. 우리 방 버터 보자.

**강욱** 이리 오세요 이쪽이에요.

**강욱부** 이리 와 봐.

**강욱모** 혼자 보슈. 방이 방이지 서울 방은 별난가.

**민경** (그냥 웃고)

**강욱부** (방 들여다보며)분통마안 하구먼. 좁아터진 방에서 어떻게 사
　흘을 지내.

**민경** ?(강욱 돌아본다)

**강욱** (민경이 보는 것 모르고)뭐 볼일이 많으세요?

**강욱부** (소파 쪽으로 오며)내일 군대 친구 막내아들 혼인이 있구 모
　레는 천호동 육촌 형님 좀 들여다 보구 니 어머니 육삼 빌딩인가
　뭔가 거기 구경두 좀 시켜주구 그랄껴.(하며 앉는다)

**강욱** 네에.

458

**강욱부** 니덜은 신경 쓸 거 읎서. 니덜한테 폐끼치구 싶은 생각 요만
큼두 읎으니께 얘기야 너 미리부터 겁먹지 말어. 잠만 재워주면 되
는겨. 잠만 자면 된다구.

**민경** 네에 아버님…(좀 애매한)

**강욱모** (앉았다가 불끈 일어나며)아이고 내가 이라구 있을 일이 아
니지 참…친정 가까이 사니까 크게 걱정은 안하는데 그래두 우리
집 장맛 좀 보라구 내가 된장 고추장 좀 갖구 왔다.(현관에 짐 보따
리로)

**민경** (따르며)무겁게 어머님은 그냥 오셔두 되는데에에‥

**강욱모** 무겁기는 차가 갖구 오지 내가 갖구 오냐? 김치두 좀 담어 왔
지 으흐흐흐

[고부 짐 들고 주방으로.]

**강욱** 형네는 괜찮아졌다면서요‥(담배 무는 아버지에게 불 당겨주면서)

**강욱부** 내가 케네디 아버지 했다.

**강욱** ?

**강욱부** 뭘 띠꾼하게 굴어.케네디가 바람 한번 필 때 마다 케네디 아
버지/ 며느리 달래느라구 한 밑천씩 줬다는 거 너 몰라?

**강욱** …(웃으며)한 밑천 주셨어요?

**강욱부** 썩 마음에 드는 애는 아니지만은 …어떡할겨. 자식이 있는
데 살게 만들어야지….돈 좀 만들어 주구…살살 달래서 붙잡어 앉
혔어…

**강욱** 잘 하셨어요.아버지.

[주방에서 냉장고 문 열고 김치 통은 든 채 거실 쪽 보고 있는 민경]

**강욱모** 왜 자리가 없니?

**민경**　아니 아니에요 어머니..자리 만들었어요 충분해요(하며 집어넣
　　　는데)

**강욱부**　니 형수가… 애들 고등학교 때부터는 서울서 공부시키구 싶
　　　어하더라…그것들이 누구를 닮았는지 쌍둥이 천재 소리듣잖어.

**강욱**　그런가부대요.

**강욱부**　에미로서 당연한 욕심 아녀 그게?

**강욱**　그렇죠오.

**강욱부**　니가 데리구 있어얄겨.

**강욱**　…(보는)

**강욱부**　작은 애비 서울 두구 하숙을 시킬껴 자취를 시킬껴.

**민경**　(돌아보고 있는 위에)

**강욱**　E 그러죠 뭐. 제가 데리구 있을께요.

**민경**　….

**강욱모**　애..니 형수가 좋아하겠다. 우리가 해결한다구 그랬거든 으
　　　ㅎㅎㅎㅎ

**민경**　……

**S#** 거실

　　　[두 노인 나란히 앉아서 티브이 보면서 반은 졸고 있다.]

**민경**　…(강욱 찌르고)

**강욱**　(부모 보고 웃으며 일어나는)아버지…

**강욱부**　?

**강욱**　들어가 주무세요.자리 펴 놨어요.

**강욱모**　(하품 하고)

**강욱부**　(강욱에 연결)아니 나 테레비 봐야햐.

**강욱** 졸리신데 뭘 그래요.일어나세요. 볼 거 아무 거도 없어요

**강욱부** 뉴스를 못 봤어.

**민경** 뉴스 오늘 별 거 없어요 아버님.내일 아침 신문 보시면 되잖아요 네?

**강욱부** 들어가까?

**강욱모** 아까부터 들어가자니까··(흘기며)

**강욱부** 답답해서 들어가기 싫여. 야 강욱아.

**강욱** 네.

**강욱부** 나 여기서 잘꺼···뭐 덮을 거나 하나 줘.여기서 잘테니까···

**강욱** 아버지 여기 불편해요오.

**강욱모** 그라지 말구 들어 가유.

**강욱부** (쿠션 베개로 놓으며)싫어 여기서 잘랴. 비개는 필요 읍어. 이거 십상이네··덮을 꺼만 줘 빨랑.

**강욱모** 어이구우(움직이며) 고집은 좌우간··

**민경** ·····

**S# 부부 침실**

**강욱** (기대앉아서 책 보고 있는)

**민경** (욕실에서 나와 침대로 오른다)···

　　[전체 등은 꺼져 있고 사이드 테이블의 스탠드만 켜 있는 상태.]

**민경** ····(올라서 강욱 보는)·····

**강욱** ···(책장 넘기다 보는)?····왜.

**민경** 우리/···이선생 조카들 데리구 있어야 해?

**강욱** 어 개들이 특별히 우수해. 서울 보내 공부시키고 싶은 거 충분히 그럴 수 있어.

민경 그게 이상하다는 거 아니야. 우리가 데리구 있어야 하느냐구.

강욱 ····(보다가)애들 다 착해. 힘들 거 없을 거야··

민경 나는 싫은데 이선생.

강욱 ·····(보는)

민경 왜 내 의사는 물어보지두 않구 혼자 맘대루 그러겠대?

강욱 ···(잠깐 생각하고)니가 싫다 그럴 줄 몰랐어.

민경 나 싫어. 우리 생활에 다른 사람 섞는 거 내키지 않아.

강욱 ·····(보다가)나 순 충청도 놈이야. 우리는 작은아버지 서울에 있는데 조카들 객지 생활시키면서 하숙같은데 들어가게 하는 건/ 작은아버지가 나쁜 놈 되는 거야.

민경 나 일하는 사람이야. 사람 쓸 방두 없어. 아침 밥 해 먹여 도시락 싸서 학교 보내구/나한테 그거 하라는 거 무리 아니니? 더구나 혼자두 아니구 우리두 곧 아이 생겨.어떻게 하라는 거야.

강욱 (김새며)아버지 엄마 계셔. 나중에 얘기하자.

민경 작은 소리로 얘기하면 되잖아···(다시 시작하는)이 선생

강욱 (오버랩의 기분)하기 싫다를 전제로 노니까 할 수 없는 핑계만 나오는 거야. 아침 밥 내가 해 먹이고 도시락두 내가 싸 보내면 돼. 나 어차피 출근 늦구 설거지두 내 차지잖아.

민경 도시락 반찬까지 다 만들 거야? 그거까지 이모한테 해달래?

강욱 솜씨 좋은 파출부 아줌마 쓰면 돼.

민경 다른 사람 왔다갔다 하는 거 싫어. 어쨌든 부담이잖아. 애들 갖다 노면 애들 부모두 드나들어야 하구

강욱 (오버랩)허선생····

민경 ····뭐.

**강욱**  결혼이 뭐라구 생각해. 나 빼놓구 그렇게 다 싫으면 그럼/……
나두 보기 싫은 느네쪽 사람 안보구 살아두 돼?

**민경**  ……비약하지 마.

**강욱**  마찬가지야….아직 먼 얘기야. 당장 올라오는 거 아니니까 벌
써부터 그럴 건 없어.

**민경**  벌써 약속해 놨잖아.

**강욱**  …(책 접어 치우고 스탠드 끄고 눕는다)

**민경**  ………(앉아서 보다가 누우려고 베개 건드리면서)아버님은 방 두
구 기어이 왜 소파에서 주무시니…

**강욱**  ?….

**민경**  (스탠드 끄며)그림 안 좋게…

**강욱**  ……(어둠 속에서)

**S#**  **성북동 거실(밤/어둠)**

**S#**  **이 층 침실**

**지현**  (꼬부리고 자고 있다)……

   [사이드 테이블의 시계/세 시가 조금 넘어 있다.]

   E 전화벨

**지현**  ……(받는다)네에.

**종혁**  F 내려와 문 열어. 대문 들어섰어.(하고 끊기는)

**지현**  ……(무겁게 일어나 나간다)

**S#**  **거실**

   [불 먼저 환하게 켜지고]

**지현**  (계단 내려와서 현관으로 가 문 열고)…..

**종혁**  (들어와 문 잠그고)

**지현** (앞서 움직이는)…

**종혁** …(따르는)

**S# 이 층 거실 침실**

**지현** (들어와 기다리는)

**종혁** (들어오면서 상의 벗어 지현 주고 침실로 움직이며 타이 빼서 주고
지현은 받고 하면서 침실로)

**지현** 무슨 술을 새벽 세시까지 마셔요.

**종혁** 가끔은 그래.

**지현** 가끔 아니구 꽤 자주니까 말이에요. 취하지두 않으면서 뭐하
느라 이 시간까지 있는지 궁금해.

**종혁** 다른 사람 취해서 노는 거 구경하는 것도 재미 있어. (와이셔츠
벗는 중)

**지현** 현관 열쇠 하나 갖구 다니면 안돼요? 꼭 내가 /…자다 일어나
서. 열어줘야 하나…심하다는 생각 안들어요.

**종혁** 안 들어. 우리 집안 여자들 다 그렇게 살아.

**지현** 글쎄 언제까지 할 수 있을지……나 성질 나쁘거든요.

**종혁** ……(돌아보는/멈추고)…(보다가 와이셔츠 주는)

**지현** (받으며)요리 배우러 다니는 거 그만 두라시더니 오늘은 시장
에도 가지 말라셔요. 남부끄럽게 어딜 돌아 다니느냐구….

**종혁** (보는)……

**지현** 나는 성북동 성에 갇혀 버렸나봐.

**종혁** ….(보다가 혁대 풀면서)불평하는 대신 반성해. 자업자득 아냐?

**지현** ?….(보는)

**종혁** 내 기분은 그렇게 썩 좋은 줄 알아? 세상은 까짓거 나랑 상관없

464

어 무시하면 돼. 그런데 친척들한테는 무슨 꼴이구 아버님 어머님 한테 무슨 꼴야. 당신 불평 지금 내 귀에 안 들어와. 나두 개죽야. 건드리지 말구 가만 있어.

**지현** 내가 자업자득이라면 당신두 자업자득이죠. 결혼 그만 두자 그랬잖아요.

**종혁** (휘익 돌아보는)

**지현** 나는 머리 나빠 그렇다 치구 특별하게 머리 좋은 사람은 여기 까지 예상했어야 하는 거 아니에요?(안 보는 채)아버님한테 들어 간 얘기 /언젠가 어머님한테두 들어갈 수 있다는 것도 계산했어야 했구요.

**종혁** 니가 그렇게까지 요란하게 놀구 다녔다구는 생각 못했어 그래!

**지현** ?

**종혁** E 그래서 지금 결혼을 후회한다는 거야?

**지현** ........(보며)

**종혁** 뭐야 후회한다구?

**지현** 후회해요.(하며 돌아서는데)

**종혁** (확 틀어잡는다)......(보며)

**지현** 이 상황에 후회 안하다면 / 거짓말이에요...

**종혁** (나직이)아직도 내가 그 자식만 못하니?

**지현** .....(보며/충격이다)

**종혁** 아직도 그 자식만 못해서 후회해?

**지현** 아파요....

**종혁** 너 잤지......너/ 그 자식하구 잤지.

**지현** ......최 종혁 별거 아니네....어떤 쪽으루 대답해 주까.

**종혁**  (거칠게 밀치듯 놓으면서 빠르게 욕실로 들어간다)…

**지현**  ……(서늘해서 욕실 쪽 보며)……

## S# 침실(시간 경과)

**지현**  (스탠드 쪽으로 누워서)…..(울고 있는)

**종혁**  (욕실에서 나와 침대로 오르면서 돌아누워 있는 지현 거칠게 안는)

**지현**  (울며 저항하는)

**종혁**  (상관없이 거칠게 다루는)

**지현**  (저항하다 하다 어딘가 깨물어버린다)…

**종혁**  (물려서 주춤하는)

**지현**  (베개로 종혁 갈기면서 울며불며)나 장난감 아냐. 장난감 아냐/
장난감 아냐 장난감 아니라구우우우 <u>으흐흐흐흐흐</u>

**종혁**  ……(보다가 탁 침대에서 내려서면서 가운 집어 입으며 거실로 나가
책상 의자에 앉는)……(담배 물고 불붙여 내뿜으며/ 차가운)……

F.O

## S# 성북동 거실(한여름/팔월 중순)

**지현**  (배 껴안고 고통스러워하면서 계단 내려오고 있다)…..미스 장…..
미스 자아앙….

**미스장**  (주방에서 나오면서)네에에…?….왜 그러세요 사모님? (하고
달려 붙다가 기절을 하게 놀라서)어마야아아.

**지현**  (다리로 줄줄줄 흐르고 있는 피/계단 아래 난간 붙잡고)나 …차 좀…
차좀 잡아 줘…택시 좀…택시 좀…

**미스장**  (징징징 벌써 울다시피)가만 계세요 가만 계세요 사모님. 아저
씨 불러 오께요 아저씨 운전할 줄(하면서 현관으로 튀는데)

**노여사**  (들어오며)아이구 더워 아이구 더워 아이구 죽겠다.

466

**미스장**  사모님.

**노여사**  (연결로) 얘 얼음 냉수 좀(하다가)왜 그래.(미스장 돌아보는데로 보다가)?…(놀래서 지현에게 뛰어든다)?…… 얘 뭐야…이게 뭐야 너…(아직 안 풀렸다)

**제천댁**  (시장 본 것 잔뜩 들고 들어오다 팽개치고 뛰어들고)

**지현**  ….(그저 고통만)

**노여사**  (알겠다)으.으.으.으.웅?…..(잡으며)김기사 들어오라 그래 빨리! 빨리 불러 김기사!

**S#  병원 식당**

**민경**  (상 차리면서/오개월 반 정도/헐렁한 여름 옷)으음? 거죽으로는 그래도 벗구 옆으로 서서 거울 보면 만만치 않어요오.

**간호사3**  맛사지는 하세요?

**민경**  그럼. 이선생이.

**간호사1**  어머나 우리 선생님이요?

**민경**  당근이지이. 나는 그냥 배만 내놓구 있음 돼.

**간호사2**  그거 효과 있나요 선생님?

**민경**  글쎄?나두 경험이 없어서 말야…안하는 거 보다야 낫지 않을까?

**간호사1**  그것두 엄마 닮는대요 선생님. 우리 엄마 배는 하나두 안 터지구 처녀 배같아요.그런데 우리 큰 언니 배가 또 하나두 안 터졌드라구요.

**민경**  와아 그거 좋네에?

**간호사4**  뱃가죽 얇은 사람이 많이 터진다 그러든데요?

**민경**  어머 나 얇은데 큰일났다.

**강욱**  (들어오며)미안합니다. 궁금한 게 많은 환자 전화가 길어져서
요. (앉으며)어 오이 냉국이 아주 시원해 보이는데?

**민경**  기도.

　　　[기도 마치고 인사하고 먹기 시작하는]

**강욱**  나는 병원에서 먹는 점심이 제일 맛있어요.

**민경**  누구 솜씨 없다는 흉을 아주 기술적으로 보네에?

**강욱**  자기 얘긴 거 어떻게 알았어?

**모두**  (조금씩 웃고)

**S#  병원 복도**

**종혁**  (빠르게 걸어 와서 한 병실 열고 들어간다)

**S#  지현의 병실**

**종혁**  (들어오는)‥

**노여사**  (우두커니 따로 앉아 있다가 일어난다)

**종혁**  …어떻게 됐어요.

**노여사**  (움직이며)‥‥(나간다)

**S#  복도**

**노여사**  (나오고)‥‥

**종혁**  …(나온다)‥‥‥(엄마 보는)‥잘못 됐군요.

**노여사**  (외면한 채)미운 게 뭐 어쩐다구…어린애 들어섰다 소린 왜 안
해…왜 안하구 있다 그냥 쏟아버리는 거야 그래…(중얼거리듯)

**종혁**  ‥‥‥‥

**노여사**  이게 무슨 허무한 일야 응?‥‥‥‥삼개월이 넘었다더라‥‥‥ 너는
알았던 거야 몰랐던 거야.

**종혁**  몰랐어요.

468

**노여사**    도댓체가 무슨 꿍꿍이를 꾸는 앤지 나는 알 수가 없다아아?

왜 말을 안해 왜. 말을 했으면 멕이기두 잘 멕이구 조심두 시키구 했

을 거 아냐…

**종혁**    지현이는 괜찮대요?

**노여사**    (안 보며)괜찮지 그럼 애만 잡았지 저야 괜찮지 않을 게 뭐 있어.

**종혁**    ……(가만히 엄마 보는)

**노여사**    나 들어간다… 아무래두 친정어머니가 낫겠지.(하고 시적시적

나가는)

**종혁**    ……(나가는 어머니 지켜보며)

**S# 병실**

**종혁**    (잠들어 있는 지현 지켜보고 앉아 있는)………(한 손 잡아 입에 붙이고

보면서)……

**지현**    ……(눈뜬다/고개 조금 돌리고 있는 채)………(천천히 고개 돌려/ 보

는)……

**종혁**    ……(보며)

**지현**    ………(보며)

**종혁**    ……(보며)괜찮아…다시 가지면 돼…

**지현**    ……(말갛게 보며)

**종혁**    …왜 말을 안 한 거야…

**지현**    ….(보며)

**종혁**    응?….왜 안했어.

**지현**    ……(그저 보며)

**S# 강욱의 진찰실**

**민경**    (선 채)나 정말 힘들어…생각 같아서는 병원 문닫구 집에서 잠

이나 푹푹 잤으면 좋겠단 말야.

**강욱**  (테이블 안에 서서)참아 참을 수 밖에 없는 일은 참는 거야.

**민경**  출산할 때까지만 들어가 있자는데 그것두 못해준다는 거 진짜 너무하지 않니?

**강욱**  너 출산할 때까지만이라지만 아이 나오면 그때부터 더 힘들어. 더 힘든데 더 힘드니까 그냥 쭉 있어야할 거 아냐.

**민경**  나 밥 제대로 못해줘. 청소두 못해. 그런 거 다 너 시키면서 내 맘 불편하단 말야.

**강욱**  사람 쓰재두 안 쓰는 건 너잖아.

**민경**  다른 사람 내집에 왔다갔다 하는 거 싫어.

**강욱**  그래/그러니까 내가 할 수 밖에 없어.

**민경**  우리 집에 들어가면 간단하잖아.

**강욱**  느이 집에는 안 들어가 글쎄. 그건 이미 끝난 얘기 아냐.

**민경**  니네 부모님 반대보다 니가 더 들어가기 싫은 거잖아.

**강욱**  니네 부모님이 누군데…내 부모님 너한테 누군데…너 꼭 그러드라. 니 아버지 니 어머니…그것두 꽤 김 새 너.

**민경**  ……(보다가)한번만 양보해 주라 ..아이 나올 때까지만 우리 집에 들어가 있어 응?

**강욱**  ……(보다가)니가 양보해….고집 피우지 말구 시간제 아줌마라두 한 사람 쓰자..

**민경**  ……(보며)

**강욱**  그럼 훨씬 날 거야. 집 빈 시간에 와서 청소해놓구 빨래 해 놓구 반찬두 해 놔 주구 그럼 내 일두 훨씬 줄어들 거구 그럼 너 나 부려 먹으며 마음 불편할 것도 없잖아.

**민경**  나 다른 사람 집에 들이는 거 싫어.

**강욱**  ⋯⋯(보다가)그래⋯그럼 이대로 사는 거야.

**민경**  너 어쩌면 이렇게 에고니.

**강욱**  나?⋯내가?

**민경**  나 위해서 눈 딱감고 양보할 수 있잖아.

**강욱**  너는 왜 눈 딱 못감아. 너 싫은 건 안하면서 왜 나 싫은 거 하라 그래.

**민경**  근본적으로 너/⋯나에 대한 사랑이 없으니까 이러는 거야⋯

**강욱**  ⋯⋯(보다가)그만 두자. ⋯가서 일해⋯(움직여 물 있는 곳으로 가며)늬 집에 들어가자는 말 다시는 하지 마. 정말 그건 싫다. 그건 해줄 수가 없어.(물 마시고 내리며)

**민경**  ⋯⋯⋯(보다가)알았어. 다시는 안할게. 이것으로 끝이야. 일해.(나간다)

**강욱**  ⋯⋯(물 잔 비운다)

**S# 종혁의 사무실**

**종혁**  (테이블 안쪽에 선 채)형님네는 알구 계셨었단 말이에요?

**지태**  물론이야.⋯ 왜 말을 안했지?

**종혁**  ⋯⋯(테이블 내려다보며)

**지태**  걔⋯⋯우리가 짐작하구 있는 거 보다 훨씬 더 힘들게 살구 있는 거 아냐?

**종혁**  ⋯⋯

**지태**  안 그래두 걱정이 많았어⋯아버지 어머니는 말할 것도 없고⋯ 말을 안하니까 내막은 알 수가 없지만⋯애가 말 수두 줄구⋯한 달에 한번 집에 오면 잠만 자다 간다드군⋯⋯육체적으로 힘든 거 말구…또 뭐 문제가 있는 거야?

**종혁** (안 보는 채)그런 거 없습니다. 없어요…

**지태** 그런데 왜 얘길 안 한 거야…안 물어 봤어?

**종혁** 됐습니다…일 보세요··(하며 앉는)

**지태** ….(보다가 나간다)

**종혁** ……….(앉아서)

**S# 입원실**

**지현모** (일어나 앉는 딸 머리 안으면서)어떻게 된 거야아··어쩌다가 이
렇게 된 거야 이것아아아 응?

**지현** (고개 꺾고 안기면서)아버지이··(작게 부르며 한 손 내미는)

**지현부** (딸 손 잡아주면서)그래··아부지 왔어…(다가서며)

**지현** (아버지한테 옮겨 안기면서 울음 터뜨린다)응응응응응응….

**지현부** ……(입 꽉 다물고)

**지현모** (딸 쓸어주면서)…….조심하지이이…조심을 했어야지이이이…

**지현** …(울기만)…

**지현부** (딸 만지면서)…….우리가 잘못한 거 같어….우리가 잘못한 거 같
다구 늬 엄마하구 얘기했어 그래….

**지현** ….(울기만)

**S# 강욱의 진찰실**

**강욱** (전화 들고 있고)

**서여사** F 도대체가 뭐가 그렇게 힘들일 일야 그게/ 살림 다 놔두구 옷
가지만 갖구 들어오면 되는 거 무슨 이사가 번거로운 것도 아니구/

**S# 서여사 거실**

**서여사** 자네 부모님 올라오신다 그럼 냉큼 아파트 가서 거기 살구

472

있는 척 하면 되는 거구/애 힘든 생각을 해야지 어째 그렇게 인정
머리가 없어 사람이……

**이모**　(빨래 개키면서)뭐래요.

**서여사**　아 왜 가만 있어. 말을 해.

**민지**　그만 해 엄마.

**서여사**　그래서/기어이 안 들어온다구?

**S#　강욱의 진찰실**

**강욱**　네 장모님. 그냥 아파트에 있겠습니다.

**서여사**　F 자네 이뻐서 들어오라는 거 아냐. 내 새끼 고생하는 거 안
쓰러 그러는 거지.

**강욱**　….

**서여사**　F 골고루 잘 먹어야하는 애 제대루 멕이지두 못하면서

**강욱**　(오버랩)제대로 먹구 있어요 장모님. 거의 매일 좋은 거 찾아 외
식해요.걱정 마세요.

**서여사**　F 사먹는 밥 살루 안가…누가 사멕이는 밥 얘기하는 거야?

**강욱**　……

**서여사**　F 자네 들어오기 싫거든 그럼 민경이만 보내.

**강욱**　?

**S#　거실**

**이모**　?

**민지**　엄마.

**S#　강욱의 진찰실**

**서여사**　F 알았나?

**강욱**　네 알았습니다.

F  전화 끊기는

**강욱**  ‥‥(전화 내려놓는)

**S#  거실**

**이모**  언니 그게 무슨 소리야.

**서여사**  뭐/저 싫다는 눔 빼구 민경이만 오면 될 거 아냐.

**민지**  진짜 엄마 무서워 시집 못가겠다. 어떤 사위가 좋대 엄마같은 장모오.

**서여사**  왜.

**민지**  제발 좀 모르는 척 하구 내버려 둬요. 사둔어른들 안된다 그러시구 끝난 얘기를 엄만 왜 새루 시작해서 형부 괴롭히냐구.

**이모**  글쎄 말이다…증권두 재미없구 니 엄마 요새 심심하거든.

**서여사**  내가 뭐어 해로운 소리야아. 니 언니 모가지 길어지는 거 못 봤니? 집에서 먹구 노는 여자들두 애 가지면

**이모**  (오버랩)유난 좀 떨지 말구 내버려 둬요 글쎄. 요샌 혈압두 안 정상탠데 왜 애는 끌어들이지 못해 난리냐구우.

**서여사**  (일어나며)소죽은 귀신 같은 눔.

**S#  강욱의 진찰실‥**

**강욱**  ‥‥‥

**S#  입원실**

**지현 부모**  (저쪽 의자에 침울하게 앉아 있고)‥‥

**초희**  (마호병에서 미역국 따르면서)병원 미역국 보다 날 거에요 아가씨…간두 딱 맞구 아주 맛있어요…빨리 회복할려면 잘 먹어야 하니까 많이 드세요 네? (수저 집어 주며)자요…

**지현**  (수저 받으면서)‥‥‥

**초희**　(지현 머리칼 올려주면서)아가씨 히프두 좋구 그런데 무슨 일인
　　　지 모르겠네에…아까워서 어떡해 에이……

**지현**　(미역국 뜨면서)

**초희**　(부모 돌아보며)너무 아까워요 어머니…

**지현 부모**　……

**S#  아파트 주차장‥(밤)**

**강욱**　(강욱의 자동차 주차되고/)

　　　[내리는 두 사람…민경 앞서고 강욱 뒤따른다.]

**S#  아파트 거실**

　　　[민경 앞서 들어와 불 켜고 침실로 곧장 들어가고]

　　　[강욱 들어와 침실로]

**S#  침실**

　　　[두 사람 각각 옷 갈아입는‥]

**강욱**　……장모님…너만이라도 보내라구 하시드라…

**민경**　?……그래서‥

**강욱**　뭐라 그래‥알았다구 했어‥

**민경**　?……나만 …가라구?

**강욱**　?…(잠깐 돌아보고)알았다구 했다구.

**민경**　그건 보내겠다는 말이잖아.

**강욱**　니가 알아서 할 일야…그럼 뭐라고 대답해. 그렇게 나오시
　　　는데.

**민경**　부부는 같이 있어야 합니다 그렇게는 못하겠습니다 왜 못해.

**강욱**　너는 가구 싶어하잖아.

**민경**　가구 싶으면 가라‥…별거하구 싶니?

**강욱**  (싫증 나고/그래도 달래는)장모님 너 데려가구 싶어하시구 너두 가구 싶어하니까‥정 그렇다면 너 혼자 가는 방법두 있겠다 싶었던 거야.

**민경**  너 그거 말 되니?

**강욱**  ?……

**민경**  응?‥ 말돼?

**강욱**  그럼 장모님 말은 말이 되는 거야? 결혼한 딸/너만이라도 보내라는 건 말돼?

**민경**  같이 들어오라는 뜻이잖아‥ 못 알아들은 척 왜 해.

**강욱**  나는 안 들어가. 그러니까 가구 싶으면 너 혼자 가라구. 이 문제 갖구 더 이상 하지 말자. 음? 그만해. 그만하자구‥(하고 나가고)

**민경**  ……

**S# 거실 주방**

**강욱**  (나와서 오렌지 주스 꺼내 마시는)………

**민경**  ……(나와서 본다)

**강욱**  ?(돌아보고)저녁 불러…탕수육 먹구 싶댔잖아…내가 부를까? (거실로 움직이는)

**민경**  ……

**강욱**  (상가 전화번호부 꺼내 넘기면서)어디가 맛있는 집이었지? 덕성관?…어디지?

**민경**  (침실로 움직이며)태보관야. 내가 하께 놔둬‥

**강욱**  그래 그럼…(전화 놓고 주방으로 가서 행주 수돗물에 적셔 짜서 식탁 닦는)……

**S# 입원실**

**종혁**   (들어선다)

**초희**   (지현 다리 주물러 주다가 일어서며)오셨어요?

**종혁**   네….

**초희**   자요..(지현 돌아보며)

**종혁**   (침대로 다가들며)네에..

**초희**   얼마나 실망하셨어요 그래…

**종혁**   네…그러네요……(지현 보며)

**지현**   ……..

F.O

**S# 병원 로비(낮/토요일 오후)**

**종혁**   (지현 데리고 현관으로 움직이고 있는)……

**S# 현관 앞**

[두 사람 나오자 이내 대어지는 자동차.]

**종혁**   (지현 태우고/자기도 타고)

[뜨는 자동차……]

**S# 자동차 안**

**종혁**   ……..(지현 보면서)……

**지현**   (창밖으로 고개 돌리고)……

**종혁**   ….(지현의 한 손 잡는다)…..

**지현**   (돌아보는)……

**종혁**   ……..(보며)

**지현**   ……..(보며)…..

**S# 성북동 거실··**

**종혁**   (지현 데리고 들어온다)….

제천댁  …(맞으면서 말은 못 하고 안쓰러운)……(미스장도 마찬가지)

종혁  (지현 앞세우고 아버지 곁으로)…퇴원했습니다.

최회장  (신문 들고 돌아보는)……애석하지만 어떡해…잃은 건 잊어버리구 몸조리 잘 해라.

지현  (고개 숙이고)죄송합니다….

종혁  어머닌..

최회장  막내 삼촌네 가구 없어··숙모가 트렁큰가 뭔가 올리다가 의자하구 같이 넘어져 다리가 부러졌대…

종혁  네에…

최회장  애 데리구 올라가 눕혀…늬 어머니 약두 지어다 논 모양이더라. 제천댁 그렇지?

제천댁  네에 회장님.

최회장  (일어나면서)네째 네 전화해서 멕여두 되냐 물어봐요.

제천댁  예 안 그래두 일러 놓구 나가셨습니다.

최회장  ……(서재로)

종혁  ……(아버지 들어가는 것 보고 지현 어깨 안고 돌아선다)

S# 침실 거실

지현  (소파에 앉아서)……(보며) …대답해야 해요?

종혁  ….(마주 앉아)누구 아이야….내 자식이었잖아.

지현  아이 생긴 거/안 기뻤어요. 내가 행복하지 않은데 그런 엄마한테 자리잡은 아이/ 기쁘지 않았다구우.

종혁  이거 봐. 당신이 행복하지 않은 건 당신 성격 탓이기두 하다구 내가 말했지. 어머니가 아무리 냉담하게 구셨어두 아이 가진 거 아셨으면 틀림없이 달라지셨어. 당신 스스로 그 기회를 날려버린 거

478

란 말야.

**지현**  아이 때문에 어머니 나아지실 거라는 확신두 없었구 /나 싫어
서 어쩔 줄 모르는 어머니한테 저 아이 가졌습니다 말하기 치사스
러웠어.

**종혁**  ……(보다가)그럼 나한테는 왜 안해…왜 안했어.

**지현**  (보며)미워서..

**종혁**  ….뭣 때문에.

**지현**  상관없다 그러구선……상관없는 거 아니잖아.

**종혁**  그걸 마음에 담아두구 있는 거야? …한 번이야….한번은 할 수 있
는 거잖아.

**지현**  ……

**종혁**  그래..나두 챙피하게 생각해…실수였어…잊어버려…

**지현**  그거 말구두 많아요.

**종혁**  ….뭐가.

**지현**  가끔 ….(쓰게 웃으며)얼음 석고상처럼 차갑게 굳은 얼굴 되는 거…

**종혁**  ……(보며)

**지현**  ….(보다가 일어나면서)좀 누울께요….(침실로)

**종혁**  ………(앉아 있는 채)……

**S# 침실**

**지현**  (들어와 쓰러지듯 누우며 시트 속으로 몽그작거리며 들어가는)……
……

**종혁**  ………(들어와서 보는)….

**지현**  ……(눈 감는다)

**부부**  ………

E 노크

**종혁**  (돌아보며)네에.

**노여사**  E 에미다.

**종혁**  네에..(하고 거실로 나가고)

**지현**  (침대에서 내려서고)

**S# 거실**

**노여사**  (들어오면서)퇴원 했다면서.

**종혁**  (돌아보며)네..

**지현**  심려끼쳐드려 죄송합니다.

**노여사**  입으루 하는 인사는 쉽지. 너 무슨 일 저지른 줄 알어? 기가 막혀서 내가 말이 안 나와..너는 어떻게 나를 며느리 포태한지두 모르는 시에밀 만들어 웅?

**종혁**  어머니.(하지 마세요)

**노여사**  그래...이런다구 놓친 애 돌아올 거 아니구...앞으루 다시는 이러지 마라 너.만약 다시 또 이런 일 있으면 그대는 내가 정말로 너 안 봐...알었니?

**지현**  ...알겠습니다...

**노여사**  여자한테는 뭐니뭐니해두 친정이 편한 법이니까...약 지어다 논 거 갖구 느이 친정가 개운해질 때까지 몸조리하구 와...

**종혁**  ?(지현 돌아보는)

**노여사**  E 느이 아버님께두 허락 받었으니까 그런 줄 알구 /데려다 줘.(아들에게)

**종혁**  (아내 보는)...

**노여사**  (나가면서)제천댁 약 데우는 거 올려보내마.(나가고)

480

**종혁**　……(아내 보는 채)…가구 싶어?

**지현**　(안 보는 채)아니….그냥 있을래요…(보며)어머니 나 쫓아내구 싶으신가봐….내발루 나가면 나갔지…쫓겨나지는 않을 거야..

**종혁**　(안아주면서)당신 오바야…그런 거 아니야…

**지현**　(마주 안으며 울음 나올 듯)….나..기대했었어요…배불러 오면 만사 다 좋아지겠지…기대했었단 말야아……

**S#  민경의 거실**

**민경**　(선풍기 틀어놓고 낮잠 자고)

**강욱**　(책 보고 앉아 있다가 문득 민경 보고 일어나 선풍기 조금 멀게 옮겨 놓고 다시 앉아서 책 보는)…….(책 놓고 테라스로 나가 담배 피워 물고 내뿜으며)……

# 제22회

**S#** 성북동 주방(4월 중순)

**노여사**   (지현에게 최회장 마실 것 쟁반 건네는)

**지현**   (받아 들고 나간다)

**S#** 거실

**지현**   (나와서 서재로 가 노크하는)

**최회장**   E 들어와.

**S#** 서재

**최회장**   (신문 보고 있는)

**지현**   (들어와서 가까이/ 쟁반 놓고 컵 두 손으로 받쳐 내미는)‥

**최회장**   (신문 보는 채 집어서 마시고 컵 내리면)

**지현**   (받아서 쟁반에 놓고 목례하고 나가는)

**S#** 거실

**지현**   (나와서 주방으로 움직이는데)

　　　　E (벚꽃이 만발했다는 뉴스 소리)

　　　　[벚꽃 만발 뉴스 화면]

**노여사**　(엽차 마시면서 뉴스 보고 있다)…

## S# 주방

**지현**　(제천댁과 함께 조용히 아침 준비하는)……

## S# 강욱의 거실 주방(커튼)

## S# 강욱의 침실

　　[커튼 어둡게 쳐져 있고…]

**민경**　(고부리고 잠들어 있고)

**강욱**　………(눈 뜨고 있는)………(한동안 그대로 있다가 민경이 안 깨도록 조용히 침대에서 빠져나와 파자마 바람으로 옆의 애기 침대 옆으로 가서 자고 있는 딸아이 내려다보는)……

　　[4개월 반쯤 된 아기…]

**강욱**　(부드러운 손길로 조금 더 덮어주고 옆에 밤사이 휘질러놓은 젖병들 바구니 집어 들고 나간다)

## S# 거실 주방

**강욱**　(나와서 우선 커튼부터 열고 주방으로)

## S# 주방

**강욱**　(수돗물 틀어 젖병 씻어서 차례로 살균 소독기에 집어넣는)……

## S# 테라스

**강욱**　(담배 태우면서 커피 마시면서)………

## S# 유리 안으로 거실/

**여인**　(파출부/40대 초반 깔끔한 여인 들어오는 것이 보이고)

**강욱**　(열린 테라스 문 사이로 기척 느끼고 돌아보고 거실로 들어간다)

## S# 거실

**강욱**　(들어오면서 크지 않은 목소리)나오셨어요?

파출부  (주방 서랍에 자기 지갑 넣으면서)네 안녕히 주무셨어요?

강욱  (주방으로 가며)저 녀석 울어대는 바람에 안녕히 못잤어요.

파출부  또요?

강욱  (커피 더 따르면서)예..뭐가 불편한지 계속 그러네요.

파출부  고만 때가 한참 엄마 고생시킬 때에요.

강욱  허선생 거의 못잤으니까 부탁합니다.조용히 움직여 주세요..

파출부  네에..

강욱  (커피 잔 들고 소파로 가 앉아서 아침 신문 펼치는데)

민경  E 이선새애앵.

강욱  ?(벌떡 일어나 침실로)

## S# 침실

강욱  (들어오는)

민경  (뒤집으면서)쟤 또 시작해애. 데리구 좀 나가줘어어어.

아이  (울려고 시작하는 중/킥 키이익/이거나 울기 시작이거나)

강욱  (아이에게 달라붙는데)

민경  어우우우 미치겠네 정마알…(이불 뒤집어 쓰면서)너 왜 그러는
       거야아아아.

강욱  (아이 침대에서 안아 내면서)자자 더 자. 데리구 나가께 더 자…

## S# 거실

강욱  (아이 안고 나오면서)나쁜 딸이잖아아아아. 엄마 밤새 못자게 했
       으면 좀 자게 해 줘야지.너 그러다 진짜 니 엄마 너 안키운다 그러
       겠어어 응?//

## S# 성북동 주방

지현  (식사하는 회장 내외와 종혁/노여사 국그릇 바꿔주고 있다)

**노여사**　(꿍얼거리는)쑥 잘못 샀다..향내가 없어..

**지현**　...(보는)

**노여사**　흙 묻어 지저분한 게 논두렁 밭두렁에서 캔 거라니까...

**지현**　.......

　　[식사하는 가족들...]

**지현**　......

**S# 침실**

**지현**　(타이 내민다)

**종혁**　그거 매라구?

**지현**　?....

**종혁**　재미없는데...(하고 제가 타이 골라 꺼내 매기 시작하며)저녁에 상가에 가야 해. 다섯시 쯤 양복 챙겨 내보내.

**지현**　바빠요?

**종혁**　안 바쁜 날이 어딨어.

**지현**　얼마나 바쁜데..

**종혁**　(조금 웃으며)왜 그래. 왜 또 시비야.

**지현**　열시 쯤 틈 낼 수 없어요?

**종혁**　하필 한참 바쁜 시간에 왜.

**지현**　그 때 /..양복 챙겨갖구 나갈테니까 어머님께 그 시간에 양복 필요하다 그래요.

**종혁**　왜냐구 묻잖아.글쎄 왜.

**지현**　보구 싶어서 그래요. 밖에서 둘이 마주 앉아 차 한잔 마시구 싶어서. 그래 본지두 오래됐잖아요.

**종혁**　....(보다가)오래 됐나?

**지현**  ….(보는)

**종혁**  그래‥그러구 보니 오래 된 거 같다‥좋아‥좋지 그런데 하필 오늘/하필 그 바쁜 시간에 그거 해야 해?

**지현**  결혼 전이라면 여러 말 안하구 해줬을 거야.

**종혁**  …(보다가 픽 웃으며)그야 물론이지. 흠흠‥그런데 우습잖아. 덮어놓고 바쁜 시간에 나와서 차 마시자니/무슨 특별한 이유없이 단순한 투정이라면 받아주기 곤란해 나 일해야 해.

**지현**  ….(보는)

**종혁**  세시 넘어서 해 그럼‥‥음?

**지현**  열시까지 회사루 갈께요. 옷 입어요.(상의 펴 들면서)

**종혁**  당신 왜 사람 긴장시키구 그래.

**지현**  나가면서 어머님께 전화 드려요.

**종혁**  ….(보다가)좋아 그래‥해주께…그런데 정말 납득할 만한 이유 없이 그런 거라면 당신 나한테 혼난다.(하며 돌아서고)

**지현**  (입히면서)‥‥‥

**S# 거실**

**종혁**  (빠른 걸음으로 내려오고)

**지현**  (따라 내려온다)

**노여사**  (전화기 닦으면서)아버지 너 기다리다 먼저 나가셨다. 기다리시는데 뭘 꾸물거려.

**종혁**  네에‥다녀오겠습니다.

**노여사**  그래‥

**지현**  (현관께까지 나가서 종혁 나가는 것 보고 돌아서는데)

**노여사**  현관 밖까지는 나가주지 그러니 왜‥(말씨는 훨씬 나아졌지만)

날씨두 좋겠다 현관 안하구 현관 밖 두걸음이지만/ 일하러 나가는 사람한테는 기분이 그게 아니야. 너 요즘 보니까 대충 내보내더라..쯔쯔..

**지현**  …(다 듣고 고개 조금 숙여 보이는 시늉하면서 주방으로)

## S# 주방

**제천댁**  (상 차리면서)어서 들어오세요. 식사 하셔야죠..

**지현**  (같이 움직이며)미스 장은 좀 나아지는 거 같지 않아요?

**제천댁**  에이구 낮에는 그럭저럭이다가 밤만 되면 도로 제턱 그러네요..(뒤돌아보며)미스 장아..아침 먹자아….(대답 없자)자나아아.(하며 뒤로 아웃되고)

**지현**  (잠깐 돌아보고 있다가 의자에 앉으면서)……(상 내려다보며)

　E 거실에서 전화벨

**지현**  (고개 거실로 돌아가고)

**노여사**  E 네에….오냐…어 그래…나갈 때 챙겨 나가지 쯔쯔쯔…

## S# 거실

**노여사**  …그래? 그랬으면 할 수 없는 거구..원 몇시간 참았다가 오후에 연락을 할 것이지 출근하는 사람한테/ 생각들이 그렇게 없어쯧…오냐 알았다. 그래..(끊고 일어난다)

## S# 식당

**노여사**  (들어오며)종혁이 문상가야 한단다. 열시까지 옷 챙겨서 갖다 주구 들어와라.

**지현**  (노여사 들어오자 일어나 있다가)네….

## S# 강욱의 거실

**강욱**  (아이에게서 막 뺀 젖병 띄워 들고)유진이 배고팠구나아…(아이

보며)한 방울도 안 남기고 다 먹었잖아…아주 식욕이 좋아요 우리 딸‥그런데 임마 너 왜 밤하구 낮을 뒤집어 늙은 부모 고생시키는 거야 응? 자 트림하자 (아이 곧추 세우고 등 쓸어주는)

**아이**   (트림하고)

**강욱**   좋아.이렇게 말을 잘들으면서 자식…엄마 일어났거든?잠 못 자서 화 나 있을 거거든? 보나마나 너 야단 칠 거거든? 그래두 섭하기 없기야. 너 잘못하구 있으니까 야단 맞을 수 밖에 없어 알어?

**민경**   (침실에서 나오면서)아줌마아 커피 주세요.

**파출부**   네에‥

**민경**   (옆 소파로 와 앉으면서)어이그으으으 증말 밉순이. (가볍게 쥐어박으며)미워 죽겠어이 야. ‥보긴 뭘 보니 야. 너 안 이뻐 하나두 안 이뻐. 커피 빨리 주세요.뵈기 싫어 죽겠어 그냥. 나 말려 죽일려구 무슨 작정한 아이같아.

**강욱**   (좀 싫고)무슨 그런 말이 있어. 밤낮 뒤집어지는 애들 많다잖아.작정한 거 없지?너두 그러구 싶어 그러는 거 아니지? 하하 봐 아니라잖아.

**민경**   (커피 잔 들면서)어이그 그래 나만 못된 엄마야. 미워 죽겠구면 (하고 커피 마시려다가 잔 내리면서)미치겠네.(혼잣소리)

**강욱**   ?…왜 그래‥

**민경**   아줌마아아.

**파출부**   네에.(주방에서)

**민경**   (일어나 주방으로 움직이며)커피 잔에서 왜 물이 뚝뚝 떨어져요. 다른 커피 잔 많이 있잖아요. 아니면 마른 행주질 해서 쓰던지요오‥이러면 커피가 맛이 없어요오.

**파출부**　물이 떨어질 리가 없는데에··

**민경**　E 떨어졌는데 리가 없다면 어떡해요. 아줌마 이제 우리 집 성
　　　미 알 때두 됐잖아요··아우 잠 못자 뻐쳐 죽겠는데 진짜·· 아줌마 이
　　　러면 우리랑

**강욱**　(오버랩)그만해···

**민경**　···

**강욱**　다른 커피잔 쓰면 되잖아···별걸 다갖구 짜증야 왜··

**민경**　·····

**강욱**　(아이 안고 방으로)

**민경**　미안해요···신경 좀 써 주세요···(하고 침실로)

**S# 침실**

**민경**　(들어오면서)왜 그래 번번이.

**강욱**　···(아이 눕히는 중)

**민경**　왜 두 마디두 못하게 해···잘못하는 건 잘못한다구 가르쳐 줘야
　　　고치잖아.

**강욱**　짜증 피니가 그렇지···같은 말이라두 좋은 말루 못해? 너보다
　　　나이두 위야···좀 대접해줘 가면서 하라구.

**민경**　대접 안하는 게 뭐 있어. 돈 주구 쓰는데 그 말두 못해?

**강욱**　돈주구 쓴다 그러지 말구 도움받는다 생각해. 우리가 필요해
　　　서 오는 아줌마잖아.

**민경**　저 아줌마두 돈 필요해서 돈 벌러 오는 거야. 공짜로 와주는 거
　　　아니잖아.

**강욱**　···돈 주는 건 저 아줌마 노동에 대가야. 너 짜증 받는 거 까지는 포
　　　함 안돼 있어···

**민경**    ……(보다가)무슨 뜻인지 알아.아는데….(좀 오르며)나 좀 이해
해줄 수 없는 거니? 피곤해 저러는 구나‥잠 못자구 고생하는 게 벌
써 얼마냐 그래 줄 수 없냐구, 너 내가 두 마디만 하면 역성들어주
면서 싫어하잖아.

**강욱**    너만 피곤한 거 아냐…(달래듯) 너 깰 때 나두 깨…잠 못자서 힘
든 거 나두 마찬가지야…/그렇다구 짜증을 달구 살아야 해?‥좀 참
아…이게 사는 거구 이게 아이 키우는 거다 생각하면 될 거 아냐…

**민경**    나는 너같은 성인군자가 아니야 강욱아아…그렇게 생겨먹지
를 않았단 말이야아.(울듯)

**강욱**    ……(보다가 안아주면서 토닥여주는)…나두 성인군자 아니야….
너보다 좀 잘 참을 뿐이야….그 차이야…(떼고 보며)그냥 에이 오늘
두 제대로 못잤네 그래치우고 말아. 토요일 일요일에 보충하잖아.

**민경**    당분간 엄마랑 이모한테 맡기자아….

**강욱**    ……(보며)

**민경**    역시 싫지?

**강욱**    ….커피 새루 갖다주께 마시구 씻어…(나간다)

**민경**    ……(침대 옆구리에 픽 앉으며)……(있다가 일어나 아이 보는)….어
그래 너 자지…그래애‥밤새 안자구 노셨으니까 이제부터 주무셔
야지 그러엄…..(픽 웃으며 일어나 아이 침대로 가 내려다보며)…..심통
만 안 부리면 참 이쁘겠다 응?

## S# 민경의 친정 거실

**민지**    (문 열고)

**민경**    (아이 안고 들어서며) 이모는.

**민지**    김치 담그셔.(아이 받으려고 팔 벌리면서)

**이모** (김치 버무리던 손 떡워 들고 주방에서 나오며)아이고 유진이 어
　　　서 와라아아.

**민경** 이모 그럼 오늘 유진이 만지면 안돼요.너 학교 안가니?

**민지** 왜 안가. 나 금방 나가야 해.

**민경** 그럼 유진이 엄마 차지네?

**서여사** 이리 데려와.(민지 벌써 엄마 쪽으로)간밤에는 어땠어. 좀 잤어?

**민경** 자기는 뭘 자 엄마…돌겠어 정말.

**이모** 밤에 목욕안 시켰니?

**민경** 시켰죠오. 효과없어.

**이모** 왜 그러는 거야 저 기집애.(강욱 쇼핑백 하나 들고 들어온다)어
　　　그거 뭐야?

**강욱** 유진이 쥬스 종류예요. 어제 사왔어요.(장모에게)안녕히 주무셨
　　　어요.

**서여사** (민지에게/아이 받아 안고)보행기 갖다 놔.

**민지** (움직이고)

**민경** 재우지 마 엄마. 재우지 말구 깨워 노라구 응? 계속 데리구 놀아
　　　줘요. 낮잠 재우지 말라구.

**이모** 어린 걸 애 낮잠을 안재우면 어떡해…그리구 자는 걸 꼬집어
　　　뜯니 어떡해.지가 자면 재우는 거지.

**민경** 낮에 너무 많이 재우니까 밤에 안 자지.

**서여사** 재우는 게 아니라 지가 자요…그렇지/니가 자는 거지…

**민경** 유진아 너 오늘 자지 마. 알았어?

**민지** (보행기 들어다 놓으며)시끄러워 죽겠네.무슨 엄마가 아침마다
　　　저렇게 시끄럽다니 유진아 응?

**강욱** 그러게 말이야…즈이들 갑니다 장모님.

**서여사** 그래.

**강욱** 이모님.

**이모** 응 어서 가··

**S#** **빌라 주차장··**

[나와서 강욱의 자동차로……]

[앞자리에 타고]

**S#** **차 안**

**민경** (먼저 타고 이어서 강욱 타는. 고개 뒤로 기대면서)잠이 젤 중요해

……요샌 종일 멍해…(눈 감고)

**강욱** (벨트 뽑아 매주면서)··우리 다 그렇게 키워졌어…

**민경** 몰라 난 기억 없으니까…

**강욱** …(제 벨트 매고)…출발한다.

**민경** 응….

**강욱** ….(출발)…

**민경** 이선생 굉장히 융통성 없는 거 알어?

**강욱** …(돌아본다)

**민경** 이래서 남녀는 살아봐야 안다 그랬나봐…

**강욱** …..(운전하면서)

**민경** 아침에 맡겼다 저녁에 찾아오구 그러느니 맡겨두고 보구 싶은

날 들려서 보구 주말에 주말에 데리고 와 지내구 그럼 훨씬 편할

텐데….

**강욱** …..

**민경** 으응?(돌아보며)

**강욱** ……

**민경** (몸 일으키며)응?

**강욱** 낮에 맡겨두는 것만으로도 유진이한테 미안해. 저때는 엄마가 스물네시간 같이 있어주는 게 좋은데 못하잖아…

**민경** 이모랑 엄마가 잘 보잖아.

**강욱** 엄마는 아니야……

**민경** (도로 기대며)그만 두자. 그만두자구…

**강욱** 정서적으로 어떤 게 더 좋다구 생각해. 할머니들 하구 지내는 시간이 엄마 아빠하고 지내는 시간 보다 더 긴 거…

**민경** 크면 다 이해해…언제까지나 맡겨두자는 것도 아니잖아.

**강욱** 저녁에 데리러 가면……어떤 날 유진이….그냥 말끄러미 당신 하구 나 쳐다보는 거….뭔지 알아?…이 사람들이 뭔가 그러는 거야 …이 사람들이 뭔데 나를 팽개쳤다가 찾으러 왔다가 하나… 이상한 사람들이다아 그러는 거라구.

**민경** (픽 웃으며)잘도 엮는다…(눈 감으며)자께‥

**강욱** 어 자….(운전하며)

**S#** 종혁 사무실 근처 카페‥

**지현** (들어와 앉으면서 핸드폰 꺼내 찍는다)

　　F 벨 가는 소리

**비서** F 네 비서실입니다.

**지현** 네 저 집인데요‥

**비서** F 아 네 사모님…사장님 지금 금감위 들어가시구 안 계신데 요.(지현 ?) 갖구 나오신 건 지금 제가 가지러 가겠습니다. 어디 계 십니까.

**지현**    ···알았어요·· 그럼 지하 주차장으로 나와 주세요·····네 지금요
   ···(챙겨 들고 일어나는)

## S# 종혁 회사 지하 주차장

**지현**    (자동차 밖에서 기다리고 서 있으면서)·······

**비서**    (건물 입구에서 나타난다)

**지현**    (발소리에 돌아보고)

**비서**    (다가오면서 꿈벅하고)

**지현**    (뒷좌석에 걸어놓았던 비닐 씌워진 검은 양복 꺼낸다)··(와이셔츠/
   타이까지)

**비서**    안녕하십니까···갑자기 들어가셨습니다. 전화하신다구··

**지현**    네 알았어요.(웃으면서 양복 건네주고)

**비서**    (받는다)

**지현**    그럼···

**비서**    안녕히 가십시오.

**지현**    (목례하고 자동차 오른다)·····

## S# 시내/차 안····운전하고 있는 지현······

## S# 어느 산부인과 대기실···

   [임신부들···여자들····]

## S# 산부인과 진찰실

**지현**    ····(테이블 앞에 앉아 있고)

**여의사**    (타월에 손 닦으면서 의자로 움직이며)습관성 될 수 있으니까
   각별히 조심하세요···특별히 약하다거나 불안하게 생각되는 점 없
   는데···혹시 스트레스가 많으세요?

**지현**    ?···아뇨···왜요 선생님···

**여의사**  (앉으면서)과도한 스트레스도 유산의 원인이 되거든요…가벼운 운동은 좋은데 힘든 노동은 피하시구 성생활도 당분간은 조심스럽게요 아셨죠?

**지현**  …네…

**여의사**  입덧은요··

**지현**  별로 심한 편 아니에요…기운 만 없어요.좀 졸립구··

**여의사**  그것도 큰 복이에요. 정기 검진 빼먹지 말구요··

**지현**  네··

**여의사**  축하합니다…이번에는 우리 자알 해서 꼭 성공합시다.

**지현**  네··감사합니다…

**S#**  병원 건물에서 나오는 지현········

**S#**  주차장 차 안

**지현**  ········(앉아서 막연하게 앞 보면서)······

**S#**  벚꽃이 피었으면 벚꽃 아래 앉아 있는 지현···

**S#**  어느 카페··

**지현**  ····(혼자 차 마시면서)·········(창밖 보면서)········

**S#**  작업실 복도

**지현**  (승강기에서 내려 작업실로)···(또박또박)

　　E 벨 누른다.

**유자**  E 누구세요오.

**지현**  어 유자야 나야.

**유자**  (문 열면서 잡는)어머 너 웬일야 연락두 없이.

**S#**  작업실

**지현**  (명랑하게)더 많이 반가우라구 연락 안했지. 현경이는.(하고 보고 소리 죽여)어머 쟤 자는구나. 떠들면 안되겠다.

**현경**   (침대에서)너 웬일야아.

**지현**   깼어?

**현경**   (일어나며)엉. 몇시니…

**유자**   열두시 다됐어.(커피로)

**현경**   (지현 쪽으로 다가오며)뭐 요리 공부 땡땡이 치구 왔니? 오늘 요
리 가는 날이잖아…

**지현**   그거 지난 주로 끝냈어. 이제 안해··

**현경**   (뒤에서 껴안으면서)그럼 너 그나마 코에 바람 널 핑계 없잖아…
아으으으으(하품) 답답해서 어떡해애··

**지현**   일했어?

**현경**   네시까지··(유자가 내미는 머그잔 받으며)고마워. 나는 소유자가
아니잖니…(한 모금 마시고 내리며)점심 니가 책임지기루 했잖어.
뭐 먹여주는 거야.

**유자**   잔치 국수나 쌂아 먹을려구 그러는데

**현경**   너는 어떻게 아는 게 국수 밖에 없니. 라면아니면 칼국수/쫄면
아니면 짜장면/정말 죽인다. 쌀 좀 먹자 유자야.

**유자**   찬밥은 있어. 찬밥 볶아 먹으까?

**현경**   성질 암만 좋아두 저런 마누라하구 살면 남자 개성질 된다 지
현아. 내가 남자라면 쟤하구 못 살아. 엇쩌면 그렇게 음식을 못하
까··완전히. 개밥 수준야 개밥.

**지현**   (소리 내어 웃고)

**유자**   잘났다 그래 너 잘났어.

**지현**   (오버랩)내가 밥 사께. 나가자 우리. 존 거 먹자. 아주 비싸구 맛

있는 거 응? 뭐 먹으까 뭐 먹구싶니 늬들.

**S#** 대중 한정식집 방

　　[큰 교자상째로 음식 들어와 놓여진다]

**지현**　어머나…

**현경**　거창하지?

**지현**　(소리 죽여)이게 칠천원이란 말야?

**현경**　단돈 칠천원.

**지현**　이런 집이 다 있었니?

**현경**　최근에 알았어. 한번 씩 집어 먹다 보면 밥공기 비어. 맛있는 것
　　도 있구 없는 것도 있어. 먹자…쟨 벌써 먹는다.

**유자**　맛없는 게 어딨어.다 맛있는데‥(벌써 먹으며)

**현경**　니가 그러니까 음식을 못하는 거야아‥

**유자**　으으음 이 나물 죽인다. 너무 맛있어…

**현경**　어디‥(맛보고)얘는 지푸라기에 간장만 뿌려줘두 맛있다 그럴
　　거야…너무 짜다 야.

**유자**　짠 건 짠맛으로 먹고 싱거운 건 싱거운 맛으로 먹는 거야…먹
　　을 거 놓구 말이 많아. 복 날아가게.(다른 것 먹으며)우우움 이것두
　　맛있다…환상이다‥

**S#** 작업실

　　[식탁에 부려놓은 오렌지 봉지, 사과 봉지 냉장고에 넣으면서]

**유자**　지현이 덕에 오랜만에 우리 냉장고가 기분 좋아하겠다…너 빠
　　지고 나니까 냉장고 채워주는 사람도 없다.(오렌지 두 개 껍질에 칼
　　집 넣어 까면서)

**지현**　(딸기 씻으며)돈 잘버는데 들 사잡수셔어.

현경　돈 잘 버는 유자 야/ 억대 계약금 받아 순두부 한 그릇으로 입 닦고 말라 비틀어진 귤 한 개가 없다.

지현　야아 건 너무 했다.

유자　억대 계약금 아버지 집 사드리구 일년치 생활비 드리구/애들 등록금 내구 나니까 오십만원 남드라.

지현　?(딸기 소쿠리 들고 오다가)집 사드렸니?

유자　엉..

지현　야 너 효녀다아..(앉으며)정말 잘했다 응? 나 그랬잖아 너 빛 볼 날 있을 거라구.(옆으로 안으며)진짜 장하다 너...현경아 나 눈물 나 올려구 그래..

현경　집 계약하구 와서 소유자두 찔찔 울더라.두 시간 동안.

유자　이십분두 안돼 애.

지현　정말 큰일 했다. (유자 만지면서)아버지 엄마 얼마나 좋으시까 응?

유자　응 좋아하셔...

현경　(의자에 앉으며) 월화드라마 준비하잖니. 빵빵 잘 나가셔어.

유자　얘는 아무래두 미세스 배 될 거 같아 지현아.

지현　?정말?

유자　저 시트콤 써내기두 바쁜 애가 배철수 시츄에이션 들어가는 거 자료 모아주느라 정신 없잖아.

지현　미세스 배 될 거야?

현경　쓸데없는 소리야.(하는데)

　　　E 전화벨/지현 핸드폰.

지현　(받는다)네에..

종혁　F 당신 집에 안들어가구 어디서 뭐해.

**지현**  (새침해지면서)현경이랑 유자랑 점심 먹구 작업실에서 놀아요.

**종혁**  F 어머니한테 아무 말씀 안 드리구 나와서 그래두 되나?

**지현**  당신은 어디에요?

## S# 회사 사무실

**종혁**  회사 들어 왔어. 이쪽으로 오는 동안 세시 넘겠군.와. 차 마시자

**지현**  F 시효 지났어요. 내가 원한 건 열시였지 세시가 아니에요.

**종혁**  갑자기 일이 생겼어. 오라구.

**지현**  F 아니 이제 볼일 없어졌어요. 여기 좀 더 있다 들어갈래요. 끊어요.

　　　F 끊기는

**종혁**  ?·····

## S# 작업실

**유자**  뭐가 시효가 지나?

**지현**  열시 약속해 놓구 금감위 들어갔다구 펑크냈어. 지금 보자는데 지금 열시 아니잖아.

**유자**  너 종혁씨는 꽉 잡구 사는구나. 시어머니가 안 잡혀서 그렇지.

**지현**  (웃으며)응··꽉 잡구 살아··

**현경**  딸기가 어째 싱거운 거 같다···

**유자**  또 트집이다. 너 병이야 엉?

**현경**  (일어나며)커피 마실 사람.

**지현**  나 싫어.

**유자**  나두··

**현경**  좋아 나혼자 마시지 뭐··(커피 앉히는데)

**유자**  애기 아직····안 생겼니?

지현　….(보고)생기겠지..

유자　허민경씨네는 말이다

현경　야 얘기하지 마아.

유자　뭐얼.

현경　얘기할 거 없잖아.

유자　하면 어더니 다 끝난 일인데..

현경　지현이가 궁금하다니?

지현　뭔데..나 궁금해..뭔데?

유자　딸 낳구 아주 행복하게 잘 산대…레스토랑 통째 빌려서 백일잔치하구 두 사람 너무 다정하더랜다…백일잔치했다는 게 벌써 한 달 넘었지 현경아.

현경　몰라..나한테 묻지마.나 아무 것도 모르니까.

유자　유치하게 왜 그래.

현경　누가 유치해. 내가 유치하니?

유자　혹시 좁쌀 알만한 미련이라두 있으면 버리라는 뜻으로 얘기하는 거야.(현경은 묵살하고 지현에게/진심이다)

지현　(보며)미련 없어 …끝난지가 언젠데 너는….

유자　….(보며)

지현　행복해야지 그럼…좋으네 뭐 애기 낳구 잘 사니까..

유자　너두 빨리 나.

지현　(웃으며)그럼 나야지….날 거야…

**S#** 지하 주차장

　　　[말없이 걸어오는 현경과 지현….]

**두 여자**　……

**현경** 니네 어머님 좀 나아지신 거니? 우리한테 올 시간두 다 주시구.

**지현** 응..좀 나아지셨어...

**현경** 종혁씨한테 가지 왜애...오라는데..

**지현** 들어가야지 저녁 때 다 되는데...반가왔어 현경아...

**현경** 말이라구...

**지현** 일 많이 해..

**현경** 그래 너두 빨리 임신해애.. 저쪽은 백일잔치 했다는데 약두 안
오르니?

**지현** (웃으며)응 약 올라...나 한거번에 세쌍둥이 날 거야..

**현경** (픽) 기집애 어이그 참..

**S#** 성북동 길 올라오고 있는 지현의 자동차

**S#** 차 안…

**지현** .......

**S#** 주방

**지현** 저 들어왔습니다 어머님...

**노여사** (김 바르면서)다른 볼일이 있었니?

**지현** 나간 길에...친구들 좀 만났습니다..

**노여사** 그럼 얘기를 하구 나갔어야지..

**지현** 나갈 때는 그럴 작정이 아니었어요...

**노여사** 전화는 왜 못하구..

**지현** ....

**노여사** 별일이다...무슨 뜻으로 해석을 해야 하는 거야. 잠깐 나갔다
들어오면 될 볼 일 갖고 나가서 꿩궈먹은 소식으루 종일 뭐하다가
다 저녁 때 들어오는 거야...종혁이가 안 찾았으면 들어와야 할 애

안 들어오구 있는 줄도 몰랐을 거 아냐····

**지현**　····

**노여사**　잘한 거야?

**지현**　잘못했습니다···

**노여사**　말을 했어야지 말을···누구 어떻게 나오나 시험하는 거야 뭐야··

**지현**　····

**노여사**　으응?

**지현**　그냥···곧장 들어오기 답답했어요···걱정 하실줄 알았지만 ···걱정 듣자 생각했습니다.

**노여사**　········(보는)걱정해라 한 귀로 듣고 한 귀로 흘리면 된다?

**지현**　····

**노여사**　볼일 있으면 말을 해. 이상한 시에미 만들지 말구··

**지현**　····

**노여사**　·····

**지현**　(목례하고 돌아서는)

**S#　거실**

**지현**　(나와서 이 층 쪽으로 가는데)

**미스장**　(안방에서 걸레 들고 나오면서)저기요.

**지현**　····(보는)

**미스장**　(소리 낮춰서)아까 점심 때 목장에서 어머님이 전화하셨었어요···잘 계시냐구요··

**지현**　그래 알았어···

**S#　이 층 거실/침실**

**지현**　(들어오면서 옷 벗으며 침실로/벗은 옷 접어들고 침대 옆구리 앉으

며 전화 집어 든다)

**S# 친정 마루··**

　　E 울리는 전화벨

**지현부**　너무 얇게 밀지 마···너무 얇으면 풀어지구 맛 없어.(진이 칼
　　국수 밀고 있고)

　　E 전화벨.

**지현모**　(진이가 펴놓는 국수 피에 밀가루 끼얹어 문질러주면서)전화나
　　받으세요.

**지현부**　지난 번에는 너무 얇었어.

**지현모**　글쎄 한번 하지 두 번 실수 안해요. 그때는 기운 좋은 한수가
　　밀어서 그래요.

**지현부**　(오버랩)네 목장입니다···어 그래 아버지야.

**지현모**　?지현이에요?

**지현부**　어 아까 니 엄마가 걸더라.

**지현모**　어이구 자기가 걸라 그러구는.(초희 진이 웃고)

**지현부**　궁금해서··· ···뭐 볼일 있었니?···왜 전화두 자주 안하구 그
　　래··우리가 전화하기 힘드는 줄 알면서 엉?

**지현모**　어디 아픈데 없나 물어 봐요··

**지현부**　너 아픈데 없어?···엄마가 물어 보래·· 꿈에 자꾸 니가 보인대
　　···접 때 보이더니 어제 또 보이더래. (옆의 아내)가만 있어 엄마 바
　　꿔 주게.

**지현모**　얘···아픈데 없어?···아니 자꾸 꿈에 보여서 ····그래애?···그래
　　서···아이고 아이고 반가와라 여보 애 애기 들어섰대요

**지현부**　뭐야?

**초희**   어마나 아가씨 (엄마 전화에 들어가라고)축하해요오오.

**진이**   언니 저두요오오.

**지현부**   정말야? 병원에서 그드래?

**지현모**   오늘 갔었대요.병원 가느라 비웠나봐요. 최서방 뭐래.좋아
하지?아니 사부인 뭐라셔.반가와 하시지?····애가 너 또 애기 안하
구 입 다물구 있을 거야?

**지현부**   안했대?

**지현모**   (오버랩)물론이지.말씀드려야지 그럼 얼마나 기다리시는데
가만 있어.너 그거 성격 이상한 거야 ····잘못되기는 왜 잘 못돼. 먼
저는 적응두 되기 전에 너무 고단해서 그런 거지 /그런 소리하지
마. 다시는 그런 일 없어.알았어?

**S#   지현의 침실**

**지현**   엄마는 좋우?····나는 좋은 건지 싫은 건지 그냥 그래.

**S#   친정 마루**

**지현모**   (야단치는)예이! 그런 소리 입에 올리지 마. 먼저두 너 그래
서 실패 본 거야. 에미가 자식 품구 그게 무슨 벌받을 소리야 아예
그런 소리 마.

**지현부**   뭐 뭐라는데/

**지현모**   (손짓으로 막으면서)얼른 전화 끊구 내려가 사부인께 말씀드
리구 최서방 한테두 알려 알았어?  그걸 왜 애길 안하구 있어 애 참
이상한 애야 응?

**S#   지현의 침실**

**지현**   알았어요…알았어 얘기하께…할 거야… 한다니까?····네…네…(끊
으면서)…….(눈 뜨는)…..

**S#** 동네 슈퍼

  [시장 보고 있는 강욱과 민경]

**민경**  (자꾸 집어넣고)

**강욱**  (슬쩍슬쩍 빼놓는)

**민경**  왜 그래.

**강욱**  먹을 만큼 만 사. 신선도 떨어지구 그냥 버리면 낭비야.

**민경**  좁쌀 영감.

**강욱**  낭비 여사.

**민경**  유진이 이따 열시쯤 데려가자.

**강욱**  지금 데리구 갈 거야. 보구 싶어 죽겠어.

**민경**  조용히 저녁 해 먹구 좀 쉬다가 데려오자구.

**강욱**  …(웃으며)싫어.

**민경**  (김새서)…유진이 나오구 나서 유진 아빠 정말 황소고집인 거
  알겠어.

**강욱**  (그냥 웃고)

**민경**  어떻게 된 게 우리는 거꾸루야. 다른 집은 애 생기면 여자가 애
  밖에 모른다구 남자가 김새 한다는데.

**강욱**  글쎄 말야. 정말 신기한 노릇야. 나두 그렇게 생각해··

**민경**  (흘기는)…

**S#** 민경의 거실

**강욱**  (아이 안아 어르면서 서성거리며)유진이 안 자는 거야 응?…참
  아.눈 부릅뜨고 참는 거야 자아아 딸랑딸랑 딸랑 이게 뭔데 이렇게
  이쁜 소리를 낼까요…이 자식 자구 싶은데 민경아. 뿌우우우 한 게
  벌써 잔뜩 졸리다구.

**민경** (저녁상 차리면서)안돼. 엉뎅이 꼬집어 줘. 열시까지 재우면 안
돼. 종일 잤대. 무슨 수가 있어두 열시까지는 재우면 안된다구.

**강욱** 늬 엄마 순 어거지다 응?뭐든지 지 맘대루 할려구 들어그렇
지? 졸릴 때 자구 놀구 싶을 때 노는 게 자연스러운 거 아니냐구.
안그래 유진아?

**민경** (바쁘게 움직이며) 밤에는 자구 낮에는 놀라는 거야. 낮에 자구
밤에 노는 건 틀린 거야 유진아. 알았어?

**강욱** …(민경 쪽으로 아이 안고 돌아서며)엄마는 나만할 때 밤과 낮 /
구분했어요?

**민경** (웃어버리고)

**S# 욕실··**

**강욱** (욕조 안에 들어앉아서 아기 안아 세우고 있고)

**민경** (욕조 밖에서 아이 얼굴 닦아주고 있다/울면 우는 대로 바득바득)

**강욱** 좀 살살해. 싫다잖아··

**민경** 안아 머리감겨야 해.

**강욱** 잠깐 조금 있다가·· 한숨 돌리구··

**민경** 물 식어어어.

**강욱** 식으면 섞으면 돼애··

**민경** 어이그 참.(탁 손바닥으로 물 때리면서)꼭 브레이크야 꼭.

**강욱** 머리 감자…머리감자 응?

**S# 침실**

**민경** (아이 안고 화장대 앞에 앉아 아이 머리칼 가볍게 흔들어주고)

**강욱** (먼 데서 드라이어 바람 보내고)·····

**S# 강욱의 서재**

506

**강욱** ……(책 보고 앉아 있다)…….

　　E 문 여닫히는 소리.

**강욱** ?(보면)

**민경** 안 자?

**강욱** …유진이.

**민경** (책장 쪽으로)말똥말똥 모빌 쳐다 보구 있어. 이제 쪼끔 있으면 눈 비비비기 시작하다 한 이십분 칭얼거리구 그러다 주무시겠지. (지친 한숨 내놓으며)제발 오늘은 깨지 말구 여섯시 까지만 자주라. 더두 안 바래.

**강욱** 차차 맞춰지겠지…

**민경** (책 한 권 뽑으며)안 자?

**강욱** 먼저 자..졸리면 가게..

**민경** 누워서 보다 자면 편하잖아..

**강욱** 누으면 금방 자구 싶어져…꼭 봐둬야할 논문이거든….먼저 자라구…

**민경** ……(보며)

**강욱** 학회 낼 논문 준비두 해야하는데… 날라리 다 됐어..스을슬..이러다 걸어다닐 때 깡통 소리 나는 거 아닌가 겁나…

**민경** 나 들으라구 하는 말 같네? 알았어..유진이 자리 잡히면 나두 공부하께…

**강욱** ..(웃고)

**민경** 뭐 필요한 거 없어?

**강욱** 아니..

**민경** 해 그럼..

**강욱**　음…

**민경**　(나가고)

**강욱**　…….(책 뒤적이다가 놓고 담뱃갑 들고 나가는)

**S#** **주방**

**민경**　(우유 따르다가 기척에 돌아보면)

**강욱**　(테라스 문 열고 나간다)……

**민경**　……(보다가 우유 컵 들고 테라스 쪽으로)……

**강욱**　(모르는 채 담배 연기 하늘로 뿜는)……

**민경**　(보며 우유 천천히 마시는)….

**S#** **지현의 거실 침실··**

**지현**　(종혁의 옷장에 걸고 있다)……

　　　E 욕실에서 들리는 물소리··

**지현**　(침대로 올라가 눕는다)…….

**종혁**　(잠시 후 욕실에서 나오면서 가운 입으며)당신 낮에 그게 뭐야··
　　　갑자기 일 생겨 약속 못지킬 수도 있지 금감위에서 좀 보자는데 와
　　　이프하구 약속있어 못 들어간다 그럴 수 없잖아.

**지현**　……

**종혁**　앞으로 다시는 전화하다 그런 식으로 끊지 마…그게 무슨 짓이야··

**지현**　….

**종혁**　어머니한테는 또 뭐야. 그래두 되는 거야?

**지현**　…

**종혁**　왜 그런 거야.

**지현**　(일어나 앉으면서 슬프고 약하게)그런 투로 말하지 말아요. 그
　　　런 식으로 끊게 한 건 당신이구/앞으로 또 그럴 수두 있어요. 비굴

508

하게 사정해서 열시에 만나준다 그래놓구는 비서 대신 내보내구/

…피치 못할 일이었던 건 수긍하께요……

**종혁**　……그런데..

**지현**　미안하다는 말 한 마디 없이 집에 안 들어가구 있는 거 먼저 추
궁하구/자기 시간 있다구 강아지 부르듯 불렀잖아요…

**종혁**　……(보는)

**지현**　(침대 내려서 가운 집어 입으면서)버릇이 그런 사람인 거 알면서
두 봐주구 싶지 않을 때는 나두 불쾌해요.(울먹해지면서)나두 사람
이기 때문에 기분 나쁘다는 표현/할 수 있는 거구/그거때문에 남편
이라는 사람한테 초등학생 야단 맞듯 이런 거 싫어요.(하며 거실로)

**종혁**　……(보는)

**S#  거실**

**지현**　(나와서 종혁의 테이블로)….(물 조금 따라 한 모금 마시고 컵 든 채
소파로 가 앉으면서)…….

**종혁**　….(침실에서 돌아보고 있다가)…….(거실로 나와 소파에 마주 앉
으면서)약속 못지킨 거 그래 미안해. 그런데 나 당황하게 만들지
마..어머니 겨우 이제 좀 나아지시는데 왜 일거리 만들어.

**지현**　(고개 숙인 채..물컵 무릎 위에서 잡은 채)나….병원 갔었어…

**종혁**　?….어디 아퍼?

**지현**　(고개 들어 보며)아이 가졌대..

**종혁**　?….

**지현**　(조금 쓰게 웃으며)요즘 당신 구경하기 너무 힘들어서 ..병원 같
이 가서 얘기 듣구…당신 좋아하는 것도 좀 보고…점심도 얻어먹고…
그럴려구 만나자 그랬던 거야..

**종혁** 병원 가야한다구 말을 했어야지. 그랬으면 양해 구하구 전무
보냈어두 돼…

**지현** ……그랬어도 되는데 안 나온 거에요?

**종혁** 당신하구 차 마시는 일보다는 금감위 들어가는 게 우선 순위
였어.

**지현** ……(보다가)그렇게 얘기한다면…나 병원 가는 일 보다두 당신
일이 우선일 거에요…

**종혁** 그건 그렇지 않아.

**지현** (오버랩의 기분)병원에서 나왔는데…집에 들어오기 싫었어. 당
신하구 같이 가서 얘기듣구 당신하구 같이 들어와 당신이 어머님
께 얘기해줬으면 했었는데…혼자 들어와 어머님한테 뭐라구 말씀
드리나··어머님 반응은 어떠실까…그것도 싫었고…·(쓰게 웃으면서
찡그리며)그래··반항 한 번 해보고 싶었어…

**종혁** ……(보며)

**지현** 일해요…나 자께··(하고 일어나 침실 쪽으로)

**종혁** (일어나면서)당신…

**지현** (돌아본다)

**종혁** 역시 또 기쁘지가 않군.

**지현** ……

**종혁** 내 자식을 가진 게 기쁘지 않은 여자….나 어떡해야 하니.

**지현** 그런 나는 어떨 거 같아. 일주일이면 사흘은 새벽 두세시에 들
어오구 집에 처박아 둔 채 내가 어떻게 지내는지 그다지 신경두 안
써. 너무나 진지한 얼굴루 내가 필요하다길래/ 아무 것도 상관 안
한다길래 그런 줄 알구 결혼했는데/ 나 당신 잠자리 파트너 밖에

510

안되는 느낌이야. 잠자리 파트너는 꼭 나 아니래두 상관없는 거 아
니었나 물어보구 싶어.

**종혁** 멋대로 생각하고 멋대로 규정짓지 마. 신경 안쓴다구 누가 그래.

**지현** 내가…내가 그러는 거에요 최종혁씨…내가 그렇게 느껴요…

**종혁** ……(보며)

**지현** (침실로 들어가고)

**종혁** ……(그대로)

F.O

## S# 성북동 전경(새벽 다섯 시 반경)

## S# 침실

[어둠 속에서 알람이 울리고…]

**지현** (몸 일으킨다‥일어나 앉으며 침대 내려서려 하는데)

**종혁** (팔 잡는다)…

**지현** …(돌아보며)깼어요?

**종혁** …안 잤어…

**지현** …전혀?(종혁 일어나는)

**종혁** (안으면서)당신 그거 아냐….나…당신이라는 여자….참 좋아
해…이렇게 살게 할 생각 아니었어….반성하께….그래 반성할 점이
….있어….알아….알구 있다구…그런데…잠자리 파트너 아니야…당
신 좋아해…

**지현** 못 자서 어떡해…출근해야 잖아요.

**종혁** 내려 가….나 금방 내려가께‥

**지현** 아예 안 잘려구?

**종혁** 내려 가라구‥

**S#  주방**

**지현**  (대기 중)

**노여사**  (녹즙 만들며)몇시에 들어왔든.

**지현**  ?…한시 조금 넘어서요··

**노여사**  몸 생각을 해야지…밤낮 왜 그렇게 늦어. 좀 지껄여야겠구먼.

(녹즙 쟁반에 놓고)

**지현**  (들고 나간다)

**S#  거실**

**지현**  (나오는데)

**최회장**  (서재에서 나오면서)왜.

**종혁**  잠깐 드릴 말씀이 있습니다…당신 그거 저쪽으로 드려.(하고

주방으로)어머니.

**최회장**  E 어엉 왜.

**종혁**  잠깐 나오세요··드릴 말씀이 있어요…(지현은 남편 보고)

**노여사**  (주방에서 나오며)이 시간에 잠 안자구 무슨 일야.

**종혁**  앉으세요. 당신 그거 드려.

**지현**  (녹즙 시부에게)

**최회장**  (받아서 마시고 컵 주고)그래 뭐야.

**종혁**  네··당신 두 앉아.

**지현**  (보는)

**종혁**  앉으라구.(앉으며)

**지현**  (앉는다)

**종혁**  이 사람 어제··병원에 갔었답니다··아이/생겼대요.

**노여사**  으응?

512

**최회장** (아내와 함께)그래?(지현 보며)

**종혁** 저하구 같이 갈려구 했는데 제가 바빠서 혼자 갔었어요··

**노여사** 참 이상한 아이다…시에미 됐다 뭐하구 바쁜 사람 끌구갈려
구 들어.

**종혁** 만약 아니면 어머니께 민망하잖아요.

**노여사** 괜찮아. 그런 일에 민망할 건 없어·····그래서…애기/ 자리 잡았
다든?

**지현** …네··

**노여사** 얼마나 됐대··

**지현** ··두 달 이랍니다···

**노여사** (남편 돌아보며 그래도 싫지는 않다)내가 그랬지요?··지금쯤 무
슨 말이 있어야 하는데 며칠 전에 그랬지요?

**최회장** 그래 당신이 용해. 족집개야 그래···

**노여사** 병원은 어디로 갔었니.

**지현** 먼저…강선생님··

**노여사** (오버랩의 기분)그래 잘 했다…지난 번 실패루 면목없어 했으
니까 특별히 더 신경 써 주겠지…진찰은 제대루 곰꼼하게 했겠지.

**지현** ··네··

**노여사** 특별히 주의 할 점 없구?

**지현** ···네···

**노여사** 한번 흘리면 까딱 습관돼서 자꾸 흘릴 수 있어····탈 없이 건강
하게 낳는 일이 뭣 보다두 중요한 일이니까··다른 거 아무 것도 신경
쓰지 말구 이번에는 꼭 …새식구 보도록 하자.

**지현** ·····네··

**노여사**    새소리가 유난히 명랑하더니 회장님 좋은 소식 있어 그랬나
보네요.

**최회장**    집안 일 아무 것도 시키지 말구.. 아침 잠두 좀 재우지.

**노여사**    집안 일은 뭐 제천댁하구 미스 장이 다 하지 쟤야 워낙

**최회장**    (오버랩)그래두 당신이 면제해주는 거하구 아닌 거 하구는
차이가 있으니까 새벽에 녹즙 심부름두 면제해 주구..낮에 저혼자
쉬는 시간두 좀 주구 그래.

**노여사**    알았어요 알아서 하께요..

**종혁**    그래서요 어머니...이사람 당분간 친정에 좀 가 있게 하면 어떨
까 하는데요..

**지현**    ?(종혁 보는)

**최회장**    뭐 그래..그것도 괜찮은 생각이지.

**노여사**    친정 가 있구 싶니?

**지현**    아니 아니에요 어머님...(종혁 보며)나 그런 말 한 적 없잖아요.

**종혁**    아니 내가 말씀드리는 거야. 아무래두 그게 더 편하지 않을까
해서.

**노여사**    (오버랩의 기분)중간중간  이삼일 씩 다녀오는 건 상관없는
데 아예 가 있을 생각은 마라...약도 먹어야 하구 종혁이도 불편하
구..응?

**지현**    네...

**S#** 주방

**최회장**    (종혁과 함께 들어오면서) 너 올라가 쉬어. 손자 나올 때까지
면제다...

**노여사**    그러다 손녀 나오면요..

514

**최회장** (앉으며)손녀 나오면 그 다음에는 손자 나오겠지...괜찮아..

**종혁** (웃으며 앉고)

**최회장** 올라가라고 해.

**노여사** 그래 올라가라. 봐라. 대우가 얼마나 달라지니...아직두 자다 가두 궁금해 무슨 오기루 혼자 알구 있다 실패 보구 말았나.

**최회장** (수저 들며)지난 얘기는 할 거 없어...

**종혁** 올라가 응?

**지현** ..괜찮아요.

**노여사** 올라가...올라가라구..

**지현** ..그럼..(목례하는)

**S#  지현의 거실**

**지현** ......(소파에 앉아서)......(있다가 전화로)....

　　　F 벨 가는 소리..

**지태** F 네 목장입니다..

**지현** 오빠 나에요.

**지태** F 어 그래..너 병원 갔다 왔다면서..

**지현** 네..

**지태** F 몸조심해 너. 또 실패하면 그댁에 면목없어 어떡하냐구 엄마 아버지 걱정이 태산이셔...

**지현** 조심하께..엄마는..

**S#  마루**

**지태** 기다려..어머니!

**지현모** (욕실 문 열고/세수하다가)왜애.

**지태** 지현이에요.

지현모  ?…왜 그래 이 시간에 무슨 일야. (부지런히 나오는데)무슨 일
　　　이냐구 물어봐 너.

지태  무슨 일 있는 거야? 엄마 걱정하신다.

지현  F 아냐.아무 일 없어요.

지태  아무 일 없대요.

초희  (현식 등 떠밀어 내쫓다시피 나오면서)지겨워 죽겠어 그냥 지겨
　　　워 죽겠어..

현식  (초희에게 등 떠밀려 나오면서)할머니 안녕히 주무셨어요.

지현모  오냐..얼른 들어가 씻어 씻어.(전화로 움직이면서)지겹다 소
　　　리 마. 자식한테 쩍 하면 지겹다 지겹다

초희  일년 삼백육십 오일 정말 지겨워요 어머니.

지현모  (전화 받으며)아 다 그렇게 키워. 너만 그러는 거 아니야…지
　　　현이니?

지현  F 응 엄마…

지현모  왜..이 시간에 어떻게 전화를 해.

지현  F 아버님 어머님께 말씀드렸어 엄마.

지현모  어 그래?…좋아하시지?

지현  F 좋아하셔요…

지현모  최서방은..

**S# 침실 거실**

지현  좋은가봐…엄마 나..집에 가면 현식이가 또 엄마아부지 방에 가
　　　지내야지?

지현모  F 보내주신대?..그거야 무슨 상관야..올 거야? //

지현  아니 그냥 물어보는 거야…그이가..보내구 싶어하는데..어머

516

님이 이삼일 다녀오는 건 괜찮지만 안된다 그러셔. 그이 불편하다구…

**지현모**  F 불편이야 하지 그럼 최서방이…… 아뭇소리 말구 가만 있어‥ 그저 최서방 마음만 고맙다 생각하구 올 생각은 말어…

**지현**  왜…

**지현모**  F 아들 팽개치구 친정 가 있는 며느리 안 고운 법야… 애 현식에미 니 오빠 두구 친정이 있으면 나는 고울 줄 알어? 그게 시어머니라구…

**지현**  알었어‥ 알었어요‥(종혁 들어온다)

**지현**  (돌아보고)그이 올라와 엄마 끊으께요.

**종혁**  장모님?

**지현**  (끄덕인다)

**종혁**  나 좀‥(전화 받으려는데)

**지현**  끊었어‥

**종혁**  끊으셔?

**지현**  우리 집 식구 그러잖아… 전화하다가 당신 들어온다 그럼 얼른 끊어야 하는 줄 알구 그러는 거두… 얼마나 자존심 상하는 줄 알아?

**종혁**  (잡으며)열두 시에 나와… 말씀드려 놨어.

**지현**  (보는)…

**S# 민경의 거실(같은 시간)**

**민경**  (아이 안고 나와서 보행기에 집어넣으며)너 머리 나쁘면 나 안 키울 거야. 무슨 애가 그렇게 잠이 없니. 폭폭 많이 자야 뇌 발달이 좋다든데 응?‥ 알아서 해 이 유진.

**파출부**  (아침 하면서)어제두 고생시켰어요?

**민경**  약간 나왔어요···네번 밖에 안 꼈으니까···냉이 사다 넣는데··

**파출부**  예 앉혔어요··끓어요.

**민경**  (국 냄비 열고 간 보다가 ···다시 간 보고 씹어보고 뚜껑 따로 놓으며)
아줌마 냉이를 어떻게 씻은 거에요.

**파출부**  ?··왜요···

**민경**  지금거려서 이거 어떻게 먹어요····아줌마 진짜 살림 전혀 안 해
본 사람이군요.

**파출부**  요새는 다 씻어서 나오잖아요··

**민경**  ·······(보며)····

**파출부**  씻었는데에.(외면하고 자기 할 일 하며)·····

**민경**  (그냥 침실로)

**S# 침실**

**민경**  (들어와서 핸드백 꺼내 수표 열 장 세어서 봉투에 집어넣어 나간다)

**S# 거실/주방**

**민경**  (나와서)저기요 아주머니··(그래도 부드럽게 교양 있게 하려고)
아무래두 아주머니하구 우리 ···궁합이 안 맞는 거 같아요···아직 한
달 되려면 열흘 쯤 남았는데··이거···한달치 넣었어요···

**파출부**  ···(뿌우해서 봉투 받는)·····

**민경**  미안해요··내가 좀 까다로와서요···

**파출부**  ··뭐···마음에 안들면 할 수 없는 일이지요··(일하던 것 놓고 자
기 지갑 서랍에서 꺼내 들고 나간다)

**민경**  안녕히 가세요···(파출부 대답 없이 나가고/아침 짓는 일에 붙으면
서 혼잣소리)어떻게 프로가 없어 프로가···

**강욱**  (나오면서/안경 쓰는)유진이 뭐하세요. 뭐 장난감이래두 하나

들려놓지이.

**민경**　어 자기가 줘..

**강욱**　(장난감 집어다 주면서)아줌마는...아까 소리 나는 거 같던데 아니었어?

**민경**　보냈어.

**강욱**　?....보내다니.

**민경**　더는 못 참겠어서 보냈다구..냉이국이 제대로 안 씻어서 지금거려 먹을 수가 없게 만들어 놨어.

**강욱**　.....

**민경**　무슨 여자가 그 나이에 할 줄 아는 게 아무것도 없는지 몰라...깨끗하지두 못하구..

**강욱**　그 대신 착하잖아.

**민경**　착하구 무능한 거 질색야. 착할 필요없잖아. 일을 잘 해야지.

**강욱**　벌써 세 사람 보냈어..

**민경**　좋은 사람 만날려면 보통 그만큼은 바꾼대....

**강욱**　어지간하면 참지...고생안하구 사람 쓰면서 살던 아줌마라는데..경험없어서 그런 걸 야박하게

**민경**　(오버랩)아무리 살림 안해보구 살았대두 제대루 씻을 줄은 알아야지.기본이잖아.

**강욱**　서로 봐줘가면서 사는 거야...어떻게 남의 직장을 하루 아침에 날리게 해.

**민경**　자선사업하는 거 아니잖아...

**강욱**　......(보다가 서재로 들어간다)

**민경**　....(강욱 움직이는 것 보며)

**S#** 서재

**강욱** (들어와서 의자에 앉으며)……(민경 그러는 게 정말 마음에 안 든다)……

**민경** (문 열고)마음에 안 들어서.

**강욱** ‥(안 보는 채)그래…

**민경** 나와서 돈을 벌려면 돈 벌 자격이 있어야지이‥

**강욱** (보며)파출부로 와서 도와주는 아줌마들 면허증 같은 거 없잖아. 유능한 사람도 있고 서툰 사람도 있어. 요령이 좋은 사람도 있고 그런 건 없어도 착하고 진심인 사람도 있구…좀 봐줘가면서 지내다 보면 나아질 수도 있는 걸 너는 두달을 못참잖아.

**민경** 우리 이모두 틀렸다 그랬었어.(달래듯)

**강욱** 이모님 마음에 드는 사람 어딨어‥없잖아‥

**민경** ……참 별걸 다 갖구 인상쓰구 그런다…나두 참 피곤해…내 담당이잖아. 좀 모르는 척 해주라. 인간성 나쁜 여편네 만들지 말구‥

**강욱** 알았어 그만 해…

**민경** ……(보다가 돌아서는)

**강욱** (안 보는 채)남편 죽구 처음 돈 벌러 나왔다잖아…

**민경** (돌아보는)

**강욱** ……(안 보는 채 담배 입에 물고)……

**민경** ……(보며)세상 구제 다 할 수 없어.

**강욱** 그래 나 오지랍이야‥그만 하자구…

**S#** 거실

**강욱** (건조대에 빨래 걸고 있으면서 보행기의 아이 돌아보며)모짤트야. 유진아‥(음악 틀어놓고 있는)아름답지?….어려서부터 신동 소리 듣던 천재 음악간데.

520

E  현관 벨

**강욱**  네에..누구세요..

**민지**  E 저에요 형부...

**강욱**  (문 열어주고)어서와 유진아 이모 왔다..

**민지**  (들어오며)유진아아아아..(아이 만지면서)뭐 하세요?

**강욱**  세탁했어..

**민지**  아줌마 내보냈다면서요?

**강욱**  그렇대..

**민지**  벌써 까다롭다구 소개소에 소문 났다는데

**강욱**  그래?

**민지**  이모가 전화했는데 소장이 그러드래요..언니네 집 간다는 사람
없다구...

**강욱**  큰일났네..소개소 바꿔야겠군..

**민지**  형부 빨래시키구 설거지 시키면서 언니는 왜 그러는 거야.대충
하구 살지..

**강욱**  내가 하는 게 제일 마음에 든대..아예 나를 가정부로 들어앉힐
심산인 거 같아.

**민지**  호호 설마요오.

**강욱**  이모님 같은 사람을 찾으니 그런 아줌마가 어디 있냐구.

**민지**  말 안되죠오.우리 이모/거죽으룬 날라리 같아두 얼마나 솜씨
가 좋구 똑 부러지는데요.

**강욱**  그래..

**민지**  출근 안하세요?

**강욱**  해야지...목욕탕 청소해 놓구 나갈 거야.

**민지**   너무하다.목욕탕 내가 치울테니까 형부 그냥 나가세요.

**강욱**   아냐. 내가 하께.(세탁바구니 집어 들며)나 잘해.

**민지**   (바구니 뺏으면서)놔두구 나가세요. 제가 치워놓구 민지 데리
구 가께요.네?

**강욱**   ····그럼 그래 줄래?

**민지**   걱정 마세요·· 제가 하께요.

**강욱**   처제 덕에 그럼 사우나나 해야겠다.

**민지**   좋지요 그러세요.

**강욱**   (웃어 보이고 돌아서다가)아 참 아버지 안녕하셔?

**민지**   잘 지내세요···형부 덕분에요.

**강욱**   (웃어 보이고 들어가는데)

**민지**   어 참 형부우.

**강욱**   ?···왜.

**민지**   (강욱에게 다가들며)형부 참 우리 아버지 눈 수술 좀 해 주실래요?

**강욱**   ?눈이 왜.

**민지**   우리 아버지 눈이 원래 은행 껍질 이거든요? 왜 있죠 눈꺼풀이
얇으면서 기름한 눈요.

**강욱**   어 알아.

**민지**   그런데

**강욱**   (오버랩)많이 처지셨어? 눈꺼풀이 내려 덮이셨나?

**민지**   네··불편하시대요··보기두 그렇구요.

**강욱**   수술 하신대?

**민지**   아니 얘기는 안했는데 나혼자요 나혼자 형부한테 수술시켜드
리까 생각했거든요.

**강욱**  여쮜봐 하신다면 해드리지 어려울 거 없어. 간단해.

**민지**  형부.

**강욱**  ?

**민지**  언니 남편만 아니면 나 형부 사랑할 거 같은 거 있죠.

**강욱**  하하 (웃고 손끝으로 민지 이마 튕긴다)

**S# 사우나 휴게실**

**강욱**  (전화 중)…어 바빠?…나 사우나에 있는데 점심 자기들끼리 먹
　　으라구…여기서 적당히 먹구 들어갈려구…

**S# 민경의 진찰실**

**민경**  (환자 앉혀놓고)누구 같이 먹을 사람 있어?…그럼 들어와…혼
　　자 무슨 맛으루 먹어….나 보기 싫어서 그러는 거지..나두 이제 다
　　알아…나 싫을 때 피하는 방법…

**S# 사우나**

**강욱**  아냐… 적당히 때우께…때우구 들어가께……그래…음…그래…

**S# 어느 레스토랑··**

　　[다 먹은 접시들 치우고 있는]

**종혁**  (냅킨으로 닦으며) 디저트 뭐할래··

**지현**  ….애플파이 주세요.

**종혁**  커피 안 마셔?

**지현**  커피 … 안마시는 게 좋대··

**종혁**  아 그래··나는 커피 주세요.

**웨이터**  알겠습니다··

**종혁**  담배 태우께.

**지현**  ?…왜 물어봐요?

**종혁**   그쪽으로는 안 풀어.

**지현**   (웃으며)신경쓰는 척 하네..

**종혁**   (담배 꺼내며)쓰는 척이 아니라 써….(불붙여 물고)영어 회화나 배워라..

**지현**   ?

**종혁**   일주일에 사나흘…세시간쯤 외출하는 핑계로도 괜찮을 거 같은데…당신 이제부터 일도 못하게 하신다 그러든데..종일 답답하잖아…배워둬 나쁠 거 없구…

**지현**   외마디 소리는 하는데 뭐…

**종혁**   영어 잘하는 여자 보기 좋아…파티 호스테스 하면서 외마디 영어 /내가 챙피해.. 나중 위해서 한 오륙년 열심히 공부해서 ….호스테스 노릇 근사하게 하면 멋있잖아.

**지현**   ….(보며)

**종혁**   조사시켜서 골라 줄테니까 내일이라도 등록하고 다녀.

**지현**   내 의사 상관없이 해야 하는 거에요?

**종혁**   …싫어?

**지현**   싫다 그러면 화 내나?

**종혁**   ….(보다가)아냐.

**지현**   그럼 싫어…시간 있으면 그냥….책 보구 지내구 싶어..

**종혁**   공부하기 싫어?

**지현**   책 보는 게 좋아요..공부할 의욕 없어..

**종혁**   …(끄덕이며)알았어 그럼 의욕 생길 때 기다리자….(하며 포켓으로 손 넣었다가 반지 보석함 꺼내놓는다)

**지현**   ?…

**종혁**　열어 봐…

**지현**　(집어서 열어보는)….

　　[십 캐럿이 넘는/ 화려한 사파이어]

**지현**　?……(종혁 보는)

**종혁**　내 자식 만들어진 거 자축하는 뜻에서 뭐하나 좋은 거/ 사주구
　　싶었어…당신하고 닮은 색깔이라서 두 번 생각 안했어…푸르고 찬
　　데…깊고…화려해…마음에 들어….어때..

**지현**　(보며)좋아요……아름다워…그런데 너무 거하다…한 십년 쯤 뒤
　　에나 낄 수 있겠네..

**종혁**　지금은 안돼?

**지현**　(닫으면서)돈 냄새 너무 심해서 내 나이에는 안 맞아요..위화감
　　조성..(조금 웃으며)

**종혁**　뭐야 그럼 실패한 선물이야?

**지현**　이런 거 보다는…잠자리 파트너에 지나지 않는다..그런 생각 안
　　들게 해주는 게 훨씬 고마운데…

**종혁**　헛돈 썼군. 좋아.그런데 말이지 당신 별로 안 좋아할 거라는 거
　　알구 있었어.이만하면 나두 당신 꽤 잘 알구 있는 거 아냐?

**지현**　아니 그 정도는 아니구….좋아요…좋기는 해…이쁘니까…

**종혁**　어머니한테는 비밀이야…

**지현**　그럼 돌아가시기 전에는 못 끼겠네?

**종혁**　(웃으며)그 정도는 아니구 일부러 말씀드릴 거까지는 없다는
　　말이야.

**지현**　(끄덕인다)

**종혁**　(시계 보며)드라이브 시켜줄 시간은 없어…현경 씨 나오래서

영화래두 하나 보구 들어가지 어때.

**지현**   (끄덕이며)알아서 하께‥(반지함 들어 보이며)고마워요…

## S# 대형 서점…

**지현**   (책 꽂이 훑고 있는)‥‥‥

**지현**   (책 고르는)‥‥‥

## S# 같은 책방 어느 코너‥

[더러 선 채로 책 읽고 있는 사람들‥‥‥]

**지현**   (계산한 책 봉투 들고 그 사이로 들어오면서 책 한 권 집어 첫 장부터
훑다가 놓고 빠지려고 돌아서는데)

**강욱**   ‥‥‥(보고 서 있다)

**지현**   ‥‥‥(보고 얼어붙으면서)‥‥

**강욱**   ‥‥‥

**지현**   ‥‥‥

**강욱**   ‥‥(보는데)

**지현**   (몸 돌려서 빠져나가는)

**강욱**   ‥‥(그 자리에 선 채 있다가 불현듯 서둘러 움직인다)

## S# 서점 밖 통로

**지현**   (빠른 걸음으로 주차장 계단 쪽으로)

**강욱**   (나오면서 두리번거리며 지현을 찾는)‥‥‥

[지현-(빠른 걸음으로)‥]

[두리번거리며 찾는 강욱.]

[지현]

[강욱‥]

[강욱의 시야에 주차장으로 통하는 문으로 막 사라지고 있는 지현의

526

뒷모습.]

[거칠게 움직이는 강욱‥]

**S# 계단**

**지현** (내려오고 있는데)…

**강욱** E (발소리와 함께.)지현씨…

**지현** (걸음이 멈추어지는)……

[출입구 앞 계단 시작하기 직전에 서 있는 강욱과 내려가다 멈추어 선
지현……]

**S# 지하 주차장**⋯⋯

[적당한 거리를 두고/지현은 책 봉투 앞으로 모아 들고 제 자동차 앞에
옆으로 서 있고⋯⋯]

**강욱** ……(조금 떨어진 자리에서 지현을 보면서)……

**지현** ……

**강욱** ……(조용히 다가드는)……

**지현** ……(그대로)⋯⋯

**강욱** ……(멈추어 서서 보다가)……왜……도망쳐요…

**지현** (보는)……왜…쫓아 오세요…

**강욱** ……(보다가)…노‥놓치는 게…아까와서…

**지현** ……(고개 돌리며)…도망…쳐야할 거 같아서요…

**강욱** ……(보며)

**지현** ……(그대로)…

〈3권에서 계속〉

김수현 드라마 전집 6
# 불꽃 2

1판 1쇄 인쇄    2021년 1월  4일
1판 1쇄 발행    2021년 1월 11일

지은이        김수현
펴낸이        임양묵
펴낸곳        솔출판사

책임편집      임우기
편집장        윤진희
편집          최찬미, 윤정빈
디자인        오주희
마케팅        이원지
제작관리      박정윤

주소          서울시 마포구 와우산로29가길 80(서교동)
전화          02-332-1526
팩시밀리      02-332-1529
홈페이지      www.solbook.co.kr
이메일        solbook@solbook.co.kr
출판등록      1990년 9월 15일 제10-420호

ISBN          979-11-6020-126-0    04680
              979-11-6020-120-8    세트

· 이 도서의 국립중앙도서관 출판예정도서목록(CIP)은 서지정보유통지원시스템
  홈페이지(http://seoji.nl.go.kr)와 국가자료종합목록 구축시스템(http://kolis-net.nl.go.kr)에서
  이용하실 수 있습니다. (CIP제어번호:CIP2020005399)
· 잘못된 책은 구입한 곳에서 바꿔드립니다.
· 책값은 뒤표지에 표시되어 있습니다.